Datenschutz in sozialen Netzwerken in Europa, Deutschland und Chile

Europäische Hochschulschriften

European University Studies

Publications Universitaires Européennes

Reihe II **Rechtswissenschaft**

Series II Law

Série II Droit

Band/Volume **5932**

Pablo Palma Calderón

Datenschutz in sozialen Netzwerken in Europa, Deutschland und Chile

Eine rechtsvergleichende Untersuchung zum europäischen, deutschen und chilenischen Recht

PL ACADEMIC RESEARCH

Bibliografische Information der Deutschen Nationalbibliothek
Die Deutsche Nationalbibliothek verzeichnet diese Publikation in der Deutschen Nationalbibliografie; detaillierte bibliografische Daten sind im Internet über http://dnb.d-nb.de abrufbar.

Zugl.: Berlin, Freie Univ., Diss., 2016

D 188
ISSN 0531-7312
ISBN 978-3-631-72552-8 (Print)
E-ISBN 978-3-631-72579-5 (E-PDF)
E-ISBN 978-3-631-72580-1 (EPUB)
E-ISBN 978-3-631-72581-8 (MOBI)
DOI 10.3726/b11293

PL Academic Research ist ein Imprint der Peter Lang GmbH.
Peter Lang – Frankfurt am Main · Bern · Bruxelles · New York · Oxford · Warszawa · Wien

Diese Publikation wurde begutachtet.

www.peterlang.com

Für meinen Vater
„Nunca nunca nunca nunca darse por vencido."

mit Dank an
Prof. Dr. Determann

Inhaltsverzeichnis

Abbildungsverzeichnis XV

Abkürzungsverzeichnis XVII

Erstes Kapitel: Einleitung 1

A. Problemstellung 1

I. Rechtslage 4

II. Rechtspraxis 6

B. Gang der Untersuchung 6

Zweites Kapitel: Soziale Netzwerke 9

A. Begriffsdefinitionen und thematische Eingrenzung 9

I. Soziale Netzwerke 9

II. Soziale Netzwerke im Internet 11

III. Abgrenzungen 13

B. Historische Entwicklung 14

C. Aufbau und Funktionsweise sozialer Netzwerke 16

D. Geschäftsmodell 19

E. Rechtliche Risiken 20

Drittes Kapitel: Schutz personenbezogener Daten: Rechtslage in Europa und Deutschland 23

A. Der nationale und internationale Begriff des Datenschutzes 23

B. Die historische Entwicklung des Datenschutzrechts 24

C. Der internationale Datenschutz und seine Rechtsquellen 26

I. Internationales Recht 27
1. Vereinte Nationen 27
2. Organisation für wirtschaftliche Zusammenarbeit und Entwicklung (OECD) 28
3. Europarat 29
II. Unionsrecht 32
1. Primärrecht 32
a) EU-Grundrechtecharta 32
b) Art. 16 AEUV 34
2. Sekundärrecht 35
a) Richtlinie 95/46/EG 36
aa) Sachlicher Anwendungsbereich 38
bb) Räumlicher Anwendungsbereich 39
cc) Allgemeine Grundsätze 44
(1) Erlaubnisvorbehalt 44
(2) Zweckbindung 45
(3) Transparenz 45
(4) Datenqualität und Datenerforderlichkeit 46
(5) Datensicherheit 46
(6) Rechte des Betroffenen 47
(7) Datenschutzkontrolle 47
dd) Selbstregulierung 49
ee) Grenzüberschreitender Datenverkehr 50
b) Richtlinie 2002/58/EG 59
c) Richtlinie 2009/136/EG 60
d) Richtlinie 2006/24/EG 61
e) Datenschutz-Grundverordnung 62
aa) Sachlicher Anwendungsbereich 63
bb) Räumlicher Anwendungsbereich 64
cc) Materielles Recht 64
(1) Erlaubnisvorbehalt 65
(2) Zweckbindung 65
(3) Transparenz 66

(4) Datensparsamkeit, Datenqualität und Datenrichtigkeit 66
(5) Datensicherheit 66
(6) Rechte des Betroffenen 67
(7) Privacy by Design und Privacy by Default 68
(8) Datenschutzkontrolle 69
dd) Selbstregulierung 70
ee) Grenzüberschreitender Datenverkehr 70
III. Zwischenergebnis zum internationalen Datenschutz und seinen Rechtsquellen 73
D. Rechtslage des Datenschutzes in Deutschland 75
I. Verfassungsrechtlicher Rechtsrahmen im Grundgesetz 76
1. Grundlagen des allgemeinen Persönlichkeitsrechts 76
2. Schutzbereiche des allgemeinen Persönlichkeitsrechts 77
a) Das Recht auf informationelle Selbstbestimmung 78
b) Das Recht am eigenen Bild 79
c) Das Recht auf Integrität und Vertraulichkeit 80
II. Gesetzliche Regelungen 81
1. Bundesdatenschutzgesetz (BDSG) 81
a) Sachlicher Anwendungsbereich 82
aa) Personenbezogene Daten 82
(1) Anonymisierte Daten 83
(2) Pseudonymisierte Daten 84
bb) Umgang mit personenbezogenen Daten 84
(1) Erheben 85
(2) Verarbeiten 85
(2.1) Speichern 85
(2.2) Verändern 85
(2.3) Übermitteln 86
(2.4) Sperren 86
(2.5) Löschen 87
(3) Nutzen 88
(4) Automatisierte Datenverarbeitung 88

cc) Verantwortliche Stelle 89
b) Räumlicher Anwendungsbereich 89
c) Allgemeine Grundsätze 91
aa) Erlaubnisvorbehalt 91
bb) Zweckbindung 93
cc) Transparenz 93
dd) Datenvermeidung und Datensparsamkeit 94
ee) Datensicherheit 94
ff) Datenschutzkontrolle 95
d) Selbstregulierung 95
e) Grenzüberschreitender Datenverkehr 96
2. Das Telemediengesetz als bereichsspezifische Regelung 97
a) Anwendungsbereich 98
b) Datenschutzrechtliche Regelungen 99
aa) Grundsätze des Telemediendatenschutzes 99
bb) Gesetzliche Erlaubnistatbestände 101
(1) Bestandsdaten (§ 14 TMG) 101
(2) Nutzungsdaten (§ 15 TMG) 102
cc) Einwilligung als Erlaubnistatbestand 104
dd) Pflichten des Diensteanbieters 105
c) Grenzüberschreitender Datenverkehr 109
III. Zwischenergebnis zur Rechtslage in Deutschland 109

Viertes Kapitel: Datenschutz in sozialen Netzwerken 111

A. Anwendbarkeit des europäischen Datenschutzrechts auf soziale Netzwerke 111
B. Anwendbarkeit des nationalen Datenschutzrechts auf soziale Netzwerke 114
I. Leistungszuordnung sozialer Netzwerke 114
1. Profilseiten 114
2. Kontaktlisten 115
3. Private Nachrichten 115
4. Öffentliche Nachrichten 115

II. Personenbezogene Daten in sozialen Netzwerken 115
1. IP-Adressen 116
2. Cookies 117
III. Datenschutzrechtliche Verantwortlichkeit in sozialen Netzwerken 119
IV. Zulässigkeit der Datenverarbeitung 124
1. Bestandsdaten 124
2. Nutzungsdaten 125
3. Inhaltsdaten 126
4. Personalisierte Werbung 129
a) Nutzungsprofile 130
b) Einsatz von Cookies zu Werbezwecken 130
aa) Verantwortlichkeit sozialer Netzwerke 131
bb) Einwilligung der Betroffenen 132
(1) Koppelungsverbot 136
(2) Registrierung als konkludente Einwilligung 137
V. Rechtsprechung 138
C. Selbstregulierung für soziale Netzwerke 138
D. Zwischenergebnis zum Datenschutz in sozialen Netzwerken 139

Fünftes Kapitel: Rechtslage des Datenschutzes in Chile 143

A. Verfassungsrechtlicher Rechtsrahmen 144
I. Grundlagen des Persönlichkeitsrechts 146
II. Schutzbereiche des Persönlichkeitsrechts 147
1. Recht auf Ehre 148
2. Recht am eigenen Bild 148
3. Recht auf Privatsphäre 149
III. Rechtsprechung 150
1. Erste Phase: Datenschutz als nicht verfassungsrechtliche Problematik 151
2. Zweite Phase: Datenschutz als verfassungsrechtliche Problematik 154

B. Gesetzliche Regelungen 158
I. Bereichsspezifische Regelungen 159
1. Regierungsdekret Nr. 950 159
2. Art. 30 Abs. 4 Código Tributario 159
3. Gesetz Nr. 19.223 160
4. Gesetz Nr. 19.812 160
5. Arbeitsgesetz 161
6. Gesetz Nr. 20.285 161
7. Durchführungsverordnung zum Gesetz Nr. 19.628 162
II. Gesetz Nr. 19.628 162
1. Historische Entwicklung 164
2. Sachlicher Anwendungsbereich 165
a) Personenbezogene Daten 166
aa) Personenbezogene Daten im öffentlichen Bereich 166
bb) Personenbezogene Daten im nicht-öffentlichen Bereich 168
b) Verantwortliche Stelle 168
c) Betroffene Personen 168
d) Umgang mit personenbezogenen Daten 169
3. Räumlicher Anwendungsbereich 170
4. Allgemeine Grundsätze 171
a) Erlaubnisgrundsatz 171
b) Einwilligung 171
c) Datenqualität und Datenrichtigkeit 174
d) Zweckbindung 174
e) Vertraulichkeit der Daten 174
f) Datensicherheit 175
g) Rechte des Betroffenen 175
aa) Recht auf Information über die Datenerhebung 175
bb) Recht auf Auskunft 176
cc) Recht auf Richtigstellung 176
dd) Recht auf Streichung oder Löschung der Daten 177
ee) Recht auf Sperrung 177

ff) Recht auf Kenntnis der Datenweitergabe 177
gg) Recht auf Widerspruch 177
hh) Recht auf Schadensersatz 178
ii) Habeas Data 178
5. Rechtsprechung 179
III. Im Legislaturprozess befindliche Gesetzentwürfe zur Verbesserung des aktuellen Datenschutzrechts 187
C. Selbstregulierung 191
D. Zwischenergebnis zur Rechtslage in Chile 195

Sechstes Kapitel: Verbesserungsvorschläge 197

Siebtes Kapitel: Ergebnisse 207

Literaturverzeichnis 213

Abbildungsverzeichnis

Abb. 1: Vergleich „soziales Netzwerk“ mit „Community“ 13

Abb. 2: Auszüge von Gründungen sozialer Netzwerke im Zeitraum 1997–2012 16

Abb. 3: Umgang mit personenbezogenen Daten nach europäischer und deutscher Definition. 89

Abkürzungsverzeichnis

Abb.	Abbildung
ABl.	Amtsblatt
Abs.	Absatz
AEMR	Allgemeine Erklärung der Menschenrechte
AEUV	Vertrag über die Arbeitsweise der Europäischen Union
AG	Amtsgericht, Aktiengesellschaft
APEC	Asia-Pacific Economic Cooperation
ARPANET	Advanced Research Projects Agency Network
Art.	Artikel
AVMD-RL	Richtlinie über audiovisuelle Mediendienste
Az.	Aktenzeichen
BB	Betriebs-Berater (Zeitschrift)
BCR	Binding Corporate Rules
BDSG	Bundesdatenschutzgesetz
BetrVG	Betriebsverfassungsgesetz
BITKOM	Bundesverband Informationswirtschaft, Telekommunikation und neue Medien e.V.
BGB	Bürgerliches Gesetzbuch
BGBl	Bundesgesetzblatt
BGH	Bundesgerichtshof
BMI	Bundesministerium des Innern
bspw.	beispielsweise
BT-Drs.	Bundestagsdrucksache
BVerfG	Bundesverfassungsgericht
bzgl.	bezüglich
bzw.	beziehungsweise
CBPR	Cross Border Privacy Rules
COPPA	Childrens Online Privacy Protection Act
CPR	Constitución Política de la República
CR	Computer und Recht (Zeitschrift)
d.h.	das heißt
DICOM	Directorio de Información Comercial
DoC	Department of Commerce
DS-GVO	Datenschutz – Grundverordnung
DSRL	Datenschutzrichtlinie (Richtlinie 95/46/EG)
DuD	Datenschutz und Datensicherheit (Zeitschrift)
Ebd/ebd.	Ebenda
EDS	Europäisches Datenschutzsiegel
EGMR	Europäischer Gerichtshof für Menschenrechte
EGRC	Europäische Grundrechtecharta

E-Mail	electronic mail
EMRK	Europäische Menschenrechtskonvention
engl.	englisch
etc.	et cetera
EU	Europäische Union
EuGH	Europäischer Gerichtshof
EUV	Vertrag über die Europäische Union
evtl.	eventuell
EWR	Europäischer Wirtschaftsraum
f.	fortfolgend
FAQ	Frequently Asked Questions
ff.	fortfolgende
FJ SB	Forschungsjournal Soziale Bewegungen (Zeitschrift)
FSM	Verein der Freiwilligen Selbstkontrolle der Multimediaanbieter
FTC	Federal Trade Commission
GA	Generalanwalt
GBO	Grundbuchordnung
gem.	gemäß
GG	Grundgesetz für die Bundesrepublik Deutschland
ggf.	gegebenenfalls
GmbH	Gesellschaft mit beschränkter Haftung
HDSG	Hessisches Datenschutzgesetz
HMD	Praxis der Wirtschaftsinformatik (Zeitschrift)
http	Hyper Text Transfer Protocol
IANA	Internet Assigner Number Authority
i.d.R.	in der Regel
Inc.	Incorporated
IP	Internetprotokoll
ISDN	Integrated Services Digital Network
i.S.d.	im Sinne des
IT	Informationstechnik
i.V.m.	in Verbindung mit
K&R	Kommunikation und Recht (Zeitschrift)
Kap.	Kapitel
KG	Kammergericht
KOM	Dokument der EG-Kommission, Legislativvorschläge und andere Kommissionsmitteilungen
KUG	Kunsturhebergesetz
LAG	Landesarbeitsgericht
LDSG	Landesdatenschutzgesetz
LG	Landgericht
LIBE	Ausschuss für Bürgerliche Freiheiten, Justiz und Inneres des Europäischen Parlaments
lit.	litera

Ltd.	Limited Company
MDStV	Mediendienste-Staatsvertrag
MIR	Medien Internet und Recht (Onlinepublikationen)
MMR	Multimedia und Recht (Zeitschrift)
MMS	Multimedia Messaging
Mrd.	Milliarde
NIC	Network Information Center de Chile
NJW	Neue Juristische Wochenschrift
Nr.	Nummer
NSA	National Security Agency
NVwZ	Neue Zeitschrift für Verwaltungsrecht
OECD	Organisation for Economic Co-operation and Development
OLG	Oberlandesgericht
OVG	Oberverwaltungsgericht
PRISM	Programm zur Überwachung und Auswertung elektronischer Medien und elektronisch gespeicherter Daten
RDV	Recht der Datenverarbeitung (Zeitschrift)
RL	Richtlinie
Rn.	Randnummer
Rs.	Rechtssache
RStV	Staatsvertrag für Rundfunk und Telemedien
S.	Seite, Satz
SGB	Sozialgesetzbuch
SMS	Short Message Service
sog.	Sogenannt
span.	spanisch
Syst.	Systematische Darstellungen
TC	Tribunal Constitucional de Chile
TDDSG	Teledienstedatenschutzgesetz
TDG	Teledienstegesetz
TKG	Telekommunikationsgesetz
TMG	Telemediengesetz
u.a.	unter anderem
u.ä.	und ähnliche
ULD	Unabhängiges Landeszentrum für Datenschutz
UN	United Nations
US	United States
USA	United States of America
USENET	Unix User Network
USD	US-Dollar
v.	versus, vom
v. Chr.	vor Christus
VDSRL	Richtlinie der Vorratsdatenspeicherung (Richtlinie 2006/24/EG)
verb.	verbundene

VG	Verwaltungsgericht
Vgl.	Vergleich
vol.	volume
WD	Wissenschaftliche Dienste des Deutschen Bundestages
WP	Working Paper (Artikel 29-Datenschutzgruppe)
WWW	World Wide Web
z. B.	zum Beispiel
ZD	Zeitschrift für Datenschutz
Ziff.	Ziffer
ZIS	Zeitschrift für Internationale Strafrechtsdogmatik
ZRP	Zeitschrift für Rechtspolitik

Erstes Kapitel: Einleitung

Aus juristischer Sicht ist in den letzten Jahren vornehmlich die Frage des Schutzes persönlicher Daten im Internet in die Diskussion geraten. Dies ist primär in der veränderten Nutzung des Internets im Zeitalter des Web 2.0[1] durch innovative Technologien und Möglichkeiten der Vernetzung zu begründen. Der Nutzer verändert sich von einem passiven Konsument zu einem aktiven Prosument, d.h., er nimmt aktiv bei der Gestaltung und Bearbeitung von Inhalten im Internet teil (sog. „User-Generated-Content“).[2] Soziale Netzwerke dienen dem Nutzer dabei als Plattform, sich durch Darstellung der eigenen Online-Persönlichkeit interaktiv an der Gestaltung des Internets zu beteiligen und mit anderen Nutzern zu interagieren.[3] Weltweit nehmen immer mehr Menschen die Dienste sozialer Netzwerke in Anspruch[4] und offenbaren zahlreiche Daten, teilweise auch sehr persönliche, über sich selbst und über Dritte, mit und ohne Zutun der jeweils Betroffenen.[5] Mit der steigenden Preisgabe solcher Daten steigt auch das Risiko der Nutzer, sowohl sich selbst zu gefährden als auch der unrechtmäßigen Nutzung und dem Missbrauch seiner Daten ausgeliefert zu sein.

Bei der Betrachtung des Datenschutzes persönlicher Daten in sozialen Netzwerken bieten sich die deutschen und europäischen Datenschutzgesetze als exemplarisch an, da sie weltweit als die strengsten gelten.[6] Diese sollen in der vorliegenden Arbeit betrachtet und analysiert werden. Darüber hinaus werden Verbesserungsvorschläge auf dem Wege der Rechtsvergleichung entwickelt.

A. Problemstellung

Soziale Netzwerke gewinnen im Internet immer stärker an Bedeutung, sowohl im europäischen als auch im außereuropäischen Raum. Millionen von Menschen – und auch Unternehmen[7] – nutzen soziale Netzwerke als Möglichkeit für den Austausch

---

1 Der Begriff Web 2.0 spielt auf eine gefühlte Veränderung bzw. veränderte Nutzungsart des WWW an und umfasst verschiedene, auf den kommunikativen Austausch bezogene Angebote, die es Nutzern ermöglichen, eigene Inhalte verfügbar zu machen, Hawellek in Forgó/ Helfrich/ Schneider, 2014, Teil VII Kap. 2, Rn. 2; Köhler/ Arndt/ Fetzer, 2011, Kap. I, Rn. 3; Ebersbach/ Glaser/ Heigl, 2011, S. 27.

2 Rother, 2010, S. 1.

3 Piltz, 2013, S. 1.

4 Dritte, erweiterte Studie des BITKOM, vom 31.10.2013, S. 3, 8, abrufbar unter http://www.bitkom.org/files/documents/SozialeNetzwerke_2013.pdf (zuletzt abgerufen am 27.03.2017); Elbert, ecommerce Magazin 7/2011, S. 32; Wintermeier, ZD 2012, S. 211.

5 Nolte, ZRP 2011, S. 236; Taeger/ Schmidt in Tager/ Gabel, Kap. I., Rn. 2.

6 Schwenke, 2012, S. 372 f.; Tagesspiegel, 11.02.2012, S. 8.

7 Erd, NVwZ 2011, S. 19.

jeglicher Art von Informationen.[8] Sie haben das Kommunikationsverhalten weltweit revolutioniert, gehören mittlerweile zum festen Bestandteil der Kommunikation und dies generationen- und gesellschaftsschichtenunabhängig.[9] Dies zeigt auch eine gemeinsame Studie der University of Miami mit der University of Pennsylvania mit dem Titel „Facebook Therapy – Why Do People Share Self-Relevant Content Online?“, in der festgestellt wurde, dass der Austausch via Internet als vollständige Form der Kommunikation angesehen werden muss und zu ähnlichen Reaktionen führt wie die Kommunikation im realen Leben.[10] Soziale Beziehungen und Strukturen werden immer häufiger über das Internet aufgebaut und abgewickelt. Durch die Nutzung sozialer Netzwerke verändert sich das Bild von Privatsphäre und Öffentlichkeit.[11] Die Eigeninszenierung durch Präsentation und Zurschaustellung im Internet scheint für die Nutzer einen höheren Stellenwert zu haben als ihre Privatsphäre. Zumindest zeugt dieses Verhalten von einem veränderten Empfinden der Einstellung zur Privatsphäre in der Gesellschaft.[12]

Menschen geben in sozialen Netzwerken massenweise persönliche Informationen über sich und Dritte preis und hinterlassen damit Datenspuren, die gleichzeitig datentechnisch erfassbar sind.[13] Diese neue Form der Kommunikation und Interaktion über alle Grenzen hinweg trägt zu einem ständig größer werdenden Datenvolumen persönlicher Daten bei, damit einhergehend einer unkontrollierten und unrechtmäßigen Nutzung und Missbrauch dieser Daten, wodurch ein Gefahrenpotential wächst.[14]

Eine der Gefahrenquellen ist der Umgang mit Daten von Anbietern sozialer Netzwerke, welche sich durch die intransparente Verwendung der Nutzerdaten ergeben kann. So besteht ein Risiko bei der Datensammlung, Datenauswertung und Zusammenführung von Daten zu sog. Nutzerprofilen, die an Dritte verkauft oder vom Anbieter selbst genutzt werden.[15] Bei Dritten kann es sich um Werbetreibende handeln, die ein Interesse an Nutzerdaten zur Schaltung personalisierter Werbung haben, oder auch um andere Institutionen wie beispielsweise Geheimdienste, die

---

8 Elbert, ecommerce Magazin 7/2011, S. 32; Kühling/ Seidel/ Sivridis, 2008, S. 2.

9 Vgl. Mainusch/ Burtchen, DuD 2010, S. 448 f.

10 Buechel/ Berger, 2011, S. 4.

11 Worms/ Gusy, DuD 2012, S. 92; vgl. auch Schwartmann, RDV 2012, S. 1.

12 Piltz, 2013, S. 2.

13 Kühling/ Seidel/ Sivridis, 2008, S. 2; Schwartmann, RDV 2012, S. 1.

14 Vgl. Grimm, 2012, S. 5, abrufbar unter https://www.bmi.bund.de/SharedDocs/Downloads/DE/Themen/Sicherheit/Datenschutz/rede_grimm.pdf?__blob=publicationFile (zuletzt abgerufen am 27.03.2017).

15 International Working Group on Data Protection in Telecommunications, Bericht und Empfehlung zum Datenschutz in sozialen Netzwerkdiensten – Rom-Memorandum, 43. Sitzung, 2008, S. 3, abrufbar unter http://www.datenschutz.fu-berlin.de/dahlem/ressourcen/675_36_13-ROM-Memorandum.pdf (zuletzt abgerufen am 27.03.2017); Worms/ Gusy, DuD 2012, S. 98; vgl. auch Grimm, DuD 2012, S. 88.

Nutzerdaten im Rahmen von Überwachungstätigkeiten weltweiter Kommunikationsvorgänge verarbeiten.[16]

Die hauptsächliche und damit größte Gefahr aber geht vom Nutzer selbst und seinem Familien- und Freundeskreis durch die Preisgabe von privaten Informationen aus. Die Folgen der Preisgabe zahlreicher Informationen und die genaue Datenverwendung sind den meisten Nutzern dabei nicht bekannt bzw. sie sind ihnen gleichgültig.[17] So können Daten, die in einem sozialen Netzwerk veröffentlicht wurden, auch an anderer Stelle im Internet wieder erscheinen, ohne dass die betroffene Person darin eingewilligt oder die Daten sogar von der ursprünglichen Seite gelöscht hat.[18] Nutzer unterschätzen zudem die Gefahr der sog. Entkontextualisierung der veröffentlichten persönlichen Daten, d.h., dass persönliche Informationen ungewollt in einem anderen Kontext verwendet werden können. So kann bspw. das Heranziehen eines unvorteilhaften Fotos einer Person von einer privaten Feier im Rahmen einer Jobbewerbung negative Folgen für diese Person haben.[19] Auch Belästigungen, Bedrohungen oder Beleidigungen von Personen sowie die Verbreitung falscher Informationen oder unerwünschter Verlinkung von privaten Fotos bzw. Videos stellen eine Gefahr dar. Sind solche persönlichkeitsrechtsverletzenden Inhalte einmal veröffentlicht, ist es für die betroffene Person sehr schwierig, diese Inhalte zu beeinflussen bzw. zu kontrollieren.[20]

Vom rechtlichen Standpunkt her muss man betonen, dass durch die Nutzung sozialer Netzwerke die Persönlichkeitsrechte der Nutzer gravierend beeinträchtigt werden können. Gesetzgeber, Datenschutzbehörden, Anbieter und Nutzer sozialer Netzwerke sind daher mit einer noch nie zuvor dagewesenen Situation konfrontiert, mit der Herausforderung, den Schutz der Privatsphäre auf der einen und die im Zuge der globalen Vernetzung rasante technische und soziale Entwicklung im Internet auf der anderen Seite, vor allem in sozialen Netzwerken, miteinander zu vereinen. Das Thema Datenschutz gehört zu den am meisten diskutierten, zugleich aber zu den am wenigsten nachvollziehbaren rechtlichen Aspekten der sozialen Netzwerke. Die Gründe dafür liegen zum einen im unterschiedlichen juristischen Verständnis von Datenschutz in Deutschland, Europa und außereuropäischen Ländern wie bspw. Chile und zum anderen in der rasanten technischen und sozialen Entwicklung, mit

16 Determann, 1999, S. 91 f.

17 Fuchs, DuD 2010, S. 457; Worms/ Gusy, DuD 2012, S. 92, 96.

18 Erd, NVwZ 2011, S. 20; International Working Group on Data Protection in Telecommunications, Bericht und Empfehlung zum Datenschutz in sozialen Netzwerkdiensten – Rom-Memorandum, 43. Sitzung, 2008, S. 2, abrufbar unter http://www.datenschutz.fu-berlin.de/dahlem/ressourcen/675_36_13-ROM-Memorandum.pdf (zuletzt abgerufen am 27.03.2017).

19 Weiss, DuD 2010, S. 445.

20 Lechner in Bauer/ Reimer, 2009, S. 225 f.; Piltz, 2013, S. 24; Worms/ Gusy, DuD 2012, S. 95.

der die Gesetze nicht Schritt halten können und bewährte Prinzipien und Mechanismen nutzlos werden.[21]

I. Rechtslage

Durch die Nutzung sozialer Netzwerke und die Preisgabe zahlreicher privater Informationen der Nutzer über sich selbst und Dritte können die Persönlichkeitsrechte des Einzelnen beeinträchtigt werden. In Deutschland ist dabei das grundrechtlich geschützte allgemeine Persönlichkeitsrecht aus Art. 2 Abs. 1 i.V.m. Art. 1 Abs. 1 GG, vor allem in seiner Ausprägung des Grundrechts auf informationelle Selbstbestimmung, betroffen. Konkretisierungen des allgemeinen Persönlichkeitsrechts finden sich aufgrund der Verteilung der Gesetzgebungskompetenz zwischen Bund und Ländern in einer undurchsichtigen nebeneinander stehenden Vielzahl unterschiedlicher einfachgesetzlicher Regelungen.[22] Wesentliches Gesetz im Rahmen des Datenschutzes ist das Bundesdatenschutzgesetz (BDSG)[23]. Bereichsspezifische Regelungen, darunter das für soziale Netzwerke besonders wichtige Feld der Telemedien, wie etwa im Telemediengesetz (TMG)[24], gelten vorrangig und verdrängen das BDSG als lex specialis[25].[26] Das BDSG regelt den Datenschutz nach dem Verbotsprinzip, welches besagt, dass eine Verarbeitung personenbezogener Daten nur zulässig ist, wenn der Betroffene eingewilligt hat oder ein Gesetz die Datenverarbeitung erlaubt.[27] Das deutsche Datenschutzrecht gilt nur für Datenverarbeitungen, die in Deutschland stattfinden.[28]

Innerhalb der Europäischen Union regelt die Datenschutzrichtlinie 95/46/EG die Rechte des Einzelnen bzw. seiner persönlichen Daten im Internet und wird durch weitere Richtlinien ergänzt.[29] In Europa gilt das Datenschutzrecht des Staates, in welchem die datenverarbeitende Stelle ihren Sitz hat. Somit ist auch die Datenweitergabe innerhalb der Europäischen Union i.d.R. unproblematisch.[30]

Grenzüberschreitende Fälle im Datenschutzrecht gestalten sich hingegen problematisch, da kein internationales Datenschutzrecht existiert, das normiert, welches

21 Piltz, 2013, S. 3; Schwenke, 2012, S. 372.

22 Conrad in Auer-Reinsdorff/ Conrad, 2011, § 25, Rn. 61; Schwartmann, RDV 2012, S. 2.

23 BDSG in der Neufassung durch die Bekanntmachung vom 14.01.2003, BGBl. I, S. 66; zuletzt geändert durch das Gesetz vom 22.08.2006, BGBl. I, S. 1970.

24 Telemediengesetz vom 26.02.2007, BGBl. I 197; zuletzt geändert durch Art. 1 des Gesetzes vom 31.05.2010, BGBl. I 692.

25 Das spezielle Gesetz geht dem allgemeinen Gesetz vor.

26 Conrad in Auer-Reinsdorff/ Conrad, 2011, § 25, Rn. 61; Haug, 2010, Kap. 2, Rn. 106; Wien, 2009, S. 197.

27 Gola/ Schomerus, 2007, § 4 BDSG, Rn. 5.

28 Haug, 2010, Kap. 2, Rn. 111.

29 Schwartmann/ Lamprecht-Weißenborn, 2010, S. 485, 495.

30 Wien, 2009, S. 202 f.

nationale Datenschutzrecht auf einen grenzüberschreitenden Fall anzuwenden ist.[31] Aufgrund der weltweiten Verfügbarkeit sozialer Netzwerke kommt es hierbei immer wieder zu Rechtsunsicherheiten sowohl für die Anbieter als auch die Nutzer.

Gemessen an dem Ziel der Verwirklichung des Grundrechts der informationellen Selbstbestimmung ist im Zeitalter des grenzüberschreitenden Mediums Internet diese Abgrenzung nicht mehr hinreichend. So etwa, wenn personenbezogene Daten von Nutzern sozialer Netzwerke in Deutschland auf US-amerikanischen Servern verarbeitet werden, da diese in den USA entwickelt wurden und von dort ansässigen Unternehmen angeboten werden.[32]

Bis heute bleiben die gesetzlichen Regelungen hinter den technischen Anforderungen zurück. In Deutschland ist das Thema Datenschutz vorrangig dem Bereich der Innenpolitik zugeordnet. Daneben beschäftigen sich aber auch Justiz-, Wirtschafts- und Verbraucherschutzpolitiker mit Gesetzen und Initiativen zu diesem Thema.[33]

Die EU-Kommissarin Viviane Reding rief erst im April 2014 die deutsche Regierung dazu auf, die Tatsache, dass in Deutschland der Datenschutzbeauftragte der Bundesregierung dem Innenministerium unterstellt ist, zu ändern, um die Unabhängigkeit des Datenschutzbeauftragten zu stärken.[34] Die deutsche Bundeskanzlerin Angela Merkel sieht im Bereich des Datenschutzrechts Nachholbedarf, was aus einem Interview vom 15. Februar 2014 hervorgeht.[35] Dort spricht sie sich für ein einheitlich europäisches Datenschutzrecht aus, betont jedoch, dass dabei das deutsche Datenschutzrecht nicht aufgeweicht werden darf.

Auf europäischer Ebene soll mit der geplanten Datenschutz-Grundverordnung ein stabiler, zusammenhängender und umfassender Datenschutzrechtsrahmen als

---

31 Haug, 2010, Kap. 2, Rn. 111.

32 Schwenke, 2012, S. 372.

33 So etwa BT-Drs. 18/7085, Entwurf eines Gesetzes zur Verbesserung der zivilrechtlichen Durchsetzung von verbraucherschützenden Vorschriften des Datenschutzrechts, abrufbar unter http://dip21.bundestag.de/dip21/btd/18/070/1807085.pdf (zuletzt abgerufen am 27.03.2017); Entwurf eines Zweiten Gesetzes zur Änderung des Bundesdatenschutzgesetzes – Stärkung der Unabhängigkeit der Datenschutzaufsicht im Bund durch Errichtung einer obersten Bundesbehörde, abrufbar unter https://www.bmi.bund.de/SharedDocs/Downloads/DE/Gesetzestexte/Entwuerfe/Entwurf_unabhaengigkeit-bfdi.pdf?__blob=publicationFile (zuletzt abgerufen am 27.03.2017); Entwurf eines Gesetzes zur Regelung des Beschäftigtendatenschutzes, abrufbar unter http://www.bmi.bund.de/SharedDocs/Downloads/DE/ Gesetzestexte/Entwuerfe/Entwurf_Beschaeftigtendatenschutz.pdf?__blob=publicationFile (zuletzt abgerufen am 27.03.2017).

34 Kölner Stadtanzeiger, 10.04.2014, abrufbar unter http://www.ksta.de/politik/-datenschutz-in-deutschland-reding-ruft-zu-reformen-auf,15187246,26806314.html (zuletzt abgerufen am 27.03.2017).

35 Interview für den YouTube-Kanal vom 15.02.2014, abrufbar unter https://www.youtube.com/watch?v=MQo1mcyDvUg&feature=youtu.be (zuletzt abgerufen am 27.03.2017).

Vertrauensbasis für einen funktionierenden und weiter wachsenden Binnenmarkt geschaffen werden.[36] Das Inkrafttreten der Datenschutz-Grundverordnung würde nicht nur das europäische Datenschutzrecht gravierend verändern, sondern auch weite Teile des deutschen Datenschutzrechts.

Für einen besseren Schutz der Privatsphäre des Einzelnen stellen sich neben rechtlichen auch politische und gesellschaftliche Herausforderungen, denn durch ausschließlich gesetzgeberische Maßnahmen kann eine Verbesserung des Datenschutzes für den Bereich des Web 2.0 nicht erreicht werden. Einen Schutz vor freiwilliger Datenpreisgabe des Einzelnen sieht weder das deutsche noch das europäische Datenschutzrecht vor. Daher ist Datenschutz ein übergreifendes Thema für Staat, Politik, Wirtschaft und auch für die Gesellschaft, d.h. in erster Linie für den Einzelnen zur Erlangung eines angemessenen Schutzes persönlicher Daten.

II. Rechtspraxis

In erster Linie basiert das Datenschutzrecht auf Gesetzen, jedoch hat die Jurisdiktion in der Vergangenheit häufig unmittelbarer als der Gesetzgeber auf die Herausforderungen technischer Neuerungen im Internet reagiert. Sie musste und muss handeln, da – wie zu zeigen sein wird – der aktuelle gesetzliche Rahmen den sich ständig ändernden und entwickelnden technischen und sozialen Rahmenbedingungen sozialer Netzwerke nicht mehr gerecht wird. Die durch die Rechtsprechung entwickelten Lösungsvorschläge müssten vom Gesetzgeber aufgegriffen und allgemeingültig festgelegt werden.[37]

B. Gang der Untersuchung

Rechtliche Risiken, die im Zusammenhang mit sozialen Netzwerken auftreten, sind vielfältig und können im Folgenden nicht alle untersucht werden, da es den Rahmen dieser Arbeit sprengen würde. Vielmehr stehen Gefahren im Fokus, die ein hohes Risiko für den Schutz der persönlichen Daten vor unrechtmäßiger Nutzung und Missbrauch darstellen. Der Gang der Untersuchung stellt sich dabei wie folgt dar:

Für ein besseres Verständnis sozialer Netzwerke wird in Kapitel zwei eine begriffliche Definition und Abgrenzung sozialer Netzwerke vorgenommen sowie auf die historische Entwicklung, den Aufbau und die Funktionsweise von sozialen Netzwerken eingegangen. Dem schließt sich in Kapitel drei eine Untersuchung der Rechtslage zum Schutz personenbezogener Daten in Europa und Deutschland an. Neben dem verfassungsrechtlichen Rechtsrahmen soll analysiert werden, in wieweit

---

36 Vorschlag für eine Verordnung des Europäischen Parlaments und des Rates zum Schutz natürlicher Personen bei der Verarbeitung personenbezogener Daten und zum freien Datenverkehr (DatenschutzGrundverordnung) vom 28. Januar 2016, Nr. Vordok.: 15321/15, Erwägungsgrund 6, abrufbar unter http://data.consilium.europa.eu/doc/document/ST-5455-2016-INIT/de/pdf (zuletzt abgerufen am 27.03.2017).

37 Weichert, DuD 2012, S. 716.

noch Handlungsbedarf in der Gesetzgebung bei der Nutzung sozialer Netzwerke besteht. Dies soll anhand der Gesetzeslage und Rechtsprechung aufgezeigt werden. Dabei werden die derzeit geplanten Maßnahmen für einen stärkeren Schutz personenbezogener Daten in sozialen Netzwerken aufgeführt.

Auf Grundlage der Ergebnisse aus Kapitel drei wird im vierten Kapitel auf die Problematik des anwendbaren Rechts sowie der Verantwortlichkeit für die in sozialen Netzwerken auftretenden Daten eingegangen. Im Anschluss daran erfolgt eine nähere Betrachtung der Zulässigkeit personalisierter Werbung in sozialen Netzwerken.

Im fünften Kapitel wird die Rechtslage hinsichtlich des Datenschutzes in Chile beschrieben. Hieraus lassen sich in Kapitel sechs Verbesserungsvorschläge sowohl für das europäische und deutsche als auch das chilenische Datenschutzrecht ableiten und ihre Grenzen aufzeigen. Kapitel sieben fasst die Ergebnisse der Arbeit thesenartig zusammen.

Zweites Kapitel: Soziale Netzwerke

Aristoteles hat bereits im Jahr 400 v. Chr. den Menschen als ein Wesen beschrieben, welches ein elementares Bedürfnis hat, die Gemeinschaft mit anderen Menschen zu suchen und zu bilden.[38] Das soziale Netzwerk eines Menschen besteht demnach von jeher in einer festen Einbindung in soziale Gefüge wie Familie, Verwandtschaft, Freundschaften sowie lokale Gemeinschaften (Kirche, Vereine etc.), in die er zumindest teilweise unfreiwillig hinein geboren wird bzw. in denen er Beziehungen auf ähnlichen Interessen gründet.[39] Diese traditionellen Formen von Gemeinschaft umfassen in der Regel eine kleine Anzahl von Mitgliedern und setzen die physische Präsenz, die örtliche Nähe und die persönliche Kommunikation ihrer Mitglieder voraus. Mit der Entwicklung des Internets wurden die traditionellen Formen von menschlichen Gemeinschaften in eine neue Dimension gehoben.[40] Die zunehmende Expansion des Internets, innovative Technologien und eine veränderte Nutzung des Internets haben die Art der Kontaktaufnahme im Zeitablauf grundlegend verändert. Noch nie war es für Personen so einfach, im Internet aktiv zu werden und sich untereinander weltweit zu vernetzen, wobei sog. soziale Netzwerke wie bspw. Facebook[41], Google Plus[42] oder Xing[43] dabei die bekannteste Methode darstellen.[44]

A. Begriffsdefinitionen und thematische Eingrenzung

Da in diesem Kapitel der Aufbau, die Funktionsweise, das Geschäftsmodell und die rechtlichen Risiken sozialer Netzwerke im Internet erläutert werden, ist es vorab erforderlich, den Ursprung des Begriffs „soziale Netzwerke“ aufzuzeigen, die einzelnen Begriffe voneinander abzugrenzen und eine für diese Arbeit gültige Definition festzulegen.

I. Soziale Netzwerke

Der Begriff „soziales Netzwerk“, der heute vorrangig für soziale Online-Netzwerke (soziale Netzwerke im Internet) verwendet wird, hat seinen Ursprung in der Sozialwissenschaft und bezeichnet Interaktionsverbindungen, die auf persönlichen Kontakten aufbauen.[45] Ein soziales Netzwerk könnte man definieren als „die

38 Heidemann, Informatik-Spektrum vol. 33 2010, S. 266.
39 Häusler, 2007, S. 9 f.; Kopp/ Steinbach, 2016, S. 91.
40 Heidemann, Informatik-Spektrum vol. 33 2010, S. 266.
41 Www.facebook.com.
42 Www.plus.google.com.
43 Www.xing.com.
44 Mörl/ Groß, 2008, S. 31.
45 Bartelt, 2012, S. 7; Pinell, 2011, S. 5.

Gesamtheit der sozialen Beziehungen einer Person [...], gängiger Weise unterteilt in Familienbeziehungen, Beziehungen zur Verwandtschaft, zu Nachbarn, Freunden, Bekannten und eventuell Arbeitskollegen"[46], wobei der Fokus auf das Individuum im Mittelpunkt der Beziehungen steht, d.h., jedes Mitglied eines sozialen Netzwerkes bildet das Zentrum und den Ausgangspunkt seines persönlichen Netzwerkes.[47] Georg Simmel, Vorreiter der soziologischen Netzwerkanalyse, hat soziale Netzwerke als „Geometrie sozialer Beziehungen"[48] bezeichnet. Darunter versteht man in der Soziologie ein Set von Akteuren (Knoten) und deren Verbindungen zueinander, oder man könnte sagen ein Geflecht von Beziehungen zwischen einer Vielzahl von Akteuren (Knoten) in Bezug auf Menschen oder Institutionen mit unterschiedlichem Stärkegrad.[49] Anders ausgedrückt ist ein soziales Netzwerk ein „personenbezogenes Beziehungsgeflecht, welches auf einem gemeinsamen Basisinteresse beruht und durch aktuelle Anlässe aktiviert und sichtbar wird."[50]

In den 60er Jahren stellte der amerikanische Sozialpsychologe Stanley Milgram die Theorie auf, dass Menschen miteinander über sechs Kontaktpunkte verbunden sind, nachdem er ein Experiment, das als „small world phenomenon" bekannt ist, durchgeführt hatte. In seinem Experiment verschickte Milgram Briefe an unbekannte, zufällig ausgewählte Personen in verschiedenen US-Bundesstaaten und bat die Empfänger seine Briefe an einen Freund in Boston weiterzuleiten, ohne den Namen seines Freundes zu erwähnen. Die Briefe erreichten seinen Freund in Boston nach durchschnittlich 4,6 bis 6,1 Kontakten.[51] Seitdem wurden weitere Experimente durchgeführt, die diese Theorie bestätigten,[52] so bspw. eine Studie eines amerikanisch-italienischen Forscherteams aus dem Jahr 2011.[53] Die Forscher untersuchten mit Hilfe von Software und Algorithmen die Verbindungen aller Mitglieder des sozialen Netzwerks Facebook und stellten fest, dass die durchschnittliche Entfernung zwischen zwei unbekannten Mitgliedern bei 4,74 Kontakten lag.[54] Die Ergebnisse zeigen, dass soziale Netzwerke erfolgreich zur Unterstützung des Aufbaus menschlicher Beziehungen dienen können.[55]

---

46 Diewald, 1991, S. 61.
47 Häusler, 2007, S. 2.
48 Simmel, 1968, S. 10.
49 Schilliger, 2010, S. 15.
50 Boos/ Exner/ Heitger, 1992, S. 5.
51 Pinell, 2011, S. 6.
52 Beispielhafte Experimente zur Bestätigung der These für das Internet: Studie von Leskovec und Horvitz im Jahr 2006 zu Microsoft instant messenger, Experiment im Jahr 2003 von Dodds.
53 Backstrom/ Boldi/ Rosa/ Ugander/ Vigna, Four Degrees of Separation, 2011, abrufbar unter http://arxiv.org/pdf/1111.4570v1.pdf (zuletzt abgerufen am 27.03.2017).
54 Backstrom/ Boldi/ Rosa/ Ugander/ Vigna, Four Degrees of Separation, 2011, S. 1, 7, 11 f., abrufbar unter http://arxiv.org/pdf/1111.4570v1.pdf (zuletzt abgerufen am 27.03.2017).
55 Richter/ Koch, Multikonferenz Wirtschaftsinformatik 2008, S. 1240.

Bei der Beschreibung sozialer Netzwerke spielen soziale Beziehungen eine entscheidende Rolle, wobei die Beziehung zwischen den Akteuren (Knoten) von unterschiedlicher Stärke sein kann. Nach dem Soziologen Mark Granovetter wird zwischen starken Beziehungen (engl. strong ties) und schwachen Beziehungen (engl. weak ties) unterschieden. Es geht dabei um die Häufigkeit und Intensität der Beziehung.[56] Ob eine Beziehung stark oder schwach ist, hängt demnach davon ab, wie viel Zeit die Personen miteinander verbringen, wie emotional und intim die Beziehung und wie stark die gegenseitige Unterstützung ist.[57] Personen mit starken Bindungen ähneln sich i.d.R. in soziodemografischen Merkmalen (Bildung, soziale Schicht etc.) und verfügen über einen gleichen Informationsstand bzw. besitzen ähnliche Gedanken und Einstellungen. Personen mit schwachen Bindungen hingegen haben ein distanziertes Verhältnis, hierbei handelt es sich um flüchtige Bekanntschaften.[58] Für den Informationsfluss und die Innovation sind die schwachen Bindungen von entscheidender Bedeutung, da nur durch diese Bindungen neue Informationen in ein Netzwerk gelangen, indem sie die einzelnen Gruppen bzw. Netzwerke verbinden.[59]

Darüber hinaus existiert in einem sozialen Netzwerk keine hierarchische Organisation. „Charakteristisch für Netzwerke ist die relative Gleichrangigkeit und Autonomie der Akteure, die untereinander eher nonhierarchische Beziehungen eingehen und im Vertrauen miteinander kooperieren."[60]

Der Begriff „soziale Netzwerke" steht regelmäßig im Blick weiterer verschiedener wissenschaftlicher Disziplinen wie bspw. der Psychologie, Ökonomie, Kommunikationswissenschaft und Systemtheorie.[61] Diese Bereiche sollen in dieser Arbeit nicht weiter berücksichtigt werden.

II. Soziale Netzwerke im Internet

Überall dort, wo kommuniziert wird, entstehen soziale Verbindungen bzw. Netzwerke. Dies gilt auch für das Internet.[62] Erst jedoch durch die Nutzung der sog. „Social Software" kann ein soziales Netzwerk durch entsprechende Plattformen im Internet abgebildet werden. Social Software umfasst onlinebasierte Anwendungen, die die Kommunikation und den Informationsaustausch mit dem Ziel der Vereinfachung des Beziehungsaufbaus und der Beziehungspflege der Nutzer untereinander unterstützen.[63] Die Anwendungen zeichnen sich dadurch aus, dass sie durch

56 Ebersbach/ Glaser/ Heigl, 2011, S. 197.
57 Pinell, 2011, S. 5.
58 Mörl/ Groß, 2008, S. 33.
59 Ebersbach/ Glaser/ Heigl, 2011, S. 198.
60 Schelske, 2007, S. 123.
61 Häusler, 2007, S. 2.
62 Ebersbach/ Glaser/ Heigl, 2011, S. 191.
63 Mörl/ Groß, 2008, S. 43; Schmidt, FJ SB 2/2006, S. 38.

Selbstorganisation der Nutzer funktionieren.[64] Sie sind von solchen Anwendungen abzugrenzen, die das Internet als reines Transaktionsmedium nutzen, d.h. zur Interaktion mit dem Computer z. B. durch den elektronischen Verkauf über einen E-Shop[65] oder durch den interpersonalen Austausch via E-Mail (engl. electronic mail).[66] Anders ausgedrückt beruht Social Software auf dem gemeinschaftlichen Ansatz von Zusammenarbeit, Interaktion und Kommunikation und unterstützt den Austausch von Informationen, den Aufbau von Beziehungen und die Kommunikation in einem sozialen Kontext. Social Software dient primär dazu, den Kontakt zwischen Menschen im Internet zu ermöglichen, wobei im Mittelpunkt immer menschliche Bedürfnisse stehen.[67]

Für soziale Netzwerke im Internet gibt es in der wissenschaftlichen Literatur bisher noch keine allgemein akzeptierte Begriffsdefinition, jedoch existiert eine Vielzahl an Bezeichnungen wie Online Community, Virtual Community, Digital Social Network, Online Social Network oder Social Network, die diesen Begriff zum Ausdruck bringen.[68] Eine Abgrenzung zu diesen Bezeichnungen erfolgt im weiteren Verlauf dieser Arbeit.[69] In der vorliegenden Arbeit soll ausschließlich der Begriff des „sozialen Netzwerks" bzw. des „sozialen Netzwerks im Internet" Anwendung finden.

Weitestgehend anerkannt ist die Auffassung, dass soziale Netzwerke „eine besondere Form von Gemeinschaft sind, bei denen die Interaktion und Kommunikation der Akteure durch eine technische Plattform und die Infrastruktur des Internets unterstützt wird. Verbindendes Element ist dabei ein gemeinsames Ziel, Interesse oder Bedürfnis, das auch ohne die unmittelbare physische Präsenz ein Gemeinschaftsgefühl der Akteure ermöglicht"[70].

Nach einer Definition der beiden Autoren Danah M. Boyd und Nicole B. Ellison in ihrem Werk „Social Network Sites: Definition, History, and Scholarship" sind soziale Netzwerke onlinebasierte Plattformen, die es ihren Benutzern ermöglichen „(1.) ein öffentliches oder halb-öffentliches Profil innerhalb der Plattform zu erstellen, (2.) eine Liste von anderen Nutzern des Systems, mit denen eine Beziehung besteht, anzulegen und (3.) das persönliche Netzwerk eines Nutzers über diese Listen zu erkunden."[71]

---

64 Mörl/ Groß, 2008, S. 43 f.

65 E-Shop steht allgemein als Begriff für den elektronischen Verkauf von Produkten bzw. Dienstleistungen, Kollmann, 2013, S. 217.

66 Schmidt, FJ SB 2/2006, S. 38.

67 Mörl/ Groß, 2008, S. 43 f.

68 Bartelt, 2012, S. 7; Mörl/ Groß, 2008, S. 45.

69 Siehe unter Zweites Kapitel A. III.

70 Heidemann, Informatik-Spektrum vol. 33 2010, S. 263.

71 Ulbricht, 2011, S. 6; Originaldefinition: "We define social network sites as web-based services that allow individuals to (1) construct a public or semi-public profile within a bounded system, (2) articulate a list of other users with whom they share a connection, and (3) view and traverse their list of connections and those made by others within the system. The nature and nomenclature of these connections may vary from site to

In Anlehnung an diese Definition werden soziale Netzwerke im Rahmen dieser Arbeit durch folgende drei Merkmale charakterisiert:

1. Möglichkeit der Erstellung einer Profilseite (öffentlich oder teilweise öffentlich).
2. Möglichkeit der Erstellung einer Kontaktliste (öffentlich oder teilweise öffentlich), mit denen der Nutzer im Netzwerk verbunden ist.
3. Möglichkeit, die eigene Kontaktliste im Netzwerk zu veröffentlichen und diese nach weiteren Kontakten zu durchsuchen. Durch die verlinkten Kontakte der eigenen Kontakte können somit wiederum neue Bekanntschaften entstehen.[72]

Weiterhin kann die im vorangegangenen Punkt I. aufgezeigte Definition für den Begriff „soziales Netzwerk" ebenso auf soziale Netzwerke im Internet übertragen werden.

III. Abgrenzungen

Wie weiter oben bereits aufgeführt, existieren zahlreiche Bezeichnungen für soziale Netzwerke im Internet. Die Begriffe Digital Social Network, Online Social Network oder Social Network sind das englische Pendant zu sozialen Netzwerken im Internet und bedürfen keiner weiteren Erklärung. Hingegen finden sich in der Literatur zu den Begriffen Online Community und Virtual Community (im Folgenden nur „Community") unterschiedliche Definitionen. Eine der ersten Definitionen beschreibt eine Community als „soziale Zusammenschlüsse, die dann im Netz entstehen, wenn genug Leute diese öffentlichen Diskussionen lange genug führen und dabei ihre Gefühle einbringen, so dass im Cyberspace ein Geflecht persönlicher Beziehungen entsteht"[73]. Weitere Definitionen in der Literatur stimmen darüber ein, dass sich ein soziales Netzwerk im Internet grundsätzlich von einer Community in bestimmten Merkmalen unterscheidet.

Abbildung 1 soll dies verdeutlichen.

Abb.1: Vergleich „soziales Netzwerk" mit „Community"

	Soziales Netzwerk	**Community**
Motivation	Vernetzung	Diskussion
Fokus	Individuum	Gruppe
Soziale Beziehungen	Non-hierarchisch	Hierarchisch

Quelle: Eigene Darstellung in Anlehnung an Mörl/ Groß, 2008, S. 48 f.

site.", Boyd/ Ellison, Journal of Computer-Mediated Communication, 2007, S. 210–230, abrufbar unter http://onlinelibrary.wiley.com/doi/10.1111/j.1083-6101.2007.00393.x/full (zuletzt abgerufen am 27.03.2017).

72 Bartelt, 2012, S. 8.

73 Rheingold, 1994, S. 16.

Hauptmotivation für die Nutzung einer Community ist die Diskussion und der Informationsaustausch über ein spezielles Thema.[74] Bei sozialen Netzwerken hingegen steht die Vernetzung mit Kontakten im Mittelpunkt. Es besteht jedoch auch in sozialen Netzwerken die Möglichkeit, sich als Nutzer an Diskussionen zu beteiligen z. B. durch das Erstellen einer „Gruppe". Hier können Beiträge verfasst und kann mit unbekannten Personen kommuniziert werden.[75]

Bei sozialen Netzwerken liegt der Fokus auf dem Individuum, d.h. dem Aufbau und der Pflege von sozialen Beziehungen. Bei einer Community hingegen steht der Austausch von Inhalten und Wissen im Vordergrund und das hieraus resultierende Herausbilden eines Zusammengehörigkeitsgefühls zwischen den Mitgliedern.[76] Die Informationsgewinnung hat hier einen größeren Stellenwert als der Aufbau von sozialen Beziehungen. Darüber hinaus unterscheiden sich beide Anwendungen auch in der Art der Beziehungen der Nutzer untereinander. In sozialen Netzwerken können die Beziehungen untereinander sowohl real als auch virtuell sein. Die realen Beziehungen werden durch soziale Netzwerke unterstützt, können diese aber nicht ersetzen.[77] Jeder Nutzer ist ein gleichberechtigtes Mitglied eines sozialen Netzwerkes in einer non-hierarchischen Struktur unabhängig von seiner Mitgliedschaftsdauer oder Aktivität.[78] Communities zeichnen sich durch starke inhaltliche Bindungen aus, die ein starkes Gemeinschaftsgefühl erzeugen.[79] Die Beziehungen sind primär virtuell und es herrscht eine stark hierarchische Struktur, da dort den Nutzern je nach Grad ihrer Nutzungsdauer oder der Häufigkeit ihrer Beiträge mehr Rechte als anderen Nutzern zugewiesen werden.[80]

Es zeigt sich, dass eine synonyme Verwendung der Begriffe „Community" und „soziales Netzwerk" nicht widersprüchlich, jedoch missverständlich ist, da eine trennscharfe Abgrenzung nicht in jeder Hinsicht möglich ist. Eine Community muss eher als Teilbereich eines sozialen Netzwerkes verstanden werden.[81]

B. Historische Entwicklung

Wie bereits erläutert, wurden mit der Entwicklung des Internets die traditionellen Formen von menschlichen Gemeinschaften in eine neue Dimension gehoben.

Als direkter Vorgänger des heutigen Internets gilt das sogenannte ARPANET[82] (engl. Advanced Research Projects Agency Network), über das 1971 die weltweit

74 Mörl/ Groß, 2008, S. 48.
75 Ebd., S. 49 f.
76 Back/ Gronau / Tochtermann, 2009, S. 67.
77 Mörl/ Groß, 2008, S. 49 f.
78 Ebd., S. 50.
79 Back/ Gronau/ Tochtermann, 2009, S. 68.
80 Mörl/ Groß, 2008, S. 47 ff.
81 So auch Schaffert/ Wieden-Bischof, 2009, S. 14.
82 Erstes dezentrales Computernetzwerk, über das unterschiedliche Universitäten in den USA, die für das Verteidigungsministerium forschten, verbunden waren, Ebersbach/ Glaser/ Heigl, 2011, S. 18.

erste E-Mail versandt wurde[83] und welches den Weg frei machte für die ersten E-Mail-Diskussionsgruppen bzw. Mailinglisten, die zu den Ursprüngen sozialer Netzwerke zählen z. B. die SF-LOVERS[84]. Mit dem USENET[85] (engl. Unix User Network) erschien im Jahr 1979 das erste freie und offene Netzwerk als Alternative zum ARPANET. USENET fungierte als ein virtuelles Forum, in dem jeder Beiträge lesen und selber schreiben konnte.[86]

Im Jahr 1980 ermöglichte das Internet Relay Chat Protokoll die synchrone Kommunikation[87]. Es trat in Konkurrenz zum Telefon und wird bei Chat-Plattformen eingesetzt.[88] Als das erste nennenswerte soziale Netzwerk im Internet gilt das im Jahr 1997 in den USA gegründete SixDegrees. Dieses ermöglichte bereits die Erstellung einer eigenen Profilseite und die Erstellung von Freundeslisten, die von anderen Nutzern des Netzwerkes angesehen werden konnten.[89] Es etablierten sich weitere verschiedene soziale Netzwerke, z. B. AsianAvenue.com[90], Black-Planet.com[91], MiGente.com[92] oder LiveJournal.com[93], die verschiedene technische Funktionen, wie die Erstellung von Profilen, Freundschaftslisten oder Gästebüchern ermöglichten. Mit Ryze.com[94] entstand 2001 in den USA das erste soziale Netzwerk im Internet für Geschäftskontakte (engl. Business Network) als Vorläufer für das spätere LinkedIn[95] und das in Deutschland gegründete Xing[96], bei denen der Aufbau und die Pflege von geschäftlichen Kontakten unterstützt werden. Im Jahr 2004 gründete der amerikanische Student Mark Zuckerberg Facebook, das bis heute größte und bekannteste soziale Netzwerk im Internet.[97] Im Unterschied etwa zu Facebook beschränkt das im

83 Ray Tomlinson gilt als der Erfinder der E-Mail, abrufbar unter http://www.stern.de/digital/online/internetgeschichte-es-war-einmal----die-erste-e-mail-3325640.html und http://www.computerhistory.org/internethistory/1970s/ (zuletzt abgerufen am 27.03.2017).

84 Eine Gruppe, welche sich über das Thema Science-Fiction austauschte.

85 Weltweites Netzwerk mit Diskussionsforen.

86 Bartelt, 2012, S. 4 f.

87 „Die synchrone Kommunikation ist dadurch gekennzeichnet, dass sie in Echtzeit zwischen zwei oder mehreren Benutzern stattfindet, z. B. im Chat. Dabei spielt es keine Rolle, ob sich die Benutzer am gleichen Ort aufhalten oder räumlich verteilt sind“, abrufbar unter http://www.e-teaching.org/glossar/synchrone-kommunikation (zuletzt abgerufen am 27.03.2017).

88 Ebersbach/ Glaser/ Heigl, 2011, S. 22.

89 Heidemann, Informatik-Spektrum vol. 33 2010, S. 266; Pinell, 2011, S. 10.

90 Www.asianavenue.com.

91 Www.black-planet.com.

92 Www.migente.com.

93 Www.livejournal.com.

94 Www.ryze.com.

95 Www.linkedin.com.

96 Www.xing.com.

97 Weltweit hat Facebook über 1 Mrd. Nutzer (Stand: 15.06.2013), allfacebook.de, Facebook Nutzerzahlen, abrufbar unter http://allfacebook.de/userdata/ (zuletzt abgerufen am 27.03.2017).

Jahr 2011 in den USA gegründete Netzwerk Snapchat mit etwa einhundert Millionen aktiven Nutzern täglich[98] die Nutzung über die App[99] und ermöglicht das Hochladen von Fotos und Videos, die zeitlich begrenzt abrufbar sind.

Abbildung 2 zeigt einen Überblick über die Gründungsdaten ausgewählter sozialer Netzwerke im Zeitraum 1997 bis 2012.

Abb.2: Auszüge von Gründungen sozialer Netzwerke im Zeitraum 1997–2012

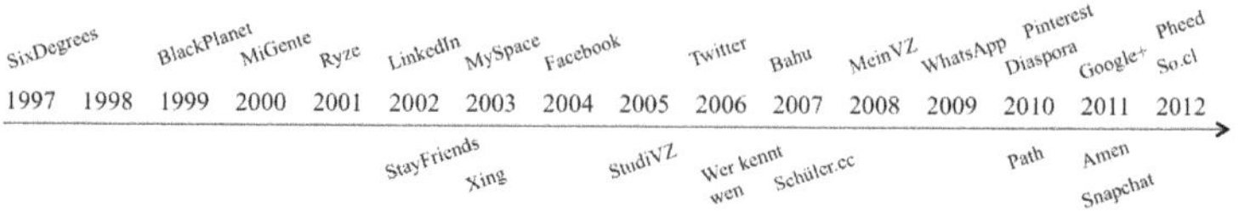

Quelle: Eigene Darstellung in Anlehnung an Boyd/ Ellison, 2007, abrufbar unter http://onlinelibrary.wiley.com/doi/10.1111/j.1083-6101.2007.00393.x/full (zuletzt abgerufen am 27.03.2017).

Erst in den letzten Jahren haben soziale Netzwerke deutlich an Aufmerksamkeit gewonnen, was primär im veränderten Nutzungsverhalten im Zeitalter des Web 2.0 begründet ist. So hat laut einer Studie des BITKOM die Nutzung sozialer Netzwerke in Deutschland ihren Höhepunkt bereits erreicht, denn etwa 78 Prozent der deutschen Internetnutzer sind in mindestens einem sozialen Netzwerk angemeldet.[100]

C. Aufbau und Funktionsweise sozialer Netzwerke

Das Konzept sozialer Netzwerke funktioniert bei aller Unterschiedlichkeit in der Ausgestaltung nach dem Schneeballsystem: Soziale Netzwerke ermöglichen eine Vernetzung mit einer nahezu unbegrenzten Anzahl an Kontakten, die in die Hunderte oder Tausende gehen können.[101] Mobile und ortsungebundene Kommunikationsmöglichkeiten (z. B. durch Notebooks, Mobiltelefone, Tabletcomputer) gestatten dabei die Pflege dieser Kontakte bei geringem Zeitaufwand.[102] Nutzer sozialer

98 Abrufbar unter http://venturebeat.com/2015/05/26/snapchat-has-100m-daily-users-65-of-whom-upload-photos/ (zuletzt abgerufen am 27.03.2017).

99 Kurzform für engl. Application; Anwendungsprogramme, die auf mobilen Endgeräten zur Anwendung kommen.

100 Dritte, erweiterte Studie des BITKOM, vom 31.10.2013, S. 3 abrufbar unter http://www.bitkom.org/files/documents/SozialeNetzwerke_2013.pdf (zuletzt abgerufen am 27.03.2017).

101 Pichler, 2005, S. 12.

102 Hawellek in Forgó/ Helfrich/ Schneider, 2014, Teil VII Kap. 2, Rn. 3; vgl. Poller/ Waldmann, 08/2013, S. 8.

Netzwerke agieren sowohl als Informationsgeber als auch als Informationsempfänger.[103] Neben der reinen Kommunikation bieten soziale Netzwerke eine Reihe weiterer Funktionen z. B. das Bewerten von Inhalten und Markieren von Personen auf Bildern.

Als Grundvoraussetzung für die Nutzung eines sozialen Netzwerks muss eine Registrierung, die aus Eigeninitiative oder durch Einladung eines bereits bestehenden Mitglieds erfolgen kann, durchgeführt werden. Mindestanforderung bei einer Registrierung sind die Angabe des vollständigen Namens bzw. eines Pseudonyms, eine E-Mail-Adresse, ein Passwort und die Zustimmung zu den Nutzungsbedingungen des Anbieters. Nach der Registrierung erfolgt die Erstellung eines persönlichen Profils, wobei neben Kontaktdaten (z. B. Name und Adresse) auch soziodemographische Daten (z. B. Geburtsdatum, Geschlecht, Familienstand) angegeben werden können.[104] Darüber hinaus liegt es im Ermessen des Nutzers auf seiner Profilseite noch weitere persönliche Informationen wie Hobbys, Interessen und Bilder anzugeben.[105] Diese Profilseite muss nicht zwingend der realen Identität des Mitglieds entsprechen, sondern kann auch eine komplett erfundene Identität darstellen. Laut einer Studie zur Selbstdarstellung und sozialer Wahrnehmung in Online Social Networks dienen jedoch viele Profilseiten dazu, die eigene Identität darzustellen und so mit anderen Nutzern zu kommunizieren.[106] Unter Identität ist die Übereinstimmung personenbezogener Daten mit einer natürlichen Person zu verstehen.[107]

Um in Kontakt mit anderen Nutzern des sozialen Netzwerks zu treten, gibt es verschiedene Möglichkeiten. Zum einen kann ein Nutzer die Suchfunktion des sozialen Netzwerks nutzen und bspw. nach Nutzern mit ähnlichen Interessen, Vorlieben oder demselben Wohnort suchen. Sobald der Nutzer einen anderen Nutzer findet, dessen Profil sein Interesse weckt, kann er diesem Nutzer eine Beziehungsanfrage senden. Wenn der Empfänger die Anfrage akzeptiert, wird eine neue Beziehung durch das System offiziell legitimiert.[108] Auch durch die Teilnahme an „Gruppen", in denen sich Nutzer mit gleichen Interessen zusammenschließen, können weitere Kontakte entstehen.[109] Weiterhin gibt es die Möglichkeit durch einen Datenimport aus anderen Netzwerken oder dem E-Mail-Konto Kontakte zu knüpfen. Hierbei durchsucht das soziale Netzwerk z. B. das eigene E-Mail-Konto nach E-Mail-Adressen und prüft, ob diese schon Mitglieder des sozialen Netzwerks sind. Bei bestehender Mitgliedschaft weist das soziale Netzwerk darauf hin und erleichtert die Kontaktknüpfung.[110]

---

103 Ahlf, 2013, S. 80 f., abrufbar unter https://duepublico.uni-duisburg-essen.de/servlets/DerivateServlet/Derivate-33321/Ahlf_Diss.pdf (zuletzt abgerufen am 27.03.2017).

104 Vgl. Artikel 29-Datenschutzgruppe, 2009, WP 163, S. 5; Hippner, HMD 252, S. 13.

105 Bartelt, 2012, S. 11; Reisch/ Bietz, 2011, S. 17.

106 Back/ Stopfer/ Vazire/ Gaddis/ Schmukle/ Egloff/ Gosling, Psychological Science, 21(3) 2010, S. 372 ff.

107 Ulbricht, 2011, S. 8.

108 Hippner, HMD 252, S. 13.

109 Reisch/ Bietz, 2011, S. 17.

110 Bartelt, 2012, S. 12.

Für eine bessere Übersicht und Verwaltung der Kontakte bieten soziale Netzwerke Adressbücher bzw. Kontaktlisten an. Diese können anderen Nutzern öffentlich gemacht werden, so dass diese wiederum auf einfachem Wege neue Kontakte schließen können. Auf diese Art und Weise können sich Interessengruppen bilden und in kurzer Zeit kann ein persönliches Netzwerk mit nahezu unbegrenzten Kontakten entstehen.[111]

Des Weiteren bieten soziale Netzwerke die Möglichkeit zum Austausch von Medien (z. B. Bilder, Videos, Links, etc.), zum Organisieren von Ereignissen (z. B. Veranstaltungen, Feiern, etc.), sowie weitere Kommunikationswege (z. B. Kommentare, Nachrichten schreiben, Bewertungen, Befragungen, etc.), und Interaktionsmöglichkeiten (z. B. Spiele), die primär dem Aufbau sozialer Kontakte dienen und den Nutzer an das soziale Netzwerk binden sollen.[112]

Es gibt eine Vielzahl an sozialen Netzwerken, die sich grundsätzlich darin unterscheiden, ob sie eine unbestimmte Gruppe von Internetnutzern oder eine spezielle Zielgruppe ansprechen. Facebook ist ein Beispiel für ein soziales Netzwerk, das auf eine unbestimmte Gruppe ausgerichtet ist, da sowohl private Personen als auch Unternehmen zu den Mitgliedern zählen.[113]

Daneben gibt es soziale Netzwerke, die sich an spezielle Zielgruppen mit einem spezifischen Interesse wenden, z. B. Netzwerke zur Partnervermittlung (z. B. Match.com[114], eDarling[115], Parship[116]), Netzwerke zum Aufbau und zur Pflege von geschäftlichen Beziehungen (z. B. Xing, LinkedIn, Come United[117]) und Netzwerke zum Austausch über gleiche Interessen oder Themen (z. B. RunKeeper[118], MySpace[119]).[120]

Soziale Netzwerke lassen sich außerdem danach differenzieren, ob es sich um offene oder geschlossene Netzwerke handelt.

Ein offenes Netzwerk (z. B. Google Plus, Facebook) steht allen registrierten Nutzern im Internet offen und unterliegt keinen Zugangsbeschränkungen.[121] So lautet das Motto von Facebook: „Facebook ermöglicht es dir, mit den Menschen in deinem Leben in Verbindung zu treten und Inhalte mit diesen zu teilen“[122].

---

111 Ebd., S. 13 f.
112 Ulbricht, 2011, S. 14.
113 Bartelt, 2012, S. 9.
114 Www.match.com.
115 Www.edarling.de.
116 Www.parship.de.
117 Www.comeunited.com.
118 Www.runkeeper.com.
119 Www.myspace.com.
120 Bartelt, 2012, S. 9; vgl. Mehler-Bicher/ Mehler, Update 9 WS 09/10, S. 6.
121 Bartelt, 2012, S. 10.
122 Abrufbar unter https://de-de.facebook.com/ (zuletzt abgerufen am 27.03.2017).

Ein geschlossenes Netzwerk hingegen ist i.d.R. nur für einen bestimmten Personenkreis zugänglich (z. B. asmallworld[123]).[124] Nutzer erhalten hierbei nur über eine Einladung eines bestehenden Mitglieds Zugang. Beiden ist gemein, dass sie keine einfache für jede Person frei zugängliche und einsehbare Webseite sind, da in jedem Fall eine Registrierung notwendig ist. Der Benutzerkreis sozialer Netzwerke kann daher nicht mit dem des offenen Internets gleichgestellt werden.[125]

Darüber hinaus lassen sich soziale Netzwerke darin unterscheiden, ob sie für die Teilnahme Benutzungsgebühren erheben.[126] Dies wird von allen sozialen Netzwerken unterschiedlich gehandhabt. Grundsätzlich lässt sich jedoch feststellen, dass die derzeit bekanntesten Netzwerke ihre Leistung unentgeltlich anbieten (z. B. Facebook, Google Plus). Einige soziale Netzwerke (z. B. Xing, LinkedIn) verlangen auch nur für Zusatzdienste, die über eine Basisfunktion (z. B. Anlegen eines Profils) hinausgehen, Nutzungsgebühren.[127]

D. Geschäftsmodell

Soziale Netzwerke, die ihren Nutzern ihre Dienstleistungen kostenlos zur Verfügung stellen, müssen als wirtschaftlich agierende Unternehmen Umsatz generieren, um sich finanzieren zu können. Dieser Umsatz wird zu einem großen Teil durch Werbung erzielt.[128] Dabei bietet der Anbieter des sozialen Netzwerks Werbeflächen auf seiner Plattform zum Verkauf an.[129] Eine zielgenau auf den einzelnen Nutzer zugeschnittene Werbung (sog. Behavioural Advertising) ist für die Anbieter und Werbekunden von besonderem Interesse, da sie durch die Verringerung von Streuverlusten effektiver ausgesteuert werden kann.[130] Für diese sog. personalisierte Werbung sind Informationen über die Nutzer wie Geschlecht, Wohnort, Alter, Hobbys etc. nötig, die das soziale Netzwerk im Rahmen der Nutzerprofile naturgemäß mit sich bringen. Darüber hinaus erstellen soziale Netzwerke sog. Nutzerprofile, um Werbung in Abhängigkeit vom Nutzerverhalten auszusteuern.[131] Je differenzierter das Niveau der personenbezogenen Daten ist, desto gewinnbringender können Werbeflächen

123 Www.asmallworld.com.
124 Bartelt, 2012, S. 10.
125 Piltz, 2013, S. 21.
126 Bartelt, 2012, S. 9 f.
127 Ebersbach/ Glaser/ Heigl, 2011, S. 244 f.
128 Im 4. Quartal 2015 betrug der weltweite Werbeumsatz des sozialen Netzwerks Facebook rund 5,637 Milliarden USD, abrufbar unter http://de.statista.com/statistik/daten/studie/164678/umfrage/werbeumsaetze-von-facebook-nach-region/ (zuletzt abgerufen am 27.03.2017); Hamburgischer Beauftragter für Datenschutz und Informationsfreiheit, 2013, S. 8.
129 Artikel 29-Datenschutzgruppe, 2009, WP 163, S. 5.
130 Ehrlich, acquisa 09/2011, S. 66; G. Schröder in Forgó/ Helfrich/ Schneider, 2014, Teil VII Kap. 3, Rn. 7.
131 Siehe dazu Drittes Kapitel B. IV. 4. a).

verkauft werden.[132] Es liegt also im Interesse eines sozialen Netzwerkanbieters zum einen, so viele Nutzer wie möglich und zum anderen so präzise Daten wie möglich zu erhalten. Im Umkehrschluss finanzieren die Nutzer die sozialen Netzwerke mit der kostenlosen Preisgabe ihrer Daten.[133]

Neben der Werbung gibt es weitere Erlösquellen (z. B. Gebühren), welche für das in dieser Arbeit zu untersuchende Thema Schutz und Missbrauch von personenbezogenen Daten nicht relevant sind.

E. Rechtliche Risiken

Die Möglichkeit für Personen über soziale Netzwerke schnell und einfach mit einer nahezu unbegrenzten Anzahl an Kontakten zu kommunizieren und eine Vielzahl an persönlichen Daten auszutauschen, kann Gefahren für die Persönlichkeitsrechte der Nutzer darstellen und stellt den Datenschutz auf der ganzen Welt vor große Herausforderungen. Es gibt keine weltweit einheitlichen Konzeptionen des Datenschutzes, vielmehr hat jedes Land seine eigenen Regelungen.[134] So bestehen bereits zwischen den Datenschutzkonzeptionen der USA und Europa grundlegende Unterschiede. Dies führt vor dem Hintergrund, dass viele Anbieter sozialer Netzwerke ihren Sitz in den USA haben, zu Konflikten zwischen den USA und der EU.[135] Südamerikanische Staaten wie Argentinien und Uruguay folgen wiederum den Datenschutzvorschriften der EU,[136] Chiles Datenschutzvorschriften hingegen weichen von diesen ab.[137]

Aufgrund der weltweiten Verfügbarkeit ihrer Dienste sind Anbieter sozialer Netzwerke nicht nur mit den Datenschutzvorschriften ihres Sitzlandes konfrontiert. Bei grenzüberschreitenden Datenschutzfällen kommt es daher immer wieder zu Konflikten und Unsicherheiten, sowohl für die Anbieter als auch für die Nutzer.

Die starke Zunahme an Nutzerzahlen in sozialen Netzwerken zeigt, dass Menschen das Bedürfnis haben, mit anderen Menschen Fotos, Meinungen oder Gedanken auszutauschen und sich öffentlich bzw. teilweise öffentlich darzustellen.[138]

---

132 Erd, NVwZ 2011, S. 19.

133 International Working Group on Data Protection in Telecommunications, Bericht und Empfehlung zum Datenschutz in sozialen Netzwerkdiensten – Rom-Memorandum, 43. Sitzung, 2008, S. 3, abrufbar unter http://www.datenschutz.fu-berlin.de/dahlem/ressourcen/675_36_13-ROM-Memorandum.pdf (zuletzt abgerufen am 27.03.2017).

134 Spies in Forgó/ Helfrich/ Schneider, 2014, Teil I Kap. 4, Rn. 1.

135 Ausführlich dazu Weichert, RDV 2012, S. 113.

136 Aus EU-Sicht ist das Datenschutzrecht der Länder Argentinien und Uruguay angemessen: EU Kommissionsentscheidung C(2003) 1731 vom 30.06.2003 – OJ L 168, 05.07.2003; EU Kommissionsentscheidung C(2012) 5704 vom 21.08.20102 – OJ L 227/11, 23.08.2012; ausführlich zu Uruguay auch Artikel 29-Datenschutzgruppe, 2010, WP 177; siehe Drittes Kapitel C. II. a) ee).

137 Siehe dazu Fünftes Kapitel.

138 Mainusch/ Burtchen, DuD 2010, S. 449.

Diese Situation bringt eine wesentliche Veränderung des Datenumfelds mit sich, wodurch Rechtsstreitigkeiten bezüglich des Persönlichkeitsrechts und des Datenschutzes zunehmen.

Die Nutzung solcher Dienste kann insbesondere zu Gefährdungen der Privatsphäre der Nutzer sozialer Netzwerke durch Preisgabe von Informationen über sich selbst und Dritte führen. Nutzer können den Zweck ihrer Datenerhebung, -verarbeitung und -nutzung häufig nicht erkennen und verstehen, und sie bringen sozialen Netzwerken blindes Vertrauen entgegen, indem sie viele persönliche Informationen über sich und ihr Umfeld preisgeben, um alle Funktionen des Dienstes auch nutzen zu können.[139]

Weltweit existiert ein unterschiedliches juristisches Verständnis von Datenschutz. Nachfolgend soll die geltende Rechtslage des europäischen und deutschen Datenschutzrechts untersucht werden.

139 BT-Drs. 56/11, S. 2; vgl. auch BITKOM, Datenschutz im Internet 2011, S. 26, abrufbar unter http://www.bitkom.org/files/documents/BITKOM_Publikation_Datenschutz_im_Internet.pdf (zuletzt abgerufen am 27.03.2017).

Drittes Kapitel: Schutz personenbezogener Daten: Rechtslage in Europa und Deutschland

Rechtliche Grundlagen für Datenschutzbestimmungen finden sich sowohl auf europäischer als auch deutscher Ebene. Das weltweit erste Datenschutzgesetz wurde in Deutschland im Jahr 1970 erlassen,[140] womit das Datenschutzrecht als eigenständiges Rechtsgebiet noch relativ jung ist.[141] Der deutsche Gesetzgeber reagierte damit auf die seit Mitte der 1960er Jahre neuen Entwicklungen in der Informationstechnologie bzw. die technologischen Umwälzungen im Bereich der automatisierten Datenverarbeitung[142]. Im Hinblick auf die dadurch immer komplizierter werdende technische Verarbeitung von Informationen rückte der Persönlichkeitsschutz in den Fokus des Interesses des Gesetzgebers, wobei die sog. „personenbezogenen Daten" Anhalts- und Ausgangspunkt zur Gewährleistung eines hohen Schutzniveaus waren.[143] Nach 1970 folgten weitere Datenschutzgesetze, die den Zweck hatten, die einzelne Person vor Persönlichkeitsrechtsverletzungen durch den Umgang mit personenbezogenen Daten zu schützen. Im Folgenden werden die Grundzüge und die Entstehung der Rechtsgrundlagen auf dem Gebiet des europäischen und deutschen Datenschutzrechts untersucht.

A. Der nationale und internationale Begriff des Datenschutzes

Der Begriff „Datenschutz" ist irreführend, denn es handelt sich dabei nicht, wie man irrtümlicherweise annehmen könnte, um den Schutz des Datums an sich, sondern um den Schutz des Persönlichkeitsrechts bzw. der Privatsphäre des Betroffenen.[144] Der Begriff des „Privaten" (engl. privacy) und das Recht zum Schutz der Privatsphäre sind sowohl national als auch international anerkannt und genießen in zahlreichen Staaten verfassungsrechtlichen (z. B. Deutschland[145]) oder zumindest

140 1. Hessisches Datenschutzgesetz vom 30.09.1970.

141 Abel in Roßnagel, 2003, Kap. 2.7, Rn. 1.

142 „Unter der automatisierten Verarbeitung ist die Auswertung unter Einsatz von Datenverarbeitungsanlagen sowie die Möglichkeit der technischen Auswertungen personenbezogener Daten zu verstehen", Kühling/ Seidel/ Sivridis, 2008, S. 24.

143 Abel in Roßnagel, 2003, Kap. 2.7, Rn. 1; Institut für IT-Recht, abrufbar unter http://www.iitr.de/informationen/historie.html (zuletzt abgerufen am 27.03.2017); Simitis in Simitis, 2011, Einleitung, Rn. 29.

144 Simitis in Simitis, 2011, Einleitung, Rn. 2.

145 Das allgemeine Persönlichkeitsrecht in Art. 2 Abs. 1 i.V.m. Art. 1 Abs. 1 GG, siehe dazu Drittes Kapitel D. I. 1.

einfachgesetzlichen Schutz (z. B. Chile[146]).[147] Eine international einheitliche Definition des Begriffs Privatsphäre gestaltet sich aufgrund staatlich unterschiedlicher Rechtsordnungen und sprachlich divergenter Bedeutung der Begrifflichkeiten schwierig.[148]

In Deutschland bedeutet Datenschutz der Schutz des Persönlichkeitsrechts des Betroffenen, d.h. der Schutz personenbezogener Daten bei deren Erhebung, Verarbeitung und Nutzung.[149] „Personenbezogene Daten sind Einzelangaben über persönliche und oder sachliche Verhältnisse einer bestimmten oder bestimmbaren natürlichen Person (Betroffener)"[150] und nur als solche anzusehen, wenn sie einer bestimmten Person – unabhängig von Staatsangehörigkeit oder Aufenthaltsort – zugeordnet werden können.[151]

Die Gefahr des Missbrauchs beim Umgang mit personenbezogenen Daten steigt mit den zunehmenden technischen Möglichkeiten der Datenverarbeitung, vor allem im Internet, da „jedes Datum jederzeit überall verfügbar gemacht werden kann"[152].

Datenschutz ist präventiver Schutz vor der Gefahr einer Rechtsgutverletzung beim Umgang mit persönlichen Daten.[153]

B. Die historische Entwicklung des Datenschutzrechts

Anlass zur Entwicklung des Datenschutzrechtes war der Fortschritt bei der automatisierten Erhebung und Verarbeitung von Daten durch die elektronische Datenverarbeitung in den 1960er Jahren, die die Auswertung von Daten und die Erstellung von Persönlichkeitsprofilen in einem bis dahin nicht gekannten Ausmaß ermöglichte. Ziel war es, den Bürger vor unrechtmäßiger Sammlung, Verarbeitung und Verwendung seiner Daten zu schützen.[154] Durch die fortlaufende technologische Entwicklung und die damit entstandenen Möglichkeiten, immer mehr Daten in immer kürzerer Zeit zu speichern und zu verarbeiten, musste der Gesetzgeber diese

146 Siehe dazu Fünftes Kapitel B.

147 Abrufbar unter https://www.privacyinternational.org/node/44 (zuletzt abgerufen am 27.03.2017).

148 Schiedermair, 2012, S. 59.

149 Stellungnahme des BITKOM vom 05.08.2014, S. 3, abrufbar unter https://www.bitkom.org/Publikationen /2014/Positionen/Gesetz-Verbesserung-zivilrechtlichen-Durchsetzung-von-verbraucherschuetzenden-Vorschriften-Datenschutzrecht/20140805-Stellungnahme-Verbandsklage.pdf (zuletzt abgerufen am 27.03.2017); Tinnefeld in Roßnagel, 2003, Kap. 4.1, Rn. 1 f.

150 § 3 Abs. 1 BDSG.

151 Artikel 29-Datenschutzgruppe, 2010, WP 179, S. 11.

152 Conrad in Auer-Reinsdorff/ Conrad, 2011, § 25, Rn. 3.

153 Grimm, 2012, S. 4, abrufbar unter https://www.bmi.bund.de/SharedDocs/Downloads/DE/Themen/Sicherheit/Datenschutz/rede_grimm.pdf?__blob=publicationFile (zuletzt abgerufen am 27.03.2017).

154 Conrad in Auer-Reinsdorff/ Conrad, 2011, § 25, Rn. 24.

Thematik einer Regelung unterziehen, um die „Unantastbarkeit des Privatlebens“[155] zu schützen.[156]

Ausgangspunkt in Deutschland waren die sog. personenbezogenen Daten und nicht die darin enthaltenen Informationen, um ein möglichst hohes Schutzniveau zu ermöglichen, d.h., den Einzelnen davor zu schützen, dass er durch den Umgang (Erhebung, Speicherung, Verwendung und Weitergabe) mit seinen personenbezogenen Daten in seinem Persönlichkeitsrecht beeinträchtigt wird.[157]

Der erste Abschnitt in der Geschichte der Datenschutzgesetzgebung beginnt mit dem 30. September 1970, dem Tag der Verabschiedung des 1. Hessischen Datenschutzgesetzes (HDSG), welches nur für öffentliche Stellen im Land Hessen galt. Es wird allgemein als das weltweit erste Datenschutzgesetz angesehen, womit Deutschland als das „Mutterland des Kerndatenschutzes“[158] gilt.[159] Die Bundesländer schlossen sich in den Folgejahren mit Landesgesetzen an.[160] Nach einem ersten Referentenentwurf für ein Bundesdatenschutzgesetz (BDSG) im Jahr 1971 folgte nach etlichen Neufassungen die erste Fassung des BDSG am 01. Februar 1977, welche am 01. Januar 1978 in vollem Umfang in Kraft trat.[161] Bundes- und Landesgesetzgeber einigten sich auf die Bezeichnung „Datenschutz“, die sich seitdem durchgesetzt hat.[162]

Der zweite Abschnitt in der Geschichte des deutschen Datenschutzes wird von einem Urteil des BVerfG am 15. Dezember 1983, dem sog. „Volkszählungsurteil“[163] eingeleitet.[164]

Das Volkszählungsurteil war die „Sternstunde“[165] des Datenschutzes. Mit ihm erfolgte eine rechtliche Fundierung von Datenschutzkontrolle und ihrer Institutionalisierung im deutschen Recht. Dem Volkszählungsurteil ging die Verabschiedung eines Volkszählungsgesetzes voraus, welches in der Bevölkerung Unmut auslöste. Grund dafür war der mit der Totalerhebung verbundene Melderegisterabgleich, der die Vermischung statistischer und administrativer Funktionen bedeutete. Nach dem Willen des Gesetzgebers sollten durch Auskunftspflicht erzwungenermaßen

155 Simitis in Simitis, 2011, Einleitung, Rn. 16.

156 Simitis in Simitis, 2011, Einleitung, Rn. 16; Scheja/ Haag in Leupold/ Glossner, 2011, Teil 4 C, Rn. 4.

157 Conrad in Auer-Reinsdorff/ Conrad, 2011, § 25, Rn. 16; Institut für IT-Recht, abrufbar unter http://www.iitr.de/informationen/historie.html (zuletzt abgerufen am 27.03.2017); siehe § 1 Abs. 1 BDSG; Simitis in Simitis, 2011, Einleitung, Rn. 16.

158 Gärtner, 2011, S. 77.

159 Auernhammer, 1993, Kap. 5, Rn. 20; Conrad in Auer-Reinsdorff/ Conrad, 2011, § 25, Rn. 25; Simitis in Simitis, 2011, Einleitung, Rn. 1.

160 Simitis in Simitis, 2011, Einleitung, Rn. 1; das Bundesland Rheinland-Pfalz folgte 1974 als erstes und Hamburg 1981 als letztes mit einem entsprechenden Gesetz.

161 Conrad in Auer-Reinsdorff/ Conrad, 2011, § 25, Rn. 25.

162 Simitis in Simitis, 2011, Einleitung, Rn. 1 f.

163 BVerfG, Urteil vom 15.12.1983, Az. 1 BvR 209/83 = NJW 1984, S. 419, 422.

164 Simitis in Simitis, 2011, Einleitung, Rn. 27.

165 Begriff von Donos, 1998, S. 69.

preisgegebene Informationen für die unterschiedlichsten Zwecke der öffentlichen Stellen verwendet werden.[166]

Das BVerfG setzte sich ausführlich damit auseinander, welche Anforderungen die Verfassung an die Verarbeitung personenbezogener Daten stellt, und steckte somit mit bewusst programmatischen Aussagen einen Rahmen für alle künftigen Überlegungen zum Umgang mit personenbezogenen Daten.[167]

In diesem Volkszählungsgesetz leitete das höchste deutsche Gericht aus dem verfassungsrechtlichen allgemeinen Persönlichkeitsrecht das Grundrecht auf informationelle Selbstbestimmung ab.[168] Das Gericht stellte fest, dass Betroffene angesichts automatischer Datenverarbeitungstechnologien nicht mehr überschauen können, wer welche Daten wann, wo und zu welchem Zweck verarbeitet und damit in ihrer Freiheit, selbstbestimmt zu entscheiden, eingeschränkt sind.[169]

Die Entscheidungen des Volkszählungsurteils bereiteten den Boden für ein neues, umfassendes und differenziertes Regelungskonzept für den Datenschutz und haben damit Geschichte geschrieben. Der deutsche Gesetzgeber entwickelte das Datenschutzrecht auf der Basis des Volkszählungsurteils weiter und verabschiedete am 20. Dezember 1990 eine zweite Fassung des BDSG, in der das Recht der Bürger auf informationelle Selbstbestimmung vor staatlichen Informationsansprüchen erstmals verankert wurde.[170] Die neueste Fassung des BDSG stammt aus dem Jahr 2009 und wird an anderer Stelle in dieser Arbeit präzise dargestellt.[171]

Nach 1990 folgten eine Vielzahl von bereichsspezifischen Regelungen, die als jeweilige lex specialis Regelungen gelten.[172] Hier ist für soziale Netzwerke vor allem das TMG anzuführen, welches im weiteren Verlauf ausführlich erläutert wird.[173]

Auch auf internationaler und europäischer Ebene wurde das Thema Datenschutz weiter vorangetrieben, worauf im Dritten Kapitel C. genauer eingegangen werden soll.

C. Der internationale Datenschutz und seine Rechtsquellen

Der rechtliche Ordnungsrahmen des Datenschutzes auf nationaler und supranationaler Ebene ist von Beginn an auch durch internationale Regelungen auf den Weg gebracht worden.[174] Maßgebend für die weitere Entwicklung des Datenschutzrechts auf internationaler Ebene war die Wahrnehmung, dass Datenschutz im Zeitalter

166 Hatt, 2012, S. 120.
167 Simitis in Simitis, 2011, Einleitung, Rn. 29.
168 Conrad in Auer-Reinsdorff/ Conrad, 2011, § 25, Rn. 27; siehe dazu Drittes Kapitel D. I. 2. a).
169 Jotzo, 2013, S. 40.
170 Conrad in Auer-Reinsdorff/ Conrad, 2011, § 25, Rn. 29.
171 Siehe ausführlich unter Drittes Kapitel D. II. 1.
172 Tinnefeld/ Buchner/ Petri, 2012, S. 69.
173 Siehe Drittes Kapitel D. II. 2.
174 Tinnefeld/ Buchner/ Petri, 2012, S. 70.

der Neuen Technologien an den Grenzen eines Staates nicht Halt macht. Mit der zunehmenden Technisierung durch das Internet stieg auch der grenzüberschreitende Datenverkehr und wurde vereinfacht. Die Anzahl internationaler Unternehmen sowie die internationale Zusammenarbeit nahmen durch die Globalisierung zu. Dies hatte zur Folge, dass die nationalen Grenzen für die Regelungen des Datenschutzes an Bedeutung verloren, sodass Datenschutz unabwendbar international werden musste.[175]

Im Folgenden sollen die für die vorliegende Untersuchung relevanten wesentlichen internationalen Regelungswerke über den Schutz persönlicher Daten betrachtet werden.

I. Internationales Recht

Über die Anfänge des Datenschutzes in Hessen hinaus war für die weitere Entwicklung und Ausgestaltung nationaler Regelungen die Entwicklung in internationalen Organisationen entscheidend. Hervorzuheben sind diesbezüglich die Arbeiten im Europarat, in der Organisation für wirtschaftliche Zusammenarbeit und Entwicklung (engl. Organization for Economic Cooperation and Development – OECD) und in den Vereinten Nationen (engl. United Nations – UN), die den Entstehungsprozess des Datenschutzes auf einzelstaatlicher Ebene vereinfachten. Das Hauptinteresse der OECD galt wirtschaftlichen Aspekten, das des Europarats den menschen- und bürgerrechtlichen Aspekten, wobei beide Organisationen betonten, auch die Aspekte des anderen zu berücksichtigen.[176]

1. Vereinte Nationen

Am 10. Dezember 1948 wurde von der UN-Generalversammlung als erste internationale Übereinkunft die Allgemeine Erklärung der Menschenrechte (AEMR) beschlossen: „Niemand darf willkürlichen Eingriffen in sein Privatleben, seine Familie, sein Heim oder seinen Briefwechsel noch Angriffen auf seine Ehre und seinen Beruf ausgesetzt werden."[177] Durch den Anspruch auf Privatsphärenschutz eines jeden Menschen werden die notwendigen Bedingungen für die Anknüpfung eines spezifischen internationalen Datenschutzes gesetzt. Diese Erklärung hatte allerdings keinerlei Rechtswirkung, sie war lediglich als eine Empfehlung der Generalversammlung gedacht.[178]

---

175 Burkert in Roßnagel, 2003, Kap. 2.3, Rn. 20; Comans, 2012, S. 68.

176 Burkert in Roßnagel, 2003, Kap. 2.3, Rn. 21; Comans, 2012, S. 68.

177 Art. 12 S. 1 Resolution 217 A (III) der Generalversammlung vom 10.12.1948, abrufbar unter http://www.ohchr.org/en/udhr/pages/language.aspx?langid=ger (zuletzt abgerufen am 27.03.2017).

178 Kühling/ Seidel/ Sivridis, 2011, S. 5; Tinnefeld/ Buchner/ Petri, 2012, S. 70.

Durch die automatisierte Verarbeitung personenbezogener Daten hatten die Vereinten Nationen die Befürchtung, dass diese die Menschenrechte gefährden könne.[179]

Am 14. Dezember 1990 beschloss die UN-Generalversammlung für ihre Mitgliedstaaten sowie für alle Organisationen, die ihr angehören, sog. Guidelines Concerning Computerized Personal Data Files (Richtlinien zur Verarbeitung personenbezogener Daten in automatisierten Dateien)[180] für den öffentlichen und nicht öffentlichen Sektor, die jedoch wieder lediglich einen Empfehlungscharakter aufwiesen und damit keine völkerrechtliche Verbindlichkeit hatten.[181]

2. Organisation für wirtschaftliche Zusammenarbeit und Entwicklung (OECD)

Die OECD hat bereits früh die Notwendigkeit einer internationalen Regelung des Datenschutzes erkannt mit dem Bestreben, die zunehmende Rechtsungleichheit zu beseitigen, die den ungehinderten Fluss von Informationen über die nationalen Grenzen hinweg behindern und so zu einem diskriminierenden Handelshemmnis führen.[182] Die OECD ist eine Organisation westlicher Industrieländer[183], der 1961 die Bundesrepublik Deutschland beitrat.[184] Der Rat der OECD hat am 23. September 1980 „Leitlinien für den Schutz des Persönlichkeitsbereichs und den grenzüberschreitenden Verkehr personenbezogener Daten“[185] verabschiedet, die sich als eine förmliche Empfehlung an die Mitgliedstaaten der OECD wenden.[186] Die Leitlinien beinhalten neben verfahrensrechtlichen Vorgaben auch materielle Regelungen für den öffentlichen und privaten Sektor.[187]

Das Prinzip der Selbstregulierung wird als eine datenschutzrechtliche Leitlinie bezeichnet und soll bei grenzüberschreitenden Datenübermittlungen ausreichen,

179 Schaar, 2002, Kap. 3, Rn. 79; Tinnefeld/ Buchner/ Petri, 2012, S. 70.

180 UN-Generalversammlung. Resolution 45/95 vom 14.12.1990, abrufbar unter http://www.un.org/documents/ga/res/45/a45r095.htm (zuletzt abgerufen am 27.03.2017).

181 Tinnefeld/ Buchner/ Petri, 2012, S. 70; Würmeling, 2000, S. 12 f.

182 Burkert in Roßnagel, 2003, Kap. 2.3, Rn. 23; Mähring, 1993, S. 30; Schaar, 2002, Kap. 3, Rn. 81.

183 Mitgliedstaaten: Australien, Belgien, Chile, Dänemark, Deutschland, Estland, Finnland, Frankreich, Griechenland, Irland, Island, Israel, Italien, Japan, Kanada, Luxemburg, Mexiko, Neuseeland, Niederlande, Norwegen, Österreich, Polen, Portugal, Schweden, Schweiz, Slowakei, Slowenien, Spanien, Südkorea, Tschechien, Türkei, Ungarn, Vereinigte Staaten, Vereinigtes Königreich.

184 Tinnefeld/ Buchner/ Petri, 2012, S. 71.

185 OECD Guidelines on the Protection of Privacy and Transborder Flows of Personal Data, abrufbar unter http://www.oecd.org/internet/ieconomy/oecdguidelinesontheprotectionofprivacyandtransborderflowsofpersonaldata.htm (zuletzt abgerufen am 27.03.2017).

186 Burkert in Roßnagel, 2003, Kap. 2.3, Rn. 22; Genz, 2004, S. 13.

187 Kühling/ Seidel/ Sivridis, 2011, S. 6.

d.h., die in den Mitgliedstaaten verantwortlichen Stellen[188] bestimmen den Umgang mit personenbezogenen Daten eigenverantwortlich und kontrollieren die Einhaltung ihrer Regeln selbst.[189] Damit dient das Instrument der Selbstregulierung nach den Vorstellungen der OECD der Garantie des Schutzes des Persönlichkeitsrechts und der Grundfreiheiten.[190]

Bei diesen Leitlinien handelt es sich nicht um ein bindendes Völkerrecht, sondern die Umsetzung der Leitlinien in nationales Recht steht den Mitgliedstaaten frei. Dennoch hatten sie einen entscheidenden Anteil an der Etablierung des Datenschutzes auf internationaler Ebene.[191]

3. *Europarat*

Der am 5. Mai 1949 gegründete Europarat, der sich der dauerhaften Sicherung der Demokratie, der Menschenrechte und der Rechtsstaatlichkeit in Europa verschrieben hatte, hat die Entwicklung der Menschenrechte, besonders im Hinblick auf den Datenschutz, entscheidend beeinflusst. Der Europarat als internationale Organisation verfolgte unter anderem das Ziel, innerhalb seiner Mitgliedstaaten einen gemeinsamen Standard des Schutzes der Menschenrechte zu verankern.[192] Im Zuge dessen verabschiedete der Europarat am 4. November 1950 die „Konvention zum Schutze der Menschenrechte und Grundfreiheiten“ (sog. Europäische Menschenrechtskonvention – EMRK)[193], einen völkerrechtlichen Vertrag, der weit über die Menschenrechtskonventionen hinaus ging und im Jahr 1953 in Kraft trat.[194]

Sie stellt einen Wendepunkt in der Entwicklung und Durchsetzung der Menschenrechte dar und sieht im Wesentlichen in Art. 8. Abs. 1 EMRK[195] die Achtung der Privatsphäre vor.

Ein ausdrückliches Recht auf Datenschutz bzw. Recht auf den Schutz von personenbezogenen Daten ist auch hier nicht direkt vorhanden, stattdessen bildet das in Art. 8 Abs. 1 EMRK garantierte Recht auf Achtung des Privat- und Familienlebens

---

188 Eine „verantwortliche Stelle“ wird nach § 3 Abs. 7 BDSG definiert als „jede Person oder Stelle, die personenbezogene Daten für sich selbst erhebt, verarbeitet oder nutzt oder dies durch andere im Auftrag vornehmen lässt.“

189 Kranig/ Peintinger, ZD 2014, S. 3; Kühling/ Seidel/ Sivridis, 2011, S. 6; Tinnefeld/ Buchner/ Petri, 2012, S. 71 f.

190 Weniger, 2005, S. 351.

191 Kühling/ Seidel/ Sivridis, 2011, S. 6; Tinnefeld/ Buchner/ Petri, 2012, S. 71 f.

192 Genz, 2004, S. 13.

193 EMRK vom 4.11.1950, 213 U.N.T.S. 221, zuletzt geändert durch Protokoll Nr. 14 vom 13.05.2004, abrufbar unter http://www.echr.coe.int/documents/convention_deu.pdf (zuletzt abgerufen am 27.03.2017).

194 Hahn, 1994, S. 63.

195 „Art. 8 Recht auf Achtung des Privat- und Familienlebens: (1) Jede Person hat das Recht auf Achtung ihres Privat- und Familienlebens, ihrer Wohnung und ihrer Korrespondenz.“

sowie der Korrespondenz die Grundlage für den Datenschutz.[196] Der Begriff „Privatleben" wird seitens des Europäischen Gerichtshofs für Menschenrechte (EGMR), der bei einer Verletzung der EMRK zuständig ist, weit ausgelegt.[197] Nach einem Urteil des EGMR vom 19. September 2013 umfasst der Begriff „Privatleben" auch „die persönlichen Informationen, bei denen eine Person berechtigterweise erwarten kann, dass sie nicht ohne ihr Einverständnis veröffentlicht werden".[198] Demnach versteht der EGMR den Schutz personenbezogener Informationen als Teilbereich des Schutzes des Privatlebens. Auch in einem älteren Urteil vom 24. Juni 2004 ist das EGMR der Auffassung, dass „angesichts des technischen Fortschritts bei der Aufzeichnung und Wiedergabe personenbezogener Daten eine verstärkte Wachsamkeit beim Schutz des Privatlebens geboten"[199] sei. Voraussetzung für den Schutz von Daten ist immer der Bezug zum Privatleben.[200] Der Schutz der Achtung des Privatlebens entspricht in der Tendenz dem deutschen Recht auf informationelle Selbstbestimmung.[201] Der Begriff Korrespondenz umfasst den Schutz der Vertraulichkeit der Individualkommunikation, also E-Mails, Telefongespräche und Internet-Telefonie.[202]

Jegliche Art der Erhebung, Nutzung oder sonstige Verarbeitung personenbezogener Daten stellt nach Art. 8 Abs. 2 EMRK einen Eingriff dar und muss gerechtfertigt sein. Ein Eingriff ist nur dann gerechtfertigt, wenn er gesetzlich vorgesehen und für die nationale Sicherheit notwendig ist oder aber auch bestimmten Zielen wie dem wirtschaftlichen Wohl des Landes, der Aufrechterhaltung der Ordnung, Zielen zur Verhütung von Straftaten und zum Schutz der Gesundheit oder der Rechte und Freiheiten anderer dient.[203] Die EMRK hat in Deutschland den Rang eines einfachen Gesetzes.[204]

Zur Konkretisierung des Art. 8 EMRK verabschiedete der Europarat im Mai 1979 das „Übereinkommen zum Schutz des Menschen bei der automatischen Verarbeitung

---

196 Nink, 2010, S. 167; Tinnefeld/ Buchner/ Petri, 2012, S. 73 f.

197 Piltz, delegedata, abrufbar unter http://www.delegedata.de/2014/01/das-grundrecht-auf-datenschutz-europa/ (zuletzt abgerufen am 27.03.2017); Schneider in Wolff/ Brink, 2013, Syst. B, Rn. 15.

198 EGMR, Urteil vom 19.09.2013, Beschwerde Nr. 8772/10, Rn. 41, abrufbar unter http://hudoc.echr.coe.int/sites/eng/pages/search.aspx?i=001-139651 (zuletzt abgerufen am 27.03.2017).

199 Urteil vom 24.06.2004, Individualbeschwerde Nr. 59320/00, Rn. 70.

200 Piltz, delegedata, abrufbar unter http://www.delegedata.de/2014/01/das-grund recht-auf-datenschutz-europa/ (zuletzt abgerufen am 27.03.2017).

201 Siehe dazu Drittes Kapitel D. I. 2. a).

202 Kühling/ Seidel/ Sivridis, 2011, S. 8.

203 Piltz, delegedata, abrufbar unter http://www.delegedata.de/2014/01/das-grund recht-auf-datenschutz-europa/ (zuletzt abgerufen am 27.03.2017); siehe Art. 8 Abs. 2 EMRK.

204 Taeger, 2014, Kap. I, Rn. 25.

personenbezogener Daten“[205] (sog. Europäische Datenschutzkonvention[206]), das am 28. Januar 1981 zur Unterzeichnung für die Mitgliedstaaten aufgelegt wurde und 1985 in Kraft trat.[207] Der Europarat schuf damit das erste rechtsverbindliche internationale Instrument, das im Bereich des Datenschutzes angenommen wurde und für alle zeichnenden Staaten völkerrechtlich verbindlich ist.[208]

Die Europäische Datenschutzkonvention beschränkt sich auf die automatische Verarbeitung personenbezogener Daten natürlicher Personen und gilt sowohl im öffentlichen als auch im privaten Bereich der Datenverarbeitung.[209] Nichteuropäische Mitgliedstaaten der OECD können ebenfalls beitreten mit der Verpflichtung, die Grundsätze als gemeinsames datenschutzrechtliches Minimum zu verwirklichen, müssen aber die Regelungen in ihr eigenes innerstaatliches Recht umsetzen.[210] Die Europäische Datenschutzkonvention enthält Prinzipien des Datenschutzes, die sich auch in der allgemeinen Datenschutzrichtlinie (DSRL)[211] der Europäischen Union wiederfinden,[212] wie den Grundsatz der rechtmäßigen Datenerhebung nach Treu und Glauben (Art. 6 Abs. 1 lit. a), den Zweckbindungsgrundsatz der Datenerhebung und Datenverarbeitung (Art. 6 Abs. 1 lit. b DSRL), den Verhältnismäßigkeitsgrundsatz bei der Erhebung und Verarbeitung (Art. 6 Abs. 1 lit. c DSRL), das Prinzip der Datenqualität (Art. 6 Abs. 1 lit. d DSRL), den Grundsatz der Datensicherheit (Art. 17 DSRL) sowie Regelungen zum Umgang mit sensiblen Daten (Art. 8 DSRL) und zum grenzüberschreitenden Datenverkehr (Art. 25 und Art. 26 DSRL).[213] Nicht-Vertragsstaaten betreffend wird die Übermittlung personenbezogener Daten in einem Zusatzprotokoll zur Datenschutzkonvention geregelt. Danach kann die Übermittlung von personenbezogenen Daten in einen Nicht-Vertragsstaat nur dann erfolgen, „wenn dieser Staat oder diese Organisation ein angemessenes Schutzniveau für die beabsichtigte Datenweitergabe gewährleistet.“[214]

Die Europäische Datenschutzkonvention war weltweit das erste verbindliche internationale Abkommen in Punkto Datenschutz und ebnete den Weg für einen gemeinsamen europäischen Datenschutz.

---

205 Abrufbar unter https://rm.coe.int/CoERMPublicCommonSearchServices/DisplayDCTMContent? documentId=0900001680080632 (zuletzt abgerufen am 27.03.2017).

206 Auch sog. Konvention 108.

207 Taeger, 2014, Kap. I, Rn. 25; Jotzo, 2013, S. 29.

208 Kühling/ Seidel/ Sivridis, 2011, S. 10; Tinnefeld/ Buchner/ Petri, 2012, S. 74.

209 Taeger, 2014, Kap. I, Rn. 25; Tinnefeld/ Buchner/ Petri, 2012, S. 74.

210 Tinnefeld/ Buchner/ Petri, 2012, S. 74.

211 Richtlinie 95/46/EG des Europäischen Parlaments und Rates vom 24.10.1995 zum Schutz natürlicher Personen bei der Verarbeitung personenbezogener Daten und zum freien Datenverkehr, ABl. Nr. L 281 v. 23.11.1995, S. 31.

212 Siehe dazu Drittes Kapitel C. II. 2. a) cc).

213 Taeger, 2014, Kap. I, Rn. 25; Tinnefeld/ Buchner/ Petri, 2012, S. 74.

214 Europarat, Zusatzprotokoll zum Übereinkommen zum Schutz des Menschen bei der automatischen Verarbeitung personenbezogener Daten bezüglich Kontrollstellen und grenzüberschreitendem Datenverkehr, 2001, Art. 2 Abs. 1.

II. Unionsrecht

Die Gewährleistung des Datenschutzes in der Europäischen Union erfolgt im Rahmen der europäischen Grundrechte (Primärrecht) sowie in allgemeinen und bereichsspezifischen Datenschutzrichtlinien (Sekundärrecht). Im Folgenden sollen die wichtigsten europäischen Regelungen zum Datenschutz in der Europäischen Union erläutert werden, deren Kenntnis im Rahmen dieser Arbeit notwendig ist.

1. Primärrecht

Primärrechtliche Grundlage der Europäischen Union sind der Vertrag über die Europäische Union (EUV)[215] und der Vertrag über die Arbeitsweise der Europäischen Union (AEUV)[216], zwei rechtlich gleichrangige Verträge (sog. „die Verträge").[217] Eine Ergänzung liefert die EU-Grundrechtecharta (EGRC) gem. Art. 6 Abs. 1 EUV, wonach die Verträge und die EGRC „rechtlich gleichrangig" sind.[218]

Der europäische Grundrechtschutz nimmt seinen Ausgang in Art. 6 Abs. 3 EUV. Danach gelten die EGRC, die EMRK und die gemeinsamen Verfassungsüberlieferungen der Mitgliedstaaten „als allgemeine Grundsätze Teil des Unionsrechts".[219]

a) EU-Grundrechtecharta

Die EGRC gilt als rechtlich verbindliche Formulierung einer Grundrechts- und Werteordnung für die Europäische Union. Ihr wesentlicher Zweck wird in der Präambel zusammengefasst, in der es heißt, dass es notwendig sei, „angesichts der Weiterentwicklung der Gesellschaft, des sozialen Fortschritts und der wissenschaftlichen und technologischen Entwicklungen den Schutz der Grundrechte zu stärken, indem sie in einer Charta sichtbarer gemacht werden."[220] Die EGRC wurde bereits im Jahr 2000 im Rahmen der Regierungskonferenz in Nizza unterzeichnet, jedoch erhielt sie erst mit Inkrafttreten des Vertrages von Lissabon am 1. Dezember 2009[221] Rechtsverbindlichkeit und wurde damit auf die Ebene des Primärrechts gestellt.[222]

Art. 7 EGRC reguliert das Recht auf Achtung des Privat- und Familienlebens und der Kommunikation und entspricht im Wesentlichen Art. 8 EMRK zum Schutz personenbezogener Daten. Gem. Art. 52 Abs. 3 EGRC hat es die gleiche Bedeutung und Tragweite wie die Konventionsrechte. Der Begriff „Kommunikation" beinhaltet

---

215 ABl. EU Nr. C 115 v. 9. Mai 2008, S. 13.
216 ABl. EU Nr. C 115 v. 9. Mai 2008, S. 47.
217 Art. 1 Abs. 2 AEUV und Art. 1 Abs. 3 EUV.
218 Art. 6 Abs. 1 EUV; Comans, 2012, S. 74.
219 Kühling/ Seidel/ Sivridis, 2011, S. 15; Tinnefeld/ Buchner/ Petri, 2012, S. 73.
220 ABl. EU Nr. C 364 v. 18.12.2000, Präambel S. 8; ABl. EU Nr. C 303 v. 14.12.2007, S. 2.
221 Vertrag von Lissabon zur Änderung des Vertrags über die Europäische Union und des Vertrags zur Gründung der Europäischen Gemeinschaft (2007/C 306/01), ABl. EU Nr. C 306 v. 17.12.2007.
222 Schaar, 2002, Kap. 3, Rn. 91; Zimmer, 2011, S. 74, 78.

neben dem Schutz des Brief-, Post- und Telekommunikationsgeheimnisses auch den Schutz moderner Formen der Kommunikation wie bspw. E-Mail und SMS. Nicht nur die Vertraulichkeit des Kommunikationinhaltes wird gewährt, sondern auch der Schutz vor Kenntnisnahme der Umstände (z. B. Ort, Zeit, Häufigkeit etc.). Diese werden jedoch in Art. 8 EGRC (Schutz personenbezogener Daten) konkretisiert.[223]

Art. 8 EGRC regelt – anders als die EMRK[224] – explizit ein Datenschutzgrundrecht, das Recht auf Schutz der sie betreffenden personenbezogenen Daten und wird zu Art. 7 EGRC als lex specialis verstanden.[225] Alle Informationen über eine bestimmte oder bestimmbare Person sind geschützt.[226] Neben natürlichen Personen können sich auch juristische Personen, soweit wesensmäßig auf sie anwendbar, auf Art. 8 EGRC berufen. Entscheidend hierfür war die Entscheidung des EuGH in den verbundenen Rechtssachen C-92/09 und C-93/09, wonach der EuGH im Rahmen des persönlichen Schutzbereichs entschied, dass sich auch eine GbR, also eine Personengesellschaft und nicht eine natürliche Person, auf den Schutz personenbezogener Daten berufen könne. Dies gehe aber nur, „soweit der Name der juristischen Person eine oder mehrere natürliche Personen bestimmt"[227], da über den Namen der GbR Rückschlüsse auf die dahinter stehenden Gesellschafter gezogen werden können, so dass ein indirekter Personenbezug hergestellt werden kann.[228]

Für die Auslegung des Art. 8 EGRC spielt das Sekundärrecht eine wichtige Rolle.[229] So muss die Verarbeitung personenbezogener Daten als Oberbegriff für alle Datenverarbeitungsschritte, angefangen von der Erhebung über die Weitergabe bis hin zur Löschung der personenbezogenen Daten, verstanden werden.[230]

Die Voraussetzungen, unter denen eine Einschränkung der Ausübung der in der EGRC anerkannten Rechte und Freiheiten zulässig ist, sind in Art. 52 Abs. 1 EGRC geregelt. Danach muss neben dem Erfordernis einer gesetzlichen Grundlage und der Wahrung der Verhältnismäßigkeit auch ein von der Union anerkanntes, dem Gemeinwohl dienendes Ziel vorliegen.[231]

---

223 Kühling/ Seidel/ Sivridis, 2011, S. 16.

224 Art. 8 EMRK.

225 Piltz, delegedata, abrufbar unter https://www.delegedata.de/2014/01/das-grund recht-auf-datenschutz-europa/ (zuletzt abgerufen am 27.03.2017); Runte in Lehmann/ Meents, 2011, Kap. 20, Rn. 9.

226 EuGH, verb. Rs. C-92/09 und C-93/09, Urteil vom 9.11.2010, Rn. 52, abrufbar unter http://curia.europa.eu/juris/document/document.jsf?docid=79001&doclang=DE (zuletzt abgerufen am 27.03.2017).

227 Ebd., Rn. 53.

228 Funke, DeLuxe – Europarecht aktuell – 07/2010, 1. Vorbemerkungen.

229 Art. 8 Abs. 1 EGRC; Zimmer, 2011, S. 82.

230 Kühling/ Seidel/ Sivridis, 2011, S. 18.

231 Art. 52 Abs. 1 EGRC.

Mit Art. 52 Abs. 3 S. 1 EGRC soll sichergestellt werden, dass die Grundrechtsstandards der EGRC nicht geringer sind als die der EMRK. Damit gelten sowohl für Art. 7 EGRC als auch Art. 8 EGRC die Schranken des Art. 8 Abs. 2 EMRK.[232]

Art. 8 Abs. 2 S. 1 EGRC selbst regelt Zulässigkeitsvoraussetzungen, wonach Daten „nur nach Treu und Glauben für festgelegte Zwecke und mit Einwilligung der betroffenen Person oder auf einer sonstigen gesetzlich geregelten legitimen Grundlage verarbeitet werden“[233] dürfen. Sind diese Voraussetzungen gegeben, so liegt keine Verletzung des Grundrechts vor.[234] Diese Vorgaben entsprechen dem Zweckbindungsgrundsatz und den Zulässigkeitsvoraussetzungen aus Einwilligung und gesetzlicher Spezial- und Allgemeinregelung, die auch in der Richtlinie 95/46/EG[235] begründet sind, auf die im weiteren Verlauf dieser Arbeit noch genauer eingegangen wird.[236]

Art. 8 Abs. 2 S. 2 EGRC regelt ein Auskunftsrecht des Betroffenen sowie ein Berichtigungsrecht, die den Regelungen des Art. 12 lit. a und c DSRL entsprechen. Gem. Art. 8 Abs. 3 soll die Überwachung durch eine unabhängige Stelle stattfinden.[237]

Trotz des unionseigenen Grundrechtsschutzes mit Art. 8 EGRC wird dieser weiterhin durch Art. 8 EMRK beeinflusst.[238]

b) Art. 16 AEUV

Mit Inkrafttreten des Vertrags von Lissabon wurde der Datenschutz an einer zweiten Stelle primärrechtlich verankert. Auch Art. 16 Abs. 1 AEUV regelt ein Datenschutzgrundrecht, enthält aber im Gegensatz zu Art. 8 EGRC keine Schrankenbestimmungen.[239] Gem. Art. 16 Abs. 2 AEUV dürfen das Europäische Parlament und der Rat Vorschriften zum Schutz personenbezogener Daten und des freien Datenverkehrs erlassen.[240] Diese Rechtsgrundlage für sekundärrechtliche Regelungen hat zur Folge, dass zukünftige Sekundärrechtsakte zum Datenschutz unmittelbar in den Dienst des

---

232 Klein/ Scherer, 2002, S. 24 f., abrufbar unter http://www.jurawelt.com/sunrise/media/mediafiles/14132/grundrechtecharta-text.pdf (zuletzt abgerufen am 27.03.2017); Kühling/ Seidel/ Sivridis, 2011, S. 16.

233 Art. 8 Abs. 2 S. 1 EGRC.

234 EuGH, verb. Rs. C-92/09 und C-93/09, Urteil vom 9.11.2010, Rn. 49, abrufbar unter http://curia.europa.eu/juris/document/document.jsf?docid=79001&doclang=DE (zuletzt abgerufen am 27.03.2017).

235 Richtlinie 95/46/EG des Europäischen Parlaments und Rates vom 24.10.1995 zum Schutz natürlicher Personen bei der Verarbeitung personenbezogener Daten und zum freien Datenverkehr, ABl. Nr. L 281 v. 23.11.1995, S. 31.

236 Siehe dazu Drittes Kapitel C. II. 2. a).

237 Siehe dazu Drittes Kapitel C. II. 2. a) cc) (7).

238 Jotzo, 2013, S. 30.

239 Kühling/ Seidel/ Sivridis, 2011, S. 19.

240 Nguyen, ZEuS 2012, S. 283, abrufbar unter http://archiv.jura.uni-saarland.de/projekte/Bibliothek/text.php?id=702 (zuletzt abgerufen am 27.03.2017).

Grundrechtsschutzes gestellt werden können ohne dabei wie bisher auf die Binnenmarktkompetenz – wie die Richtlinie 95/46/EG – gestützt werden zu müssen.[241]

Es ist davon auszugehen, dass nur Art. 8 EGRC für eine Grundrechtsprüfung als Rechtsquelle in Frage kommt, um so ein Leerlaufen des Art. 8 i.V.m. Art. 52 Abs. 1 EGRC zu verhindern. In der Rechtsprechung gibt es bisher leider noch keine abschließende Regelung zu den Kohärenzproblemen aus dem Nebeneinander von Art. 8 EGRC und Art. 16 AEUV.[242]

2. *Sekundärrecht*

Das sekundäre Unionsrecht wird von den Rechtsetzungsorganen der EU geschaffen und gilt für alle Mitgliedstaaten.[243] Die Umsetzung der Richtlinien in nationales Recht obliegt den einzelnen Mitgliedstaaten.[244]

Auf Grund eines Mangels von expliziten datenschutzrechtlichen Vorschriften im Primärrecht bzw. auf Grund unterschiedlicher Ausprägung des Datenschutzniveaus in den einzelnen Mitgliedstaaten wurden auf EU-Ebene eine Reihe von sekundärrechtlichen Vorschriften geschaffen, die zwar die Regelungsstrukturen in den Mitgliedstaaten schonen, dennoch einen datenschutzrechtlichen Rahmen in Sinne einer Rechtsangleichung gewährleisten.[245]

Die Europäische Kommission reagierte mit ihren in den Jahren 1990 bzw. 1992 präsentierten Vorschlägen für ein Maßnahmenpaket relativ spät auf zahlreiche Aufforderungen seitens des Europäischen Parlaments seit 1975 für eine Regelung der Datenverarbeitung.[246] Auf nationaler Ebene (vgl. Hessisches Datenschutzgesetz[247]) und internationaler Ebene (vgl. OECD-Leitlinien[248]) wurde auf dem Gebiet des Datenschutzes deutlich früher gehandelt.

Mit der am 24. Oktober 1995 verabschiedeten Richtlinie 95/46/EG zum Schutz natürlicher Personen bei der Verarbeitung personenbezogener Daten und zum freien Datenverkehr setzte die EU jedoch einen Meilenstein in der Entwicklung des internationalen Datenschutzes.[249] Darauf folgten weitere bereichsspezifische Richtlinien wie die Richtlinie 2002/58/EG vom 12. Juli 2002 über die Verarbeitung personenbezogener Daten und den Schutz der Privatsphäre in der elektronischen

241 Grimm, 2012, S. 14, abrufbar unter https://www.bmi.bund.de/SharedDocs/Downloads/DE/Themen/Sicherheit/Datenschutz/rede_grimm.pdf?__blob=publicationFile (zuletzt abgerufen am 27.03.2017); Jotzo, 2013, S. 31.

242 Kühling/ Seidel/ Sivridis, 2011, S. 19; Schneider in Wolff/ Brink, 2013, Syst. B, Rn. 22; Tinnefeld/ Buchner/ Petri, 2012, S. 83.

243 Tinnefeld/ Buchner/ Petri, 2012, S. 79.

244 Haug, 2010, Kap. 1, Rn. 11.

245 Zimmer, 2011, S. 83.

246 Kühling/ Seidel/ Sivridis, 2011, S. 23.

247 Siehe dazu Drittes Kapitel B.

248 Siehe dazu Drittes Kapitel C. I. 2.

249 Schneider in Wolff/ Brink, 2013, Syst. B, Rn. 2.

Kommunikation[250], die Richtlinie 2009/136/EG (sog. „Cookie Richtlinie“)[251], die die Richtlinie 2002/58/EG ersetzte, und die Richtlinie 2006/24/EG vom 15. März 2006 über die Vorratsspeicherung von Daten[252].

Schließlich wurde am 25. Januar 2012 von der EU-Kommission ein Entwurf für ein Reformpaket veröffentlicht, der u.a. einen Vorschlag für eine Datenschutz-Grundverordnung (DS-GVO)[253] beinhaltet, der die Richtlinie 95/46/EG ersetzen soll.[254]

a) Richtlinie 95/46/EG

Um die Grundrechte von Einzelpersonen im Bereich der sich intensivierenden transeuropäischen Datenströme abzusichern, erließ die EU am 24. Oktober 1995 die EG-Datenschutzrichtlinie 95/46/EG. Sie stützt sich auf die Binnenmarktkompetenz, d.h., dass sie durch die Errichtung und das Funktionieren des Binnenmarktes legitimiert wird und nicht durch den grundrechtlichen Schutz der Betroffenen.[255]

Sie bildet die erste Rechtsetzungsmaßnahme auf Gemeinschaftsebene in Bezug auf den Datenschutz und ist nicht nur für Mitgliedstaaten der EU, sondern auch für Länder des Europäischen Wirtschaftsraums (EWR) verbindlich,[256] wobei die Mitgliedstaaten bei der Umsetzung der Richtlinie in nationales Recht das Datenschutzniveau der Richtlinie nicht unterschreiten dürfen.[257] Durch sie wird ein Wendepunkt in der Geschichte des Datenschutzes markiert, da hier zum ersten Mal der Wahrung von personenbezogenen Daten eine große Bedeutung beigemessen wird.

---

250 Richtlinie 2002/58/EG des Europäischen Parlaments und des Rates vom 12.07.2002 über die Verarbeitung personenbezogener Daten und den Schutz der Privatsphäre in der elektronischen Kommunikation, ABl. Nr. L 201 v. 31.07.2002, S. 37.

251 Richtlinie 2009/136/EG des Europäischen Parlaments und des Rates vom 25.11.2009 zur Änderung der Richtlinie 2002/22/EG über den Universaldienst und Nutzerrechte bei elektronischen Kommunikationsnetzen und -diensten, der Richtlinie 2002/58/EG über die Verarbeitung personenbezogener Daten und den Schutz der Privatsphäre in der elektronischen Kommunikation und der Verordnung (EG) Nr. 2006/2004 über die Zusammenarbeit im Verbraucherschutz, ABl. Nr. L 337 v. 18.12.2009, S. 11.

252 Richtlinie 2006/24/EG des Europäischen Parlaments und des Rates vom 15.03.2006 über die Vorratsspeicherung von Daten, die bei der Bereitstellung öffentlich zugänglicher elektronischer Kommunikationsdienste oder öffentlicher Kommunikationsnetze erzeugt oder verarbeitet werden, ABl. Nr. L 105 v. 13.04.2006, S. 54.

253 Verordnung (EU) 2016/679 des Europäischen Parlaments und Rates vom 27.04.2016 zum Schutz natürlicher Personen bei der Verarbeitung personenbezogener Daten, zum freien Datenverkehr und zur Aufhebung der Richtlinie 95/46/EG (Datenschutz-Grundverordnung), ABl. Nr. L 119/1 v. 04.05.2016.

254 Hustinx, ZD 2013, S. 301; Schneider in Wolff/ Brink, 2013, Syst. B, Rn. 5.

255 Jotzo, 2013, S. 31; Kühling/ Seidel/ Sivridis, 2011, S. 23.

256 Schaar, 2002, Kap. 3, Rn. 99.

257 Erwägungsgrund 10 DSRL; Schaar, 2002, Kap. 3, Rn. 104; in Deutschland erfolgte die Umsetzung der DSRL durch das BDSG, siehe ausführlich Drittes Kapitel D. II. 1.

Im Vordergrund steht die Rechtsangleichung der unterschiedlichen Datenschutzregelungen und -standards in den Mitgliedstaaten, um damit das Handelshemmnis Datenschutz zu Gunsten des Binnenmarktes zu beseitigen.[258] Art. 1 DSRL formuliert das Ziel eines gleichwertigen Datenschutzes auf hohem Niveau.[259] In Art. 1 Abs. 2 DSRL wird die Schaffung eines freien innereuropäischen Datenschutzes – „das Herzstück der Richtlinie" – beschrieben.[260] Darüber hinaus sollen die Mitgliedstaaten „den Schutz der Grundrechte und Grundfreiheiten und insbesondere den Schutz der Privatsphäre natürlicher Personen bei der Verarbeitung personenbezogener Daten"[261] gewährleisten.

Die DSRL wurde in den Folgejahren nach ihrer Verabschiedung in den einzelnen Mitgliedstaaten umgesetzt. Allerdings erfolgten diese Umsetzungen aufgrund der in der Richtlinie teilweise unbestimmten Formulierungen nicht einheitlich, so dass als Konsequenz die Datenschutzvorschriften in den einzelnen Mitgliedstaaten bis heute unterschiedlich sind.[262]

Da die DSRL keine sektoralen Datenschutzbezüge enthält, wurden bereichsspezifische Regelungen geschaffen, die darauf aufbauen.[263]

Eine Absicherung der Harmonisierung der Richtlinie erfolgt durch die sog. Artikel 29-Datenschutzgruppe. Die Artikel 29-Datenschutzgruppe ist eine im Oktober 1995 gegründete unabhängige Arbeitsgruppe, bestehend aus Vertretern nationaler Datenschutzbehörden aller EU-Mitgliedstaaten. Sie hat bis heute die Aufgabe, zum einen die Einheitlichkeit der Anwendung der einzelstaatlichen Rechtsvorschriften zur Umsetzung der DSRL zu prüfen, zum anderen Stellung zu nehmen zum Datenschutzniveau innerhalb und außerhalb der EU gegenüber der Europäischen Kommission. Weiterhin soll die Gruppe die Europäische Kommission in allen Fragen beraten, die sich auf Änderungen der DSRL und auf Entwürfe für zusätzliche Maßnahmen zur Gewährleistung von Rechten natürlicher Personen bei der Verarbeitung personenbezogener Daten beziehen. Schließlich soll sie zu Verhaltensregeln Stellung nehmen, die auf EU-Ebene durch Instanzen ausgearbeitet werden, die die verantwortlichen Stellen vertreten. Außerdem informiert die Artikel 29-Datenschutzgruppe die Europäische Kommission über Unterschiede von Datenschutzrechtsvorschriften der einzelnen EU-Mitgliedstaaten und kann Empfehlungen aus eigener Initiative zu allen Fragen abgeben, die den Schutz von Personen bei der Verarbeitung personenbezogener Daten in der EU betreffen.[264] Dabei sind

258 Büllesbach, 2008, S. 26 f.; Schaar, 2002, Kap. 3, Rn. 101; siehe Art. 1 DSRL.
259 Brühann in Roßnagel, 2003, Kap. 2.4, Rn. 15.
260 Kühling/ Seidel/ Sivridis, 2011, S. 23.
261 Art. 1 Abs. 1 DSRL.
262 Artikel 29-Datenschutzgruppe, 2010, WP 179, S. 7.
263 Zimmer, 2011, S. 84.
264 Die Artikel 29-Datenschutzgruppe, abrufbar unter http://www.cnpd.public.lu/de/commission-nationale/activites-eur-inter/groupe29/ (zuletzt abgerufen am 27.03.2017); Schaar, 2002, Kap. 3, Rn. 108.

ihre Stellungnahmen rechtlich nicht bindend, tragen aber wesentlich zur Weiterentwicklung des Datenschutzes auf internationaler Ebene bei.[265]

aa) Sachlicher Anwendungsbereich

Gem. Art. 3 DSRL findet die Richtlinie Anwendung bei der Verarbeitung personenbezogener Daten.[266] In Art. 2 lit. a DSRL wird ein personenbezogenes Datum als jegliche Information bezeichnet, die sich auf eine bestimmte oder bestimmbare natürliche Person bezieht, somit jede Information, die mit einer natürlichen Person in Verbindung gebracht werden kann.[267] Sie beschränkt sich nicht nur auf herkömmliche Daten wie z. B. Name und Adresse einer Person, sondern erstreckt sich auch auf Bild- und Tondaten, sowie biometrische Daten.[268] Für die Herstellung eines Personenbezugs müssen „alle Mittel berücksichtigt werden, die vernünftigerweise entweder von dem Verantwortlichen für die Verarbeitung oder von einem Dritten eingesetzt werden könnten“[269]. Dies bedeutet, dass die Bestimmung der Person realistisch und praktisch möglich sein muss.[270] Das maßgebliche Kriterium für die Bestimmbarkeit einer Person ist die Möglichkeit ihrer direkten oder indirekten Identifizierbarkeit etwa mittels Kennnummern (z. B. Telefonnummer) oder anderen spezifischen Elementen, „die Ausdruck ihrer physischen, physiologischen, psychischen, wirtschaftlichen, kulturellen oder sozialen Identität sind“[271].[272] Auch für die hinter juristischen Personen stehenden natürlichen Personen gilt bei sachgerechter Auslegung ein angemessener Schutz.[273] Die Definition personenbezogener Daten ist hier sehr weit gefasst.

Als besondere Kategorien personenbezogener Daten gelten die in Art. 8 DSRL genannten „sensitiven Daten“ bzw. „sensiblen Daten“.[274] Darunter fallen personenbezogene Daten über die „rassische und ethnische Herkunft, politische Meinungen, religiöse oder philosophische Überzeugungen“ sowie „Daten über Gesundheit oder Sexualleben“.[275] Eine Verarbeitung dieser Daten ist grundsätzlich untersagt.

---

265 Spies in Forgó/ Helfrich/ Schneider, 2014, Teil V Kap. 2, Rn. 3.
266 Art. 3 Abs. 1 DSRL.
267 Art. 2 lit. a DSRL.
268 Artikel 29-Datenschutzgruppe, 2007, WP 136, S. 8 f.
269 Erwägungsgrund 26 DSRL.
270 Breyer, ZD 2014, S. 400.
271 Art. 2 lit. a DSRL.
272 Wuermeling, 2000, S. 83.
273 EuGH, verb. Rs. C-92/09 und C-93/09, Urteil vom 9.11.2010, Rn. 87 f., abrufbar unter http://curia.europa.eu/juris/document/document.jsf?docid=79001&doclang=DE (zuletzt abgerufen am 27.03.2017); Schneider in Wolff/ Brink, 2013, Syst. B, Rn. 40; dazu auch Drittes Kapitel C. II. 1. a).
274 Comans, 2012, S. 86; Schaar, 2002, Kap. 3, Rn. 105.
275 Art. 8 Abs. 1 DSRL.

Ausnahmen von diesem Verbot sind in Art. 8 Abs. 2 DSRL geregelt. So ist eine Verarbeitung mit Einwilligung des Betroffenen zulässig.[276]

Der Begriff der Verarbeitung wird in Art. 2 lit. b DSRL definiert und sehr weit gefasst, wonach jeder Vorgang im Zusammenhang mit personenbezogenen Daten, angefangen von der Erhebung über ihre Speicherung, Organisation, Aufbewahrung, Anpassung oder Veränderung, das Auslesen, das Abfragen, die Benutzung, Weitergabe, Verbreitung, Sperrung bis hin zur Löschung zu verstehen ist.[277] Dabei ist es unerheblich, mit welcher Technik die Daten verarbeitet werden, also auch, ob die Daten automatisiert oder nicht automatisiert verarbeitet werden (sog. Technikneutralität).[278]

Der Anwendungsbereich wird in Art. 3 Abs. 1 DSRL beschrieben, wonach die DSRL sowohl für die automatisierte Verarbeitung als auch für die nicht automatisierte Verarbeitung – sofern hier eine Speicherung der Daten in einer Datei erfolgt – personenbezogener Daten gilt. Darüber hinaus ist sie sowohl für öffentliche als auch nicht-öffentliche Stellen anwendbar, eine Trennung dieser Bereiche, wie sie im BDSG vorgenommen wird,[279] findet nicht statt. Hintergrund dafür ist, dass in den einzelnen Mitgliedstaaten der EU der Begriff und die Auslegung einer öffentlichen Aufgabe nicht einheitlich sind.[280] Zwei wichtige Ausnahmen werden in Art. 3 Abs. 2 DSRL gemacht, wobei die Richtlinie keine Anwendung bei der Verarbeitung personenbezogener Daten findet, die die öffentliche Sicherheit, Landesverteidigung und das Strafrecht betreffen.[281] Zudem ist die Anwendung bei Verarbeitungen ausgeschlossen, „die von einer natürlichen Person zur Ausübung ausschließlich persönlicher oder familiärer Tätigkeiten vorgenommen wird"[282].

bb) Räumlicher Anwendungsbereich

Art. 4 DSRL normiert die kollisionsrechtliche Frage des anwendbaren Rechts, indem er die Anwendbarkeit der einzelstaatlichen Datenschutzregelungen, die auf Grundlage der Richtlinie erlassen wurden, regelt, d.h. zum einen das Verhältnis der Datenschutzrechte der Mitgliedstaaten im Verhältnis zum Recht von Drittstaaten[283] und zum anderen die Datenschutzrechte der Mitgliedstaaten im Verhältnis zueinander.[284] Gerade im Hinblick auf soziale Netzwerke, die mit ihrem Dienst international und

276 Art. 8 Abs. 2 lit. a DSRL.
277 Vgl. § 3 Abs. 3 bis 5 BDSG, dazu auch Zweites Kapitel D. II. 1. a) bb).
278 Brühann in Roßnagel, 2003, Kap. 2.4, Rn. 19; Kühling/ Seidel/ Sivridis, 2008, S. 26.
279 Siehe Drittes Kapitel D. II. 1.
280 Tinnefeld/ Buchner/ Petri, 2012, S. 221.
281 Art. 3 Abs. 2 erster Spiegelstrich DSRL; Jotzo, 2013, S. 32 f.
282 Art. 3 Abs. 2 zweiter Spiegelstrich DSRL.
283 Staaten außerhalb der Europäischen Union und des Europäischen Wirtschaftsraums.
284 Schneider in Wolff/ Brink, 2013, Syst. B, Rn. 78 f.

damit in mehreren Mitgliedstaaten und Rechtsordnungen tätig sind, spielen die Richtlinienbestimmungen des anwendbaren Rechts eine immer größere Rolle.[285]

Das anwendbare Recht für den Verantwortlichen der Verarbeitung personenbezogener Daten richtet sich gem. Art. 4 Abs. 1 lit. a S. 1 DSRL nach dem Ort seiner Niederlassung.

Danach hat der für die Verarbeitung Verantwortliche grundsätzlich das Recht des Mitgliedstaates anzuwenden, in dem er seine Niederlassung hat. Es gilt das sog. Sitzprinzip. Bedeutungslos für das anwendbare Recht sind die Staatsangehörigkeit, der gewöhnliche Aufenthalt der betroffenen Personen und der Ort, an dem sich die personenbezogenen Daten befinden.[286]

Eine „Niederlassung" setzt i.S.d. Erwägungsgrunds 19 der DSRL unabhängig von der Rechtsform eine „effektive und tatsächliche Ausübung einer Tätigkeit mittels einer festen Einrichtung voraus"[287], wobei es nicht auf den Sitz der verantwortlichen Stelle, um deren Niederlassung es sich handelt, ankommt.[288] Die Tätigkeit muss durch menschliches Handeln ausgeübt werden, das zudem einen Datenbezug aufweist.[289] Bei der festen Einrichtung muss es sich um einen Raum handeln, der zum dauerhaften Gebrauch eingerichtet ist und ständig oder regelmäßig wiederkehrend genutzt wird.[290] Ausschlaggebend für die Anwendung des Art. 4 Abs. 1 lit. a DSRL sind die in einer Niederlassung im Rahmen der Tätigkeiten ausgeführten Datenverarbeitungen und nicht allein das Bestehen einer Niederlassung.[291] Anders ausgedrückt findet die Richtlinie Anwendung, wenn die Niederlassung Tätigkeiten nachgeht, in deren Rahmen personenbezogene Daten verarbeitet werden.[292]

Die grundsätzlich anwendbare Regel in Art. 4 Abs. 1 lit. a S. 1 DSRL wird durch Art. 4 Abs. 1 lit. a S. 2 DSRL durchbrochen, und zwar dann, wenn der Verantwortliche der Verarbeitung in mehreren Mitgliedstaaten datenverarbeitende Niederlassungen betreibt. Danach gilt für jede einzelne Niederlassung, sofern sie selbst Verarbeitungen vornimmt, ausnahmsweise das Recht des Mitgliedstaates, in dem sie ihren Sitz hat, um eine kumulative Anwendung mehrerer Rechtsordnungen zu vermeiden.[293] Das Recht der Hauptniederlassung, auch wenn diese weiterhin für die Datenverarbeitungen verantwortlich ist, wird verdrängt. Ist die Niederlassung

285 Artikel 29-Datenschutzgruppe, 2010, WP 179, S. 8.
286 Artikel 29-Datenschutzgruppe, 2010, WP 179, S. 11.
287 Erwägungsgrund 19 der DSRL.
288 Pauly/ Ritzer/ Geppert, ZD 2013, S. 424; Scheja/ Haag in Leupold/ Glossner, 2011, Teil 4 E, Rn. 57.
289 Pauly/ Ritzer/ Geppert, ZD 2013, S. 424.
290 Pauly/ Ritzer/ Geppert, ZD 2013, S. 424 f.; Scheja/ Haag in Leupold/ Glossner, 2011, Teil 4 E, Rn. 57; Schmidl in Lehmann/ Meents, 2011, Kap. 20, Rn. 379.
291 Art. 4 Abs. 1 lit. a S. 1 DSRL.
292 Artikel 29-Datenschutzgruppe, 2010, WP 179, S. 17, 21.
293 Brühann in Roßnagel, 2003, Kap. 2.4, Rn. 25; Schneider in Wolff/ Brink, 2013, Syst. B, Rn. 86.

selbst Verantwortlicher der Verarbeitung, gilt wieder der allgemeine Grundsatz in Art. 4 Abs. 1 lit. a S. 1 DSRL.[294]

Art. 4 Abs. 1 lit. c DSRL erweitert die Anwendbarkeit des EU-Datenschutzrechts auch auf Verarbeitungen personenbezogener Daten, „die von einem für die Verarbeitung Verantwortlichen ausgeführt werden, der nicht im Gebiet der Gemeinschaft niedergelassen ist und zum Zwecke der Verarbeitung personenbezogener Daten auf automatisierte oder nicht automatisierte Mittel zurückgreift, die im Hoheitsgebiet des betreffenden Mitgliedstaates belegen sind" und nicht nur zum Zweck der Durchfuhr (Transit) durch das Gebiet der Europäischen Gemeinschaft verwendet werden.[295] Ein Transit liegt vor, wenn personenbezogene Daten durch das Inland geleitet werden, und es dabei weder zu einer Kenntnisnahme, Speicherung oder Datenverwertung kommt. Zwischenspeicherungen, Protokollierungen und andere Datenverarbeitungen, die umgehend nach einem Datentransfer gelöscht werden, fallen ebenfalls unter den Begriff des Transits.[296]

Besonders im Hinblick auf die technische Entwicklung im Bereich neuer Technologien wie dem Internet und die damit einhergehende einfach durchführbare Verarbeitung personenbezogener Daten aus der Ferne gewinnt die Regelung enorm an Bedeutung.[297]

Nach der Definition des für die Verarbeitung Verantwortlichen bzw. Datenverantwortlichen in Art. 2 lit. d DSRL entscheidet dieser über Zwecke und Mittel der Verarbeitung von personenbezogenen Daten.[298] Der für die Verarbeitung Verantwortliche ist ausdrücklich vom Auftragsverarbeiter in Art. 2 lit. e DSRL abzugrenzen, der „personenbezogene Daten im Auftrag des für die Verarbeitung Verantwortlichen verarbeitet"[299] und eine rechtlich eigenständige juristische oder natürliche Person sein muss. Bei der Bestimmung eines Verantwortlichen kommt es darauf an, welche Person oder Stelle die Entscheidungsverantwortung trägt, dabei unerheblich ist die rechtliche Zuordnung der Entscheidung. Dadurch kann es auch möglich sein, dass mehrere Personen gleichzeitig als Verantwortliche gelten.[300] Eine genaue Analyse der Verarbeitungsstrukturen ist für die Bestimmung des für die Verarbeitung Verantwortlichen unerlässlich.[301]

Die Richtlinie selbst lässt offen, wann von einem in einem Mitgliedstaat „belegenen Mittel" gesprochen werden kann. Laut einer Stellungnahme der Artikel 29-Datenschutzgruppe vom 16. Dezember 2010 ist die Möglichkeit der Einflussnahme ausreichend. Die volle Kontrolle sowie die eigentumsrechtliche Zuordnung

---

294 Brühann in Roßnagel, 2003, Kap. 2.4, Rn. 26.
295 Art. 4 Abs. 1 lit. c DSRL; Schneider in Wolff/ Brink, 2013, Syst. B, Rn. 83.
296 Plath in Plath, 2012, § 1 BDSG, Rn. 70.
297 Artikel 29-Datenschutzgruppe, 2010, WP 179, S. 23; Schneider in Wolff/ Brink, 2013, Syst. B, Rn. 83.
298 Art. 2 lit. d DSRL.
299 Art. 2 lit. e DSRL.
300 Brühann in Roßnagel, 2003, Kap. 2.4, Rn. 21; Kühling/ Seidel/ Sivridis, 2008, S. 26.
301 Schneider in Wolff/ Brink, 2013, Syst. B, Rn. 70.

des Mittels sind dabei nicht notwendig.[302] Der Begriff der „belegenen Mittel“ wird sehr weit verstanden, so dass auch Datenverarbeitungen durch in der EU ansässige Auftragsverarbeiter die Anwendbarkeit der Richtlinie begründen. Auch mittels Software-Programmen wie Cookies[303] erhobene personenbezogene Daten auf Computern von Internetnutzern in der EU lösen eine Anwendung des Art. 4. Abs. 1 lit. c DSRL aus.[304]

Weiterhin ist nicht relevant, ob es sich um automatisierte Mittel oder nicht automatisierte Mittel handelt. Ein Server, der sich in einem Mitgliedstaat der EU befindet, ist bspw. ein automatisiertes Mittel i.S.d. Art. 4 Abs. 1 lit. c DSRL, soweit die Möglichkeit der Einflussnahme auf die verarbeiteten Daten aus einem Drittstaat möglich ist.[305]

Art. 4 Abs. 2 DSRL verlangt die Nennung eines im Hoheitsgebiet des genannten Mitgliedstaates ansässigen Vertreters durch den Datenverantwortlichen, wobei die Umsetzungsakte in den einzelnen Mitgliedstaaten hierzu stark auseinander gehen.[306]

Der EuGH hat mit seinem Urteil,[307] dem ein Vorabentscheidungsverfahren, das von der Audiencia Nacional de Espana eingereicht wurde, vorausging, wichtige Entscheidungen in Bezug auf die Anwendbarkeit des europäischen Datenschutzrechts getroffen. Dem Vorabentscheidungsersuch lag der Sachverhalt zugrunde, dass ein Betroffener die Löschung eines Eintrags im Suchindex der Suchmaschine Google im Zusammenhang mit seinem Vor- und Nachname verlangte und eine Beschwerde bei der spanischen Datenschutzbehörde (Agencia Española de Protección de Datos – AEPD) gegen Google Inc. und Google Spain einreichte. Die AEPD gab der Beschwerde mit Entscheidung vom 30. Juli 2010 gegen Google Inc. und Google Spain statt und forderte von diesen die Löschung des Eintrags aus ihrem Suchindex bzw. das Unmöglichmachen eines zukünftigen Zugriffs. Google Inc. und Google Spain erhoben beim Nationalen Obergericht in Spanien Klage und verlangten die Aufhebung der Entscheidung der AEPD. Das spanische Gericht setzte das Verfahren aus und legte dem EuGH Fragen zur Vorabentscheidung vor, die sich u.a. mit dem räumlichen Anwendungsbereich nationaler Datenschutzvorschriften beschäftigten.

In den Schlussanträgen des Generalanwalts des EuGH vom 25. Juni 2013 argumentierte dieser für eine Anwendbarkeit der nationalen Datenschutzvorschriften,

302 Artikel 29-Datenschutzgruppe, 2010, WP 179, S. 25; Plath in Plath, 2012, § 1 BDSG, Rn. 62, 64.

303 Unter Cookies werden kleine Dateien bzw. Datenpakete verstanden, die ein Diensteanbieter in einer Datei auf der Festplatte des Nutzers abspeichern und später abfragen kann. Damit sind umfangreiche Möglichkeiten verbunden, Daten insbesondere zum Nutzungsverhalten von Kunden zu sammeln, Haug, 2010, Kap. 2, Rn. 406.

304 Artikel 29-Datenschutzgruppe, 2010, WP 179, S. 25 f.

305 Plath in Plath, 2012, § 1 BDSG, Rn. 66.

306 Artikel 29-Datenschutzgruppe, 2010, WP 179, S. 29; Scheja/ Haag in Leupold/ Glossner, 2011, Teil 4 E, Rn. 60.

307 EuGH, Urteil vom 13.05.2014, Az. C-131/12.

denn die Verarbeitung personenbezogener Daten finde im Rahmen einer Niederlassung des für die Verarbeitung Verantwortlichen i.S.d. Art. 4 Abs. 1 lit. a DSRL statt, wenn der Suchmaschinenbetreiber in einem Mitgliedstaat für die Vermarktung und den Verkauf von Werbeflächen der Suchmaschine eine Niederlassung oder eine Tochtergesellschaft einrichte, deren Tätigkeit sich an die Einwohner dieses Staats richte.[308]

Seiner Ansicht nach beruhe das Geschäftsmodell Googles, welches für die Frage des räumlichen Anwendungsbereichs geprüft werden müsse, auf der Schlüsselwörterwerbung, die als Finanzierungsquelle die unentgeltliche Bereitstellung der Suchmaschine ermögliche. Google besitze Tochtergesellschaften in zahlreichen Mitgliedstaaten, da solch ein Unternehmen eine Präsenz auf nationalen Werbemärkten benötige. Diese Tochtergesellschaften seien Niederlassungen i.S.d. Art. 4 Abs. 1 lit. a DSRL.[309]

Google machte hingegen geltend, dass Google Spain mit Sitz in Spanien keine personenbezogenen Daten verarbeite, da Google Spain als Vertreterin von Google Inc. lediglich für den Verkauf der Werbeanzeigen und Marketingzwecke in Spanien zuständig sei. Google berief sich demnach darauf, dass allein die Google Inc. mit Sitz in den USA die verantwortliche Stelle für die Verarbeitung personenbezogener Daten sei, so dass kein europäisches Datenschutzrecht gelte, da in Europa keine relevante Niederlassung oder verantwortliche Stelle bestehe.[310]

Der EuGH folgt in seinem Urteil der Ansicht des Generalanwalts und hat entschieden, dass europäisches Datenschutzrecht Anwendung findet, da Google als verantwortliche Stelle personenbezogene Daten i.S.d. Art. 4 Abs. 1 lit. a DSRL verarbeite. Dabei legen die Richter des EuGH Art. 4 Abs. 1 lit. a DSRL sehr weit aus. Der durch die DSRL gewährleistete Schutz einer Person dürfe nicht umgangen werden, nur weil ein Diensteanbieter in einem Drittstaat ansässig sei.[311] Folglich sei davon auszugehen, dass die Verarbeitung personenbezogener Daten eines Anbieters in einem Drittstaat (Google Inc. mit Sitz in den USA), der in einem EU Mitgliedstaat über eine Niederlassung (Google Spain mit Sitz in Spanien) verfügt, im Rahmen der Tätigkeiten dieser Niederlassung ausgeführt wird, wenn diese Niederlassung die Aufgabe hat, in dem Mitgliedstaat für die Vermarktung und den Verkauf von

---

308 GA Jääskinen, Schlussanträge vom 25.06.2013, C-131/12, Rn. 138 Abs. 1, abrufbar unter http://curia.europa.eu/juris/document/document.jsf?docid=138782&doclang=DE (zuletzt abgerufen am 27.03.2017).

309 Pauly/ Ritzer/ Geppert, ZD 2013, S. 424; GA Jääskinen, Schlussanträge vom 25.06.2013, C-131/12, Rn. 64, abrufbar unter http://curia.europa.eu/juris/document/document.jsf?docid=138782&doclang=DE (zuletzt abgerufen am 27.03.2017).

310 Pressemitteilung Nr. 77/13 des Gerichtshof der Europäischen Union vom 25.06.2013; Pauly/ Ritzer/ Geppert, ZD 2013, S. 424.

311 Piltz, delegata, abrufbar unter http://www.delegedata.de/2014/05/das-google-urteil-des-eugh-uebers-ziel-hinaus-geschossen/ (zuletzt abgerufen am 27.03.2017).

Werbeflächen der Suchmaschine zu sorgen.[312] Unter diesen Umständen seien die Tätigkeiten der Google Inc. mit Sitz in den USA und der europäischen Niederlassung Google Spain untrennbar miteinander verbunden.[313]

Der EuGH legt Art. 4 Abs. 1 lit. a DSRL sehr weit aus, was kritisch zu betrachten ist, da sie die Prüfung des Art. 4 Abs. 1 lit. c DSRL als eine weitere Tatbestandsalternative obsolet macht.[314] Art. 4 Abs. 1 lit. c DSRL erweitert, wie bereits aufgeführt, die Anwendbarkeit des EU-Datenschutzrechts auch auf Anbieter aus Drittstaaten, wenn sie auf automatisierte oder nicht automatisierte Mittel zurückgreifen, die im Hoheitsgebiet des betreffenden Mitgliedstaates belegen sind. Die Frage, ob Google Inc. mit Sitz in den USA zum Zweck der Datenverarbeitung auf in Spanien belegene Mittel gem. Art. 4 Abs. 1 lit. c DSRL zurückgreift, könnte damit beantwortet werden, dass die Google Spain als Niederlassung selbst als ein Mittel in Betracht kommt, sofern sie keine relevanten Entscheidungen trifft und nur die Steuerung der nationalen Webseite vornimmt.[315]

Am 14. März 2016 urteilte der Oberste Gerichtshof Spanien, dass die Niederlassung Google Spain nicht für die Verarbeitung personenbezogener Daten verantwortlich sei, sondern allein die Google Inc. mit Sitz in den USA, womit die gegen Google Spain erlassene Entscheidung der spanischen Datenschutzbehörde AEPD zum „Recht auf Vergessenwerden“ aufgehoben wurde, der Anspruch auf dieses Recht jedoch gegenüber der Google Inc. weiter Bestand hat.[316]

cc) Allgemeine Grundsätze

Die allgemeinen Grundsätze, unter denen eine Datenverarbeitung im europäischen Recht rechtmäßig ist, werden im Folgenden beschrieben.

(1) Erlaubnisvorbehalt

Art. 7 DSRL sieht vor, dass eine Verarbeitung personenbezogener Daten nur rechtmäßig ist, wenn der Betroffene darin eingewilligt hat oder wenn sie gesetzlich vorgesehen ist, z. B. zur Wahrung von Interessen Dritter gegenüber den Interessen der Betroffenen oder im Zusammenhang mit Verträgen oder konkreten gesetzlichen Verpflichtungen.[317]

---

312 EuGH, Urteil vom 13.05.2014, Az. C-131/12, Rn. 68; Piltz, delegata, abrufbar unter http://www.delegedata.de/2014/05/das-google-urteil-des-eugh-uebers-ziel-hinaus-geschossen/ (zuletzt abgerufen am 27.03.2017).

313 Piltz, delegata, abrufbar unter http://www.delegedata.de/2014/05/das-google-urteil-des-eugh-uebers-ziel-hinaus-geschossen/ (zuletzt abgerufen am 27.03.2017).

314 Vgl. Ziehbarth, ZD 2014, S. 395.

315 Piltz, ZD 2013, S. 262.

316 Abrufbar unter: http://src.bna.com/dk5 (zuletzt abgerufen am 27.03.2017).

317 Art. 7 DSRL; Schneider in Wolff/ Brink, 2013, Syst. B, Rn. 90.

Damit entspricht die Richtlinie den Anforderungen des Art. 8 Abs. 2 S. 1 EGRC[318].[319] Eine Einwilligung ist wirksam, wenn sie vorab, freiwillig („ohne Zwang")[320] und „ohne jeden Zweifel"[321] sowie auf einer hinreichenden Informationsbasis erfolgt.[322] Art. 2 lit. h DSRL spricht dabei von einer "Willensbekundung", wobei deren Form nicht definiert wird. Der Begriff Willensbekundung deutet jedoch auf eine notwendige Handlung des Nutzers hin.[323]

(2) Zweckbindung

Nach Art. 6 Abs. 1 lit. b DSRL dürfen Daten grundsätzlich nur für festgelegte Zwecke verarbeitet werden, und es muss eine eindeutige Zweckfestlegung für eine Datenerhebung erfolgen. Eine Weiterverarbeitung, die mit der Zweckbestimmung nicht vereinbar ist, wird untersagt. Dies entspricht auch Art. 8 Abs. 2 EGRC. Die Festlegung der Zwecke, in deren Rahmen Daten verarbeitet werden dürfen, erfolgt durch die Einwilligung des Betroffenen oder eine gesetzliche Erlaubnisnorm.[324]

(3) Transparenz

Allgemein gilt der Grundsatz von Treu und Glauben bei der Verarbeitung personenbezogener Daten gem. Art. 6 Abs. 1 lit. a DSRL[325].[326] Der Betroffene muss grundsätzlich die Möglichkeit haben zu erfahren, wer seine Daten verarbeitet und zu welchem Zweck.[327] Die Transparenz bei der Verarbeitung von Daten ist Grundlage für das Selbstbestimmungsrecht und den Datenschutz des Betroffenen.[328] Als Ausdruck des Transparenzprinzips gelten die Informationspflichten der Datenverantwortlichen in Art. 10 und 11 DSRL, die sicherstellen sollen, dass der Betroffene die Identität des Datenverantwortlichen und den Zweck der Datenverarbeitung erfährt. Nach Art. 10 DSRL muss der Betroffene diese Informationen grundsätzlich bei der Datenerhebung oder, im Falle, dass die Daten nicht bei der betroffenen Person erhoben wurden, bei der Speicherung und spätestens bei der Übermittlung der

318 Siehe Drittes Kapitel C. II. 1.
319 Jotzo, 2013, S. 43.
320 Art. 2 lit. h DSRL.
321 Art. 7 lit. a DSRL.
322 Schneider in Wolff/ Brink, 2013, Syst. B, Rn. 91.
323 Artikel 29-Datenschutzgruppe, 2011, WP 187, S. 13; Art. 2 lit. h DSRL.
324 Brühann in Roßnagel, 2003, Kap. 2.4, Rn. 28 f.; Jotzo, 2013, S. 44; Schneider in Wolff/ Brink, 2013, Syst. B, Rn. 97.
325 So auch Art. 8 Abs. 2 S. 1 EGRC und Art. 5 lit. a Europäische Datenschutzkonvention.
326 Jotzo, 2013, S. 44; Schneider in Wolff/ Brink, 2013, Syst. B, Rn. 103 ff.
327 Haug, 2010, Kap. 2, Rn. 100.
328 Brühann in Roßnagel, 2003, Kap. 2.4, Rn. 35.

Daten nach Art. 11 DSRL erhalten.[329] Nach dem Grundsatz von Treu und Glauben können auch Informationen wie Datenkategorien oder Datenempfänger und Auskunftsrechte in Art. 12 DSRL bzw. Art. 8 Abs. 2 S. 2 EGRC[330] erforderlich sein.[331]

(4) Datenqualität und Datenerforderlichkeit

Personenbezogene Daten müssen gem. Art. 6 Abs. 1 lit. c DSRL für die Zweckerreichung erforderlich sein und den Zwecken entsprechen, für die sie erhoben und weiterverarbeitet werden (sog. Erforderlichkeitsprinzip).[332]

Art. 6 Abs. 1 lit. d und e DSRL ergänzen das Erforderlichkeitsprinzip, wonach Daten sachlich richtig und aktuell sein müssen (gem. Art. 6 Abs. 1 lit. d DSRL) und nicht unbegrenzt aufbewahrt werden dürfen (gem. Art. 6 Abs. 1 lit. e DSRL).[333] Speicherfristen werden nicht geregelt, ebenso wenig eine automatische Löschungspflicht, die aber logische Konsequenz bei einer Überschreitung der zulässigen Speicherdauer ist. Davon abgesehen hat der Betroffene in diesem Fall gem. Art. 12 lit. b DSRL Anspruch auf Löschung[334].[335]

(5) Datensicherheit

Der Datenverantwortliche muss gem. Art. 17 DSRL geeignete technische und organisatorische Maßnahmen ergreifen, „die für den Schutz gegen die zufällige oder unrechtmäßige Zerstörung, den zufälligen Verlust, die unberechtigte Änderung, die unberechtigte Weitergabe oder den unberechtigten Zugang – insbesondere wenn im Rahmen der Verarbeitung Daten in einem Netz übertragen werden – und gegen jede andere Form der unrechtmäßigen Verarbeitung personenbezogener Daten erforderlich sind."[336] Diese Maßnahmen müssen nach dem Stand der Technik unter Berücksichtigung der entstehenden Kosten angemessen sein. Eine genauere Definition wird hier nicht vorgenommen, so dass der Datenverantwortliche diesbezüglich großen Spielraum hat.[337]

---

329 Brühann in Roßnagel, 2003, Kap. 2.4, Rn. 35; Schneider in Wolff/ Brink, 2013, Syst. B, Rn. 103.

330 Siehe Drittes Kapitel C. II. 1.

331 Brühann in Roßnagel, 2003, Kap. 2.4, Rn. 35.

332 Jlussi, 2014, S. 52; Kühling/ Seidel/ Sivridis, 2008, S. 28.

333 Brühann in Roßnagel, 2003, Kap. 2.4, Rn. 31; Jotzo, 2013, S. 45.

334 Siehe Drittes Kapitel C. II. 2. a) cc) (6).

335 Schneider in Wolff/ Brink, 2013, Syst. B, Rn. 101.

336 Art. 17 Abs. 1 DSRL.

337 Schneider in Wolff/ Brink, 2013, Syst. B, Rn. 102.

(6) Rechte des Betroffenen

Die in Art. 8 Abs. 2 S. 2 EGRC normierten Auskunfts- und Berichtigungsrechte[338] werden auch in der DSRL gewährt.[339] Sie stärken das Prinzip der Transparenz, wonach der Betroffene immer nachvollziehen können muss, wer wofür welche Daten über ihn verarbeitet. Art. 12 lit. a DSRL[340] gewährt daher einen Anspruch auf eine freie und ungehinderte Auskunft.[341] Auch der Inhalt der Auskunft wird geregelt, wonach der Betroffene Auskunft über die Empfänger, Herkunft der Daten und bei automatisierten Entscheidungen über den logischen Aufbau der automatisierten Verarbeitung verlangen kann.[342]

Auch das in Art. 8 Abs. 2 S. 2 EGRC normierte Berichtigungsrecht[343] wird in der Richtlinie in Art. 12 lit. b DSRL geregelt.[344] Darüber hinaus kann der Betroffene der Verarbeitung der Daten widersprechen[345] und bei einer nicht richtlinienkonformen Verarbeitung seiner Daten die Löschung oder Sperrung der Daten[346] sowie Schadensersatz[347] verlangen.[348] Darüber hinaus hat der Betroffene gem. Art. 22 DSRL das Recht bei Verletzung seiner Daten bei Gericht einen Rechtsbehelf einzulegen. Die Gewährleistung, dass der Datenverantwortliche verpflichtet ist, die Datenempfänger über die Berichtigung, Löschung oder Sperrung zu informieren, sofern dies nicht mit einem unverhältnismäßigen Aufwand verbunden ist, ergänzt die Rechte des Betroffenen.[349]

(7) Datenschutzkontrolle

Wie bereits in Art. 8 Abs. 3 EGRC und Art. 16 Abs. 2 S. 2 AEUV normiert, ist wesentliches Element[350] des Datenschutzes eine in Art. 28 DSRL geregelte unabhängige Kontrolle.[351] Gem. Art. 28 Abs. 1 DSRL sind die Mitgliedstaaten verpflichtet, öffentliche Kontrollstellen als unabhängige Institutionen einzurichten, die die Einhaltung der Datenschutzregelungen überwachen, wobei ihnen Untersuchungsbefugnisse[352]

---

338 Siehe Drittes Kapitel C. II. 1.
339 Vgl. Gridl, 1999, S. 244.
340 Siehe auch §§ 19, 34 BDSG.
341 Haug, 2010, Kap. 2, Rn. 100; Schneider in Wolff/ Brink, 2013, Syst. B, Rn. 117.
342 Kühling/ Seidel/ Sivridis, 2008, S. 29.
343 Siehe Drittes Kapitel C. II. 1.
344 Siehe auch §§ 20, 35 BDSG.
345 Art. 14 DSRL.
346 Art. 12 lit. b und c DSRL.
347 Art. 23 DSRL.
348 Brühann in Roßnagel, 2003, Kap. 2.4, Rn. 38; Schneider in Wolff/ Brink, 2013, Syst. B, Rn. 119.
349 Schneider in Wolff/ Brink, 2013, Syst. B, Rn. 119; siehe Art. 12 lit. c DSRL.
350 Erwägungsgrund 62 DSRL.
351 Brühann in Roßnagel, 2003, Kap. 2.4, Rn. 42; Jotzo, 2013, S. 47; Schneider in Wolff/ Brink, 2013, Syst. B, Rn. 144.
352 Art. 28 Abs. 3 1. Spiegelstrich DSRL.

(z. B. Zugangsbefugnisse, Recht auf Einholung von Informationen) und wirksame Einwirkungsbefugnisse[353] eingeräumt werden, die notwendig sind, um die Rechte der Betroffenen, die häufig nichts von einer Verarbeitung ihrer Daten bemerken, besser durchsetzen zu können.[354] Die in der DSRL genannten Befugnisse sind Mindestbefugnisse, wobei es den Mitgliedstaaten obliegt, welche Befugnisse sie anwenden. Ziel aller Aufsichtsbehörden muss dabei jedoch immer die Wirksamkeit im Hinblick auf ihre Aufgabe sein.[355] Darüber hinaus haben die Aufsichtsbehörden gem. Art. 28 Abs. 2 DSRL eine beratende Funktion in Rechtsetzungsverfahren, in denen sie angehört werden müssen.[356] Ergänzende Befugnisse der Aufsichtsbehörden sind die Zuständigkeit für Ausnahmeentscheidungen bei der Verarbeitung sensibler Daten gem. Art. 8 Abs. 4 DSRL sowie für den Empfang von Meldungen der Datenverantwortlichen vor der Durchführung von Datenverarbeitungen gem. Art. 18 Abs. 1 und 19 DSRL, die Vornahme der Vorabprüfungen gem. Art. 20, die Führung eines Verarbeitungsregisters gem. Art. 21 DSRL und letztendlich die Mitwirkung in der Artikel 29-Datenschutzgruppe gem. Art. 29 DSRL.[357] Die Einrichtung eines betrieblichen Datenschutzbeauftragten ist nicht obligatorisch, jedoch eine Möglichkeit, um von der allgemeinen Meldepflicht befreit werden zu können.[358]

Art. 28 Abs. 6 DSRL regelt die Zuständigkeit der nationalen Kontrollstellen, wonach sich diese nach dem Ort der Verarbeitung der personenbezogenen Daten unabhängig von der Niederlassung des Datenverantwortlichen richtet.[359] Es gilt hier das Territorialitätsprinzip.

Erfolgt bspw. die Datenverarbeitung im Rahmen einer Niederlassung des Datenverantwortlichen, der in Mitgliedstaat A seinen Sitz hat, in Mitgliedstaat B, so ist für die Rechtmäßigkeit der Datenverarbeitungsvorgänge nach Art. 4 DSRL das Recht des Mitgliedstaates A maßgebend.[360] Unabhängig davon haben die Aufsichtsbehörden des Mitgliedstaates B gem. Art. 28 Abs. 6 DSRL die Befugnis, die Verarbeitungsvorgänge auf Einhaltung des Datenschutzrechts des Mitgliedstaates B zu prüfen. „Die über das anwendbare Recht entscheidenden Kriterien der Richtlinie sehen die Möglichkeit vor, dass eine Aufsichtsbehörde einen in ihrem Hoheitsgebiet erfolgenden Verarbeitungsvorgang auch dann überprüfen darf (und eventuell nachfolgend einschreiten kann), wenn es sich bei dem anwendbaren Recht um das Recht eines anderen Mitgliedstaates handelt."[361] Im Ergebnis kommt es hier zu einer Spaltung des maßgeblichen Rechts bzw. der behördlichen Zuständigkeiten bei

353 Art. 28 Abs. 3 2. Spiegelstrich DSRL.
354 Jotzo, 2013, S. 47.
355 Brühann in Roßnagel, 2003, Kap. 2.4, Rn. 45.
356 Ebd., Rn. 44.
357 Schneider in Wolff/ Brink, 2013, Syst. B, Rn. 137.
358 Art. 18 Abs. 2 2. Spiegelstrich DSRL, Tinnefeld/ Buchner/ Petri, 2012, S. 279.
359 Wuermeling, 2000, S. 96.
360 Siehe ausführlich Drittes Kapitel C. II. 2. a) ee).
361 Artikel 29-Datenschutzgruppe, 2010, WP 179, S. 32.

grenzüberschreitenden Verarbeitungsvorgängen[362], was eine enge Zusammenarbeit der nationalen Aufsichtsbehörden unter Berücksichtigung ihrer jeweiligen Durchführungsbefugnisse erfordert.[363]

dd) Selbstregulierung

Nach Art. 27 Abs. 1 DSRL sollen die Mitgliedstaaten und die EU-Kommission die Ausarbeitung von Verhaltensregeln fördern, „die nach Maßgabe der Besonderheiten der einzelnen Bereiche zur ordnungsgemäßen Durchführung der einzelstaatlichen Vorschriften beitragen sollen, die die Mitgliedstaaten zur Umsetzung dieser Richtlinie erlassen“[364]. Anders ausgedrückt sollen damit die allgemeinen Vorschriften der Richtlinie durch Verhaltensregeln, d.h. Vorschriften, die sich Mitglieder eines Verbands selbst auferlegen und deren Einhaltung kontrollieren, ergänzt werden. Nach europäischem Verständnis soll eine datenschutzrechtliche Selbstregulierung ausschließlich die Durchführung gesetzlicher Regelungen betreffen, jedoch nicht das Ersetzen gesetzlicher Vorschriften ermöglichen, kein neues Recht schaffen und damit auch keine Allgemeinverbindlichkeit besitzen.[365] Folgt man den Ausführungen der Artikel 29-Datenschutzgruppe, wird der Begriff des „Förderns“ im Sinne eines Mehrwerts interpretiert, was bedeutet, dass die Verhaltensregeln einen datenschutzrechtlichen Mehrwert bzw. einen „zusätzlichen Nutzen“ beinhalten müssen[366], mit dem Ziel der Erhöhung der bereichsspezifischen Geltung der DSRL.[367]

Die EU-Kommission hat mit verschiedenen internationalen Anbietern sozialer Netzwerke im Jahr 2009 eine Selbstverpflichtungserklärung für den Jugendschutz vereinbart. Diese sog. „Safer Social Networking Principles for the EU“[368] beinhalten sieben Empfehlungen für einen besseren Schutz von Kindern und Jugendlichen in sozialen Netzwerken und sollen Anbietern helfen, Risiken für Kinder und Jugendliche bei der Nutzung sozialer Netzwerke zu minimieren.[369] Zu einer einheitlichen Umsetzung verpflichten sich die Anbieter dabei nicht, vielmehr muss jeder Anbieter für sich selbst entscheiden, wie die Empfehlungen auf ihren jeweiligen Dienst anzuwenden sind. Die Prinzipien umfassen unter anderem Informationspflichten, die Sicherstellung altersgemäßer Angebote, die Möglichkeit für Nutzer, den ungewollten Kontakt zwischen Kindern, Jugendlichen und Erwachsenen zu vermeiden sowie

---

362 Schneider in Wolff/ Brink, 2013, Syst. B, Rn. 148.
363 Artikel 29-Datenschutzgruppe, 2010, WP 179, S. 13.
364 Art. 27 Abs. 1 DSRL.
365 Genz, 2004, S. 110; Kranig/ Peintinger, ZD 2014, S. 3.
366 Artikel 29-Datenschutzgruppe, 1998, WP 13, S. 4.
367 Genz, 2004, S. 110 f.
368 Safer Social Networking Principles for the EU vom 10.02.2009, abrufbar unter http://ec.europa.eu/digital-agenda/sites/digital-agenda/files/sn_principles.pdf (zuletzt abgerufen am 27.03.2017).
369 Ebd., S. 1.

Verstöße melden zu können, worauf die Anbieter schnell reagieren sollten. Durchsetzungsmechanismen oder Sanktionen sieht die Selbstverpflichtungserklärung nicht vor, zudem ist sie rechtlich nicht bindend.[370]

Mit Ausnahme der Safer Social Networking Principles, die sich nur auf Kinder und Jugendliche beziehen, wurde das Prinzip der Selbstregulierung auf europäischer Ebene im Datenschutzrecht bisher kaum durchgesetzt. Dies liegt u.a. an dem unklaren Begriff „Förderung", der offen lässt, ob damit eine Präzisierung von allgemeinen gesetzlichen Vorschriften oder ein Mehrwert im Sinne einer Steigerung des Datenschutzniveaus gemeint ist.[371]

Mit der geplanten DS-GVO soll Art. 27 DSRL überarbeitet werden.[372] Dies wird im weiteren Verlauf der Arbeit näher betrachtet.

ee) Grenzüberschreitender Datenverkehr

Im Zuge der globalen Vernetzung insbesondere im Rahmen von sozialen Netzwerken nehmen Datenübertragungen an Empfänger in Drittländern und deren Wichtigkeit zu. Man muss grundsätzlich zwei Konstellationen im Rahmen des grenzüberschreitenden Datenverkehrs unterscheiden, zum einen die Datenübermittlung innerhalb der EU und des EWR, zum anderen Datenübermittlungen an Stellen in Drittstaaten.[373] Gem. Art. 1 Abs. 2 DSRL dürfen Mitgliedstaaten den freien Verkehr personenbezogener Daten untereinander nicht untersagen, womit die DSRL einen europäischen Datenverkehrsraum schafft.[374]

Schwieriger ist es bei der Übermittlung personenbezogener Daten an Staaten außerhalb der EU und des EWR. Das europäische Datenschutzrecht erfordert, dass die Rechte und Interessen des Betroffenen durch den Export von personenbezogenen Daten nicht gefährdet werden. So muss für personenbezogene Daten, die den sicheren europäischen Hafen verlassen, der innerhalb der EU geltende Schutzstandard beibehalten werden. Dieser Zweck wird mit den Grundsätzen der Art. 25 und 26 DSRL, die für die Datenübermittlung in Drittstaaten zusätzliche Anforderungen festlegen, erfüllt,[375] auch um den Import von personenbezogenen Daten in eine sog. „Datenschutzoase" (Bereiche ohne effektive Datenschutzkontrolle) und den anschließenden Reimport dieser Daten zu vermeiden.[376]

Art. 25 Abs. 1 DSRL ist als Verbotsnorm zu qualifizieren und gestattet demnach die Übermittlung personenbezogener Daten nur dann, wenn das betreffende

370 Piltz, 2013, S. 309 f.

371 Piltz, delegedata, abrufbar unter https://www.delegedata.de/2014/01/datenschuetzer-veroeffentlichen-orientierungshilfe-zur-selbstregulierung/ (zuletzt abgerufen am 27.03.2017).

372 Siehe dazu Drittes Kapitel C. II. 2. e) dd).

373 Tinnefeld/ Buchner/ Petri, 2012, S. 263 f.

374 Schneider in Wolff/ Brink, 2013, Syst. B, Rn. 162.

375 Deutlmoser/ Filip, ZD-Beilage 2012, S. 9.

376 Brühann in Roßnagel, 2003, Kap. 2.4, Rn. 50; Zerdick, Symposium 2009, S. 31.

Drittland ein "angemessenes Datenschutzniveau" gewährleistet. Darunter ist zu verstehen, dass die Gesetze des Mitgliedstaates, die der Richtlinie entsprechen, auch von dem Drittland bei der Übermittlung beachtet werden.[377]

Gem. Art. 25 Abs. 2 DSRL ist eine Angemessenheit des Schutzniveaus eines Drittstaates unter Berücksichtigung aller Umstände, die bei einer Datenübermittlung eine Rolle spielen, zu beurteilen. „Insbesondere werden die Art der Daten, die Zweckbestimmung sowie die Dauer der geplanten Verarbeitung, das Herkunfts- und das Endbestimmungsland, die in dem betreffenden Drittland geltenden allgemeinen oder sektoriellen Rechtsnormen sowie die dort geltenden Standesregeln und Sicherheitsmaßnahmen berücksichtigt."[378]

Da die Kriterien in Art. 25 Abs. 2 DSRL nicht abschließend sind, hat die Artikel 29-Datenschutzgruppe weitere wichtige Auslegungs- und Anwendungshinweise bezüglich des Kriteriums der Angemessenheit vorgestellt, die grundsätzlich den allgemeinen Grundsätzen der DSRL entsprechen.[379]

Wenn ein angemessenes Schutzniveau vorliegt, ist eine Datenübermittlung erlaubt.

Der Grundsatz in Art. 25 Abs. 1 DSRL wird von Art. 26 DSRL durchbrochen, wobei Art. 26 Abs. 1 DSRL bestimmte Ausnahmetatbestände auflistet (z. B. Einwilligung der betroffenen Person, Erfüllung eines Vertrages) und Art. 26 Abs. 2 DSRL als Ausnahme für eine Übermittlung in Drittländer vertraglich bestimmte Garantien für den Datenschutz festschreibt.[380] Diese Garantien können sich aus Vertragsklauseln zwischen dem Datenverantwortlichen in der EU und dem Datenempfänger im Drittstaat ergeben. Dabei kann auf die Standardvertragsklauseln der EU-Kommission zurückgegriffen werden, die die Rechte und Pflichten der Parteien beim Umgang mit personenbezogenen Daten regeln und unverändert übernommen werden müssen. Standardvertragsklauseln stellen die Grundlage von Verträgen zwischen dem Datenverantwortlichen und dem Datenempfänger dar und können von weiteren Verträgen (z. B. Serviceverträgen) begleitet werden. Die letzte Aktualisierung der Standardvertragsklauseln seitens der EU-Kommission erfolgte am 05. Februar 2010.[381] Auch Individualverträge können zwischen Datenimporteur und –exporteur geschlossen werden, bedürfen jedoch der Zustimmung der Aufsichtsbehörde bzw. mehrerer Aufsichtsbehörden, sofern ein Unternehmen Niederlassungen in mehreren Mitgliedstaaten der EU besitzt. In einer neuen Stellungnahme[382] der Artikel 29-Datenschutzgruppe stellt diese ein Verfahren im Zusammenhang mit der

377 Gola/ Klug, 2003, S. 21.

378 Art. 25 Abs. 2 DSRL.

379 Artikel 29-Datenschutzgruppe, 1998, WP 12, S. 6 f.; Giesen in Giesen/ Bannasch/ Naumann/ Mauersberger/ Dehoust, 2010, S. 197.

380 Giesen in Giesen/ Bannasch/ Naumann/ Mauersberger/ Dehoust, 2010, S. 196.

381 ABl. EU Nr. L 39/5 vom 12.02.2010, abrufbar unter http://eur-lex.europa.eu/LexUriServ/ LexUriServ.do?uri=OJ:L:2010:039:0005:0018:EN:PDF (zuletzt abgerufen am 27.03.2017).

382 Artikel 29-Datenschutzgruppe, 2014, WP 226.

Prüfung und Genehmigung von Standard- und Individualverträgen vor, welches vor allem international tätige Unternehmen betrifft, die personenbezogene Daten in Drittstaaten übermitteln. Nach diesem Verfahren soll die Tatsache, dass bei der Übermittlung von Daten mehrerer Mitgliedstaaten in ein Drittland jede Aufsichtsbehörde der beteiligten Mitgliedstaaten eine Genehmigung erteilen muss, vereinfacht werden, indem durch ein Kooperationsverfahren der Aufsichtsbehörden eine einheitliche Entscheidung getroffen werden kann.[383]

Ein weiteres Instrument für eine Garantie gem. Art. 26 Abs. 2 DSRL sind rechtsverbindliche Richtlinien sog. Binding Corporate Rules (BCR), die Unternehmen und Konzerne in Bezug auf den grenzüberschreitenden Umgang mit personenbezogenen Daten aufstellen können, um einen angemessenen Datenschutz zu sichern. Sie stellen ein selbstregulierendes Instrument dar, sind jedoch ausschließlich für die Datenübermittlung innerhalb eines Konzerns bzw. einer Unternehmensgruppe anwendbar und nicht für Übermittlungen an gruppenfremde Unternehmen.[384] Für die Umsetzung der BCR ist die Zustimmung der Datenschutzbehörden aller Mitgliedstaaten notwendig, in denen die Unternehmen eines Konzerns ihren Sitz haben, was die BCR zu einem vergleichsweise komplizierten und langwierigen Instrument macht.[385]

Art. 25 Abs. 3 DSRL sieht vor, dass sich die Mitgliedstaaten und die EU-Kommission untereinander über negative Beurteilungen von Drittstaaten informieren. Wenn die EU-Kommission nach einer Prüfung feststellt, dass in einem Drittland tatsächlich kein angemessenes Schutzniveau vorliegt, müssen die Mitgliedstaaten gem. Art. 25. Abs. 4 DSRL den Transfer der Daten unterlassen. Ebenso sind die Mitgliedstaaten gem. Art. 25 Abs. 6 DSRL an einen positiven Angemessenheitsbeschluss der Kommission gebunden. Dies gilt auch dann, wenn die Angemessenheit als Ergebnis von Verhandlungen der Kommission mit einem Drittstaat nach einer negativen Entscheidung festgestellt wird.[386]

Positive Angemessenheitsbeschlüsse existieren bereits für die folgenden Länder außerhalb der EU und des EWR: Andorra, Argentinien, Färöer Inseln, Guernsey, Isle of Man, Israel, Jersey, Kanada, Neuseeland, die Schweiz, Ungarn und Uruguay.[387] Für die Vereinigten Staaten als einen der wichtigsten Wirtschaftspartner der Europäische Union hat die EU-Kommission eine bedingte Angemessenheitsfeststellung getroffen, die sog. „Safe Harbor“ Regelung, da aufgrund der sehr unterschiedlichen Herangehensweise an den Datenschutz in den Vereinigten Staaten, in denen kein grundsätzliches Verbotsprinzip existiert und es keine dem europäischen Datenschutzrecht entsprechenden umfassenden gesetzlichen Regelungen gibt, ein

383 Artikel 29-Datenschutzgruppe, 2014, WP 226, S. 2.

384 Artikel 29-Datenschutzgruppe, 2003, WP 74, S. 8 f.

385 Abrufbar unter http://www.thomashelbing.com/de/datenschutz-konzern-internationale-datentransfer-teil-2-safe-harbor-bcr-binding-corporate-rules-eu-standardvertragsklauseln (zuletzt abgerufen am 27.03.2017).

386 Art. 25 Abs. 5 DSRL; Schneider in Wolff/ Brink, 2013, Syst. B, Rn. 165; Wuermeling, 2000, S. 92.

387 Inderst/ Bannenberg/ Poppe, 2013, S. 339; Taeger, 2014, Kap. III, Rn. 236.

positiver Angemessenheitsbeschluss für die Kommission nicht in Frage kam. Safe Harbor dient der Überbrückung von Systemunterschieden zwischen der EU und den USA, was im Rahmen dieser Arbeit gerade vor dem Hintergrund möglicher Datenverarbeitungen personenbezogener Daten europäischer bzw. deutscher Bürger seitens sozialer Netzwerke mit Sitz in den USA bedeutend ist.

Nach den datenschutzrechtlichen Maßstäben Europas weisen die USA kein angemessenes Datenschutzniveau auf, womit eine Datenübermittlung gem. Art. 25 Abs. 1 DSRL[388] grundsätzlich unzulässig ist. Art. 25 Abs. 6 DSRL sieht jedoch vor, dass die EU-Kommission die Angemessenheit des Datenschutzes in einem Drittland feststellen kann, wenn dieses bestimmte Anforderungen erfüllt. Um den Datenverkehr in die USA als einen der wichtigsten Wirtschaftspartner der EU zu legitimieren, wurde so zwischen der EU-Kommission und dem US-Handelsministerium (engl. Department of Commerce – DoC) in Kooperation das sog. Safe Harbor Abkommen[389] (engl. safe harbor principles) ausgehandelt, das eine Übermittlung personenbezogener Daten aus der EU in die USA gewährleistet und sicherstellt, dass Betroffene im konkreten Einzelfall einen angemessenen Schutz genießen.[390] Das Safe Harbor Modell besteht aus sieben Datenschutzprinzipien und Antworten auf fünfzehn „häufig gestellte Fragen" (engl. Frequently Asked Questions – FAQ). US-Unternehmen, die Daten in die EU importieren, haben die Möglichkeit dem Safe Harbor beizutreten, indem sie sich durch eine entsprechende Erklärung an die US-amerikanische Bundeshandelskommission (engl. Federal Trade Commission – FTC)[391] selbst zertifizieren. Diese Erklärung muss jährlich erneuert werden, um dem Safe Harbor zugehörig zu bleiben. Zudem müssen die Unternehmen sich öffentlich, z. B. durch eine online abrufbare Datenschutzerklärung, dazu verpflichten, die Prinzipien und FAQs des Safe Harbor einzuhalten.[392]

Anknüpfungspunkt der folgenden sieben Grundsätze beim Safe Harbor Modell sind die allgemeinen Grundsätze der DSRL:

Das Prinzip der Informationspflicht verlangt die umfassende Information des Betroffenen über den Zweck der Datenerhebung und -verwendung. Dazu gehört die Information darüber, ob eine Datenweitergabe an Dritte erfolgt und ob und auf welche Weise der Betroffene die Verwendung der Daten einschränken kann. Die

---

388 Siehe auch § 4b Abs. 2 S. 2 BDSG in Kapitel Drei D. II. 1. e).

389 ABl. EU Nr. L 215 vom 25.08.2000, S. 7 ff.

390 Däubler/ Klebe/ Wedde/ Weichert, 2009, Einleitung, Rn. 15; Deutlmoser/ Filip, ZD-Beilage 2012, S. 9.

391 Dies gilt nur für Unternehmen, die in den Zuständigkeitsbereich der FTC fallen. Ausgeschlossen sind Finanzinstitute, Luftverkehrsunternehmen, Telekommunikationsunternehmen und Verpackungsdienste, Artikel 29-Datenschutzgruppe, Safe Harbor, abrufbar unter http://www.bfdi.bund.de/Migration/DE/EuropaUndInternationales/Art29Gruppe/Artikel/SafeHarbor.html?cms_sortOrder=score+desc&cms_templateQueryString=Safe+harbor (zuletzt abgerufen am 27.03.2017).

392 Determann in Gounalakis, 2003, § 64, Rn. 20; Wagner, 2011, S. 40 f.

Angaben sind für die Betroffenen unmissverständlich und deutlich erkennbar zu machen, und zwar bei erstmaliger Sammlung und Weitergabe.[393] Der Betroffene muss zudem die Möglichkeit erhalten, der Weitergabe seiner personenbezogenen Daten an Dritte und der Verwendung für einen anderen Zweck als ursprünglich vorgesehen zu widersprechen (sog. Opt-out). Bei dem „Opt-out" Verfahren gilt die Einwilligung des Betroffenen prinzipiell als erteilt, solange der Betroffene nicht von der Möglichkeit der Sperrung Gebrauch gemacht hat. Das „Opt-out" Verfahren ist vergleichbar mit dem Grundsatz des Erlaubnisvorbehalts und kann als umgekehrte Einwilligung bezeichnet werden.[394] Bei sensiblen Daten ist allein die sog. Opt-in – Variante zulässig, d.h., eine Datenverarbeitung ist erst möglich, wenn der Betroffene darin eingewilligt hat. Die Datenweitergabe an Dritte darf nur erfolgen, wenn der Betroffene zum einen darüber informiert und zum anderen über sein Widerspruchsrecht in Kenntnis gesetzt wird.[395] Unternehmen des Safe Harbor müssen angemessene Sicherheitsvorkehrungen treffen, um Daten vor Verlust, Missbrauch und unbefugtem Zugriff, Weitergabe, Änderung und Zerstörung zu schützen.[396] Der Datenverarbeiter des Safe Harbor wird aufgefordert, die Zuverlässigkeit, Genauigkeit, Vollständigkeit und Aktualität der gesammelten Daten sicherzustellen. Darüber hinaus soll er auf die Erforderlichkeit der fortdauernden Speicherung und die Zweckbindung der Daten achten.[397] Unternehmen müssen dem Betroffenen Zugang zu den personenbezogenen Daten, die sie über ihn besitzen, gewähren und ihm die Möglichkeit geben, diese zu korrigieren, zu ändern oder zu löschen, wenn sie falsch sind.[398]

Das Prinzip der Durchsetzung hat den Zweck der Sicherung und Einhaltung der Grundsätze des Safe Harbor, der Schaffung von Rechtsbehelfen und Beschwerdemechanismen bei Verstößen gegen die Prinzipien und der Sanktionierung von Verstößen gegen die Prinzipien.[399]

Die fünfzehn FAQs[400] mit den dazugehörigen Antworten konkretisieren die allgemein formulierten Safe Harbor Prinzipien und beugen dadurch eventuellen Auslegungsproblemen vor.[401]

US-Unternehmen, die die Safe Harbor Prinzipien anerkennen, dürfen personenbezogene Daten aus der EU empfangen, bzw. Datenexporteure aus der EU dürfen Daten problemlos, ohne weitere Garantien abgeben zu müssen, aus der EU transferieren.[402]

---

393 Schaar, 2002, Kap. 5, Rn. 875.
394 Genz, 2004, S. 137.
395 Wagner, 2011, S. 37.
396 ABl. EU Nr. L 215 v. 25.08.2000, S. 11 f.
397 Genz, 2004, S. 139.
398 ABl. EU Nr. L 215 v. 25.08.2000, S. 12.
399 Wagner, 2011, S. 38.
400 ABl. EU Nr. L 215 v. 25.08.2000, S. 13–25.
401 Fink, 2002, S. 74.
402 Determann, 2012, Kap. 2, Rn. 2.22; Wagner, 2011, 35.

Die FTC führt eine Liste der Unternehmen, die dem Safe Harbor unterliegen. Darunter befinden sich auch US-amerikanische Anbieter sozialer Netzwerke wie z. B. Facebook und Google Plus.[403] Die FTC ist für die Überwachung der Einhaltung verantwortlich und kann bei Verstoß eine Reihe an Sanktionen verhängen.[404]

Aus europäischer Sicht wird das Safe Harbor Modell u.a. dahingehend kritisiert, dass die Safe Harbor Prinzipien zwar grundsätzlich an die allgemeinen Grundsätze der europäischen DSRL anknüpfen, jedoch zum Teil davon abweichen. Der Grundsatz des Erlaubnisvorbehaltes, dass eine Datenverarbeitung also erst nach Einwilligung des Nutzers möglich ist, wird durch das in den USA geltende Opt-out Prinzip durchbrochen. Zudem werden von vornherein Unternehmen in bestimmten Wirtschaftsbereichen ausgeschlossen (z. B. Finanzwesen, Telekommunikationssektor etc.), da nur Unternehmen, die der FTC bzw. dem Verkehrsministerium zugehörig sind, die Möglichkeit haben, sich dem Safe Harbor zu unterwerfen.[405] Ebenso wird das Fehlen einer staatlichen Überwachung des Safe Harbor seitens der USA als unsicher angesehen. Die FTC wird, anders als in der EU, nur auf Beschwerde hin tätig.[406] Da in den USA die Folgen des Safe Harbor Abkommens, wie bereits erwähnt, vornehmlich die gewerblichen Datenverarbeiter trifft, und diese sich durch Selbstverpflichtung qualifizieren müssen, um personenbezogene Daten aus der EU importieren zu können, ist die Freiwilligkeit der Entscheidung für oder gegen die Qualifikation eine rein unternehmerische Entscheidung. Die Möglichkeit der freiwilligen Qualifikation durch Selbstverpflichtung bietet dem Datenverarbeiter die freie Wahl über Art und Maß des praktizierten Datenschutzes im Rahmen der ihn betreffenden gesetzlichen Vorschriften.[407]

Aufgrund einer Studie einer US-Beratungsfirma[408] im Jahr 2008, die bei der praktischen Umsetzung der Safe Harbor Prinzipien erhebliche Defizite feststellte (z. B. eine fehlende flächendeckende Kontrolle der Selbstzertifizierungen durch die amerikanischen und europäischen Behörden[409]), werden in Deutschland seit 2010 strengere Anforderungen an deutsche Unternehmen gestellt, die Daten in die USA

---

403 Diese Liste ist online veröffentlicht und wird jährlich aktualisiert, abrufbar unter https://safeharbor.export.gov/list.aspx (zuletzt abgerufen am 27.03.2017).

404 Determann, 2012, Kap. 2, Rn. 2.22; Wagner, 2011, S. 153.

405 Genz, 2004, S. 174–179.

406 Däubler in Däubler/ Klebe/ Wedde/ Weichert, 2009, § 4b, Rn. 16; Taeger, 2014, Kap. III, Rn. 237.

407 Genz, 2004, S. 156 f.

408 Connolly, The US Safe Harbor – Fact or Fiction?, 2008, abrufbar unter http://www.galexia.com/public/research/assets/safe_harbor_fact_or_fiction_2008/safe_harbor_fact_or_fiction.pdf (zuletzt abgerufen am 27.03.2017).

409 Von insgesamt 1.597 Unternehmen, die zu dem Zeitpunkt der Studie in der öffentlichen Safe Harbor Liste aufgeführt waren, waren nur 1.109 Unternehmen tatsächlich aktuelle Mitglieder des Safe Harbor. Nur 348 Unternehmen erfüllten die formalen Voraussetzungen für diese Zertifizierung, Connolly, The US Safe Harbor – Fact or Fiction?, 2008, S. 4.

transferieren möchten.[410] Danach müssen sich Unternehmen in Deutschland von den Datenimporteuren in den USA einen Nachweis für deren Safe Harbor Zertifizierung und Einhaltung der Safe Harbor Prinzipien einholen, sofern sie personenbezogene Daten an ein US-Unternehmen transferieren möchten. Zudem müssen sie die Mindestprüfung dokumentieren, um sie auf Nachfrage der Aufsichtsbehörde nachweisen zu können.[411]

Im Zuge der Enthüllungen durch Edward Snowden um die großflächigen Überwachungstätigkeiten ausländischer Geheimdienste im Internet ist in Europa eine neue Diskussion über die Sicherheit der Übermittlung personenbezogener Daten aus der EU in die USA entfacht. Edward Snowden ist ein US-amerikanischer Whistleblower[412], der erstmals Anfang Juni 2013 als „top secret" gekennzeichnete Dokumente des US-Geheimdienstes National Security Agency (NSA) veröffentlichte. Er enthüllte, wie die USA und weitere Staaten seit spätestens 2007 in großem Umfang die Telekommunikation und insbesondere das Internet global und verdachtsunabhängig überwachen und die so gewonnenen Daten auf Vorrat speichern.[413] Insbesondere das sog. PRISM Programm, ein streng geheimes Überwachungsprogramm der NSA, das der Auswertung von elektronischen Medien und elektronisch gespeicherten Daten dient, wonach amerikanische Behörden Zugang zu den Daten europäischer Bürger haben und diese Daten in die USA übermitteln und dort verarbeiten, erregte öffentliches Aufsehen. So sollen auch Anbieter sozialer Netzwerke Nutzerdaten europäischer Bürger an den amerikanischen Geheimdienst übermittelt haben. Im Rahmen des Safe Harbor wäre dies grundsätzlich nach Art. 25 Abs. 1 DSRL möglich, sofern die beteiligten Unternehmen bzw. deren europäische Niederlassungen, die nach Meinung einiger Datenschützer an europäisches Datenschutzrecht gebunden sind, gewisse Pflichten einhalten wie u.a. die Benachrichtigung der Betroffenen über die Weitergabe der Daten an Dritte. Da dies nicht erfolgte, hat die Datenschutz-Initiative mit dem Namen „europe-v-facebook.org" im Juni 2013 Beschwerde bei verschiedenen europäischen Datenschutzbehörden eingereicht.[414]

---

410 Düsseldorfer Kreis, Beschluss vom 28./29.04.2010, S. 1, abrufbar unter http://www.bfdi.bund.de/SharedDocs/Publikationen/Entschliessungssammlung/DuesseldorferKreis/290410_SafeHarbor.pdf?__blob=publicationFile (zuletzt abgerufen am 27.03.2017).

411 Schuppert/ von Reden, ZD 2013, S. 213.

412 Jemand, der Missstände (an seinem Arbeitsplatz) öffentlich macht.

413 Abrufbar unter http://www.spiegel.de/politik/ausland/nsa-spaehaktion-eine-chronologie-der-enthuellungen-a-910838.html und http://www.wiwo.de/technologie/digitale-welt/nach-prism-enthuellungen-whistleblower-snowden-legt-britische-datenueberwachung-offen/8391504.html (zuletzt abgerufen am 27.03.2017).

414 Anzeige der europe-v-facebook.org gegen Facebook vom 26.06.2013, abrufbar unter http://www.europe-v-facebook.org/prism/facebook.pdf (zuletzt abgerufen am 27.03.2017).

Die EU-Kommission hat als Folge dieser Überwachungs- und Spionageaffäre am 27. November 2013 in einer Mitteilung[415] an das US-Handelsministerium zur Zukunft des Safe Harbor als Teil eines ganzen Maßnahmenpakets, welches sich über Safe Harbor hinaus auf den zukünftigen transatlantischen Datenaustausch bezieht, für den Erhalt der Safe Harbor Prinzipien ausgesprochen. Die EU-Kommission gibt darin insgesamt 13 Empfehlungen für ein zukünftiges verbessertes Safe Harbor Modell ab. So sollen unter anderem die Transparenz durch die Veröffentlichung der Unternehmensdatenschutzrichtlinien und der Liste des US-Handelsministeriums verbessert werden, Streitschlichtungsmechanismen eingerichtet und die Durchsetzung z. B. durch die Überprüfung einiger Unternehmen nach dem Selbstzertifizierungsprogramm unter Safe Harbor auf die Einhaltung der Datenschutzbestimmungen verbessert werden. Darüber hinaus soll in den Unternehmensdatenschutzrichtlinien die Information enthalten sein, in welchen Fällen von den Safe Harbor Prinzipien abgewichen werden muss, um den Anforderungen der US-Gesetze wie bspw. zur nationalen Sicherheit und Strafverfolgung gerecht zu werden.[416]

Die EU-Kommission gab damit deutlich zu verstehen, dass sie weiterhin an dem Safe Harbor Modell festhalten wollte, jedoch nur unter neuen klaren Vorgaben, die von amerikanischer Seite zu erfüllen sind. Das Europäische Parlament sprach sich hingegen am 15. Januar 2014 gegenüber der EU-Kommission für eine Beendigung des Safe Harbor Abkommens aus.[417] Die Artikel 29-Datenschutzgruppe hat in einem Brief[418] an die Justizkommissarin der EU[419] Verbesserungsvorschläge zur Überarbeitung des Safe Harbor Abkommens vorgelegt und sich darin u.a. zum einen für die 13 Empfehlungen der EU-Kommission ausgesprochen und zum anderen für eine Aussetzung des Safe Harbor, sofern nach dem Überarbeitungsprozess kein positives Ergebnis erlangt werde.[420]

415 COM(2013)847 final vom 27.11.2013 abrufbar unter http://ec.europa.eu/justice/data-protection/files/com_2013_847_en.pdf (zuletzt abgerufen am 27.03.2017).

416 Verbraucherzentrale Bundesverband, Surfer haben Rechte, abrufbar unter http://www.surfer-haben-rechte.de/cps/rde/xchg/digitalrechte/hs.xsl/75_2940.htm (zuletzt abgerufen am 27.03.2017); COM(2013)847 final vom 27.11.2013 abrufbar unter http://ec.europa.eu/justice/data-protection/files/com_2013_847_en.pdf (zuletzt abgerufen am 27.03.2017).

417 Pressemitteilung des Europäischen Parlaments vom 15.01.2014 abrufbar unter http://www.europarl.europa.eu/news/de/news-room/content/20140115STO32701/html/Datenaustausch-mit-USA-Debatte-%C3%BCber-Safe-Harbour-Abkommen-nach-NSA-Skandal (zuletzt abgerufen am 27.03.2017).

418 Abrufbar unter http://ec.europa.eu/justice/data-protection/article-29/documentation/other-document/files/2014/20140410_wp29_to_ec_on_sh_recommendations.pdf (zuletzt abgerufen am 27.03.2017).

419 Viviane Reding (Status: 01.08.2014).

420 Pressemitteilung des Europäischen Parlaments vom 15.01.2014 abrufbar unter http://www.europarl.europa.eu/news/de/news-room/content/20140115STO32701/html/Datenaustausch-mit-USA-Debatte-%C3%BCber-Safe-Harbour-Abkommen-nach-NSA-Skandal (zuletzt abgerufen am 27.03.2017).

Am 06. Oktober 2015 hat der EuGH in seinem Urteil das Safe Harbor Abkommen für ungültig erklärt.[421] Hauptsächlicher Grund für diese Entscheidung ist der Aspekt, dass die EU-Kommission nicht die Anforderungen des EU-Rechts beachtet habe, als sie die Safe Harbor-Entscheidung getroffen hat. Die fehlerhafte Struktur von Safe Harbor und die von der Kommission unterbliebene Untersuchung und Feststellung eines angemessenen Schutzniveaus stellt damit eine Grundrechtsverletzung dar und nicht die generelle Frage der Angemessenheit des Schutzniveaus für personenbezogene Daten in den USA.[422]

Die EU-Kommission erließ daraufhin am 29. Februar 2016 den Entwurf einer Angemessenheitsentscheidung[423], das sog. „EU-US Privacy Shield",[424] ein neues, Safe-Harbor-Abkommen ablösendes System für den transatlantischen Datentransfer. In dem Entwurf sind folgene Punkte hervorzuheben:

- Das System der Selbstzertifizierung bleibt erhalten[425]
- Die Überwachung und Einhaltung der Prinzipien erfolgt durch das US-Handelsministerium[426]
- Die Kontrolle und Durchsetzung des Privacy Shields erfolgt durch die FTC, das Verkehrsministerium oder andere Vollstreckungsbehörden[427]
- Die Kommission stellt ein „angemessenes Schutznivau" fest[428]

---

421 EuGH, Urteil vom 06.10.2015, Az. C-362/14, Rn. 98 abrufbar unter http://curia.europa.eu/juris/document/document.jsf?text=&docid=169195&pageIndex=0&doclang=DE&mode=req&dir=&occ=first&part=1&cid=196172 (zuletzt abgerufen am 27.03.2017).

422 EuGH, Urteil vom 06.10.2015, Az. C-362/14, Rn. 97: Die Kommission hat jedoch in der Entscheidung 2000/520 nicht festgestellt, dass die Vereinigten Staaten von Amerika aufgrund ihrer innerstaatlichen Rechtsvorschriften oder internationaler Verpflichtungen tatsächlich ein angemessenes Schutzniveau „gewährleisten"; EuGH, Urteil vom 06.10.2015, Az. C-362/14, Rn. 98: Daher ist, ohne dass es einer Prüfung des Inhalts der Grundsätze des „sicheren Hafens" bedarf, der Schluss zu ziehen, dass Art. 1 der Entscheidung 2000/520 gegen die in Art. 25 Abs. 6 der Richtlinie 95/46 im Licht der Charta festgelegten Anforderungen verstößt und aus diesem Grund ungültig ist.

423 Original in engl. Commission implementing decision vom 29.02.2016 abrufbar unter http://ec.europa.eu/justice/data-protection/files/privacy-shield-adequacy-decision_en.pdf (zuletzt abgerufen am 27.03.2017).

424 Pressemitteilung der Europäischen Kommission vom 02.02.2016 abrufbar unter http://europa.eu/rapid/press-release_IP-16–216_en.htm (zuletzt abgerufen am 27.03.2017).

425 Erwägungsgrund 14 des Entwurfs einer Angemessenheitsentscheidung.

426 Erwägungsgrund 24 des Entwurfs einer Angemessenheitsentscheidung.

427 Erwägungsgrund 27 des Entwurfs einer Angemessenheitsentscheidung.

428 Erwägungsgrund 116 des Entwurfs einer Angemessenheitsentscheidung.

- Es gibt eine eindeutige Begrenzung für Zugriffe auf Daten, z.B. für Zwecke der nationalen Sicherheit[429]
- Es wird eine Stelle eines Ombudsmannes im Außenministerium geschaffen, der für Beschwerden der Nutzer bzgl. ihrer Datenverarbeitung durch Geheimdienste verantwortlich ist[430]

Festzuhalten bleibt, dass die vom EuGH vermissten Feststellungen bzgl. des Datenschutzniveaus in dem EU-US Privacy Shield getroffen wurden. Ob diese von der EU-Kommission getroffenen Feststellungen auch im Sinne des EuGH sind, bleibt nun abzuwarten. Durch das Urteil des EuGH vom 06. Oktober 2015 ist jedoch die generelle Notwendigkeit für ein Abkommen im Bereich der transatlantischen Datenübermittlung deutlich geworden.

b) Richtlinie 2002/58/EG

Am 12. Juli 2002 wurde vom Europäischen Parlament und dem Rat der EU die Richtlinie 2002/58/EG (sog. Datenschutzrichtlinie für elektronische Kommunikation) „über die Verarbeitung personenbezogener Daten und den Schutz der Privatsphäre in der elektronischen Kommunikation“[431] im Zuge der technikneutralen Ausrichtung und Neuordnung des gemeinschaftsrechtlichen Telekommunikationsrechts erlassen. Sie ersetzte die Richtlinie 97/66/EG „über die Verarbeitung personenbezogener Daten und den Schutz der Privatsphäre im Bereich der Telekommunikation“[432], da diese aufgrund der sich rasant entwickelnden technischen Neuerungen und ihrer starken Ausrichtung auf die ISDN-Technik nicht mehr zeitgemäß war.[433]

Die RL 2002/58/EG ergänzt und detailliert als bereichsspezifische Regelung die allgemeine DSRL gem. Art. 1 Abs. 2 RL 2002/58/EG und gilt für alle Arten der elektronischen Kommunikation (Telekommunikationsdienste und Tele- und Mediendienste).[434]

Im Zusammenhang mit sozialen Netzwerken ist Art. 5 Abs. 3 RL 2002/58/EG hervorzuheben, der den Einsatz von Cookies auf einem Endgerät eines Nutzers grundsätzlich erlaubt, wenn der Betroffene klar und umfassend über sein Verweigerungsrecht und insbesondere über die Zwecke der Verarbeitung informiert wird. Damit gilt hier das sog. Opt-out Verfahren, da die Einwilligung des Nutzers

---

429 Erwägungsgrund 63 des Entwurfs einer Angemessenheitsentscheidung; weitere Begrenzungen der Eingriffe in Erwägungsgrund 53 ff.

430 Erwägungsgrund 100 des Entwurfs einer Angemessenheitsentscheidung.

431 Richtlinie 2002/58/EG des Europäischen Parlaments und des Rates vom 12.07.2002 über die Verarbeitung personenbezogener Daten und den Schutz der Privatsphäre in der elektronischen Kommunikation, ABl. Nr. L 201 v. 31.07.2002, S. 37.

432 Richtlinie 97/66/EG des Europäischen Parlaments und des Rates vom 15.12.1997 über die Verarbeitung personenbezogener Daten und den Schutz der Privatsphäre im Bereich der Telekommunikation, ABl. Nr. L 024 v. 30.01.1998, S. 1.

433 Kühling/ Seidel/ Sivridis, 2008, S. 39; Zimmer, 2011, S. 84 f.

434 Zimmer, 2011, S. 85.

prinzipiell als erteilt gilt, solange der Nutzer nicht von der Möglichkeit des Widerspruchs Gebrauch gemacht hat.[435]

c) Richtlinie 2009/136/EG

Das Europäische Parlament und der Rat der EU beschlossen im November 2009 mit der Richtlinie 2009/136/EG (sog. „Cookie Richtlinie“ oder „E-Privacy Richtlinie“) die Änderung der Richtlinie 2002/58/EG. Sie trat am 19. Dezember 2009 in Kraft. Hervorzuheben ist in der Cookie Richtlinie die Verschärfung des Art. 5 Abs. 3 RL 2002/58/EG, wonach „die Speicherung von Informationen oder der Zugriff auf Informationen, die bereits im Endgerät eines Teilnehmers oder Nutzers gespeichert sind, nur gestattet ist, wenn der betreffende Teilnehmer oder Nutzer auf der Grundlage von klaren und umfassenden Informationen, die er gemäß der Richtlinie 95/46/EG u. a. über die Zwecke der Verarbeitung erhält, seine Einwilligung gegeben hat.“[436] Cookies dürfen demnach nicht mehr ohne Einwilligung des Nutzers auf dessen Endgerät gespeichert werden. Ausnahmen betreffen Fälle, in denen die Speicherung ausschließlich zur Inanspruchnahme eines Dienstes notwendig ist. Entscheidend ist, dass mit „Informationen“ in Art. 5 Abs. 3 RL 2002/58/EG sämtliche Informationen gemeint sind, d.h. die Einwilligung auch für Daten ohne Personenbezug gilt.[437]

Im Gegensatz zur RL 2002/58/EG, nach der Nutzer der Verarbeitung ihrer Daten widersprechen konnten (Opt-out Modell), gilt hier das Opt-in Modell, welches die Einwilligung des Nutzers voraussetzt.[438] Nach Art. 15a Abs. 1 Cookie Richtlinie sollten die Mitgliedstaaten die Vorschriften derselben bis 25. Mai 2011 umgesetzt haben, was jedoch nur von wenigen Mitgliedstaaten verwirklicht wurde.[439] In Deutschland herrscht diesbezüglich Unklarheit, da die Cookie Richtlinie seit Anfang Februar 2014 offiziell als umgesetzt gilt, es jedoch kein deutsches Gesetz gibt, das den Regelungen der Cookie Richtlinie entspricht. Gesetzesentwürfe zur Änderung des TMG sind nie umgesetzt worden.[440] Eine formelle Umsetzung im deutschen Recht hat somit nie stattgefunden, jedoch reicht der EU-Kommission für die Anerkennung der Umsetzung der Cookie Richtlinie in Deutschland eine Stellungnahme der deutschen Bundesregierung zu einem Fragebogen bzgl. der Rechtslage zu Cookies in Deutschland aus.[441] Deutschland sieht weiterhin das Opt-Out Modell vor,[442] jedoch gibt es seitens der EU-Kommission

---

435 Piltz, delegedata, abrufbar unter https://www.delegedata.de/2016/01/olg-frankfurt-einsatz-von-cookies-fuer-werbezwecke-erfordert-kein-opt-in/ (zuletzt abgerufen am 27.03.2017); mehr zum Opt-out Verfahren siehe Viertes Kapitel, B. IV. 4. b) bb)

436 Art. 2 Ziff. 5 RL 2009/136/EG.

437 Artikel 29-Datenschutzgruppe, 2010, WP 171, S. 10.

438 BT-Drs. 17/6689, S. 1, f.; Jotzo, 2013, S. 177 f.

439 Spies/ Vinke, ZD 2012, S. XVI.

440 So etwa BT-Drs. 17/8454; BT-Drs. 17/6765.

441 European Commission, Communications Committee, COCOM11–20, 2011, abrufbar unter https://www.telemedicus.info/uploads/Dokumente/COCOM11-20QuestionnaireonArt.53e-PrivacyDir.pdf (zuletzt abgerufen am 27.03.2017).

442 Siehe § 15 Abs. 3 TMG unter Drittes Kapitel D. II. 2. b) bb) (2).

die schriftliche Bestätigung, dass die Richtlinie in nationales Recht umgesetzt wurde, so dass anzunehmen ist, dass die EU-Kommission davon ausgeht, dass für Cookies in Deutschland bereits jetzt eine Einwilligung des Nutzers erforderlich ist.[443]

d) Richtlinie 2006/24/EG

Die Richtlinie 2006/24/EG (VDSRL), auch sog. Richtlinie der Vorratsdatenspeicherung, trat am 15. März 2006 als Reaktion auf die Terroranschläge vom 11. September 2001 in New York und 11. März 2004 in Madrid in Kraft und wurde am 08. April 2014[444] vom EuGH für nichtig erklärt.

Die EU-Mitgliedstaaten waren gem. Art. 3 Abs. 1 VDSRL verpflichtet, „Daten, soweit sie im Rahmen ihrer Zuständigkeit im Zuge der Bereitstellung der betreffenden Kommunikationsdienste von Anbietern öffentlich zugänglicher elektronischer Kommunikationsdienste oder Betreibern eines öffentlichen Kommunikationsnetzes erzeugt oder verarbeitet werden,"[445] auf Vorrat für mindestens sechs und höchstens vierundzwanzig Monate[446] speichern zu lassen.[447] Mit der VDSRL sollte sichergestellt werden, dass in der gesamten EU die betreffenden Daten zum Zweck der Ermittlung, Feststellung und Verfolgung von schweren Straftaten vorliegen, um im Einzelfall darauf zugreifen zu können.[448] Anwendung fand sie auf alle Verkehrs- und Standortdaten und alle sonstigen Daten, die zur Identifizierung des Kommunikationsteilnehmers erforderlich sind, wobei dabei sowohl natürliche als auch juristische Personen betroffen waren.[449] Gem. Art. 1 Abs. 2 S. 2 VDSRL waren Inhaltsdaten in Bezug auf die Kommunikation und Daten von Cookies ausgenommen.[450]

Sieht die DSRL in Art. 13 und die RL 2002/58/EG in Art. 15 Abs. 1 Bestimmungen vor, die aus Gründen der nationalen oder öffentlichen Sicherheit und Landesverteidigung eine Vorratsdatenspeicherung für einen begrenzten Zeitraum erlauben, so durchbrach die VDSRL diese Tradition, indem im Zuge eines Kommunikationsdienstes erzeugte oder verarbeitete Verkehrs- und Standortdaten aller EU-Bürger ohne Unterschied, verdachtsunabhängig und flächendeckend auf Vorrat gespeichert werden durften.[451]

Die Vorgaben der VDSRL wurden vom EuGH in seinem Urteil vom 08. April 2014 für unverhältnismäßig und als ein schwerwiegender Eingriff in die europäischen

---

443 Abrufbar unter http://www.iabeurope.eu/files/5714/0204/2672/Art5_3_transposition_overview_from_June_2014.pdf (zuletzt abgerufen am 27.03.2017).

444 EuGH, Urteil vom 8.04.2014, Az. C-293/12 und C-495-12.

445 Art. 3 Abs. 1 RL 2006/24/EG.

446 Art. 6 RL 2006/24/EG.

447 Kühling, Seidel, Sivridis, 2011, S. 44; Zimmer, 2011, S. 85 f.

448 Art. 1 Abs. 1 VDSRL.

449 Art. 1 Abs. 2 S. 1 VDSRL.

450 Kühling, Seidel, Sivridis, 2011, S. 44; zu Inhaltsdaten siehe ausführlich Viertes Kapitel B. IV. 3.

451 BIM/IRI, 2008, S. 4; Zimmer, 2011, S. 86.

Grundrechte auf Privatsphäre (Art. 7 EGRC) und auf den Schutz personenbezogener Daten (Art. 8 EGRC) erklärt.

Bis zu dieser Urteilsverkündung war die Umsetzung der VDSRL in vielen Mitgliedstaaten sowohl politisch als auch rechtlich von Beginn an hoch umstritten und erfolgte sehr unterschiedlich.[452] In Deutschland wurde die VDSRL mit Gesetz vom 21. Dezember 2007 zwar umgesetzt, jedoch wurde dies am 02. März 2010 vom BVerfG für verfassungswidrig und nichtig erklärt, da es gegen Art. 10 Grundgesetz[453] verstoße. Danach gab es in Deutschland keine Neueinführung der VDSRL.[454] Im Mai 2012 reichte die EU-Kommission daher Klage gegen Deutschland beim EuGH wegen fehlender Implementierung der VDSRL ein, wobei die Klage im Mai 2014 zurückgezogen wurde.[455]

e) Datenschutz-Grundverordnung

Aufgrund der rasanten technologischen Entwicklung und der dadurch einhergehenden neuen Anwendungsmöglichkeiten bei der Datenverwendung durch öffentliche und private Stellen in der globalisierten Welt von heute werden die EU-Mitgliedstaaten vor immer größere Herausforderungen beim Datenschutz gestellt.

Gerade im Hinblick auf die Möglichkeit der Bereitstellung privater Informationen im weltweiten Netz durch soziale Netzwerke ist eine Gewährleistung des Schutzes personenbezogener Daten im Internet durch die DSRL aus dem Jahr 1995 nicht mehr sichergestellt.[456] Darüber hinaus erfolgte die Umsetzung der DSRL in den einzelnen Mitgliedstaaten sehr unterschiedlich, was eine fortschreitende Schwächung der Position der betroffenen Personen zur Folge hat.[457] Diese unterschiedliche Umsetzung und Weiterentwicklung der EU-Vorgaben lassen sich zudem im europäischen Binnenmarkt in der Praxis oft nicht grenzüberschreitend durchsetzen.

Als Folge hat die EU-Kommission am 25. Januar 2012 einen Entwurf für eine europäische Datenschutz-Grundverordnung veröffentlicht, die das Ziel hat, einen stabilen, zusammenhängenden und umfassenden Datenschutzrechtsrahmen für die EU zugänglich zu machen.[458] Im Zeitraum danach wurde eine enorme Anzahl an Änderungsanträgen seitens des Europäischen Parlaments auf den Vorschlag

---

452 Brodowski, ZIS 2011, S. 948.

453 Fernmeldegeheimnis.

454 Knierim, ZD 2011, S. 18.

455 Batke, 2013, S. 49; EuGH, Beschluss vom 05.06.2014, Rs. C-329/12, abrufbar unter http://curia.europa.eu/juris/document/document.jsf?text=&docid=154461&pageIndex=0&doclang=de (zuletzt abgerufen am 27.03.2017).

456 KOM(2012) 11 endgültig, S. 1 f.

457 Artikel 29-Datenschutzgruppe, 2009, WP 168, S. 20.

458 Vorschlag für eine Verordnung des Europäischen Parlaments und des Rates zum Schutz natürlicher Personen bei der Verarbeitung personenbezogener Daten und zum freien Datenverkehr (DatenschutzGrundverordnung) vom 28. Januar 2016, Nr. Vordok.: 15321/15, Erwägungsgrund 6, abrufbar unter http://data.consilium.europa.eu/doc/document/ST-5455-2016-INIT/de/pdf (zuletzt abgerufen am 27.03.2017).

der EU-Kommission gestellt. Der neue Entwurf, der die Änderungsvorschläge[459] berücksichtigt, wurde am 12. März 2014 vom Ausschuss für Bürgerliche Freiheiten, Justiz und Inneres (LIBE) des Europäischen Parlamentes angenommen, was Verhandlungen zwischen der EU-Kommission, dem Europäischen Parlament und dem Rat der Europäischen Union (sog. Trilog) ermöglichte.[460] Die endgültige Textfassung der DS-GVO wurde am 27. April 2016 vom Europäischen Parlament und dem Rat der Europäischen Union beschlossen und am 04. Mai 2016 veröffentlicht.

Die DS-GVO wird somit am 25. Mai 2018 in Kraft treten. Sie würde gem. Art. 288 Abs. 2 AEUV unmittelbar geltendes Recht in allen Mitgliedstaaten werden und soll das europäische Datenschutzrecht vereinheitlichen, dem technologischen Fortschritt nachkommen, dem Grundrecht des Einzelnen gerecht werden, eine Vertrauensbasis in der digitalen Welt schaffen und die rechtlichen Bedingungen für Privatpersonen und Unternehmen vereinfachen.[461] Das Inkrafttreten der DS-GVO würde ein gänzliches Ersetzen der DSRL sowie weite Teile des BDSG und der bereichsspezifischen Regelungen bedeuten. Im Folgenden werden die zentralen Punkte der zukünftigen DS-GVO für den Schutz personenbezogener Daten in Europa erläutert.

aa) Sachlicher Anwendungsbereich

Der sachliche Anwendungsbereich der DS-GVO setzt im Wesentlichen an der DSRL an.[462]

Die Definition personenbezogener Daten in Art. 4 Abs. 1 DS-GVO enthält keine wesentlichen Änderungen zu Art. 2 lit. a DSRL. Jedoch wird durch Erwägungsgrund 26 deutlich, dass von einem objektiven Personenbezug ausgegangen wird, da bzgl. der Bestimmbarkeit einer Person „alle Mittel“ zu berücksichtigen sind, „die von dem Verantwortlichen oder einer anderen Person nach allgemeinem Ermessen wahrscheinlich genutzt werden.“[463] Art. 4 Abs. 1 DS-GVO bezieht Standortdaten und Online-Kennungen (z. B. IP-Adressen oder Cookies) mit ein, so dass bei IP-Adressen grundsätzlich von einem Personenbezug auszugehen ist,[464] jedoch ergänzt Erwägungsgrund 30, dass ein Personenbezug bei Standortdaten und Online-Kennungen nicht zwangsläufig gegeben ist, was die Anwendbarkeit des Datenschutzrechts auf diese Daten offen lässt.

---

459 Änderungsvorschläge seitens des Rates der Europäischen Union vom 16.12.2013, abrufbar unter http://register.consilium.europa.eu/doc/srv?l=EN&t=PDF&gc=true&sc=false&f=ST%2017831%202013%20INIT (zuletzt abgerufen am 27.03.2017).

460 Legislative Entschließung des Europäischen Parlaments vom 12. März 2014 zu dem Vorschlag für eine Verordnung des Europäischen Parlaments und des Rates zum Schutz natürlicher Personen bei der Verarbeitung personenbezogener Daten und zum freien Datenverkehr, P7_TA(2014)0212.

461 Reding, ZD 2012, S. 198; Taeger, 2014, Kap. I, Rn. 50.

462 Vgl. Zweites Kapitel C. II. 2. a) aa).

463 Erwägungsgrund 26 DS-GVO.

464 Art. 2 Abs. 1; Art. 4 Abs. 1 DS-GVO.

Für die in der in Art. 8 DSRL als sensible Daten benannten personenbezogenen Daten sieht die DS-GVO in Art. 9 eine entsprechende Regelung mit der Einbeziehung genetischer Daten vor.

Ebenso wie in Art. 3 Abs. 2 DSRL ist die Verarbeitung personenbezogener Daten, die für persönliche oder familiäre Zwecke verwendet werden, gem. Art. 2 Abs. 2 lit. c DS-GVO ausgeschlossen.

bb) Räumlicher Anwendungsbereich

In der DS-GVO wird der räumliche Anwendungsbereich in Art. 3 DS-GVO geregelt, der einige Neuerungen vorsieht. Die DS-GVO findet Anwendung auf „die Verarbeitung personenbezogener Daten, soweit diese im Rahmen der Tätigkeiten einer Niederlassung eines Verantwortlichen oder eines Auftragsverarbeiters in der Union erfolgt, unabhängig davon, ob die Verarbeitung in der Union stattfindet.“[465] Zudem wird die DS-GVO auch auf Verantwortliche in Drittstaaten angewandt, wenn die Datenverarbeitung dazu dient, Personen, die sich in der Union aufhalten, Waren oder Dienstleistungen anzubieten oder deren Verhalten zu beobachten (sog. Marktortprinzip).[466]

Erwägungsgrund 24 DS-GVO merkt an, dass Internetaktivitäten mit Hilfe von Datenverarbeitungstechniken nachvollzogen würden, durch die einer Person ein Profil zugeordnet werde (sog. Profiling), das die Grundlage für die sie betreffenden Entscheidungen bilde oder anhand dessen ihre persönlichen Vorlieben, Verhaltensweisen oder Gepflogenheiten analysiert oder vorausgesagt werden sollten.[467] Mit dieser abweichenden Regelung zu Art. 4 Abs. 1 lit. c DSRL ist eine Nutzung von Datenverarbeitungsmitteln in der EU nicht mehr maßgeblich. Darüber hinaus müssen international agierende Unternehmen, die ihren Sitz in einem Drittland haben (so z. B. Facebook und Google Plus), nach Art. 27 DS-GVO einen Vertreter in der Union benennen, der für die Einhaltung der europäischen Datenschutzbestimmungen verantwortlich ist, sofern das Unternehmen nicht besondere Kategorien personenbezogener Daten gem. Art. 9 Abs. 1 DS-GVO oder „Daten über strafrechtliche Verurteilungen und Straftaten im Sinne des Artikels 10“ verarbeitet.[468]

Die Legaldefiniton des Datenverantwortlichen in Art. 2 lit d DSRL wird von der DS-GVO in Art. 4 Abs. 7 DS-GVO übernommen. Dies gilt ebenso für die Definition des Auftragsverarbeiters in Art. 4 Abs. 8 DS-GVO.

cc) Materielles Recht

Im Folgenden werden die wichtigsten Regelungen zum materiellen Datenschutzrecht erläutert.

---

465 Art. 3 Abs. 1 DS-GVO.
466 Art. 3 Abs. 2 lit. a, b DS-GVO; Erwägungsgrund 23 DS-GVO.
467 Erwägungsgrund 24 DS-GVO.
468 Art. 27 Abs. 2 lit. a DS-GVO; Härting, BB 2012, S. 462.

(1) Erlaubnisvorbehalt

Im geplanten Reformpaket ist wie auch in Art. 7 DSRL die Einwilligung als eine von mehreren Grundsätzen vorgesehen, unter denen eine Verarbeitung personenbezogener Daten rechtmäßig ist. Neben der Legaldefinition in Art. 4 Abs. 11 DS-GVO muss nach Art. 6 Abs. 1 lit. a DS-GVO die Einwilligung „durch eine eindeutige bestätigende Handlung (...) in Form einer schriftlichen Erklärung, die auch elektronisch erfolgen kann, oder einer mündlichen Erklärung"[469] erfolgen. Eine konkludente Einwilligung sollte keine Einwilligung darstellen.[470] Dabei trägt der für die Verarbeitung Verantwortliche die Nachweispflicht dafür, dass der Betroffene seine Einwilligung erklärt hat.[471] Steht die Einwilligung des Betroffenen im Zusammenhang mit einem anderen Sachverhalt, muss sichergestellt werden, dass der Betroffene weiß, dass und wozu er eingewilligt hat durch „das Ersuchen um Einwilligung in verständlicher und leicht zugänglicher Form in einer klaren und einfachen Sprache"[472].[473] Eine Einwilligung muss unter echter Wahlfreiheit erfolgen, so dass der Betroffene stets ein Widerrufsrecht hat. Der Widerruf der Einwilligung muss so einfach wie die Erteilung der Einwilligung sein.[474]

Neben der Anforderung der Einwilligung bestehen in Art. 6 DS-GVO weitere Erlaubnistatbestände, die sich im Wesentlichen nicht von denen in Art. 7 DSRL unterscheiden, jedoch weiter präzisiert werden.

Völlig neu sind die Regelungen zur Einwilligung von Kindern in Art. 8 DS-GVO, wonach für soziale Netzwerke die Einwilligung der Erziehungsberechtigten für Kinder unter sechszehn Jahren vorgeschrieben ist, sofern es zu einer Verarbeitung personenbezogener Daten kommt. Eine niedrigere Altersgrenze ist je nach Recht der Mitgliedstaaten möglich, nicht jedoch unter dem vollendeten dreizehnten Lebensjahr.[475]

Damit wird Kindern die Anmeldung in sozialen Netzwerken deutlich erschwert, und die Gefahr, dass diese sich ohne Einwilligung der Erziehungsberechtigten anmelden, also rechtswidrig, steigt.

(2) Zweckbindung

In Art. 5 Abs. 1 lit. b DS-GVO ist ebenfalls der Grundsatz der Zweckbindung geregelt. Es wird jedoch schwieriger einmal erhobene personenbezogene Daten später für einen anderen Zweck zu verarbeiten. So können gem. Art. 6 Abs. 4 DS-GVO Daten zu anderen als den ursprünglichen Zwecken nur dann weiterverarbeitet werden, wenn der Verantwortliche unter anderem den Zusammenhang und die Art der personenbezogenen Daten berücksichtigt, „um festzustellen, ob die Verarbeitung

---

469 Erwägungsgrund 32 DS-GVO.
470 Ebd.
471 Art. 7 Abs. 1 DS-GVO.
472 Art. 7 Abs. 2 DS-GVO.
473 Erwägungsgrund 42 DS-GVO.
474 Art. 7 Abs. 3 DS-GVO; Erwägungsgrund 42 DS-GVO.
475 Art. 8 DS-GVO.

zu einem anderen Zweck mit demjenigen, zu dem die personenbezogenen Daten ursprünglich erhoben wurden, vereinbar ist."[476]

(3) Transparenz

Die Vorschriften zur Transparenz werden in der DS-GVO in Art. 12 bis 14 DS-GVO gegenüber der DSRL deutlich ausgeweitet. Mit Art. 12 DS-GVO soll ein neues Transparenzprinzip eingeführt werden[477], das den für die Verarbeitung Verantwortlichen verpflichtet, dem Betroffenen „alle Informationen (...), die sich auf die Verarbeitung beziehen, in präziser, transparenter, verständlicher und leicht zugänglicher Form in einer klaren und einfachen Sprache zu übermitteln; dies gilt insbesondere für Informationen, die sich speziell an Kinder richten."[478]. Anbieter sozialer Netzwerke müssen danach ihren Nutzern Informationen in einfacher und leicht verständlicher Sprache zugänglich machen.[479] Ebenso trägt zur Transparenz bei, dass der Betroffene bei einer Verletzung des Schutzes seiner personenbezogenen Daten vom Datenverantwortlichen unverzüglich darüber benachrichtigt werden muss.[480]

(4) Datensparsamkeit, Datenqualität und Datenrichtigkeit

Im Gegensatz zu der DSRL wird in Art. 5 Abs. 1 lit. c DS-GVO das Prinzip der Datensparsamkeit direkt festgelegt. Danach müssen personenbezogene Daten „dem Zweck angemessen und erheblich sowie auf das für die Zwecke der Verarbeitung notwendige Maß beschränkt sein („Datenminimierung")."[481]

Ebenso wie Art. 6 Abs. 1 lit. d DSRL wird in Art. 5 Abs. 1 lit. d DS-GVO die Datenrichtigkeit und Datenaktualisierung normiert. Die DS-GVO sieht die Speicherdauer von Daten in Art. 5 Abs. 1 lit. e vor, der im Wesentlichen Art. 6 Abs. 1 lit. e DSRL entspricht. Anders als in der DSRL wird jedoch die Löschungspflicht ausführlicher geregelt in Art. 17 DS-GVO.[482]

(5) Datensicherheit

Die DS-GVO sieht in den Art. 24 Abs. 1 und Art. 32 DS-GVO die Vorgaben zur Datensicherheit vor, wobei diese an die Regelungen der DSRL anknüpfen. Neu ist die Maßnahme der Datenschutz-Folgenabschätzung nach Art. 35 DS-GVO[483]. Danach muss der Datenverantwortliche für besonders datenschutzrelevante

476 Art. 6 Abs. 4 DS-GVO.
477 Piltz, 2013, S. 300.
478 Art. 12 Abs. 1 DS-GVO.
479 Erwägungsgrund 58 DS-GVO.
480 Art. 34 DS-GVO.
481 Art. 5 Abs. 1 lit. c DS-GVO.
482 Siehe dazu Drittes Kapitel C. II. 2. e) cc) (6).
483 Vgl. § 4d Abs. 5 BDSG, siehe auch Drittes Kapitel D. II. 1. c) ff).

Verarbeitungsvorgänge[484] zwingend eine Datenschutz-Folgenabschätzung vornehmen. Diese muss eine systematische Beschreibung der geplanten Verarbeitungsvorgänge und der Zwecke der Verarbeitung enthalten, eine Bewertung der Notwendigkeit und Verhältnismäßigkeit sowie der Risiken für die Rechte und Freiheiten des Betroffenen und letztendlich die zur Bewältigung der Risiken geplanten Abhilfemaßnahmen, durch die der Schutz personenbezogener Daten sichergestellt werden soll.[485]

Anstelle der Meldepflicht in der DSRL tritt die Verpflichtung zur Führung eines Verzeichnisses von Verarbeitungstätigkeiten in Art. 30 DS-GVO. Der Wegfall der Meldepflicht wird damit begründet, dass diese Meldepflicht mit einem bürokratischen und finanziellen Aufwand verbunden ist und bisher doch keineswegs in allen Fällen zu einem besseren Schutz personenbezogener Daten geführt hat. Diese unterschiedslosen allgemeinen Meldepflichten wurden daher abgeschafft und durch wirksame Verfahren und Mechanismen ersetzt.[486] Das Verfahrensverzeichnis ist nur den Aufsichtsbehörden auf Antrag zur Verfügung zu stellen.[487]

Zur Sicherheit trägt auch Art. 33 DS-GVO bei, wonach der Datenverantwortliche bei Feststellung einer Verletzung des Datenschutzes unverzüglich die Aufsichtsbehörde informieren muss.

(6) Rechte des Betroffenen

Die Rechte der Betroffenen werden in der geplanten DS-GVO erweitert und ausführlicher geregelt. Im Wesentlichen werden in Art. 16 DS-GVO die Berichtigungsrechte mit Modifikationen übernommen.

Neu ist eine Ausweitung der Löschungspflicht in Art. 17 DS-GVO („Recht auf Vergessen"). Danach hat die betroffene Person unter bestimmten Voraussetzungen das Recht, von der verantwortlichen Stelle die Löschung ihrer Daten und darüber hinaus die Unterlassung jeglicher weiterer Verbreitung der Daten, also auch die Löschung aller Querverweise auf diese personenbezogenen Daten sowie aller Kopien oder Replikationen zu verlangen.[488] So bspw., wenn die Daten für die Zwecke, für die sie einst erhoben wurden, nicht mehr notwendig sind[489], der Betroffene seine Einwilligung widerruft oder es an einer anderen Rechtgrundlage für die Datenverarbeitung fehlt[490]. Darüber hinaus ist die verantwortliche Stelle dazu verpflichtet, Dritte, die diese Daten verarbeiten, darüber zu informieren.[491]

---

484 Art. 35 Abs. 1 DS-GVO.
485 Art. 35 Abs. 7 DS-GVO.
486 Erwägungsgrund 89 DS-GVO.
487 Anders § 4g Abs. 2 BDSG, wonach das Verfahrensverzeichnis auf Antrag jedermann zur Verfügung zu stellen ist.
488 Art. 17 Abs. 1 und Abs. 2 DS-GVO.
489 Art. 17 Abs. 1 lit. a DS-GVO.
490 Art. 17 Abs. 1 lit. b DS-GVO.
491 Art. 17 Abs. 2 DS-GVO; Schild/ Tinnefeld, DuD 2012, S. 314.

Wenn der Betroffene gem. Art. 15 Abs. 3 DS-GVO in elektronischer Form um Auskunft seiner Daten bittet, müssen ihm diese auch in einem gängigen elektronischen Format erteilt werden.

Wo es technisch möglich ist, soll der Datenverantwortliche auf Wunsch des Betroffenen die Daten direkt an einen anderen Datenverantwortlichen transferieren (sog. Recht auf Datenübertragbarkeit).[492] Nutzern von sozialen Netzwerken soll damit die Mitnahme ihrer Daten bei Anbieterwechsel erleichtert werden.[493]

(7) Privacy by Design und Privacy by Default

Der präventiv wirkende Systemdatenschutz wird in Art. 25 DS-GVO aufgegriffen. Hintergrund ist der Wunsch den Datenschutz schon von Beginn an bei der Entwicklung neuer Technologien einzubeziehen, um die im Nachhinein mit viel Zeitaufwand verbundenen Korrekturen von Datenschutzproblemen zu vermeiden (sog. Privacy by Design[494]). Soziale Netzwerke müssen einen Grundschutz gewährleisten, um die Daten ihrer Nutzer zu schützen (sog. Privacy by Default[495]).

Gem. Art. 25 Abs. 1 DS-GVO müssen Datenverantwortliche bereits „zum Zeitpunkt der Festlegung der Mittel für die Verarbeitung als auch zum Zeitpunkt der eigentlichen Verarbeitung geeignete technische und organisatorische Maßnahmen treffen – wie z. B. Pseudonymisierung –, die dafür ausgelegt sind, die Datenschutzgrundsätze wie etwa Datenminimierung wirksam umzusetzen und die notwendigen Garantien in die Verarbeitung aufzunehmen, um den Anforderungen dieser Verordnung zu genügen und die Rechte der betroffenen Personen zu schützen“[496].

Darüber hinaus sollen Datenverantwortliche nur solche personenbezogenen Daten verarbeiten, die für ihren Dienst auch erforderlich sind. Es gilt demnach auch hier das Prinzip der Datensparsamkeit.[497]

Solche datenschutzfreundlichen Voreinstellungen könnten unter anderem darin bestehen, dass die Verarbeitung personenbezogener Daten minimiert wird, personenbezogene Daten so schnell wie möglich pseudonymisiert werden, Transparenz in Bezug auf die Funktionen und die Verarbeitung personenbezogener Daten hergestellt wird, der betroffenen Person ermöglicht wird, die Datenverarbeitung zu überwachen, und der für die Verarbeitung Verantwortliche in die Lage versetzt wird, Sicherheitsfunktionen zu schaffen und zu verbessern.[498]

---

492 Art. 20 DS-GVO.
493 Dehmel/Hullen, ZD 2013, S. 153.
494 Datenschutz durch Technik.
495 Datenschutzfreundliche Voreinstellungen.
496 Art. 25 Abs. 1 DS-GVO.
497 Schaar, Identity in the Information Society, 2010, S. 1 f.
498 Erwägungsgrund 78 DS-GVO.

(8) Datenschutzkontrolle

Die Regelungen in der DS-GVO sind im Vergleich zur DSRL deutlich umfassender in den Art. 51 bis 59 DS-GVO aufgeführt. Neben der Präzisierung der Unabhängigkeit in Art. 52 DS-GVO werden in Art. 55 bis 58 die Aufgaben und Befugnisse der Kontrollstellen geregelt, welche die von den Mitgliedstaaten sehr unterschiedlich ausgelegten Regelungen vereinheitlichen sollen.

Die DS-GVO sieht mit dem Prinzip der zentralen Anlaufstelle in Art. 55 Abs. 2 DS-GVO eine völlig neue Regelung vor. Danach ist die Aufsichtsbehörde des betroffenen Mitgliedstaates zuständig (sog. One-Stop-Shop). Zuständig und federführend für die grenzüberschreitende Datenverarbeitung ist die Aufsichtsbehörde der Hauptniederlassung oder der einzigen Niederlassung des für die Verarbeitung Verantwortlichen oder des Auftragsverarbeiters. Europaweit datenverarbeitende Unternehmen mit mehreren Niederlassungen haben danach nur noch mit einer einzigen Aufsichtsbehörde zu tun.[499] Hauptniederlassung ist nach Art. 4 Ziff. 16 lit. a DS-GVO im Falle von mehreren Niederlassungen in der EU die Niederlassung mit der Hauptverwaltung, „es sei denn, die Entscheidungen hinsichtlich der Zwecke und Mittel der Verarbeitung personenbezogener Daten werden in einer anderen Niederlassung des Verantwortlichen in der Union getroffen und diese Niederlassung ist befugt, diese Entscheidungen umsetzen zu lassen; in diesem Fall gilt die Niederlassung, die derartige Entscheidungen trifft, als Hauptniederlassung."[500]. Unternehmen mit Hauptsitz im Geltungsbereich der Verordnung unterliegen der Aufsichtsbehörde des Mitgliedstaates, in dem das Unternehmen ihren Hauptsitz hat.[501]

Im Bereich der Bußgelder bei Datenschutzverstößen bringt Art. 83 Abs. 5 DS-GVO erhebliche Veränderungen mit sich. Dieser ermächtigt die Aufsichtsbehörden, Geldbußen bei Verstößen gegen das europäische Datenschutzrecht zu verhängen, die bis zu 20 Millionen Euro oder im Fall eines Unternehmens 4 Prozent des gesamten weltweit erzielten Jahresumsatzes des vorangegangenen Geschäftsjahrs reichen können, je nachdem, welcher der Beträge höher ist.[502] Für global agierende Unternehmen wie Facebook oder Google könnte dies Beträge in Milliardenhöhe bedeuten.

Die DS-GVO gibt gem. Art. 83 Abs. 7 den Mitgliedstaaten die Befugnis, selbst festzulegen, ob und in welchem Umfang gegen Behörden und öffentliche Stellen, die in dem betreffenden Mitgliedstaat niedergelassen sind, Geldbußen verhängt werden können. Hier ist die Gefahr groß, dass es zu uneinheitlichen Regelungen in Europa kommt, was das Ziel eines einheitlichen Schutzniveaus in der EU verfehlen würde.

Darüber hinaus sieht die DS-GVO in vielen Fällen gem. Art. 63 ff. ein Kohärenzverfahren vor, z. B. bei der Festlegung von Standardvertragsklauseln oder der Genehmigung von Vertragsklauseln. Es handelt sich dabei um ein Verfahren, dass

499 Caspar, ZD 2012, S. 556.
500 Art. 4 Ziff. 16 lit. a DS-GVO.
501 Kranig, ZD 2013, S. 556.
502 Art. 83 Abs. 5 DS-GVO.

auf Antrag einer Aufsichtsbehörde, des Europäischen Datenschutzausschusses[503] oder der EU-Kommission erfolgt. Entspricht das Ergebnis des Verfahrens nicht dem Willen der Kommission, kann sie Durchführungsakte zur „ordnungsgemäßen Anwendung“ gem. Art. 291 AEUV vollziehen. Letztendlich liegt die Entscheidung immer bei der Kommission, deren Stellung damit erheblich gestärkt werden würde.[504] Die Entscheidungsbefugnis der Kommission steht damit im Widerspruch zu der Stellung der Aufsichtsbehörden, die gem. Art. 52 DS-GVO völlige Unabhängigkeit genießen sollen.[505] Gem. Erwägungsgrund 136 soll dem Europäischen Datenschutzausschuss jedoch die Befugnis übertragen werden, im Falle von Streitigkeiten zwischen Aufsichtsbehörden mit einer Zweidrittelmehrheit seiner Mitglieder rechtsverbindliche Beschlüsse zu erlassen.[506]

dd) Selbstregulierung

Die DS-GVO übernimmt den Grundgedanken aus Art. 27 DSRL, weitet diesen jedoch deutlich aus. So soll gem. Art. 40 Abs. 1 DS-GVO zwar an dem Grundsatz, dass Verhaltensregeln „zur ordnungsgemäßen Anwendung dieser Verordnung beitragen sollen“[507], festgehalten werden, jedoch werden darüber hinaus u.a. die Aspekte der Ausgestaltung von Verhaltensregeln konkret benannt.[508] Künftig sollen auch Aufsichtsbehörden gem. § 40 Abs. 1 DS-GVO neben den Mitgliedstaaten, dem Europäischen Datenschutzausschuss und der Kommission berechtigt sein, die Ausarbeitung von Verhaltensregeln zu fördern. Für das Aufstellen von Verhaltensregeln in mehreren Mitgliedstaaten soll die Kommission verantwortliche Behörde sein[509] und durch den Erlass von Durchführungsakten den Verhaltensregeln allgemeine Gültigkeit erteilen.[510]

ee) Grenzüberschreitender Datenverkehr

Die Regelungen zur Übermittlung personenbezogener Daten in Drittländer in der DS-GVO knüpfen an die Regelungen der DSRL an und erweitern diese.

---

503 Der Europäische Datenschutzausschuss bestehend aus Vertretern der Aufsichtsbehörden eines jeden Mitgliedstaates sowie dem Europäischen Datenschutzbeauftragten tritt an die Stelle der Artikel 29-Datenschutzgruppe gem. Art. 68 bis 76 DS-GVO. Er soll unabhängig und weisungsfrei agieren können und neben seiner beratenden Funktion auch weitere Aufgaben z. B. die Überwachung und Gewährleistung der Anwendung der DS-GVO gem. Art. 57 DS-GVO übernehmen.

504 Hornung, ZD 2012, S. 105; Schild/ Tinnefeld, DuD 2012, S. 314.

505 Hornung, ZD 2012, S. 105; so auch die Datenschutzbeauftragten des Bundes und der Länder auf der 83. Konferenz vom 21./22.03.2012 in Potsdam, DuD 2012, S. 365.

506 Erwägungsgrund 136 DS-GVO; Roßnagel/ Kroschwald, ZD 2014, S. 499.

507 Art. 40 Abs. 1 DS-GVO.

508 Kranig/ Peintinger, ZD 2014, S. 7.

509 § 38 Abs. 8 DS-GVO; Kranig/ Peintinger, ZD 2014, S. 7.

510 § 38 Abs. 9 DS-GVO; Kranig/ Peintinger, ZD 2014, S. 7.

Art. 44 DS-GVO stellt klar, dass die Einhaltung der Bedingungen sowohl dem Datenverantwortlichen als auch dem Auftragsverarbeiter obliegt. Die Regelungen zu Angemessenheitsbeschlüssen werden in Art. 45 DS-GVO präzisiert, wobei sich Angemessenheitsbeschlüsse nun auch explizit auf „das betreffende Drittland, ein Gebiet oder ein oder mehrere spezifische Sektoren in diesem Drittland oder die betreffende internationale Organisation“[511] beziehen können. Das könnte z. B. für die USA bedeuten, dass künftig nur einzelne Bundesstaaten anerkannt werden.[512] Die Kriterien für die Entscheidung werden in Art. 45 Abs. 2 DS-GVO spezifiziert. Art. 46 DS-GVO regelt die Garantien als Ausnahme, unter denen eine Datenübermittlung in Drittländer erlaubt ist, darunter fallen die Standardvertragsklauseln der EU, Vertragsklauseln, die BCR und Zertifizierungsverfahren sowie Datenschutzsiegel und -prüfzeichen[513].[514]

Die BCR werden deutlich ausführlicher und auf Grund ihrer Wichtigkeit auch separat in Art. 47 DS-GVO normiert. Für deren Anwendung muss eine Reihe inhaltlicher Kriterien erfüllt werden. Da der Anwendungsbereich erheblich erweitert wurde, umfasst dieser jetzt auch Cloud-Anwendungen.[515] Art. 47 Abs. 1 sieht zudem einen ausdrücklichen Genehmigungsakt der Aufsichtsbehörde für BCR nach Maßgabe des sog. Kohärenzverfahrens[516] vor.[517]

Mit dem in Art. 42 f. DS-GVO geregelten Datenschutzsiegel soll eine völlig neue Rechtsgrundlage für die Datenübermittlung in Drittländer geschaffen werden. Eine Erteilung des Europäischen Datenschutzsiegels kann – nach Unterrichtung der Aufsichtsbehörde – durch eine Zertifizierungsstelle erteilt und verlängert werden, die über das geeignete Fachwissen hinsichtlich des Datenschutzes verfügt. Jede Zertifizierungsstelle muss ihre Unabhängigkeit und ihr Fachwissen hinsichtlich des Gegenstands der Zertifizierung zur Zufriedenheit der zuständigen Aufsichtsbehörde nachweisen.[518] Diese stellt fest, ob die zu prüfende Verarbeitung personenbezogener Daten mit den Vorschriften der DS-GVO konform ist. Das Datenschutzsiegel ist für maximal fünf Jahre gültig mit der Option der Verlängerung.[519] Der Europäische

511 Art. 45 Abs. 1 DS-GVO.

512 Haufe, abrufbar unter http://www.haufe.de/recht/datenschutz/eu-datenschutzverordnung/weitere-geplante-neuerungen_224_206190.html (zuletzt abgerufen am 27.03.2017).

513 Art. 42 Abs. 1 DS-GVO; Erwägungsgrund 100 DS-GVO.

514 Stellungnahme des BITKOM vom 18.05.2012, S. 10, abrufbar unter http://www.bitkom.org/files/documents/BITKOM_Stellungnahme_EU-VO_20120518_.pdf (zuletzt abgerufen am 27.03.2017); Dehmel/ Hullen, ZD 2013, S. 150.

515 Hornung, ZD 2012, S. 102.

516 Art. 64 DS-GVO.

517 Filip, ZD 2013, S. 59 f.

518 Art. 43 Abs. 2 lit. a DS-GVO.

519 Art. 43 Abs. 4 DS-GVO.

Datenschutzausschuss nimmt alle Zertifizierungsverfahren und Datenschutzsiegel in ein Register auf und veröffentlicht sie in geeigneter Weise.[520]

Ebenfalls völlig neu ist die in Art. 48 DS-GVO geregelte sog. Snowden-Klausel (einst auch Anti-Fisa-Klausel). Danach dürfen personenbezogene Daten von EU-Bürgern bei Anfragen von Behörden (z. B. Geheimdienste und Polizeien) in Drittstaaten im Rahmen ihrer Ermittlungen nur dann übermittelt und weitergegeben werden, wenn hierfür eine internationale Übereinkunft (wie etwa ein Rechtshilfeabkommen) mit den jeweiligen Drittstaat existiert oder die Datenübermittlung durch andere Tatbestände der DS-GVO ausdrücklich erlaubt ist.[521]

Gerade im Hinblick auf die Überwachungs- und Spionageaffäre durch amerikanische Behörden ist diese Regelung von großer Bedeutung für die transatlantischen Beziehungen. Am 04. Februar 2016 hat die die parlamentarische Unterstaatssekretärin im Ministerium für Kultur, Medien und Sport des Vereinigten Königreichs, Baroness Neville-Rolfe, in einer schriftlichen Stellungnahme mitgeteilt, dass sich das Vereinigte Königreich dem Art. 48 DS-GVO und seinem Anwendungsbereich nicht unterwerfen wird.[522] Danach willigt das Vereinigte Königreich nicht in die Anerkennung der bindenden Wirkung (sog. opt-in) des Art. 43a DS-GVO ein und bezieht sich auf ihr Recht gem. „Protocol 21“[523] (Originaltext in engl. „*The UK, and separately Ireland, may choose, within three months of a proposal being presented to the Council pursuant to Title V of Part Three of the TFEU (the part of the Treaty governing JHA matters), whether it wishes to participate in the adoption and application of any such proposed measure.*“).

Als Konsequenz bedeutet dies, dass sich Behörden aus Drittstaaten mit Auftragsdatenverarbeitern bzw. Datenverantwortlichen mit Sitz im Vereinigten Königreich nicht an Art. 48 DS-GVO halten müssen. Zu dem verfolgten Ziel eines einheitlichen Schutzniveaus und einer Harmonisierung des Datenschutzrechts in Europa trägt dies nicht bei.[524]

DS-GVO Art. 49 DS-GVO entspricht Art. 25 Abs. 1 DSRL und ergänzt die Ausnahmetatbestände um die Kategorie berechtigter Interessen des Datenverantwortlichen gem. Art. 49 DS-GVO.

---

520 Art. 43 Abs. 6 DS-GVO.

521 Piltz, delegata, abrufbar unter https://www.delegedata.de/2016/02/datenschutz-grundverordnung-snowden-klausel-wird-nicht-im-vereinigten-koenigreich-gelten/ (zuletzt abgerufen am 27.03.2017).

522 Schriftliche Stellungnahme abrufbar unter http://www.parliament.uk/business/publications/written-questions-answers-statements/written-statement/Lords/2016-02-04/HLWS500 (zuletzt abgerufen am 27.03.2017).

523 Protocol 21 abrufbar unter https://www.gov.uk/government/uploads/system/uploads/ attachment_data/file/206474/Final_opt-in_webpage_update.pdf (zuletzt abgerufen am 27.03.2017).

524 Piltz, delegata, abrufbar unter https://www.delegedata.de/2016/02/datenschutz-grundverordnung-snowden-klausel-wird-nicht-im-vereinigten-koenigreich-gelten/ (zuletzt abgerufen am 27.03.2017).

Im Vergleich mit der DSRL sind die Vorschriften zur Übermittlung personenbezogener Daten in Drittländer in der DS-GVO deutlich ausführlicher geregelt worden. Die Datenübermittlung in die USA ist weiterhin unter denselben Voraussetzungen wie bisher möglich. Darüber hinaus dürfen Mitgliedstaaten internationale Übereinkünfte schließen, die die Übermittlung personenbezogener Daten an Drittländer oder internationale Organisationen beinhalten, sofern sich diese Übereinkünfte weder auf die DS-DVO noch auf andere Bestimmungen des Unionsrechts auswirken und ein angemessenes Schutzniveau für die Grundrechte der betroffenen Personen umfassen.[525]

III. Zwischenergebnis zum internationalen Datenschutz und seinen Rechtsquellen

Datenschutz ist von Beginn an durch internationale Regelungen der Vereinten Nationen, der OECD und des Europarats entwickelt worden. Der vom Europarat ausgearbeiteten EMRK kommt für die Prägung des Schutzes personenbezogener Daten in Europa eine besondere Bedeutung zu, da sie am nachhaltigsten auf das europäische Datenschutzrecht eingewirkt hat. Sie dient dem EuGH als Rechtserkenntnisquelle und bildet zusammen mit der EGRC und den nationalen Rechtsordnungen den grundrechtlichen Datenschutz in der Europäischen Union.

Bei der Entwicklung der DSRL dienten die Grundsätze der EMRK als Grundlage, sie wurden mit der DSRL erweitert und konkretisiert.

Die DSRL entstand in einer Zeit, in der das Internet sowie der elektronische Datentransfer noch in den Kinderschuhen steckten bzw. noch nicht das heutige Ausmaß erreicht hatten. Mobile Datennutzung oder global agierende Internetdienste waren noch nicht vorstellbar, so dass die DSRL respektive das Datenschutzrecht in Europa als Abwehrrecht im Verhältnis zwischen Bürgern und Staat entwickelt und ausgelegt wurde. Daten werden heutzutage jedoch auch im Zuge des User-Generated-Content von Internetnutzern selbst verarbeitet (z. B. in sozialen Netzwerken), wo eine automatisierte Verarbeitung von Daten unverzichtbar geworden ist. Die Bestimmungen und Begrifflichkeiten der DSRL sind zum Teil nicht auf das Internet zu beziehen, wodurch eine enorme Rechtsunsicherheit entsteht. Zudem werden grundsätzlich alle Daten gleich behandelt. Darüber hinaus wurde mit der DSRL nur eine hinreichende Harmonisierung des Datenschutzrechts in der EU erreicht, da das Datenschutzrecht in den einzelnen Mitgliedstaaten immer noch sehr unterschiedlich geregelt ist. Je nach Mitgliedstaat kann ein und derselbe Datenverarbeitungsprozess als rechtskonform oder datenschutzwidrig beurteilt werden, was einem „Flickenteppich“ an Datenschutzvorschriften in der EU gleicht. Folglich sind Unternehmen mit einem hohen Bürokratieaufwand, Befolgungskosten und Rechtsunsicherheit konfrontiert.[526]

---

525 Erwägungsgrund 102 DS-GVO.
526 Dietzel, acquisa 05/2012, S. 67.

Die Konsequenz ist die Notwendigkeit einer Anpassung des europäischen Datenschutzes an die technische und gesellschaftliche Realität. Das Ziel der zukünftigen DS-GVO ist es, den Datenschutz in Europa im öffentlichen und privaten Bereich zu harmonisieren. Die DS-GVO würde mit Inkrafttreten in allen EU-Mitgliedstaaten unmittelbar geltendes Recht, wobei den Mitgliedstaaten in vielen Bereichen eine spezifische Ausgestaltung des Rechts überlassen wird.[527] So ist die Gefahr groß, dass in vielen Bereichen[528] nationales Recht gelten wird und somit unheitliches Recht. Ob die nationalen Regelungen immer sinnvoll und dienlich sind, bleibt abzuwarten. Mit der Möglichkeit eines zu großen Spielraums der Ausgestaltung der DS-GVO ist anzunehmen, dass die erwünschte Harmonisierung nur bedingt eintreten wird.

Mit Inkrafttreten der DS-GVO würde diese sowohl für alle Unternehmen, die in der EU niedergelassen sind, als auch für in Drittstaaten ansässige Unternehmen, die sich an europäische Kunden wenden, gelten.[529] Folglich wären auch Anbieter sozialer Netzwerke wie Facebook oder Google vom Geltungsbereich der DS-GVO betroffen.

Unklar bleibt jedoch, wann die nationalen Datenschutzregelungen, die aufgrund der Öffnungsklauseln erlassen werden, bei grenzüberschreitenden Datenverarbeitungen zu beachten sind. Für den Fall, dass Daten von Betroffenen aus mehreren Mitgliedstaaten verarbeitet werden bzw. bei mehreren Niederlassungen in der EU, sieht die DS-GVO derzeit keine Regelung vor, welches nationale Datenschutzrecht dieser betroffenen Mitgliedstaaten neben den Vorschriften der DS-GVO Anwendung findet. Die Frage, wann welches nationale Datenschutzrecht Anwendung findet, kann derzeit nicht beantwortet werden und hängt stark von den zukünftig erlassenen nationalen Regelungen ab.

Im transatlantischen Verhältnis zwischen Europa und den USA bestehen beträchtliche Differenzen hinsichtlich des Schutzes von personenbezogenen Daten. Vor dem Hintergrund, dass aus europäischer Sicht das Risiko einer Gefährdung personenbezogener Daten für europäische bzw. deutsche Bürger unter anderem dadurch entsteht, dass persönliche Daten auf Servern sozialer Netzwerke im außereuropäischen Ausland, vorrangig in den USA, gespeichert bzw. verarbeitet werden, besteht für

527 Erwägungsgrund 10 DS-GVO: „(...) Diese Verordnung bietet den Mitgliedstaaten zudem einen Spielraum für die Spezifizierung ihrer Vorschriften, auch für die Verarbeitung besonderer Kategorien von personenbezogenen Daten (im Folgenden „sensible Daten“). Diesbezüglich schließt diese Verordnung nicht Rechtsvorschriften der Mitgliedstaaten aus, in denen die Umstände besonderer Verarbeitungssituationen festgelegt werden, einschließlich einer genaueren Bestimmung der Voraussetzungen, unter denen die Verarbeitung personenbezogener Daten rechtmäßig ist.“

528 Insgesamt gibt es über 60 Öffnungsklauseln, vorrangig für den öffentlichen Sektor (bspw. im Bereich der Sanktionen), aber auch im privaten Sektor (bspw. bei der Altersgrenze zur rechtmäßigen Einwilligung von Kindern oder der Zulässigkeit des Profilings).

529 Vgl. Marktortprinzip Art. 3 DS-GVO; Härting, BB 2012, S. 459; Weichert, RDV 2012, S. 118.

Anbieter sozialer Netzwerke mit Hauptsitz in einem Drittstaat Rechtsunsicherheit bzgl. des anwendbaren Rechts.

Die Problematik bzgl. der unterschiedlichen Rolle und Stellung der Aufsichtsbehörden in den einzelnen Mitgliedstaaten würde mit der One-Stop-Shop-Lösung beseitigt, wonach soziale Netzwerke mit mehreren Niederlassungen in der EU nur noch mit einer einzigen Aufsichtsbehörde zu tun hätten. Durch die Möglichkeit delegierter Rechtsakte der Kommission kann flexibel auf neue Technologien reagiert werden, um den Schutz persönlicher Daten in Europa gewährleisten zu können.

Durch eine Ausweitung von Transparenzgeboten, Datensicherheit und Betroffenenrechten in der DS-GVO soll dem Nutzer und seinem Recht auf Bestimmung über die Verwendung seiner Daten besser Rechnung getragen werden.

D. Rechtslage des Datenschutzes in Deutschland

Das deutsche Datenschutzrecht basiert auf einer Vielzahl unterschiedlicher Regelungen, wobei das BDSG und die Landesdatenschutzgesetze (LDSG) das allgemeine Datenschutzrecht bilden und damit auch als Auffanggesetze bezeichnet werden können. Daneben bestehen zahlreiche bereichsspezifische Rechtsvorschriften wie z. B. das TMG und das Telekommunikationsgesetz (TKG)[530].[531] Als verfassungsrechtlicher Ausgangspunkt wird das Recht auf informationelle Selbstbestimmung angesehen, das aus dem allgemeinen Persönlichkeitsrecht hergeleitet wurde und von weiteren Grundrechten, z. B. dem Recht auf Integrität und Vertraulichkeit, flankiert wird.[532]

Das deutsche Datenschutzrecht regelt den Umgang mit Daten und ihren Schutz, wobei Schutzgegenstand der einzelne Betroffene und nicht die Daten als solche sind.[533] Datenschutzrechtliche Regelungen haben das Ziel, den Bürger vor der Beeinträchtigung von Persönlichkeitsrechten beim Umgang durch andere mit seinen personenbezogenen Daten zu schützen. Gleichzeitig soll die Akzeptanz für neue Informations- und Kommunikationstechniken gefördert werden. Geschützt werden soll der verfassungsrechtlich geschützte Anspruch des Betroffenen auf eine unantastbare Sphäre privater Lebensgestaltung. Der Einzelne soll grundsätzlich selbst über Preisgabe und Verwendung seiner persönlichen Daten entscheiden.[534] Gegenstand des Datenschutzes sind demnach Informationen mit Personenbezug bzw. Informationen, zu denen ein Personenbezug hergestellt werden kann.[535]

---

530 Telekommunikationsgesetz vom 22.06.2004, BGBl. I 1190; zuletzt geändert durch Art. 1 des Gesetzes vom 03.05.2012, BGBl. I 958.

531 Dix in Simitis, 2011, § 1 BDSG, Rn. 171; Gola/ Klug, 2003, S. 7; Wohlgemuth/ Gerloff, 2005, S. 7.

532 Jotzo, 2013, S. 39; Zimmer, 2011, S. 87.

533 Simitis in Simitis, 2011, Einleitung, Rn. 2; Tinnefeld in Roßnagel, 2003, Kap. 4.1, Rn. 1 f.

534 Gola, 2011, S. 278; Gola/ Schomerus, 2007, § 1 BDSG, Rn. 2 f.

535 Tinnefeld in Roßnagel, 2003, Kap. 4.1, Rn. 1.

I. Verfassungsrechtlicher Rechtsrahmen im Grundgesetz

Datenschutz ist im deutschen Grundgesetz nicht explizit geregelt. Vielmehr wird der Schutz der Privatsphäre und der personenbezogenen Daten des Einzelnen im allgemeinen Persönlichkeitsrecht[536] in seiner Ausprägung als Recht auf informationelle Selbstbestimmung und in weiteren Grundrechten[537] geregelt. Ergänzt wird das Recht auf informationelle Selbstbestimmung durch das Grundrecht auf Gewährleistung der Vertraulichkeit und Integrität informationstechnischer Systeme.[538]

Das Recht auf informationelle Selbstbestimmung, welches sich aus dem allgemeinen Persönlichkeitsrecht heraus entwickelt hat, bildet die grundrechtliche Grundlage für das geltende Datenschutzrecht.[539] Durch das Volkszählungsurteil trat das Datenschutzrecht in eine neue Phase ein, indem der Datenschutz zum ersten Mal von höchstrichterlicher Seite auf die Ebene des Grundrechts gesetzt wurde.[540]

1. Grundlagen des allgemeinen Persönlichkeitsrechts

Grundsätzlich ist in Deutschland zwischen dem verfassungsrechtlich und dem zivilrechtlich geschützten allgemeinen Persönlichkeitsrecht zu unterscheiden.[541] Das zivilrechtlich allgemeine Persönlichkeitsrecht stellt ein geschütztes Rechtsgut i.S.d. § 823 Abs. 1 BGB als „sonstiges Recht" dar.[542] Es leitet sich ab aus dem Schutz der Menschenwürde gem. Art. 1 Abs. 1 GG und dem Grundrecht des Art. 2 Abs. 1 GG auf freie Selbstbestimmung.[543] Der Umfang des allgemeinen Persönlichkeitsrechts kann differieren, da es als Rahmenrecht über keine abschließend normierten Schutzbereiche verfügt und somit von der Rechtsprechung genauer zu bestimmen ist.[544] Daher wird die Rechtswidrigkeit bei einem Eingriff in das Persönlichkeitsrecht nicht direkt indiziert, sondern sie ist durch eine umfassende Güter- und Interessenabwägung im Einzelfall zu bestimmen.[545]

---

536 Art. 2 Abs. 1 i.V.m. Art. 1 Abs. 1 GG.

537 So z. B. das Recht am eigenen Bild in §§ 22 ff. Kunsturhebergesetz (KUG).

538 Conrad in Auer-Reinsdorff/ Conrad, 2011, § 25, Rn. 41; Haug, 2010, Kap. 2, Rn. 75; Wohlgemuth/ Gerloff, 2005, S. 7.

539 Klewitz-Hommelsen, 1996, S. 74.

540 Jandt, 2008, S. 89; Simitis in Simitis, 2011, Einleitung, Rn. 30.

541 BVerfG, Beschluss vom 14.02.1973, Az. 1 BvR 112/65 = NJW 1973, S. 1221; Sprau in Palandt, 2012, § 823 BGB, Rn. 84.

542 BGH, Urteil vom 25.05.1954, Az. I ZR 211/53 = NJW 1954, S. 1404; BGH, Urteil vom 14.02.1958, Az. I ZR 151/56 = NJW 1958, S. 827; Brink in Wolff/ Brink, 2013, Syst. C, Rn. 11; Weidner-Braun, 2012, S. 74 f.

543 Baston-Vogt, 1997, S. 16; Nink in Spindler/ Schuster, 2011, § 823 BGB, Rn. 4.

544 Baston-Vogt, 1997, S. 88; Klass, 2004, S. 241 f.; Nink in Spindler/ Schuster, 2011, § 823 BGB, Rn. 5.

545 Ehmann, Das Allgemeine Persönlichkeitsrecht, S. 9; Klass, 2004, S. 241; Nink in Spindler/ Schuster, 2011, § 823 BGB, Rn. 5.

2. *Schutzbereiche des allgemeinen Persönlichkeitsrechts*

Der Schutzzweck des allgemeinen Persönlichkeitsrechts liegt darin, den Einzelnen vor Eingriffen seitens des Staates und im privaten Rechtsverkehr in seinen Lebens- und Freiheitsbereich zu schützen.[546] Das allgemeine Persönlichkeitsrecht aus Art. 2 Abs. 1 i.V.m. Art. 1 Abs. 1 GG dient dabei nicht nur dem Schutz ideeller, sondern auch kommerzieller Interessen der Persönlichkeit und unterscheidet bei der Schutzbedürftigkeit zwischen den drei Bereichen Intim-, Privat- und Sozialsphäre[547].[548] Die Intimsphäre ist die engste Privatsphäre und erfährt daher absoluten Schutz. Zur Intimsphäre gehören die innere Gedanken- und Gefühlswelt und ihre äußeren Erscheindungsformen sowie das Sexualleben.[549] Ein staatlicher Eingriff in die Intimsphäre, zu der auch der Schutz der Ehre gehört[550], ist abolut unzulässig.

Zur Privatsphäre gehört das von der Öffentlichkeit abgewandte Familienleben und der Freundeskreis sowie Lebensvorgänge, die „erkennbar nicht den Blicken einer breiteren Öffentlichkeit“[551] dargeboten werden sollen. Die Privatsphäre ist nicht absolut geschützt, d.h. dass eine Güter- und Interessenabwägung grundsätzlich möglich ist.[552]

Der Schutz der Sozialsphäre fällt geringer aus, da hierunter nicht Aktivitäten fallen, die von der Öffentlichkeit bzw. Umwelt wahrgenommen werden können. Ein zielgerichtetes Auftreten in der Öffentlichkeit erfährt keinen Schutz.[553] Veröffentlicht eine Person freiwillig Details aus ihrer Intim- oder Privatsphäre, muss sie mit Eingriffen im Zuge eines berechtigten Informationsinteresses der Allgemeinheit rechnen. Allgemein gilt, „je öffentlicher und „sozialer“ eine Kommunikation ausfällt, desto weniger Schutz kann der Einzelne erwarten.“[554]

Daneben gibt es weitere Schutzbereiche, die in keine der drei Sphären einzuordnen sind. Von besonderer Bedeutung ist das vom BVerfG entwickelte Recht auf informationelle Selbstbestimmung, welches nachfolgend genauer untersucht werden sollen, da es in der vorliegenden Arbeit im Mittelpunkt des Interesses steht.

546 Brink in Wolff/ Brink, 2013, Syst. C, Rn. 12; Conrad in Auer-Reinsdorff/ Conrad, 2011, § 25, Rn. 15; Ehmann, Das Allgemeine Persönlichkeitsrecht, S. 1.

547 Auch bezeichnet als Individualsphäre.

548 BGH, Urteil vom 01.12.1999, Az. I ZR 49/97 = NJW 2000, S. 2195; Brink in Wolff/ Brink, 2013, Syst. C, Rn. 14; Conrad in Auer-Reinsdorff/ Conrad, 2011, § 25, Rn. 15; Hubmann, 1967, S. 268 ff.; Nink in Spindler/ Schuster, 2011, § 823 BGB, Rn. 21.

549 Nink in Spindler/ Schuster, 2011, § 823 BGB, Rn. 23; Spindler, 2012, S. 39.

550 BVerfG, Beschluss vom 03.06.1987, Az. 1 BvR 313/85.

551 EGMR, Urteil vom 24.06.2004, Az.: 59320/00 = NJW 2004, 2647–2652.

552 Nink in Spindler/ Schuster, 2011, § 823 BGB, Rn. 24.

553 Spindler, 2012, S. 40.

554 Ebd.

a) *Das Recht auf informationelle Selbstbestimmung*

Eine besondere Ausprägung des allgemeinen Persönlichkeitsrechts aus Art. 2 Abs. 1 i.V.m. Art. 1 Abs. 1 GG erfährt das Recht auf informationelle Selbstbestimmung. Dieses aus dem verfassungsrechtlichen allgemeinen Persönlichkeitsrecht abgeleitete Grundrecht gewährleistet „die Befugnis des Einzelnen, grundsätzlich selbst über die Preisgabe und Verwendung seiner persönlichen Daten zu bestimmen“[555].[556] Das Recht auf informationelle Selbstbestimmung wurde mit dem Urteil des BVerfG am 15. Dezember 1983 begründet.[557]

Nach dem Urteil des BVerfG muss die informationelle Selbstbestimmung zu den Grundvoraussetzungen einer freien Persönlichkeitsentfaltung gehören und bedarf im Bereich der automatisierten Datenverarbeitung eines besonderen Schutzes, da Daten unbegrenzt abrufbar, speicherbar und mit anderen Datensammlungen ohne das Wissen des Betroffenen verbunden werden können.[558] Es erkannte, dass es „unter den Bedingungen der automatisierten Datenverarbeitung kein belangloses Datum“[559] gibt und machte den Schutz der Daten fortan nicht mehr von der Sphäre abhängig, aus der die Daten stammen.[560] Dabei spricht das BVerfG beim Recht auf informationelle Selbstbestimmung explizit von einem Grundrecht.[561]

In Deutschland wird das Recht auf informationelle Selbstbestimmung vor allem im BDSG geregelt, wo es gem. § 1 Abs. 1 BDSG der Zweck dieses Gesetzes ist, „den Einzelnen davor zu schützen, dass er durch den Umgang mit seinen personenbezogenen Daten in seinem Persönlichkeitsrecht beeinträchtigt wird.“[562] Das Recht auf informationelle Selbstbestimmung gilt damit nicht nur gegenüber dem Staat, sondern auch gegenüber privaten Dritten z. B. in sozialen Netzwerken und kann daher auch vor ordentlichen Gerichten geltend gemacht werden.[563]

---

555 BVerfG, Urteil vom 15.12.1983, Az. 1 BvR 209/83, Leitsätze Nr. 1 = NJW 1984, S. 419, 422.

556 Nink in Spindler/ Schuster, 2011, § 823 BGB, Rn. 28; Taeger, 2014, Kap. II, Rn. 1 f.; Trute in Roßnagel, 2003, Kap. 2.5, Rn. 1, 7.

557 BVerfG, Urteil vom 15.12.1983, Az. 1 BvR 209/83 = NJW 1984, S. 419, 422, vgl. Drittes Kapitel B.

558 Klewitz-Hommelsen, 1996, S. 85; Patzak, 2006, S. 258; Simitis in Simitis, 2011, Einleitung, Rn. 31.

559 BVerfG, Urteil vom 15.12.1983, Az. 1 BvR 209/83 = NJW 1984, S. 419.

560 Jandt, 2008, S. 90.

561 BVerfG, Urteil vom 15.12.1983, Az. 1 BvR 209/83, Rn. 173; Simitis in Simitis, 2011, Einleitung, Rn. 30.

562 § 1 Abs. 1 BDSG.

563 Brink in Wolff/ Brink, 2013, Syst. C, Rn. 45; BVerfG, Urteil vom 11.06.1991, Az. 1 BvR 239/90 = NJW 1991, S. 2411, Rn. 30; Jandt, 2008, S. 90 f.; Kühling, Seidel, Sivridis, 2011, S. 54; Lehner/ Lachmayer in Bauer/ Reimer, 2009, S. 96; Schaar, 2002, Kap. 3, Rn. 127; Wohlgemuth/ Gerloff, 2005, S. 13.

Einschränkungen des Rechts auf informationelle Selbstbestimmung bedürfen gem. § 4 Abs. 1 BDSG einer gesetzlichen Grundlage oder der Einwilligung des Betroffenen für die Verwendung seiner Daten[564] (sog. Verbot mit Erlaubnisvorbehalt[565]). Jede Datenverarbeitung ohne gesetzliche Grundlage oder Einwilligung stellt einen Eingriff in das Recht auf informationelle Selbstbestimmung dar und eine Verletzung des allgemeinen Persönlichkeitsrechts aus Art. 2 Abs. 1 i.V.m. Art. 1 Abs. 1 GG. Den Betroffenen werden Unterlassungsansprüche[566] und Schadensersatzansprüche[567] gewährt.[568]

Das BVerfG formulierte darüber hinaus Ausgestaltungen des Grundrechts, die sich heute in den verfassungsrechtlichen Grundprinzipien des Datenschutzrechts wiederfinden. Zu diesen Forderungen gehören eine substantielle Begrenzung der Datenerhebung und Transparenz der Datenverarbeitung, eine enge Zweckbindung sowie spezielle Verfahrensrechte wie Auskunfts-, Berichtigungs- und Löschungsrechte.[569] Diese verfassungsrechtlichen Grundsätze werden an anderer Stelle näher erörtert.

Auch auf europäischer Ebene ist das Recht auf informationelle Selbstbestimmung in Art. 8 der EU-Grundrechtecharta als spezielles Datenschutzgrundrecht normiert worden.[570]

Besonders im Internet und speziell in sozialen Netzwerken ist das Recht auf informationelle Selbstbestimmung von besonderer Bedeutung, da eine Nutzung des Internets bzw. sozialer Netzwerke ohne eine Verarbeitung von Daten technisch nicht möglich ist.[571]

b) Das Recht am eigenen Bild

Das Recht am eigenen Bild ist eine besondere Ausprägung des allgemeinen Persönlichkeitsrechts und in §§ 22 ff. Kunsturhebergesetz (KUG) geregelt.

Für das Verbreiten und Zurschaustellen von Bildnissen verlangt § 22 S. 1 KUG eine Einwilligung des Abgebildeten, d.h., die abgebildete Person darf selbst entscheiden, ob und inwieweit Dritte ihr Bild öffentlich verwenden dürfen (Selbstbestimmungsrecht des Abgebildeten). Damit steht das Recht am eigenen Bild dem Abgebildeten und nicht dem Urheber zu, womit es ein Persönlichkeits- und kein Urheberrecht ist.[572] Die Verbreitung und öffentliche Zurschaustellung kann auch

564 Vgl. § 4a BDSG.
565 Siehe dazu Drittes Kapitel D. II. 1. c) aa).
566 § 1004 Abs. 1 S. 2 BGB.
567 §§ 7 f. BDSG und § 823 Abs. 1 BGB.
568 Simitis in Simitis, 2011, § 4a BDSG, Rn. 35; Taeger in Taeger/ Gabel, 2010, § 4a BDSG, Rn. 73; vgl. auch Lorenz, ZD 2012, S. 371.
569 Jandt, 2008, S. 91.
570 Vgl. Drittes Kapitel C. II. 1. a).
571 Piltz, 2013, S. 15.
572 Kühling, Seidel, Sivridis, 2011, S. 56; Piltz, 2013, S. 12.

ohne Einwilligung erfolgen, wenn ein Ausnahmetatbestand gem. § 23 Abs. 1 KUG greift. Darunter fallen u.a. Bildnisse aus der Zeitgeschichte prominenter Persönlichkeiten[573].

Bei Verletzung eines berechtigten Interesses des Abgebildeten durch die Verbreitung greift gem. § 23 Abs. 2 KUG kein Ausnahmetatbestand. Das Recht am eigenen Bild erstreckt sich zudem nicht nur auf ideelle Bereiche, sondern umfasst auch kommerzielle Interessen.[574]

c) Das Recht auf Integrität und Vertraulichkeit

Mit seinem Urteil vom 27. Februar 2008 zur Online-Durchsuchung[575] entwickelte das BVerfG das Grundrecht auf Gewährleistung der Vertraulichkeit und Integrität informationstechnischer Systeme als weitere Ausprägung des allgemeinen Persönlichkeitsrechts. Es schützt vor Eingriffen Dritter in informationstechnische Systeme, soweit deren Schutz nicht durch andere Grundrechte[576] oder das Recht auf informationelle Selbstbestimmung gewährleistet ist, und hat damit eine ergänzende Funktion.[577] Darüber hinaus schützt es das Interesse des Nutzers, dass die von einem vom Schutzbereich erfassten informationstechnischen System erzeugten, verarbeiteten und gespeicherten Daten vertraulich bleiben."[578] Ausschlaggebend für die Schaffung dieses neuen Grundrechts war die Entwicklung in der Informationstechnik und der damit einhergehenden steigenden Bedeutung von informationstechnischen Systemen wie Personalcomputern, Notebooks, Smartphones oder Tablets für die Lebensführung vieler Bürger.[579] Diese Systeme ermöglichen im alltäglichen Leben die Erzeugung, Verarbeitung und Speicherung einer Vielzahl an unterschiedlichen Daten der Bürger, dessen sie sich oftmals nicht bewusst sind.[580] Diese und gerade auch die zunehmende Möglichkeit des Datenaustauschs und der Vernetzung über soziale Netzwerke ist für die Persönlichkeitsentfaltung von großer Bedeutung geworden, gleichzeitig führt dies aber auch zu einer neuen Persönlichkeitsgefährdung.[581] Nutzer sind häufig überfordert, sich effektiv vor Missbrauch ihrer Daten zu schützen, da die informationstechnischen Systeme mittlerweile sehr komplex

---

573 Z. B. Politiker, Angehörige regierender Königs- und Fürstenhäuser, Künstler, Schauspieler, Sänger etc., abrufbar unter https://www.rechtambild.de/2010/03/das-recht-am-eigenen-bild/ (zuletzt abgerufen am 27.03.2017).

574 BGH, Urteil vom 01.12.1999, Az. I ZR 49/97 = NJW 2000, S. 2195; BVerfG, Beschluss vom 22.08.2006, Az. 1 BvR 1168/04 = MIR 10/2006, S. 2.

575 BVerfG, Urteil vom 27.02.2008, Az. 1 BvR 370/07, 595/07 = NJW 2008, S. 822.

576 Insbesondere Art. 10 und Art. 13 GG.

577 BVerfG, Urteil vom 27.02.2008, Az. 1 BvR 370/07, 595/07 = NJW 2008, 7. Leitsatz, Rn. 167, 201.

578 Ebd., Rn. 204.

579 Ebd., Rn. 171.

580 Ebd., Rn. 178.

581 Ebd., Rn. 176 f.

sind.[582] Das BVerfG sieht daher ein erhebliches Schutzbedürfnis des Einzelnen[583] und stärkt mit dem Grundrecht auf Gewährleistung der Vertraulichkeit und Integrität informationstechnischer Systeme den Grundsatz der Transparenz zur Sicherung des Selbstbestimmungsrechts des Betroffenen.[584]

II. Gesetzliche Regelungen

Das deutsche Datenschutzrecht ist wie bereits erwähnt ein Nebeneinander allgemeiner (BDSG und LDSG) und bereichsspezifischer (z. B. TMG und TKG) Normen. Deutschland ist als Mitglied der EU gesetzlich an die vereinbarten Richtlinien des Gemeinschaftsrechts gebunden, so dass im Zuge der europaweiten Harmonisierung des Datenschutzrechts die Vorgaben der DSRL mit dem BDSG, einbegriffen dessen Novellierungen, umgesetzt wurden. Das BDSG ist somit die Grundlage des deutschen Datenschutzrechts und findet gem. § 1 Abs. 3 BDSG immer dann Anwendung, wenn keine spezielleren, bereichsspezifischen Regelungen anwendbar sind, d.h., das BDSG wird subsidiär angewandt und hat eine Auffangfunktion.[585] Neben dem TMG und TKG gibt es eine Vielzahl weiterer bereichsspezifischer Regelungen[586], was das Datenschutzrecht in Deutschland nahezu unüberschaubar macht und eine Einordnung in den richtigen Regelungszusammenhang in der Praxis oftmals erschwert.[587]

Datenschutzvorschriften, die dem Schutz der Nutzer und ihrer personenbezogenen Daten in sozialen Netzwerken dienen, sind im BDSG und TMG verankert. Nachfolgend sollen daher beide Gesetze ausführlich betrachtet werden.

1. Bundesdatenschutzgesetz (BDSG)

Im Jahr 1978 trat das erste bundesweit gültige „Gesetz zum Schutz vor Missbrauch personenbezogener Daten bei der Datenverarbeitung (Bundesdatenschutzgesetz – BDSG)“ in Kraft.[588] Das BDSG wurde erstmals 1991[589] und erneut im Jahr 2001[590] im Zuge der Anpassung an die Regelungen der europäischen DSRL umfangreich novelliert.[591] Die jüngste Überarbeitung des Gesetzes erfolgte im Jahr 2009[592]. Grundlage

582 Ebd., Rn. 180.
583 Ebd., Rn. 181.
584 Jotzo, 2013, S. 42.
585 Conrad in Auer-Reinsdorff/ Conrad, 2011, § 25, Rn. 61, 64; Tinnefeld/ Buchner/ Petri, 2012, S. 221 f.; Weidner-Braun, 2012, S. 92 ff.
586 So z. B. Sozialgesetze (SGB), Betriebsverfassungsgesetz (BetrVG), Grundbuchordnung (GBO), etc.
587 Kühling, Seidel, Sivridis, 2011, S. 72; Tinnefeld/ Buchner/ Petri, 2012, S. 221.
588 BGBl. I 1977, S. 201; dazu Abel in Roßnagel, 2003, Kap. 2.7, Rn. 17.
589 BDSG vom 01.06.1991, Verkündung am 20.12.1990.
590 BDSG vom 23.05.2001.
591 Abel in Roßnagel, 2003, Kap. 2.7, Rn. 44, 52.
592 BDSG vom 10.07.2009.

ist weiterhin die europäische DSRL. Wie bereits weiter oben ausgeführt,[593] hat die DSRL eine vollharmonisierende Wirkung, womit ein einheitliches Schutzniveau in Europa geschaffen werden soll. Dies bedeutet, dass die Regelungen des BDSG richtlinienkonform ausgelegt werden müssen und nicht über die Regelungen der DSRL hinausgehen dürfen.[594]

Zweck des BDSG ist es gem. § 1 Abs. 1 „den Einzelnen davor zu schützen, dass er durch den Umgang mit seinen personenbezogenen Daten in seinem Persönlichkeitsrecht beeinträchtigt wird."[595] Anders ausgedrückt stellt das BDSG den Schutz vor den Folgen, die eine Verarbeitung personenbezogener Daten für Betroffene haben kann, sicher.[596]

Anders als die DSRL unterscheidet das BDSG gem. § 1 Abs. 2 grundsätzlich zwischen einer Datenverarbeitung im öffentlichen und einer im nicht-öffentlichen Bereich. Da die Anbieter sozialer Netzwerke als private Unternehmen dem nicht-öffentlichen Bereich zuzuordnen sind, soll sich im Folgenden auch auf diesen Bereich innerhalb des BDSG konzentriert werden. Die datenschutzrechtlichen Grundsätze der Datenvermeidung, Datensparsamkeit, Zweckbindung, Datensicherheit, des Verbots mit Erlaubnisvorbehalt und der Transparenz gelten jedoch sowohl für öffentliche als auch nicht-öffentliche Stellen.

a) Sachlicher Anwendungsbereich

Die Bestimmungen des BDSG beziehen sich ausschließlich auf den Schutz personenbezogener Daten, daher ist dieser Begriff von zentraler Bedeutung. Dieser und weitere Begriffsdefinitionen wurden im Wesentlichen von der DSRL übernommen, sollen im Folgenden jedoch ebenso wie der sachliche Anwendungsbereich für nicht-öffentliche Stellen genauer erläutert werden.

aa) Personenbezogene Daten

Das BDSG findet gem. § 1 Abs. 1 Anwendung auf den Umgang mit personenbezogenen Daten i.S.d. § 3 Abs. 1 BDSG[597], der besagt, dass es sich bei personenbezogenen Daten um „Einzelangaben über persönliche oder sachliche Verhältnisse einer bestimmten oder bestimmbaren natürlichen Person"[598] handelt, sowohl für öffentliche als auch nicht-öffentliche Stellen und unabhängig von der Darstellungsart (analog, digital, Schrift, Zeichen, Bild oder Ton).[599] Einzelangaben sind Informationen wie z. B. Namen, Adresse, Fotos, Familienstand, Beruf, Einkommen, Telefonnummer,

593 Vgl. Drittes Kapitel, C. II. 2. a).
594 Plath in Plath, 2012, § 1 BDSG, Rn. 5.
595 § 1 Abs. 1 BDSG; vgl. Art. 1 Abs. 1 DSRL.
596 Simitis in Simitis, 2011, Einleitung, Rn. S. 78.
597 Vgl. Art. 2 lit. a DSRL.
598 § 3 Abs. 1 BDSG.
599 Dammann in Simitis, 2011, § 3 BDSG, Rn. 4; Tinnefeld in Roßnagel, 2003, Kap. 4.1, Rn. 18.

die sich auf eine bestimmte oder bestimmbare Person beziehen oder geeignet sind, einen Bezug zu ihr herzustellen.[600] Diese Daten dürfen nicht für jedermann frei verfügbar sein, um das Selbstbestimmungsrecht der betroffenen Person nicht zu beeinträchtigen. Laut BVerfG[601] gibt es keine Abstufung zwischen mehr oder weniger schützenswerten Daten und damit ist bspw. die E-Mail Adresse nicht weniger schützenswert als die Augenfarbe.[602]

Analog zu Art. 8 DSRL enthält das BDSG in § 3 Abs. 9 Regelungen für besondere Arten personenbezogener Daten wie z. B. Angaben über Gesundheit, politische Überzeugung, ethnische Herkunft, religiöse Ausrichtung oder das Sexualleben. Die Voraussetzungen einer Verarbeitung dieser Daten entsprechen denen der DSRL gem. Art. 8 DSRL.

(1) Anonymisierte Daten

In § 3 Abs. 6 BDSG wird der Begriff der Anonymisierung legaldefiniert, wonach Daten anonym sind, wenn sie „nicht mehr oder nur mit einem unverhältnismäßig großen Aufwand an Zeit, Kosten und Arbeitskraft einer bestimmten oder bestimmbaren natürlichen Person zugeordnet werden können“[603]. Zweck anonymer Daten ist demnach die Beseitigung des Personenbezugs eines Datums, um dieses uneingeschränkt bzw. ohne Berücksichtigung von Datenschutzvorschriften zu nutzen. Dabei wird zwischen zwei Arten der Anonymisierung unterschieden:

Bei der absoluten Anonymisierung werden Identifikationsmerkmale wie Name oder Anschrift gelöscht, so dass kein Personenbezug mehr hergestellt werden kann.[604] Auch bei den Fällen, bei denen eine bestimmte Merkmalausprägung einer Person innerhalb einer Gruppe (z. B. Alter 60) vorliegt, muss diese Angabe gelöscht oder verallgemeinert werden (z. B. Alter über 60).[605]

Bei der faktischen Anonymisierung werden Daten so verändert, dass sie nur mit einem unverhältnismäßig großen Aufwand an Zeit, Kosten und Arbeitskraft von der verantwortlichen Stelle wieder hergestellt werden können.[606]

Sowohl bei der absoluten als auch bei der faktischen Anonymisierung handelt es sich nicht mehr um personenbezogene Daten, so dass das BDSG nicht anwendbar ist.[607]

600 Gola/ Schomerus, 2007, § 3 BDSG, Rn. 3.
601 BVerfG, Urteil vom 15.12.1983, Az. 1 BvR 209/83, Rn. 176.
602 Dammann in Simitis, 2011, § 3 BDSG, Rn. 8.
603 § 3 Abs. 6 BDSG.
604 Dammann in Simitis, 2011, § 3 BDSG, Rn. 206; Zech, 2007, S. 71.
605 Dammann in Simitis, 2011, § 3 BDSG, Rn. 207.
606 BVerfG, Beschluss vom 24.09.1987, Az. 1 BvR 970/87 = NJW 1987, S. 2805; Tinnefeld in Roßnagel, 2003, Kap. 4.1, Rn. 23.
607 Vgl. Dammann in Simitis, 2011, § 3 BDSG, Rn. 196.

(2) Pseudonymisierte Daten

Ein Pseudonym, also ein „Deckname“, hat den Zweck die wahre Identität zu verbergen.[608] Gem. § 3 Abs. 6a BDSG ist Pseudonymisieren „das Ersetzen des Namens und anderer Identifikationsmerkmale durch ein Kennzeichen zu dem Zweck, die Bestimmung des Betroffenen auszuschließen oder wesentlich zu erschweren.“[609]

Beim reversiblen Pseudonymisierungsverfahren ermöglicht eine Zuordnungsregel, den Personenbezug der Daten wiederherzustellen (Reidentifizierung).[610] Im Unterschied dazu haben anonymisierte Daten das Ziel, die Zuordnung zu einer Person möglichst dauerhaft zu unterbinden. Ob bei einem reversiblen Pseudonymisierungsverfahren ein Personenbezug hergestellt werden kann, hängt von der Art des Pseudonyms ab:

Bei selbst generierten Pseudonymen, bei dem sich der Betroffene das Pseudonym selbst vergibt anstatt seinen wahren Namen zu verwenden, fallen die Daten nicht in den Anwendungsbereich des BDSG, da die Rückidentifizierung nur durch die Person selbst erfolgen kann.[611]

Wird das Pseudonym von einer dritten Stelle vergeben, die auch die Zuordnungsregel verwaltet bzw. kennt, handelt es sich bei den pseudonymisierten Daten um personenbezogene Daten gegenüber dieser Stelle.[612]

Es gibt auch die Möglichkeit der irreversiblen Pseudonymisierung, was einer Anonymisierung faktisch gleich kommt und bedeutet, dass das BDSG auf diese Daten nicht mehr anwendbar ist.[613]

bb) Umgang mit personenbezogenen Daten

Wie bereits erläutert, versteht die europäische DSRL unter dem Begriff „Verarbeitung“ jeden Umgang mit personenbezogenen Daten.[614] Das BDSG hingegen unterscheidet zwischen den drei Phasen „Erheben“, „Verarbeiten“ und „Nutzen“ von personenbezogenen Daten, d.h., dass die Phasen des Erhebens und Nutzens nicht vom Begriff des Verarbeitens umfasst sind. In § 1 Abs. 1 verwendet das BDSG den Begriff „Umgang“ mit personenbezogenen Daten als Oberbegriff für die drei Phasen und seine Unterphasen des Erhebens, Verarbeitens (Speichern, Verändern, Übermitteln, Sperren, Löschen) und Nutzens.[615] Jeder der drei Phasen des Datenumgangs wird im BDSG gesondert definiert.

---

608 Tinnefeld in Roßnagel, 2003, Kap. 4.1, Rn. 30.

609 § 3 Abs. 6a BDSG.

610 Bauer/ Greve/ Hopf, 2011, S. 101.

611 Kaymaz, 2011, S. 104; Plath/ Schreiber in Plath, 2012, § 3 BDSG, Rn. 63.

612 Gola/ Schomerus, 2007, § 3a BDSG, Rn. 10; Kühling, Seidel, Sivridis, 2011, S. 85; Plath/ Schreiber in Plath, 2012, § 3 BDSG, Rn. 64.

613 Plath/ Schreiber in Plath, 2012, § 3 BDSG, Rn. 62; Tinnefeld/ Buchner/ Petri, 2012, S. 228.

614 Art. 2 lit. b DSRL, vgl. Zweites Kapitel C. II. 2. a) aa).

615 Gola/ Schomerus, 2007, § 1 BDSG, Rn. 22.

(1) Erheben

Nach der Legaldefinition gem. § 3 Abs. 3 BDSG ist Erheben „das Beschaffen von Daten über den Betroffenen“[616], eine Aktivität, durch die der Erhebende Kenntnis von den betreffenden Daten oder die Verfügungsmacht darüber erhält. Das Erheben von Daten kann sowohl automatisiert (z. B. mittels Social Plugins[617]) als auch manuell zum Zwecke der Speicherung in einer Datei erfolgen und wird als Voraussetzung für die anschließende Verarbeitung angesehen. Erforderlich ist aber immer ein zielgerichtetes Beschaffen der Daten durch die verantwortliche Stelle,[618] sie muss also eine Erhebung der Daten aktiv und mit einem zurechenbaren Willen vornehmen.[619] So ist das Abfragen von Cookies durch einen Anbieter eines sozialen Netzwerks als Erheben einzustufen. Dies soll an anderer Stelle genauer betrachtet werden.[620]

(2) Verarbeiten

Verarbeiten ist nach § 3 Abs. 4 S. 1 BDSG das „Speichern, Verändern, Übermitteln, Sperren und Löschen personenbezogener Daten.“[621] Insofern umfasst der Begriff Verarbeiten nicht die Phasen der Erhebung und Nutzung.[622]

(2.1) Speichern

Gem. § 3 Abs. 4 S. 2 Nr. 1 BDSG ist Speichern „das Erfassen, Aufnehmen oder Aufbewahren personenbezogener Daten auf einem Datenträger zum Zwecke ihrer weiteren Verarbeitung oder Nutzung.“[623] Ein Datenträger kann dabei jedes Medium sein, auf dem Daten lesbar festgehalten werden können wie bspw. Server oder Festplatten.[624] Die Zweckbestimmung der Speicherung richtet sich auf das weitere Verarbeiten oder Nutzen, bis der Speicherungszweck entfällt.[625]

(2.2) Verändern

Verändern bedeutet gem. § 3 Abs. 4 S. 2 Nr. 2 BDSG „das inhaltliche Umgestalten gespeicherter personenbezogener Daten“[626], bei denen sich dadurch der Informationswert ändert und durch den Verlust des bisherigen Kontextes ein neuer Informationsgehalt

---

616 § 3 Abs. 3 BDSG.
617 Siehe mehr Viertes Kapitel B. III.
618 Gola/ Schomerus, 2007, § 3 BDSG, Rn. 24.
619 Dammann in Simitis, 2011, § 3 BDSG, Rn. 102.
620 Siehe Viertes Kapitel B. II. 2.
621 § 3 Abs. 4 S. 1 BDSG.
622 Dammann in Simitis, 2011, § 3 BDSG, Rn. 111.
623 § 3 Abs. 4 S. 2 Nr. 1 BDSG.
624 Dammann in Simitis, 2011, § 3 BDSG, Rn. 118.
625 Ebd., Rn. 120.
626 § 3 Abs. 4 S. 2 Nr. 2 BDSG.

geschaffen wird, etwa durch Hinzufügen neuer Daten, durch teilweise Löschung oder durch Verknüpfung mit anderen personenbezogenen Daten. Ein Datum kann inhaltlich ganz oder teilweise verändert werden. Eine Umgestaltung ohne Änderung des Informationsgehalts ist keine Veränderung.[627]

(2.3) Übermitteln

Nach § 3 Abs. 4 S. 2 Nr. 3 BDSG ist „Übermitteln das Bekanntgeben gespeicherter oder durch Datenverarbeitung gewonnener personenbezogener Daten an einen Dritten“[628], bzw. ein Dritter erlangt in die zum Abruf bereitgehaltenen Daten Einsicht oder ruft sie ab.[629] Dies gilt auch, wenn die Bekanntgabe der Daten nicht an eine einzelne, bestimmte Person erfolgt. Zudem ist es unerheblich, in welcher Form (schriftlich, mündlich, elektronisch etc.) die Weitergabe erfolgt.[630] Eine Datenübertragung innerhalb einer verantwortlichen Stelle ist keine Übermittlung. Die Weiterleitung personenbezogener Daten bspw. an ein Tochterunternehmen eines Konzerns stellt jedoch eine Übermittlung dar, da das BDSG kein Konzernprivileg kennt.[631]

(2.4) Sperren

§ 3 Abs. 4 S. 2 Nr. 4 BDSG definiert Sperren als „das Kennzeichnen gespeicherter personenbezogener Daten, um ihre weitere Verarbeitung oder Nutzung einzuschränken.“[632] Das Ziel des Sperrens ist es, die Daten zukünftig nur noch eingeschränkt oder gar nicht mehr zu nutzen.[633] Grundsätzlich besteht eine Sperrungspflicht, wenn gesetzliche, satzungsmäßige oder vertragliche Aufbewahrungsfristen einer Löschung entgegenstehen, wenn durch eine Löschung schutzwürdige Interessen eines Betroffenen beeinträchtigt würden oder wenn eine Löschung nicht oder nur mit einem unverhältnismäßig hohen Aufwand erfolgen kann.[634] Daten müssen außerdem gesperrt werden, wenn der Betroffene ihre Richtigkeit bestreitet und sich weder die Richtigkeit noch die Unrichtigkeit feststellen lässt (sog. „non-liquet“-Fall[635]).[636] Darüber hinaus hat der Widerspruch eines Betroffenen eine sperrende Wirkung bspw. wenn „das schutzwürdige Interesse des Betroffenen wegen seiner besonderen persönlichen Situation das Interesse der verantwortlichen Stelle (...)

627 Dammann in Simitis, 2011, § 3 BDSG, Rn. 129 ff.; Plath/ Schreiber in Plath, 2012, § 3 BDSG, Rn. 36; Tinnefeld/ Buchner/ Petri, 2012, S. 231.
628 § 3 Abs. 4 S. 2 Nr. 3 BDSG.
629 Elixmann, 2012, S. 112.
630 Dammann in Simitis, 2011, § 3 BDSG, Rn. 146.
631 Plath/ Schreiber in Plath, 2012, § 3 BDSG, Rn. 40.
632 § 3 Abs. 4 S. 2 Nr. 4 BDSG.
633 Plath/ Schreiber in Plath, 2012, § 3 BDSG, Rn. 48.
634 § 35 Abs. 3 BDSG.
635 Lat. = es ist nicht klar.
636 Gola/ Schomerus, 2007, § 35 BDSG, Rn. 18; § 35 Abs. 4 BDSG.

überwiegt“[637], es sei denn, es besteht eine Verpflichtung durch eine Rechtsvorschrift zur Erhebung, Verarbeitung oder Nutzung.[638]

Das Sperren ist reversibel, das bedeutet, die gesperrten Daten können wieder les- und nutzbar gemacht werden. Grundsätzlich ist dazu die Einwilligung des Betroffenen notwendig, die schriftlich erfolgen sollte, damit der Betroffene seine Entscheidung überdenken kann.[639] Die Zweckbindung wird nach § 35 Abs. 8 Nr. 1 BDSG so ausgelegt, dass gesperrte Daten ohne Einwilligung des Betroffenen nur übermittelt oder genutzt werden dürfen, „wenn es zu wissenschaftlichen Zwecken, zur Behebung einer bestehenden Beweisnot[640] oder aus sonstigen im überwiegenden Interesse der verantwortlichen Stelle oder eines Dritten liegenden Gründen unerlässlich ist“[641].[642]

Das BDSG schreibt nicht vor, auf welche Art und Weise das Sperren von Daten erfolgen soll. Wichtig ist dabei nur, dass die Kennzeichnungsform den Zugriff, die Verarbeitung und Nutzung der gesperrten Daten tatsächlich einschränkt.[643]

(2.5) Löschen

Gem. § 3 Abs. 4 S. 2 Nr. 5 BDSG ist unter dem Begriff „Löschen das Unkenntlichmachen gespeicherter personenbezogener Daten“[644] zu verstehen. Auch hier schreibt das Gesetz nicht vor, auf welche Art und Weise das Löschen von Daten erfolgen soll. Dies kann sowohl durch Vernichtung oder Zerstörung des Datenträgers als auch durch Anonymisierung oder Pseudonymisierung erfolgen, sofern dabei der Personenbezug aufgehoben wird. Ziel einer Löschung ist, dass die Daten nicht mehr wiederhergestellt werden können bzw. dies nur mit unverhältnismäßigen Mitteln erfolgen kann.[645]

Gem. § 35 Abs. 2 S. 1 BDSG hat die verantwortliche Stelle eine generelle Erlaubnis, gespeicherte Daten zu löschen, sofern nicht eine gesetzliche, satzungsmäßige oder vertragliche Pflicht zur Aufbewahrung von Daten besteht und die Löschung nicht schutzwürdige Interessen des Betroffenen beeinträchtigt.[646] Eine Pflicht zur

---

637 § 35 Abs. 5 S. 1 BDSG.
638 § 35 Abs. 5 S. 2 BDSG.
639 Witt, 2010, S. 76.
640 Die Übermittlung oder Nutzung von gesperrten Daten kann nur zur Behebung einer bestehenden Beweisnot erfolgen, also wenn Tatsachen nicht anders als durch Vorlage gesperrter Daten bewiesen werden können. Es muss allerdings eine akute Beweisnot vorlegen und nicht etwa eine zu erwartende Situation, aus der sich eine Beweisnot ergeben könnte, Gola/ Schomerus, 2007, § 20, Rn. 32.
641 § 35 Abs. 8 Nr. 1 BDSG.
642 Bonk, 2009, S. 175.
643 Gola/ Schomerus, 2007, § 3 BDSG, Rn. 39.
644 § 3 Abs. 4 S. 2 Nr. 5 BDSG.
645 Dammann in Simitis, 2011, § 3, Rn. 174–182; Plath/ Schreiber in Plath, 2012, § 3 BDSG, Rn. 52.
646 Gola/ Schomerus, 2007, § 35 BDSG, Rn. 10.

Löschung der Daten besteht, wenn die Speicherung der Daten unzulässig war, die Richtigkeit der Daten nicht bewiesen werden kann, der Zweck ihrer Speicherung erreicht wurde und ihre Kenntnis für die Erreichung des Zwecks nicht mehr erforderlich ist oder sie geschäftsmäßig zum Zwecke der Übermittlung (z. B. Marketingmaßnahmen) verarbeitet werden.[647]

(3) Nutzen

In § 3 Abs. 5 BDSG ist bei dem Begriff Nutzen jede Verwendung personenbezogener Daten gemeint, die nicht mit der Verarbeitung[648] der Daten erklärt wird.[649] Das Nutzen von personenbezogenen Daten gilt als „Auffangtatbestand", d.h., er erfasst jeden zielgerichteten Umgang oder Gebrauch von personenbezogenen Daten, der nicht den fünf Formen der Verarbeitung zugewiesen werden kann.[650] Entscheidend ist die Nutzung des Informationsgehalts, welcher in seiner Eigenschaft als personenbezogene Information verwendet wird. Nutzen der Daten bedeutet hier die Auswertung, die Zusammenstellung, der Abruf oder die zielgerichtete Kenntnisnahme von Daten. Unerheblich ist es, wer die Daten nutzt, zu welchem Zweck es geschieht und ob die Daten zur Kenntnis genommen werden.[651] Ebenso wie die Datenerhebung oder die Datenverwendung wird auch die Datennutzung nach § 4 Abs. 1 BDSG als unter dem Verbot mit Erlaubnisvorbehalt stehende eigenständige Phase des Umgangs mit personenbezogenen Daten definiert.[652]

(4) Automatisierte Datenverarbeitung

Das BDSG findet gem. § 1 Abs. 2 Nr. 3 und § 27 Abs. 1 S. 1 auf personenbezogene Daten im nicht-öffentlichen Bereich grundsätzlich nur Anwendung, wenn diese unter Einsatz von Datenverarbeitungsanlagen verarbeitet werden, etwa von Computern, Netzwerken und digitalen Bildverarbeitungssystemen, genutzt oder erhoben werden.[653] Der Begriff „automatisierte Datenverarbeitung" umfasst gem. § 3 Abs. 2 BDSG die durch technische Datenverarbeitungsanlagen erfolgende Erhebung, Verarbeitung oder Nutzung personenbezogener Daten und entspricht damit dem Verarbeitungsbegriff der DSRL.[654]

647 Ebd., Rn. 11, 12, 14.
648 Vgl. D. II. 1. a) bb) (2).
649 § 3 Abs. 5 BDSG.
650 Gola/ Schomerus, 2007, § 3 BDSG, Rn. 42; Plath/ Schreiber in Plath, 2012, § 3 BDSG, Rn. 53; Tinnefeld/ Buchner/ Petri, 2012, S. 231 f.
651 Dammann in Simitis, 2011, § 3, Rn. S. 189.
652 Gola/ Schomerus, 2007, § 3 BDSG, Rn. 41; Plath/ Schreiber in Plath, 2012, § 3 BDSG, Rn. 55.
653 Gola/ Schomerus, 2007, § 3 BDSG, Rn. 15; § 1 Abs. 2 Nr. 3 BDSG; § 27 Abs. 1 S. 1 BDSG.
654 Kühling, Seidel, Sivridis, 2011, S. 96.

Abb.3: Umgang mit personenbezogenen Daten nach europäischer und deutscher Definition.

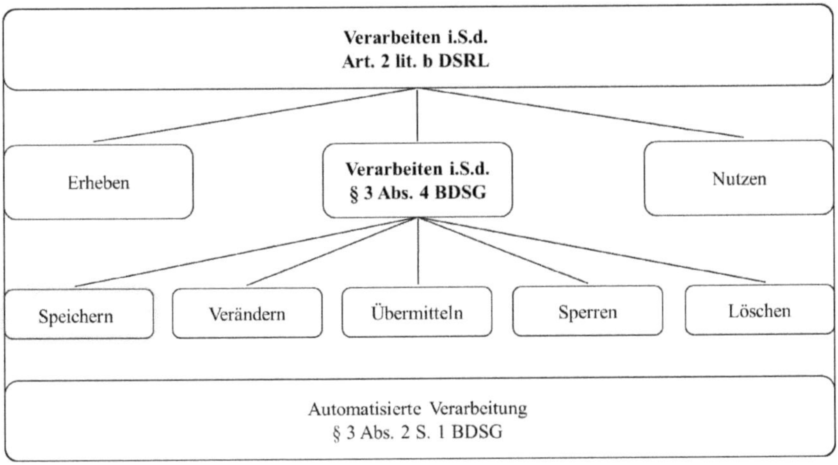

Quelle: Eigene Darstellung in Anlehnung an Kühling, Seidel, Sivridis, 2011, S. 96.

cc) Verantwortliche Stelle

Anders als die DSRL, die in Art. 2 lit. d S. 1 den für die Verarbeitung Verantwortlichen als „die natürliche oder juristische Person, Behörde, Einrichtung oder jede andere Stelle, die allein oder gemeinsam mit anderen über Zwecke und Mittel der Verarbeitung von personenbezogenen Daten entscheidet“[655], definiert, nimmt das BDSG in § 3 Abs. 7 eine engere Definition vor, die besagt, dass „jede Person oder Stelle, die personenbezogene Daten für sich selbst erhebt, verarbeitet oder nutzt oder dies durch andere im Auftrag vornehmen lässt“, eine verantwortliche Stelle ist.[656] Der Begriff verantwortliche Stelle muss demnach richtlinienkonform ausgelegt werden.[657]

b) Räumlicher Anwendungsbereich

In § 1 Abs. 5 BSDG wird der räumliche Anwendungsbereich für grenzüberschreitende Sachverhalte geregelt. In Umsetzung des Art. 4 Abs. 1 DSRL[658] geht das BDSG in § 1 Abs. 5 BDSG von der Anwendung des Sitzprinzips aus und verdrängt das grundsätzlich im öffentlichen Recht geltende Territorialitätsprinzip, wonach sich

655 Art. 2 lit. d S. 1 DSRL.

656 § 3 Abs. 7 BDSG.

657 Plath/ Schreiber in Plath, 2012, § 3 BDSG, Rn. 66; Tinnefeld/ Buchner/ Petri, 2012, S. 232.

658 Vgl. Zweites Kapitel C. II. 2. a) bb).

das anzuwendende nationale Recht nach dem Ort der Erhebung, Verarbeitung und Nutzung der personenbezogenen Daten richtet. Nach § 1 Abs. 5 S. 1 BDSG gilt das deutsche Datenschutzrecht, wenn die verantwortliche Stelle ihren Sitz in Deutschland hat und Daten in Deutschland erhebt, verarbeitet und nutzt, oder aber die verantwortliche Stelle ihren Sitz in einem EU-Mitgliedstaat hat, eine Niederlassung in Deutschland betreibt und dort personenbezogene Daten erhebt, verarbeitet oder nutzt.[659] Eine Niederlassung stellt für das BDSG gem. § 3 Abs. 7 BDSG keine eigene verantwortliche Stelle dar, weil die geforderte Kompetenz, über die Zwecke und Mittel der Verarbeitung von personenbezogenen Daten zu entscheiden, bei Niederlassungen nicht generell unterstellt werden kann.[660]

§ 1 Abs. 5 S. 1 BDSG findet keine Anwendung bei einer in Deutschland durchgeführten Auftragsdatenverarbeitung einer verantwortlichen Stelle mit Sitz in der EU bzw. im EWR, da die Tätigkeit hier der verantwortlichen Stelle zugeordnet wird, d.h., dass das jeweilige Recht des europäischen Sitzstaates zur Anwendung kommt.[661] Diese Regelung soll Unternehmen den Geschäftsverkehr bei grenzüberschreitenden Tätigkeiten erleichtern, indem sie lediglich die Rechtsordnung des Sitzlandes zum Datenschutz beachten müssen und nicht stets das Datenschutzrecht des jeweiligen Betätigungslandes.[662]

Nach § 1 Abs. 5 S. 2 BDSG gilt das Sitzprinzip nicht für verantwortliche Stellen, die ihren Sitz in Drittstaaten haben und in Deutschland personenbezogene Daten erheben, verarbeiten oder nutzen, sondern es gilt hier wieder das Territorialitätsprinzip.

Nach Art. 4 Abs. 1 lit. c DSRL muss nationales Datenschutzrecht nur angewandt werden, wenn die ausländische verantwortliche Stelle auf „automatisierte oder nicht automatisierte Mittel zurückgreift, die im Hoheitsgebiet des betreffenden Mitgliedstaates belegen sind".[663] Gemäß § 1 Abs. 5 S. 2 BDSG findet hingegen nationales Datenschutzrecht für jede Erhebung, Verarbeitung und Nutzung personenbezogener Daten in deutschem Hoheitsgebiet Anwendung. Im Rahmen einer europarechtskonformen Auslegung von § 1 Abs. 5 S. 2 BDSG müssen die Voraussetzungen von Art. 4 Abs. 1 lit. c DSRL berücksichtigt und in die deutsche Regelung hineingelesen werden.[664]

---

659 Karg, ZD 2013, S. 372; Scheja/ Haag in Leupold/ Glossner, 2011, Teil 4 E, Rn. 58; siehe dazu auch Drittes Kapitel C. II. 2. a) bb).

660 OVG Schleswig, Beschluss vom 22.04.2013, Az. 4 MB 11/13 = ZD 2013, S. 365.

661 Plath in Plath, 2012, § 1 BDSG, Rn. 60.

662 Grapentin in Auer-Reinsdorff/ Conrad, 2011, § 26, Rn. 13; Sachs, 2008, S. 110; Schmidl in Lehmann/ Meents, 2011, Kap. 20, Rn. 377.

663 Vgl. Zweites Kapitel C. II. 2. a) bb).

664 Grapentin in Auer-Reinsdorff/ Conrad, 2011, § 26, Rn. 19; Klar, ZD 2013, S. 109; Plath in Plath, 2012, § 1 BDSG, Rn. 62; Sachs, 2008, S. 110 f.

Mit dieser Regelung soll sichergestellt werden, dass der Standard des deutschen Datenschutzrechts unabhängig vom Schutzniveau des Drittlandes eingehalten wird.[665]

Nach § 1 Abs. 5 S. 3 BDSG ist von der verantwortlichen Stelle im Rahmen einer Datenverarbeitung aus einem Drittstaat die Ernennung eines im Inland ansässigen Vertreters erforderlich. Ziel der Bestimmung eines Inlandvertreters ist, dass deutsche Aufsichtsbehörden und Betroffene einen direkten Ansprechpartner haben.[666] Auch Art. 4 Abs. 2 DSRL verlangt die Nennung eines im Hoheitsgebiet des genannten Mitgliedstaates ansässigen Vertreters.[667]

Sofern „Datenträger nur zum Zweck des Transits durch das Inland eingesetzt werden"[668] ist das BDSG gem. § 1 Abs. 5 S. 4 BDSG nicht anwendbar. § 1 Abs. 5 S. 4 BDSG gilt unabhängig davon, ob der Transit in einem EU bzw. EWR-Land oder einem Drittstaat beginnt oder endet.[669]

Gem. § 1 Abs. 5 S. 5 BDSG bleiben die Kontrollrechte der Aufsichtsbehörden bestehen, auch bei Anwendung des ausländischen Rechts innerhalb Deutschlands.[670]

c) Allgemeine Grundsätze

Ausgehend vom Recht auf informationelle Selbstbestimmung geht das BDSG wie auch die DSRL von wesentlichen Prinzipien des Datenschutzrechts aus. Sie gelten sowohl für allgemeine als auch für bereichsspezifische Datenschutzregelungen und sollen im Folgenden erläutert werden.

aa) Erlaubnisvorbehalt

Wie auch die DSRL[671] geht das BDSG vom Verbotsprinzip mit Erlaubnisvorbehalt aus, d.h., dass grundsätzlich jede Art der Verarbeitung von personenbezogenen Daten verboten ist, es sei denn, es liegt eine Einwilligung des Betroffenen[672] selbst oder ein gesetzlicher Erlaubnistatbestand vor.[673] Wirksamkeitsvoraussetzungen der datenschutzrechtlichen Einwilligung werden in § 4a BDSG normiert. Eine Einwilligung ist gem. § 4a Abs. 1 BDSG wirksam, sofern sie auf einer freien Entscheidung des Betroffenen beruht, der Betroffene über den Zweck der Datenverarbeitung und die Folgen einer Verweigerung informiert wird und die Einwilligung in „Schriftform,

665 Plath in Plath, 2012, § 1 BDSG, Rn. 61; Sachs, 2008, S. 101.
666 Plath in Plath, 2012, § 1 BDSG, Rn. 67; Scheja/ Haag in Leupold/ Glossner, 2011, Teil 4 E, Rn. 60.
667 Vgl. Zweites Kapitel C. II. 2. a) bb).
668 § 1 Abs. 5 S. 4 BDSG; vgl. Art. 4 Abs. 1 lit. c DSRL.
669 Plath in Plath, 2012, § 1 BDSG, Rn. 69 f.; Scheja/ Haag in Leupold/ Glossner, 2011, Teil 4 E, Rn. 61.
670 Plath in Plath, 2012, § 1 BDSG, Rn. 71.
671 Vgl. Art. 7 DSRL.
672 Vgl. § 28 Abs. 3 S. 1, Abs. 3a BDSG.
673 § 4 Abs. 1 BDSG.

soweit nicht wegen besonderer Umstände eine andere Form angemessen ist"[674], abgegeben wird.[675] Die Einwilligung ist bei schriftlicher Erteilung zusammen mit anderen Erklärungen besonders hervorzuheben.[676] Für die Einwilligung zu Werbezwecken ist zusätzlich § 28 Abs. 3a BDSG zu beachten. Hier gilt das sog. Koppelungsverbot nach § 28 Abs. 3b BDSG.[677] Danach wird der verantwortlichen Stelle untersagt, den Abschluss eines Vertrages von einer Einwilligung für Werbezwecke abhängig zu machen, „wenn dem Betroffenen ein anderer Zugang zu gleichwertigen vertraglichen Leistungen ohne die Einwilligung nicht oder nicht in zumutbarer Weise möglich ist."[678]

Liegt keine Einwilligung vor, kann die Verarbeitung personenbezogener Daten jedoch aufgrund eines Erlaubnistatbestands zulässig sein.[679] Hier kommen zunächst bereichsspezifische Vorschriften in Betracht, die dem BDSG als lex specialis vorgehen. Findet sich dort keine Vorschrift, kann für nicht-öffentliche Stellen wie soziale Netzwerke auf die Erlaubnistatbestände in den §§ 28 ff. BDSG zurückgegriffen werden.[680]

Nach § 28 Abs. 1 S. 1 BDSG ist „das Erheben, Speichern, Verändern oder Übermitteln personenbezogener Daten oder ihre Nutzung als Mittel für die Erfüllung eigener Geschäftszwecke"[681] zulässig, wenn dies für die „Begründung, Durchführung oder Beendigung eines rechtsgeschäftlichen oder rechtsgeschäftsähnlichen Schuldverhältnisses"[682] bzw. „zur Wahrung berechtigter Interessen der verantwortlichen Stelle erforderlich ist und kein Grund zu der Annahme besteht, dass das schutzwürdige Interesse des Betroffenen an dem Ausschluss der Verarbeitung oder Nutzung überwiegt"[683], oder „die Daten allgemein zugänglich sind"[684]. Dabei muss gem. § 28 Abs. 1 S. 2 BDSG bei Erhebung und Speicherung der Daten der Zweck festgelegt werden, der nur unter bestimmten Ausnahmen geändert werden darf.[685]

---

674 § 4a Abs. 1 S. 3 BDSG.

675 Simitis in Simitis, 2014, § 4a BDSG, Rn. 62; Spindler/ Nink in Spindler/ Schuster, 2011, § 4a BDSG, Rn. 4 ff.

676 § 4a Abs. 1 S. 4 BDSG; Plath in Plath, 2012, § 4a BDSG, Rn. 2; Simitis in Simitis, 2014, § 4a BDSG, Rn. 40; Spindler/ Nink in Spindler/ Schuster, 2011, § 4a BDSG, Rn. 8.

677 Däubler in Däubler/ Klebe/ Wedde/ Weichert, 2009, S. 166; Plath in Plath, 2012, § 4a BDSG, Rn. 4 f.; Scheja/ Haag in Leupold/ Glossner, 2011, Teil 4 E, Rn. 73.

678 § 28 Abs. 3b BDSG; Scheja/ Haag in Leupold/ Glossner, 2011, Teil 4 E, Rn. 91; Siehe ausführlich Viertes Kapitel B. IV. 4. b) bb) (1).

679 Simitis in Simitis, 2014, § 4a BDSG, Rn. 1.

680 Spindler/ Nink in Spindler/ Schuster, 2011, § 4 BDSG, Rn. 4; Taeger in Tager/ Gabel, 2010, § 28 BDSG, Rn. 1; Taeger, 2014, Kap. III, Rn. 142.

681 § 28 Abs. 1 S. 1 BDSG.

682 § 28 Abs. 1 S. 1 Nr. 1 BDSG.

683 § 28 Abs. 1 S. 1 Nr. 2 BDSG.

684 § 28 Abs. 1 S. 1 Nr. 3 BDSG.

685 § 28 Abs. 2 BDSG.

Nach § 28 Abs. 3 BDSG ist eine Datenverarbeitung u.a. für Werbezwecke zulässig, sofern eine Einwilligung des Betroffenen vorliegt.[686]

§ 29 Abs. 1 und Abs. 2 BDSG erlauben das „Erheben, Speichern, Verändern oder Nutzen personenbezogener Daten zum Zweck der Übermittlung“[687], insbesondere zu Werbezwecken, d.h., dass die verantwortliche Stelle kein eigenes geschäftliches Interesse an den Daten hat.[688] Im Rahmen sozialer Netzwerke wird dies in Kapitel vier ausführlicher betrachtet. Mit Inkrafttreten der Datenschutz-Grundverordnung würde Art. 6 DS-GVO die §§ 28 ff. BDSG und die bereichsspezifischen Vorschriften komplett ersetzen, da die Mitgliedstaaten, wie erwähnt, nicht zur Ausgestaltung der Regelungen befugt wären. Rechtsunsicherheit und eine Schwächung des Grundrechtsschutzes wären die Folge.

Eine Erlaubnis für eine Datenverarbeitung gestattet § 1 Abs. 2 Nr. 3 BDSG ausschließlich für persönliche oder familiäre Tätigkeiten.[689] Für diese Ausnahmeregelung gilt eine restriktive Auslegung, um den Schutz personenbezogener Daten zu gewährleisten.[690]

bb) Zweckbindung

Ein zentraler Punkt der informationellen Selbstbestimmung definiert, dass personenbezogene Daten nur für bestimmte Zwecke genutzt werden dürfen., d.h., die Daten dürfen nur zu dem Zweck, zu dem sie erhoben worden sind, verarbeitet bzw. genutzt werden.[691] Weiterhin muss dem Betroffenen dieser Zweck mitgeteilt werden.[692]

Dieser Grundsatz der Zweckbindung gilt sowohl für private als auch für öffentliche Bereiche. Sowohl rechtmäßig erlangte Personendaten als auch administrativ gespeicherte Daten dürfen nicht zu beliebigen anderen Zwecken genutzt werden.[693]

cc) Transparenz

Der Grundsatz der Transparenz hat das Ziel, dem Betroffenen das Wissen zu verschaffen, wer welche Daten zu welchem Zweck verarbeitet. Liegt ein Erlaubnistatbestand vor, so gilt der Grundsatz der Direkterhebung gem. § 4 Abs. 2 BDSG, der dem Grundsatz der Transparenz dient. Danach müssen die Daten direkt beim Betroffenen erhoben werden.[694] Dabei ist die verantwortliche Stelle auf die Mitwirkung des

---

686 § 28 Abs. 3 BDSG.
687 § 29 Abs. 1 BDSG.
688 Taeger, 2014, Kap. III, Rn. 189.
689 Vgl. Art. 3 Abs. 2 zweiter Spiegelstrich DSRL und Art. 2 Abs. 2 lit. c DS-GVO; Gola, 2011, S. 281.
690 Dammann in Simitis, 2014, § 1 BDSG, Rn. 148.
691 § 28 Abs. 1 S. 2 BDSG.
692 § 4 Abs. 3 Nr. 2, § 4a Abs. 1 S. 2, § 33 Abs. 1 S. 1 BDSG.
693 Däubler/ Klebe/ Wedde/ Weichert, 2009, S. 81.
694 Spindler/ Nink in Spindler/ Schuster, 2011, S. 49; Taeger, 2014, Kap. III, Rn. 122.

Betroffenen angewiesen, Ausnahmen regelt § 4 Abs. 2 S. 2 BDSG. Darüber hinaus muss der Betroffene gem. § 4 Abs. 3 BDSG über die Identität der verantwortlichen Stelle und den Zweck der Erhebung, Verarbeitung oder Nutzung unterrichtet werden, sofern die Daten beim Betroffenen erhoben werden.[695] Werden die Daten nicht beim Betroffenen erhoben, besteht eine Benachrichtigungspflicht bei erstmaliger Speicherung und Übermittlung gem. § 33 BDSG.[696] Der Betroffene hat gem. § 34 BDSG ein Auskunftsrecht über die Erhebung, Verarbeitung und Nutzung seiner personenbezogenen Daten[697], welches die Ausgangsbasis weiterer Rechte z. B. Recht auf Berichtigung, Löschung und Sperrung von Daten gem. § 35 BDSG darstellt.[698] Diese Rechte wurden bereits vorangegangen ausführlich erläutert.

dd) Datenvermeidung und Datensparsamkeit

§ 3a BDSG regelt den Grundsatz der Datenvermeidung und Datensparsamkeit, der nicht aufgrund der DSRL, sondern vom deutschen Gesetzgeber eigeninitiativ aufgenommen wurde. Der Grundsatz der Datenvermeidung und Datensparsamkeit konkretisiert das von der DSRL geforderte Erforderlichkeitsprinzip in Art. 6 Abs. 1 lit. c DSRL[699] und soll das Recht des Betroffenen auf informationelle Selbstbestimmung präventiv schützen (sog. „privacy by design"[700]).[701] Der Grundsatz der Datenvermeidung und Datensparsamkeit gilt für jede Phase des Datenumgangs, sofern keine gesetzliche Spezialregelung anwendbar ist.[702]

ee) Datensicherheit

In § 9 BDSG werden die für die Verarbeitung Verantwortlichen verpflichtet, erforderliche technische und organisatorische Maßnahmen zu treffen, die eine Einhaltung der sog. „acht Gebote der Datensicherheit"[703], die in der Anlage des BDSG ausführlich erläutert werden, gewährleistet.[704] Wie auch Art. 17 DSRL soll § 9 BDSG den ordnungsgemäßen Ablauf der Datenverarbeitung durch Sicherung der Hard- und Software sowie der Daten an sich schützen.[705]

---

695 § 4 Abs. 3 BDSG; vgl. Art. 10 DSRL und Art. 11 Abs. 2 DS-GVO.
696 § 33 BDSG; vgl. Art. 11 DSRL.
697 § 34 BDSG; vgl. Art. 12 DSRL.
698 Vgl. Drittes Kapitel C. II. 2. a) cc) (6).
699 Vgl. §§ 13–16, § 28 Abs. 1 S. 1 Nr. 2 und § 30 Abs. 1 S. 2 BDSG; vgl. Drittes Kapitel C. II. 2. a) cc) (4).
700 Siehe mehr unter Drittes Kapitel C. II. 2. e) cc) (7).
701 Schreiber in Plath, 2012, § 3a BDSG, Rn. 2.
702 Scholz in Simitis, 2011, § 3a, Rn. 20.
703 1. Zutrittskontrolle, 2. Zugangskontrolle, 3. Zugriffskontrolle, 4. Weitergabekontrolle, 5. Eingabe-kontrolle, 6. Auftragskontrolle, 7. Verfügbarkeitskontrolle, 8. Zweckbindung/Trennungsgebot, Anlage BDSG.
704 Scheja/ Haag in Leupold/ Glossner, 2011, Teil 4 E, Rn. 27.
705 Jandt, 2008, S. 108.

ff) Datenschutzkontrolle

Die DSRL verlangt gem. Art. 28 Abs. 1 DSRL primär eine externe unabhängige Kontrollstelle, die die Einhaltung der Datenschutzregelungen überwacht.[706] Die interne Kontrolle durch einen betrieblichen Datenschutzbeauftragten ist dabei zweitrangig und optional. Das BDSG hingegen verpflichtet die verantwortlichen Stellen gem. § 4f Abs. 1 S. 1 BDSG zu einer Bestellung eines Datenschutzbeauftragten. Voraussetzung ist jedoch gem. § 4f Abs. 1 S. 3 BDSG, dass mehr als neun Personen ständig mit der automatisierten Verarbeitung personenbezogener Daten beschäftigt sein müssen. Unterliegen die Verarbeitungen jedoch einer Vorabkontrolle oder werden die Daten geschäftsmäßig zum Zweck der Übermittlung, der anonymisierten Übermittlung oder für Zwecke der Markt- oder Meinungsforschung automatisiert verarbeitet, gilt diese Voraussetzung wieder nicht.[707] In erster Linie obliegt dem Datenschutzbeauftragten gem. § 4g Abs. 1 S. 1 BDSG die Hinwirkung auf die Einhaltung der Datenschutzvorschriften, eine rechtliche Verantwortung hat weiterhin die verantwortliche Stelle.[708]

Die in § 4d Abs. 5 BDSG geregelte Pflicht der Vorabkontrolle durch den betrieblichen Datenschutzbeauftragten, die durchgeführt werden soll, sofern sensible Daten nach § 3 Abs. 9 BDSG betroffen sind oder die Datenverarbeitung dazu bestimmt ist, die Persönlichkeit des Betroffenen, einschließlich seiner Fähigkeiten, Leistungen oder seines Verhaltens zu bewerten, wird mit Einführung der Folgenabschätzung der DS-GVO in Art. 35 DS-GVO wegfallen müssen.[709]

Neben der internen Datenschutzkontrolle gibt es auch unabhängige externe Datenschutzbehörden. Für nicht-öffentliche Stellen sind dies die von den Landesregierungen ermächtigten Datenschutzaufsichtsbehörden, die gem. § 38 BDSG für die Einhaltung des BDSG und anderer datenschutzrechtlicher Vorschriften verantwortlich sind. Die Landesdatenschutzbeauftragten haben gem. § 38 Abs. 3 und 4 BDSG Untersuchungs- und Anzeigebefugnisse und können gem. § 38 Abs. 5 BDSG bei schwerwiegenden Verstößen, die mit einer Gefährdung des Persönlichkeitsrechts verbunden sind, die Beseitigung der Verstöße anordnen. § 43 BDSG ermächtigt die Datenschutzbehörden zur Verhängung von Bußgeldern und § 44 Abs. 2 BDSG zum Stellen von Strafanträgen.[710]

d) Selbstregulierung

Das BDSG setzt Art. 27 der DSRL mit § 38a um und lehnt sich stark an diesen an. So hat auch § 38a BDSG wesentlich zum Ziel, die bereichsspezifische Geltung des Datenschutzrechts zu erhöhen und einen datenschutzrechtlichen Mehrwert zu

706 Art. 28 Abs. 1 DSRL; vgl. Drittes Kapitel C. II. 2. a) cc) (7).

707 § 4f Abs. 1 S. 6 BDSG.

708 Tinnefeld/ Buchner/ Petri, 2012, S. 283.

709 Abrufbar unter https://www.datenschutz-notizen.de/datenschutz-grundverordnung-datenschutz management-teil-1-0413814/ (zuletzt abgerufen am 27.03.2017); § 4d Abs. 5 BDSG; siehe auch Drittes Kapitel C. II. 2. e) cc) (5).

710 Jandt, 2008, S. 111; Tinnefeld/ Buchner/ Petri, 2012, S. 286.

schaffen.[711] Nach § 38a Abs. 1 BDSG können Berufsverbände und andere Vereinigungen, die bestimmte Gruppen von verantwortlichen Stellen vertreten, Entwürfe für Verhaltenskodizes (sog. Codes of Conduct) zur Förderung der Durchführung von datenschutzrechtlichen Regelungen der zuständigen Aufsichtsbehörde unterbreitet werden. Diese muss für ein positives Ergebnis der Prüfung die Vereinbarkeit mit dem geltenden Datenschutzrecht feststellen.[712] Nur dann ist der Erlass eines Verwaltungsakts durch die zuständige Aufsichtsbehörde möglich, durch den die Verhaltensregeln verbindlich werden können.[713] Damit darf die Selbstregulierung wie auch in Art. 27 DSRL das bestehende Datenschutzrecht nicht verändern oder ersetzen. Vielmehr handelt es sich um eine Selbstkontrolle, d.h. freiwillige Verpflichtung zum Vollzug von Vorschriften.[714] Der Gesetzgeber selbst ist in seinem Gesetzesentwurf zur Änderung des BDSG vom 13. Oktober 2000 der Auffassung, dass die Verhaltensregeln „als interne Regelungen zur ordnungsgemäßen Durchführung datenschutzrechtlicher Regelungen beitragen" sollen.[715] Eine klare Definition des „Mehrwerts" nimmt das BDSG jedoch ebenso wie die DSRL nicht vor.

Das BDSG regelt in § 9a mit dem Datenschutzaudit ein weiteres selbstregulierendes Instrument, das über die DSRL hinausgeht. Danach können Anbieter sozialer Netzwerke ihr Datenschutzmanagement bzw. ihre Verhaltensregeln freiwillig durch unabhängige Stellen prüfen und bewerten lassen.[716] Ziel des Datenschutzaudits ist es, den Wettbewerb um datenschutzrechtlich einwandfreie Datenverarbeitungen und die Transparenz des Marktes zu fördern, um Nutzern die Möglichkeit zu geben, die Einhaltung der Datenschutzanforderungen bewerten und das datenschutzfreundlichste Angebot auswählen zu können. Bisher fehlt es jedoch an einem Ausführungsgesetz zum Datenschutzaudit gem. § 9a S. 2 BDSG, welches regeln soll, welche „Anforderungen an die Prüfung und Bewertung, das Verfahren sowie die Auswahl und Zulassung der Gutachter"[717] gestellt sind.[718]

e) Grenzüberschreitender Datenverkehr

§§ 4b, c BDSG führen die Art. 25 ff. DSRL[719] aus und regeln den grenzüberschreitenden Datenverkehr sowohl für öffentliche als auch nicht-öffentliche Stellen. Für die Übermittlung personenbezogener Daten an Stellen in der EU gem. § 4b Abs. 1 BDSG gelten

711 Genz, 2004, S. 112.
712 § 38a Abs. 2 BDSG.
713 Kranig/ Peintinger, ZD 2014, S. 4 f.; Taeger, 2014, Kap. VI, Rn. 9.
714 Roßnagel in Roßnagel, 2003, Kap. 3.6, Rn. 2.
715 BT-Drs. 14/4329, S. 46.
716 Genz, 2004, S. 113; Taeger, 2014, Kap. VI, Rn. 9; vgl. auch Roßnagel in Roßnagel, 2003, Kap. 3.6, Rn. 2.
717 § 9a S. 2 BDSG.
718 Bohnen, 2011, S. 12; Genz, 2004, S. 114 f.
719 Vgl. Drittes Kapitel C. II. 2. a) ee).

die Zulässigkeitsbeschränkungen der §§ 28 ff. BDSG, d.h., Datenübermittlungen an Stellen in der EU werden genauso behandelt wie Datenübermittlungen innerhalb Deutschlands.[720]

Für Datenübermittlungen an Drittländer gem. § 4b Abs. 2 BDSG gelten ebenfalls die §§ 28 ff. BDSG mit der Annahme, dass im Datenempfängerland ein angemessenes Schutzniveau gewährleistet ist. Bzgl. der Angemessenheit des Schutzniveaus hat das BDSG in § 4b Abs. 3 den Art. 25 Abs. 2 DSRL fast wortgleich übernommen.[721] Ausnahmen für eine Datenübermittlung in Drittstaaten ohne angemessenes Schutzniveau werden in § 4c BDSG geregelt und entsprechen Art. 26 DSRL. Im Gegensatz zur europäischen DSRL besteht in Deutschland bei Abschluss von Standardvertragsklauseln keine Verpflichtung zur Meldepflicht bei einer Aufsichtsbehörde.[722]

2. *Das Telemediengesetz als bereichsspezifische Regelung*

Neben den allgemeinen Regelungen des BDSG sind für den Bereich der elektronischen Medien und Kommunikationsmittel nach den Vorgaben des BVerfG aus dem Volkszählungsurteil bereichsspezifische Regelungen für den Datenschutz geschaffen worden. Zum einen werden bei der Verarbeitung von personenbezogenen Daten im Online-Bereich in erster Linie die bereichsspezifischen Datenschutzvorschriften des Telemediengesetzes in den §§ 11 ff. geltend gemacht. Dieses ist seit dem 01. März 2007 in Kraft und beinhaltet die wirtschaftsbezogenen Regelungen für Tele- und Mediendienste.[723] Zum anderen gilt das im Jahr 2004 novellierte Telekommunikationsgesetz in den §§ 91 ff., welches für die datenschutzrechtlichen Regelungen im Bereich der Telekommunikation verantwortlich ist.[724]

Sowohl das TMG als auch das TKG führen die europäische RL 2002/58/EG in der Bundesrepublik Deutschland aus.[725] Zudem dient das TMG zum Teil der Umsetzung der Richtlinie 2000/31/EG[726] (ECRL). Eine konkrete Anpassung an die Cookie Richtlinie 2002/58/EG als Änderungsrichtlinie der RL 2002/58/EG fand bisher nicht statt.

Gem. der Negativabgrenzung in § 1 Abs. 1 TMG fallen in den Anwendungsbereich des TMG „alle elektronischen Informations- und Kommunikationsdienste, soweit sie nicht Telekommunikationsdienste nach § 3 Nr. 24 des Telekommunikationsgesetzes, die ganz in der Übertragung von Signalen über Telekommunikationsnetze bestehen,

720 Scheja/ Haag in Leupold/ Glossner, 2011, Teil 4 E, Rn. 193 f.
721 Vgl. Drittes Kapitel C. II. 2. a) ee).
722 Scheja/ Haag in Leupold/ Glossner, 2011, Teil 4 E, Rn. 205 f.
723 Tinnefeld/ Buchner/ Petri, 2012, S. 387.
724 Jotzo, 2013, S. 49 f.
725 Weidner-Braun, 2012, S. 92 ff.
726 Richtlinie 2000/31/EG des Europäischen Parlaments und des Rates vom 08.06.2000 über bestimmte rechtliche Aspekte der Dienste der Informationsgesellschaft, insbesondere des elektronischen Geschäftverkehrs, im Binnenmarkt (sog. Richtlinie über den elektronischen Geschäftsverkehr).

telekommunikationsgestützte Dienste nach § 3 Nr. 25 des Telekommunikationsgesetzes oder Rundfunk nach § 2 des Rundfunkstaatsvertrages sind (Telemedien)."[727]

Wenn ein Dienst gem. § 11 Abs. 3 TMG überwiegend in der Übertragung von Signalen besteht, sind das TMG und TKG parallel anzuwenden.[728]

Da die technische Übertragungsleistung bei sozialen Netzwerken nur eine geringe und keine hauptsächliche bzw. überwiegende Rolle spielt,[729] sind soziale Netzwerke grundsätzlich den Telemedien zuzuordnen und fallen damit in den Anwendungsbereich des TMG.[730] Die allgemeinen Bestimmungen des BDSG sind subsidiär anzuwenden, d.h., dass auf soziale Netzwerke in Deutschland das TMG dem BDSG vorzuziehen und primär anzuwenden ist. Der Vorrang des TMG gilt nur dann, wenn die bereichsspezifischen Regelungen genau den Sachverhalt betreffen, der auch Inhalt der Regelungen des BDSG ist, also bei Tatbestandskongruenz.[731]

Voraussetzung einer Anwendung sowohl des TMG als auch des BDSG ist, dass es sich bei den zu untersuchenden Daten um personenbezogene Daten handelt.[732]

Mit dem Inkrafttreten des TMG am 1. März 2007 wurden die Regelungen der Neuen Medien in Deutschland neu geordnet und die vorherigen Regelungen des Teledienstegesetzes (TDG), des Teledienstedatenschutzgesetzes (TDDSG) und des Mediendienste-Staatsvertrags (MDStV) miteinander vereint. Der MDStV wurde dabei aufgehoben und durch den neuen „Staatsvertrag für Rundfunk und Telemedien (RStV)" ersetzt.[733] Der bis dahin bestehende Dualismus zwischen Medien- und Telediensten und die daraus erforderliche Aufteilung vieler gleich lautender Regelungen in zwei verschiedene Regelwerke hatte den Gesetzgeber dazu veranlasst, ein einheitliches Telemediengesetz zu erarbeiten.[734] Das TMG wurde als zentrale Vorschrift insbesondere für den Schutz personenbezogener Daten bei der Nutzung von Telemediendiensten erlassen.[735]

Der vierte Abschnitt des TMG (§§ 11–15) regelt den Schutz personenbezogener Daten bei der Nutzung sozialer Netzwerke.

a) Anwendungsbereich

In § 11 TMG wird der Anwendungsbereich des Telemediendatenschutzrechts festgelegt. Es werden grundsätzlich, von Ausnahmen abgesehen, alle Anbieter von Telemedien adressiert. Als Telemedien sind alle elektronischen Informations- und

727 § 1 Abs. 1 S. 1 TMG.
728 Hawellek in Forgó/ Helfrich/ Schneider, 2014, Teil VII Kap. 2, Rn. 28 f.; Karg/ Fahl, K&R 2011, S. 456; Kühling, Seidel, Sivridis, 2011, S. 225.
729 Siehe Viertes Kapitel B. I.
730 So auch Hawellek in Forgó/ Helfrich/ Schneider, 2014, Teil VII Kap. 2, Rn. 16 f.
731 Gola/ Schomerus, 2007, § 1 BDSG, Rn. 24.
732 Köhler/ Arndt/ Fetzer, 2011, Kap. IX, Rn. 907; Piltz, 2013, S. 265.
733 Roßnagel in Roßnagel, 2013, Einleitung, Rn. 17.
734 Ufer, 2007, S. 23.
735 Scheja/ Haag in Leupold/ Glossner, 2011, Teil 4 H, Rn. 414.

Kommunikationsdienste, also alle Dienste, die elektronische Text-, Bild- oder Toninhalte anbieten, mit Ausnahme der Telekommunikationsdienste oder des Rundfunks nach § 3 Nr. 24 TKG zu verstehen.[736] Soziale Netzwerke sind demnach als Telemedien einzuordnen.[737]

Der Anwendungsbereich des TMG lässt sich allgemein nur durch die Feststellung bestimmen, dass ein angebotener Dienst nicht in den Anwendungsbereich des TKG und des RStV fällt.[738]

Die Anwendung des TMG ist gültig für alle Diensteanbieter einschließlich der öffentlichen Stellen, wobei ein Diensteanbieter in § 2 S. 1 Nr. 1 TMG definiert wird als „jede natürliche oder juristische Person, die eigene oder fremde Telemedien zur Nutzung bereithält oder den Zugang zur Nutzung vermittelt"[739].[740]

Gem. § 11 Abs. 2 TMG werden ausschließlich Nutzer, die Telemedien als Verbraucher in Anspruch nehmen, vom TMG datenschutzrechtlich geschützt. Dieser Schutz gilt nicht für Dritte, die nicht selbst Telemedien nutzen.[741]

b) Datenschutzrechtliche Regelungen

Die allgemeinen Grundsätze der Datenverarbeitung bei Telemedien sind im Großen und Ganzen aus dem allgemeinen Datenschutzrecht bekannt und werden im TMG übernommen. Aufgrund spezifischer Risiken bei Telemedien sind sie jedoch teilweise angepasst worden.[742] So werden im Datenschutzkonzept des TMG die klassischen datenschutzrechtlichen Regelungsansätze, z. B. das bereits erwähnte Verbot mit Erlaubnisvorbehalt in § 4 Abs. 1 BDSG, mit modernen Elementen des Systemdatenschutzes vereint. Ergänzt werden diese allgemeinen Bestimmungen durch besondere Regelungen für die Verarbeitung von telemedientypischen Bestands- und Nutzungsdaten.[743] Die wichtigsten datenschutzrechtlichen Regelungen des TMG sollen im Folgenden aufgezeigt werden.

aa) Grundsätze des Telemediendatenschutzes

In § 12 TMG werden die allgemeinen datenschutzrechtlichen Grundsätze für Telemedien festgelegt, und zwar das grundlegende Verbot mit Erlaubnisvorbehalt[744]

736 Weidner-Braun, 2012, S. 99.

737 Pfeiffer/ Weller/ Nordmeier in Spindler/ Schuster, § 3 TMG, Rn. 3; weitere Beispiele für Telemediendienste: Suchmaschinen (z. B. Google), Onlineshops (z. B. amazon.de), Chatrooms (z. B. tinychat.com), Videoportale (z. B. youtube.de) etc., BT-Drs. 16/3078, S. 13 f.

738 Roßnagel in Roßnagel, 2013, Einleitung, Rn. 27.

739 § 2 S. 1 Nr. 1 TMG.

740 Schwartmann/ Gennen/ Völkel, 2009, S. 455.

741 Jotzo, 2013, S. 54.

742 Kamps in Lehmann/ Meents, 2011, Kap. 20, Rn. 168.

743 Kamps in Lehmann/ Meents, 2011, Kap. 20, Rn. 167, siehe ausführlich Viertes Kapitel B. IV.

744 Vgl. § 4 Abs. 1 BDSG.

sowie der allgemeingültige Zweckbindungsgrundsatz[745]. Danach legt § 12 Abs. 1 TMG fest, dass ein Diensteanbieter personenbezogene Daten zur Bereitstellung von Telemedien nur dann erheben oder verwenden[746] darf, wenn es gesetzlich erlaubt ist oder der Nutzer seine Einwilligung gegeben hat.[747] Konkretisiert wird dieses Verbotsprinzip dahingehend, dass andere Rechtsvorschriften als die des TMG eine Datenverarbeitung nur dann legitimieren können, wenn die Vorschriften sich ausdrücklich auf Telemedien beziehen.[748] Damit wird § 4 Abs. 1 BDSG verdrängt.

Nach Ansicht der deutschen Regierung wird die von der europäischen Cookie Richtlinie geforderte Einwilligung für die Verwendung von Cookies aus § 12 Abs. 1 TMG hergeleitet.[749] Entscheidender Unterschied zur Cookie Richtlinie ist jedoch, dass § 12 Abs. 1 TMG nur für personenbezogene Daten gilt, die Cookie Richtlinie aber auch dann eine Einwilligung der Nutzer vorsieht, wenn die Daten keinen Personenbezug aufweisen.[750] In ihrer Stellungnahme zur Umsetzung der Cookie Richtlinie in Deutschland differenziert die deutsche Regierung nicht zwischen „Informationen" und „personenbezogenen Daten".[751] Auch das geforderte Opt-in Modell in Art. 5 Abs. 3 RL 2002/58/EG findet keine Umsetzung im deutschen Datenschutzrecht. § 15 Abs. 3 TMG sieht ausdrücklich das Opt-Out Modell vor.[752]

Trotz mangelnder Umsetzung bzw. Nicht-Umsetzung seitens der Bundesregierung ist anzunehmen, dass die EU-Kommission aufgrund der schriftlichen Bestätigung der Stellungnahme des deutschen Gesetzgebers davon ausgeht, dass für Cookies in Deutschland bereits jetzt eine Einwilligung des Nutzers erforderlich ist.[753] Da die Stellungnahme keine bindende Wirkung hat, bleibt in Anbetracht der Widersprüche der aktuellen Rechtslage abzuwarten, wie sich das Thema in Zukunft entwickelt.

§ 12 Abs. 2 TMG verschärft den Zweckbindungsgrundsatz, indem ein Diensteanbieter personenbezogene Daten, die er zu Bereitstellung von Telemedien erhoben hat, für andere Zwecke nur verwenden darf, soweit entweder das TMG oder

---

745 Vgl. § 28 Abs. 1 S. 2 BDSG.

746 Der Begriff des „Verwendens" umfasst die Begriffe des Verarbeitens und Nutzens personenbezogener Daten, welche in § 3 Abs. 4 und 5 BDSG definiert sind.

747 Schwartmann/ Gennen/ Völkel, 2009, S. 461.

748 Tinnefeld/ Buchner/ Petri, 2012, S. 391.

749 European Commission, Communications Committee, COCOM11–20, 2011, S. 4 f., abrufbar unter https://www.telemedicus.info/uploads/Dokumente/COCOM11-20 QuestionnaireonArt.53e-PrivacyDir.pdf (zuletzt abgerufen am 27.03.2017).

750 Vgl. Drittes Kapitel C. II. 2. c).

751 European Commission, Communications Committee, COCOM11–20, 2011, S. 4 f., abrufbar unter https://www.telemedicus.info/uploads/Dokumente/COCOM11-20 QuestionnaireonArt.53e-PrivacyDir.pdf (zuletzt abgerufen am 27.03.2017).

752 Dazu sogleich § 15 Abs. 3 TMG unter Drittes Kapitel D. II. 2. b) bb) (2).

753 Telemedicus, Recht der Informationsgesellschaft, abrufbar unter http://www.tele medicus.info/article /2716-EU-Kommission-Cookie-Richtlinie-ist-in-Deutschl and-umgesetzt.html (zuletzt abgerufen am 27.03.2017).

ein anderes Gesetz, das sich ausschließlich auf Telemedien besitzt, dies erlaubt oder der Nutzer eingewilligt hat.[754] Gesetzliche Regelungen, die eine Zweckentfremdung personenbezogener Daten erlauben, sind ausschließlich im TMG selbst, speziell in §§ 14, 15 TMG, geregelt und sollen im Folgenden ausführlich dargelegt werden.

bb) Gesetzliche Erlaubnistatbestände

Das TMG beinhaltet in den §§ 14 und 15 TMG gesetzliche Erlaubnistatbestände für die Erhebung und Verwendung von Bestands-, Nutzungs- und Abrechnungsdaten.

(1) Bestandsdaten (§ 14 TMG)

Nach § 14 Abs. 1 TMG wird der Umfang der Befugnis zur Erhebung und Verwendung von Bestandsdaten durch den Diensteanbieter geregelt, und § 14 Abs. 2 TMG erlaubt dem Diensteanbieter, im Einzelfall zuständigen Stellen Auskunft über Bestandsdaten für bestimmte Zwecke zu erteilen.[755]

Gem. der Legaldefinition in § 14 Abs. 1 TMG darf ein Diensteanbieter „personenbezogene Daten eines Nutzers nur erheben und verwenden, soweit sie für die Begründung, inhaltliche Ausgestaltung oder Änderung eines Vertragsverhältnisses zwischen dem Diensteanbieter und dem Nutzer über die Nutzung von Telemedien erforderlich sind."[756] Gem. diesem sog. Erforderlichkeitsgrundsatz dürfen bestimmte Bestandsdaten vom Diensteanbieter erhoben und verwendet werden. Dies bedeutet eine Konkretisierung der Vorschrift des Erlaubnistatbestands gem. § 12 Abs. 1 TMG für die Erhebung und Verwendung von sog. Bestandsdaten.[757] Bestandsdaten sind in der Regel Grunddaten eines Vertragsverhältnisses und werden immer dann als solche definiert, wenn personenbezogene Informationen „abstrakt zur Begründung, inhaltlichen Ausgestaltung oder Änderung eines Telemedienvertrags geeignet" sind.[758] Es gibt keine katalogartige Aufzählung von möglichen Bestandsdaten, sondern es hängt vielmehr von dem jeweiligen Telemedienvertrag ab, welche Daten in Betracht kommen.[759] Aufgrund des Erforderlichkeitsgrundsatzes muss der Diensteanbieter die Verwendung von Bestandsdaten auf ein unverzichtbares Maß begrenzen. Der Grundsatz der Erforderlichkeit und der Zweckbindung gilt auch bezüglich der Löschung von Bestandsdaten. Sobald solche Daten nicht mehr zur Abwicklung eines Vertragsverhältnisses, also zur Begründung, inhaltlichen Ausgestaltung oder Änderung eines vertraglichen Nutzungsverhältnisses erforderlich sind, besteht

754 Heckmann, 2009, Kap. 1.12, Rn. 58.
755 Spindler/ Nink in Spindler/ Schuster, 2011, § 14 TMG, Rn. 1.
756 § 14 Abs. 1 TMG.
757 Hullen/ Roggenkamp in Plath, 2012, § 14 TMG, Rn. 1.
758 Dix in Roßnagel, 2013, § 14 TMG, Rn. 21.
759 Dix in Roßnagel, 2013, § 14 TMG, Rn. S. 253; Kühling, Seidel, Sivridis, 2011, S. 233; Tinnefeld/ Buchner/ Petri, 2012, S. 393; zu sozialen Netzwerken siehe ausführlich Viertes Kapitel B. IV. 1.

für den Diensteanbieter eine umgehende Löschungspflicht.[760] Der Nutzer hat entsprechend einen Löschungsanspruch gegenüber dem Diensteanbieter. Ausnahmen können sich bei einem Vertrag mit einer Aufbewahrungspflicht der Daten im Original ergeben, bei dem die Daten dann jedoch zu sperren sind.[761]

In § 14 Abs. 2 TMG wird es Diensteanbietern ermöglicht, im Einzelfall Auskunft über Bestandsdaten zu erteilen, sofern dies für Zwecke der Strafverfolgung, Gefahrenabwehr durch Polizeibehörden, Erfüllung der gesetzlichen Aufgaben von Verfassungsschutzbehörden, des Bundesnachrichtendienstes oder des Militärischen Abschirmdienstes sowie der Abwehr von Gefahren des internationalen Terrorismus erforderlich ist.[762] Es handelt sich bei dieser Vorschrift keinesfalls um einen Auskunftsanspruch, sondern um eine sog. datenschutzrechtliche Auskunftserlaubnis, d.h., dass es nicht im Ermessen des Diensteanbieters liegt, eine Entscheidung über die Herausgabe von Bestandsdaten zu treffen.[763] Vielmehr darf der Diensteanbieter Auskünfte nur dann erteilen, wenn eine zuständige Stelle durch eine Anordnung dies von ihm fordert.[764] Die Bestandsdatenweitergabe kann also verfassungsrechtlich geboten sein, wenn die Voraussetzungen der entsprechenden Ermächtigungsgrundlagen vorliegen. Ist dies der Fall, ist der Diensteanbieter zur Herausgabe der Daten verpflichtet, und er hat keine Wahlmöglichkeit. Die Verantwortung liegt in jedem Fall bei der entsprechenden öffentlichen Stelle.[765]

(2) Nutzungsdaten (§ 15 TMG)

Diensteanbieter dürfen gem. § 15 TMG sog. Nutzungs- und Abrechnungsdaten erheben und verarbeiten. Nutzungsdaten sind gem. § 15 Abs. 1 TMG personenbezogene Daten, die erforderlich sind, „um die Inanspruchnahme von Telemedien zu ermöglichen und abzurechnen."[766] Es handelt sich bei Nutzungsdaten im Gegensatz zu den Bestandsdaten um Daten, die bei der Nutzung des Telemediums anfallen. Ein Vertragsverhältnis zwischen Diensteanbieter und Nutzer ist dabei keine Voraussetzung.[767] Nutzungsdaten können gleichzeitig auch Bestandsdaten sein, und zwar dann, wenn die Daten für die Begründung und inhaltliche Ausgestaltung des Vertragsverhältnisses erforderlich sind.[768] Typische Nutzungsdaten

---

760 Dix in Roßnagel, 2013, § 14 TMG, Rn. 40 f.
761 Hullen/ Roggenkamp in Plath, 2012, § 14 TMG, Rn. 15.
762 Heckmann, 2009, Kap. 1.14, Rn. 25; Hullen/ Roggenkamp in Plath, 2012, § 14 TMG, Rn. 20; Spindler/ Nink in Spindler, Schuster, 2011, § 14 TMG, Rn. 6; Tinnefeld/ Buchner/ Petri, 2012, S. 393.
763 Schwartmann, 2011, S. 312.
764 Hullen/ Roggenkamp in Plath, 2012, § 14 TMG, Rn. 17.
765 Spindler/ Nink in Spindler/ Schuster, 2011, § 14 TMG, Rn. 6.
766 § 15 Abs. 1 TMG.
767 Heckmann, 2009, Kap. 1.15, Rn. 1 ff.; Siebert, 2011, S. 106; Tinnefeld/ Buchner/ Petri, 2012, S. 394.
768 § 14 Abs. 1 TMG; Spindler/ Nink in Spindler/ Schuster, 2011, § 15 TMG, Rn. 2.

werden beispielhaft in § 15 Abs. 1 S. 2 TMG aufgelistet[769], diese sind jedoch nicht abschließend anzusehen.

Eine Untergruppe der Nutzungsdaten bilden die Abrechnungsdaten, welche in § 15 Abs. 4 TMG geregelt sind. Sie sind Nutzungsdaten, deren Verarbeitung zum Zwecke der Abrechnung mit dem Nutzer erforderlich ist.[770] § 15 Abs. 2 TMG erlaubt die Zusammenführung von Nutzungsdaten für die Abrechnung verschiedener Telemedien, wenn dies zur Abrechnung mit dem Nutzer notwendig ist, d.h. wenn unterschiedliche Telemedien von einer verantwortlichen Stelle erbracht werden.[771]

§ 15 Abs. 3 TMG normiert, unter welchen Voraussetzungen eine Erstellung von Nutzungsprofilen erlaubt ist. Der Diensteanbieter darf unter bestimmten Voraussetzungen zum Zwecke der Werbung, Marktforschung oder zur bedarfsgerechten Gestaltung der Telemedien Nutzungsdaten für die Erstellung von Nutzungsprofilen unter Verwendung von Pseudonymen verwenden, solange der Nutzer dem nicht widerspricht (Opt-Out-Modell).[772] Hier hat der Diensteanbieter gem. § 13 Abs. 1 TMG die Pflicht, den Nutzer auf sein Widerspruchsrecht hinzuweisen.[773] Eine explizite Einwilligung des Nutzers ist dabei nicht notwendig.[774] Grundsätzlich darf der Diensteanbieter alle Daten i.S.d. § 15 Abs. 1 TMG verwenden, jedoch nicht Bestandsdaten i.S.d. § 14 Abs. 1 TMG. Da die Vorschrift nur dem jeweiligen Diensteanbieter die Erstellung von Nutzungsprofilen erlaubt, dürfen die Daten nicht an Dritte übermittelt werden. Nutzungsprofile dürfen nur unter einem Pseudonym gebildet werden, wobei ein unter Pseudonym erfasstes Nutzerprofil nicht mit den Daten des Pseudonymträgers zusammengeführt werden darf.[775] Bei der Erstellung von Nutzungsprofilen ohne Verwendung eines Pseudonyms muss der Nutzer hierin einwilligen.[776] § 15 Abs. 3 TMG knüpft damit an die Mikrozensusentscheidung des BVerfG an, in der entschieden wurde, dass es mit der Menschenwürde nicht vereinbar ist, wenn der Staat für sich in Anspruch nehmen könnte, den Menschen in seiner ganzen Persönlichkeit zu registrieren.[777] Ähnliche Registrierungen werden aber gerade durch digitale

769 Merkmale zur Identifikation des Nutzers, Angaben über Beginn und Ende sowie des Umfangs der jeweiligen Nutzung und Angaben über die vom Nutzer in Anspruch genommenen Telemedien.

770 § 15 Abs. 4 S. 1 TMG; Siebert, 2011, S. 106; Tinnefeld/ Buchner/ Petri, 2012, S. 394.

771 Hullen/ Roggenkamp in Plath, 2012, § 15 TMG, Rn. 32.

772 Dix/ Schaar in Roßnagel, 2013, § 15 TMG, Rn. 61; Spindler/ Nink in Spindler/ Schuster, 2011, § 15 TMG, Rn. 7.

773 Dix/ Schaar in Roßnagel, 2013, § 15 TMG, Rn. 71; siehe auch Drittes Kapitel D. II. 2. b) dd).

774 Dix/ Schaar in Roßnagel, 2013, § 15 TMG, Rn. 61; Hullen/ Roggenkamp in Plath, 2012, S. 1051; Missling in Weitnauer, 2012, S. 379; Spindler/ Nink in Spindler/ Schuster, 2011, § 15 TMG, Rn. 7 f.

775 § 15 Abs. 5 S. 3 TMG.

776 Dix/ Schaar in Roßnagel, 2013, § 15 TMG, Rn. 8; Heckmann, 2009, Kap. 1.15, Rn. 23.

777 BVerfG, Beschluss vom 16.07.1969, Az. 1 BvL 19/63.

Nutzungsprofile theoretisch eröffnet. So gibt die Vorschrift keine Einschränkungen vor, welche Nutzungsdaten für die Profilerstellung herangezogen werden dürfen.[778]

cc) Einwilligung als Erlaubnistatbestand

Die Einwilligung des Nutzers gilt, wie auch in der DSRL[779] und im BDSG[780] vorgesehen, neben den gesetzlichen Erlaubnistatbeständen als Zulässigkeitsalternative für die Erhebung und Verwendung personenbezogener Daten gem. § 12 Abs. 1 TMG. Grundsätzlich gelten die Anforderungen der §§ 4, 4a BDSG, d.h. für die Form der Einwilligung die Schriftform nach § 4a Abs. 1 S. 3 BDSG. Abweichend zur geforderten Schriftform ermöglicht jedoch das TMG gem. § 13 Abs. 2 TMG die Abgabe einer elektronischen Einwilligung unter bestimmten Voraussetzungen, wodurch ein Medienbruch vermieden wird.[781] Die Schriftform kann jedoch auch im BDSG gem. § 4 a Abs. 1 S. 3 bei Vorliegen „besonderer Umstände" durch die elektronische Form nach § 126 Abs. 3 BGB ersetzt werden, wobei dafür eine qualifizierte elektronische Signatur nach § 126 a BGB verlangt wird.[782] Da sich diese als praxisuntauglich erwiesen hat und die Nutzung von Telemedien die elektronische Form der Einwilligung als „besonderen Umstand" rechtfertigt, wird auf die Formvorschriften des § 13 Abs. 2 TMG zurückgegriffen.[783]

Voraussetzung einer elektronischen Einwilligung ist zum einen, dass der Nutzer die Einwilligung bewusst und eindeutig erteilen muss.[784] Die Anforderungen, die im Rahmen des § 13 Abs. 2 TMG an eine bewusste und eindeutige Handlung gestellt werden müssen, entsprechen denen, die allgemein an rechtsgeschäftliche Handlungen gestellt werden. Damit wird der Anspruch an den Handlungswillen, das Erklärungsbewusstsein und den Geschäftswillen des Nutzers erfüllt und sichergestellt, dass der Nutzer die elektronische Einwilligung nicht zufällig oder unbeabsichtigt abgibt.[785] Die Einwilligung des Nutzers kann beispielsweise durch eine bestätigende Wiederholung des Übermittlungsbefehls bei gleichzeitiger zumindest auszugsweise auf dem Bildschirm erscheinender Darstellung der Einwilligungserklärung erfolgen.[786] Dem Nutzer

---

778 Spindler/ Nink in Spindler/ Schuster, 2011, § 15 TMG, Rn. 63.

779 Vgl. Art. 7 DSRL.

780 Vgl. § 4 Abs. 1 BDSG.

781 Hullen/ Roggenkamp in Plath, 2012, § 12 TMG, Rn. 21 f.; Jandt/ Schaar/ Schulz in Roßnagel, 2013, § 13 TMG, Rn. 66 f.; Spindler/ Nink in Spindler, Schuster, 2011, § 12 TMG, Rn. 3.

782 Gola/ Schomerus, 2007, § 4a BDSG, Rn. 13; Spindler/ Nink in Spindler, Schuster, 2011, § 13 TMG, Rn. 6.

783 Piltz, 2013, 123 ff.; Plath in Plath, 2012, § 4a BDSG, Rn. 15; Scheja/ Haag, 2011, S. 339.

784 § 13 Abs. 2 Nr. 1 TMG.

785 Heckmann, 2009, Kap. 1.13, Rn. 25; Jandt/ Schaar/ Schulz in Roßnagel, 2013, § 13 TMG, Rn. 72.

786 BGH, Urteil vom 16.07.2008, Az. VIII ZR 348/06 = NJW 2008, S. 3055; BGH, Urteil vom 11.11.2009, Az. VIII ZR 12/08 = NJW 2010, S. 864; Kahler/ Werner, 2007, S. 213;

müssen die rechtlichen Konsequenzen seiner Handlung bewusst sein.[787] Des Weiteren muss der Diensteanbieter die elektronische Einwilligung protokollieren,[788] d.h., dass der Zeitpunkt der Einwilligung, der Inhalt und die Identität des Nutzers festgehalten werden müssen, um eine Überprüfung der Legitimation einer Einwilligung zu ermöglichen.[789] Darüber hinaus muss der Nutzer den Inhalt der Einwilligung jederzeit abrufen können,[790] um das Gebot der Transparenz zu wahren.

§ 13 Abs. 2 Nr. 4 TMG gewährt dem Nutzer zudem ein Widerrufsrecht, das besagt, dass der Nutzer seine Einwilligung jederzeit, auch elektronisch, widerrufen kann.[791] Darüber hinaus muss der Nutzer gem. § 13 Abs. 3 TMG auf diese Möglichkeit vor Abgabe der Einwilligung entsprechend hingewiesen werden.[792]

dd) Pflichten des Diensteanbieters

§ 13 Abs. 1 TMG dient dem Grundsatz der Transparenz und normiert die Aufgabe des Diensteanbieters, den Nutzer zu Beginn des Nutzungsvorgangs über Art, Umfang, Ort und Zweck der Erhebung und Verwendung von personenbezogenen Daten in verständlicher Form zu unterrichten, wobei die Information jederzeit abrufbar sein muss.[793] Gebräuchliche Bezeichnungen für solche Unterrichtungen sind „Datenschutzerklärung", „Datenschutzunterrichtung", „Hinweise zum Datenschutz" oder auch „Ihre Daten". Die inhaltlichen Anforderungen dieser Unterrichtung müssen den Empfängerhorizont erreichen, d.h., es sollten weder Fremdwörter noch juristische oder technische Fachbegriffe verwendet werden und in solch einer Weise erläutert werden, dass es für einen Laien bzw. durchschnittlichen Nutzer verständlich ist.[794] Ebenso muss der Diensteanbieter den Nutzer über den Ort der Datenverarbeitung informieren, wenn die Datenverarbeitung in einem Drittstaat erfolgt, der nicht dem Anwendungsbereich der DSRL untersteht.[795]

Gem. § 13 Abs. 1 S. 2 TMG wird der Diensteanbieter dazu verpflichtet, vor Beginn eines automatisierten Verfahrens, „das eine spätere Identifizierung des Nutzers ermöglicht und eine Erhebung oder Verwendung personenbezogener Daten vorbereitet", den Nutzer darüber zu informieren, ob Daten erhoben oder verwendet werden

OLG Brandenburg; Urteil vom 11.01.2006, Az. 7 U 52/05 = MMR 2006, S. 405; Scheja/ Haag in Leupold/ Glossner, 2011, Teil 4 E, Rn. 83.

787 Jandt/ Schaar/ Schulz in Roßnagel, 2013, § 13 TMG, Rn. 73; Scheja/ Haag in Leupold/ Glossner, 2011, Teil 4 E, Rn. 83; Tinnefeld/ Buchner/ Petri, 2012, S. 399.

788 § 13 Abs. 2 Nr. 2 TMG.

789 Hullen/ Roggenkamp in Plath, 2012, § 13 TMG, Rn. 25.

790 § 13 Abs. 2 Nr. 3 TMG.

791 Jandt/ Schaar/ Schulz in Roßnagel, 2013, § 13 TMG, Rn. 83.

792 Kahler/ Werner, 2007, S. 213; Spindler/ Nink in Spindler, Schuster, 2011, § 13 TMG, Rn. 3a.

793 Schneider, Pischel, 2009, S. 208; § 13 Abs. 1 TMG.

794 Jandt/ Schaar/ Schulz in Roßnagel, 2013, § 13 TMG, Rn. 43–46.

795 Ebd., Rn. 3.

dürfen.[796] Diese Regelung findet hauptsächlich Anwendung bei der Verwendung von Cookies.[797] Ein datenschutzrechtliches Risiko besteht darin, wenn Cookies vom Nutzer beim Aufruf einer Webseite unbemerkt in seinem Browser abgelegt werden, da dieser dann keine Einflussmöglichkeit über seine Informationen hat.[798] Problematisch ist dabei auch, wenn durch den Diensteanbieter Dritte den Zugriff auf diese Informationen erhalten.[799]

§ 13 Abs. 4 TMG sichert den Systemdatenschutz in Telemedien, d.h. den durch Technik garantierten Datenschutz.[800] Im Rahmen dieser Vorschrift werden Diensteanbieter zu bestimmten technischen und organisatorischen Maßnahmen verpflichtet, um bestimmte Schutzziele zu erreichen, wobei es dem Diensteanbieter überlassen bleibt, welche technischen und organisatorischen Mittel er dafür ergreift.[801] Eine besondere Bedeutung kommt dabei der datenschutzkonformen Gesamtorganisation eines Unternehmens, also dem Datenschutzmanagementsystem zu, um den Datenschutz zu gewährleisten.[802] In der Praxis lassen sich technische Fehler jedoch nicht immer vermeiden. So waren bspw. im Juni 2013 bis zu sechs Millionen Nutzer des Anbieters Facebook von einem technischen Fehler seitens Facebook betroffen, der fremden Nutzern, die irgendeine Form der Verbindung mit den Betroffenen aufwiesen, den Zugriff auf persönliche E-Mail Adressen und Telefonnummern der Betroffenen ermöglichte. Die Datenpanne war auf einen Fehler in einer Funktion des Anbieters zurückzuführen.[803] § 15a TMG verpflichtet den Diensteanbieter im Falle solch einer unrechtmäßigen Kenntniserlangung von Daten, die zuständigen Aufsichtsbehörden und die Betroffenen zu informieren.[804] Sinn der Regelung ist, schwerwiegende Beeinträchtigungen von Rechten oder schutzwürdigen Interessen des Nutzers und damit eine Schadensvertiefung zu vermeiden.[805] Was die Rechtsfolge betrifft, muss die Benachrichtigung des Betroffenen sowie der Aufsichtsbehörde (nach § 121 BGB) unverzüglich erfolgen,[806] was im Fall Facebook

796 § 13 Abs. 1 S. 2 TMG.
797 Kamps in Lehmann/ Meents, 2011, Kap. 20, Rn. 173.
798 Ausführlich dazu siehe Viertes Kapitel B. II. 2.
799 Jandt/ Schaar/ Schulz in Roßnagel, 2013, § 13 TMG, Rn. 54.
800 Vgl. Art. 23 DS-GVO.
801 Kalberg, 2008, S. 16.
802 Jandt/ Schaar/ Schulz in Roßnagel, 2013, § 13 TMG, Rn. 97; § 4f und g BDSG.
803 Zeit Online, 22.06.2013, abrufbar unter http://www.zeit.de/digital/datenschutz/2013-06/facebook-kontaktdaten-sicherheitsluecke (zuletzt abgerufen am 27.03.2017).
804 Stellungnahme Facebook vom 21.06.2013, abrufbar unter https://www.facebook.com/notes/facebook-security/important-message-from-facebooks-white-hat-program/10151437074840766 (zuletzt abgerufen am 27.03.2017).
805 Hullen/ Roggenkamp in Plath, 2012, § 15a TMG, Rn. 1.
806 BT-Drs. 16/12011, S. 34.

auch getan wurde.[807] Wenn die Benachrichtigung für den Diensteanbieter einen unverhältnismäßigen Aufwand erfordert, kann eine solche Benachrichtigung auch unterbleiben. In diesem Fall wird durch eine Anzeige, bspw. in einer Tageszeitung, die Öffentlichkeit entsprechend informiert.[808]

§ 13 Abs. 5 TMG verpflichtet den Diensteanbieter bei der Weitervermittlung des Nutzers in ein Angebot eines anderen Diensteanbieters zur Sichtbarmachung dieser Weitervermittlung.[809] Die Anzeige der Weitervermittlung muss für einen Laien bzw. durchschnittlichen Nutzer verständlich und nachvollziehbar sein, um dem Nutzer die Möglichkeit zu geben, genau zu wissen, in welchem Dienst er sich bewegt und wer ggf. über seine Daten verfügt. Wechselt der Nutzer selbst von sich aus in ein Angebot eines Dritten, besteht keine Anzeigepflicht seitens des Diensteanbieters, denn nach dem Wortlaut der Vorschrift liegt eine Weitervermittlung zu einem anderen Diensteanbieter nur dann vor, wenn der Wechsel des Anbieters von diesem ausgeht.[810]

Die in § 13 Abs. 6 TMG normierte Pflicht des Diensteanbieters besteht darin, die anonyme und pseudonyme Nutzung zu prüfen, ob und inwieweit die von ihm angebotenen Telemedien ohne das Erheben, Verarbeiten und Nutzen personenbezogener Daten auskommen[811], und dann dem Nutzer die Nutzung von Telemedien sowie ihre Bezahlung anonym[812] oder unter Pseudonym[813] zu ermöglichen, soweit das technisch möglich und zumutbar ist.[814] Dies bedeutet eine Konkretisierung des Datenvermeidungsprinzips in § 3a BDSG und ist ein unmittelbarer Ausfluss des Grundrechts auf informationelle Selbstbestimmung.[815] Nach dem heutigen Stand der Technik können die meisten Diensteanbieter eine anonyme Nutzung bzw. eine Nutzung unter Pseudonym ermöglichen, bspw. durch Zuordnung sog. Session-IDs[816].[817] Da die Vorschrift des § 13 Abs. 6 TMG nicht als absolute Verpflichtung verstanden werden kann,[818] sollte bei der Prüfung der Zumutbarkeit in konkreten Fällen

807 "We have already notified our regulators in the US, Canada and Europe, and we are in the process of notifying affected users via email.", Stellungnahme Facebook vom 21.06.2013, abrufbar unter https://www.facebook.com/notes/facebook-security/important-message-from-facebooks-white-hat-program/10151437074840766 (zuletzt abgerufen am 27.03.2017).

808 BT-Drs. 16/12011, S. 34 f.

809 § 13 Abs. 5 TMG.

810 Heckmann, 2009, Kap. 1.13, Rn. 71–74; Jandt/ Schaar/ Schulz in Roßnagel, 2013, § 13 TMG, Rn. 117.

811 Jandt/ Schaar/ Schulz in Roßnagel, 2013, § 13 TMG, Rn. 20.

812 Vgl. § 3 Abs. 6 BDSG, siehe dazu auch Drittes Kapitel D. II. 1. a) (aa) (1).

813 Vgl. § 3 Abs. 6a BDSG, siehe dazu auch Drittes Kapitel D. II. 1. a) (aa) (2).

814 § 13 Abs. 6 TMG.

815 Spindler/ Nink in Spindler/ Schuster, 2011, § 13 TMG, Rn. 10.

816 Zufällig ausgewählte Zahlenketten, die dem Nutzer für die Dauer der Nutzung zugeschrieben werden.

817 Spindler/ Nink in Spindler/ Schuster, 2011, § 13 TMG, Rn. 11.

818 Heckmann, 2009, Kap. 1.13, Rn. 78.

eine Verhältnismäßigkeitsprüfung durchgeführt werden, die die grundrechtlich geschützten Interessen des Diensteanbieters berücksichtigt, aber auch das Recht des Nutzers auf informationelle Selbstbestimmung abwägt.[819] Nach § 13 Abs. 6 S. 2 TMG muss der Nutzer über die Möglichkeit der anonymen und pseudonymen Nutzung hingewiesen werden, damit er frei entscheiden kann, wie er gegenüber dem Diensteanbieter auftritt und in welchem Maß er von seinem Recht auf informationelle Selbstbestimmung Gebrauch macht.[820]

Einige Anbieter sozialer Netzwerke, so auch Facebook[821], verlangen von ihren Nutzern bei Registrierung die Verwendung ihres echten Namens und sperren Konten bei Nichteinhaltung. Das Unabhängige Landeszentrum für Datenschutz (ULD) sah in dem sog. Klarnamenzwang einen Verstoß gegen deutsches Datenschutzrecht gem. § 13 Abs. 6 S. 2 TMG und erließ gegen das Unternehmen Facebook zwei Verfügungen mit der Verpflichtung, Nutzern in Deutschland die Anmeldung bei Facebook unter Verwendung von Pseudonymen zu gewährleisten.[822] Sowohl das VG Schleswig-Holstein[823] als auch das OVG Schleswig-Holstein[824] haben in ihren Beschlüssen die Beschwerden des ULD zurückgewiesen, vor dem Hintergrund, dass deutsches Recht keine Anwendung finde.[825]

Eine Verpflichtung zur Verwendung des Klarnamens in sozialen Netzwerken kann nicht ohne weiteres mit der Unzumutbarkeit einer anonymen oder pseudonymen Nutzung gerechtfertigt werden. Eine Ausnahme besteht, wenn das Geschäftsmodell des sozialen Netzwerks auf die Offenlegung der Identität besteht wie bspw. bei Netzwerken zum Aufbau und zur Pflege von geschäftlichen Beziehungen. Hier kommt eine Unzumutbarkeit der Zulassung von Pseudonymen in Betracht.[826]

§ 13 Abs. 8 S. 1 TMG soll die Transparenz der Datenverarbeitung gegenüber dem Nutzer gewährleisten und verpflichtet den Diensteanbieter zur „Auskunft über die zu seiner Person oder zu seinem Pseudonym gespeicherten Daten" unter den inhaltlichen Vorgaben des § 34 BDSG.[827] Auskunft muss über alle personenbezogene Daten, die der Diensteanbieter über den Nutzer gespeichert hat, eingeschlossen der Daten, die bei der Nutzung fremder Inhalte entstanden sind, gegeben werden. Die Auskunft kann elektronisch, also auch per E-Mail, SMS, Fax, Telefon oder Online-Formular erteilt

---

819 Jandt/ Schaar/ Schulz in Roßnagel, 2013, § 13 TMG, Rn. 30.
820 Spindler/ Nink in Spindler/ Schuster, 2011, § 13 TMG, Rn. 10.
821 So Facebook in der „Erklärung der Rechte und Pflichten" gem. Ziff. 4: „Facebook-Nutzer geben ihre wahren Namen und Daten an und wir benötigen deine Hilfe, damit dies so bleibt." abrufbar unter https://www.facebook.com/legal/terms (zuletzt abgerufen am 27.03.2017).
822 Karg, ZD 2013, S. 247 f.; Poller/ Waldmann, 08/2013, S. 53.
823 Urteil vom 14.02.2013, Az. 8 B 60/12.
824 Urteil vom 22.04.2013, Az. 4 MB 10/13 und 4 MB 11/13 = ZD 2013, S. 364.
825 Siehe mehr Viertes Kapitel A.
826 Hullen/ Roggenkamp in Plath, 2012, § 13 TMG, Rn. 42.
827 § 13 Abs. 8 S. 1 TMG.

werden.[828] Bei Auskunftspflicht über Daten zu einem Pseudonym ist das Zusammenführungsverbot des § 15 Abs. 3 S. 3 TMG zu beachten. Das Recht des Nutzers auf Auskunft ist wichtige Voraussetzung für weitere Betroffenenrechte wie das Recht auf Löschung, Berichtigung, Widerruf, Sperrung und Schadensersatz, welche im BDSG geregelt sind.[829]

c) Grenzüberschreitender Datenverkehr

§ 3 TMG setzt das sog. Herkunftslandprinzip um, welches innerhalb der EU im Geltungsbereich der ECRL und der Richtlinie über audiovisuelle Mediendienste RL 2010/13/EU (AVMD-RL) gilt. Betroffen sind Staaten der EU und des EWR. Das Herkunftslandprinzip gilt nicht für Anbieter aus Drittstaaten.[830] Demnach müssen Anbieter sozialer Netzwerke nur den Vorgaben am Ort ihrer Niederlassung entsprechen, wobei sie keinesfalls der Kontrolle anderer Staaten aufgesetzt sind.[831] Das Herkunftslandprinzip findet gem. § 3 Abs. 3 Nr. 4 TMG keine Anwendung auf das „für den Schutz personenbezogener Daten findende Recht“[832] und ist daher im Rahmen dieser Arbeit nicht relevant.

III. Zwischenergebnis zur Rechtslage in Deutschland

Das Datenschutzrecht in Deutschland ist in einer Vielzahl von Gesetzen geregelt. Jeglicher Umgang mit personenbezogenen Daten bedarf einer Legitimation durch besondere Rechtsvorschriften oder der Einwilligung durch betroffene Personen. Vor allem ist die informationelle Selbstbestimmung als Grundlage und Maßstab aller Verwendung personenbezogener Daten von jedem zu respektieren, der personenbezogene Angaben verwenden möchte.[833] Diensteanbieter müssen dabei zahlreiche Pflichten erfüllen. Mit den Beschlüssen des VG[834] und OVG[835] Schleswig-Holstein bzgl. des Klarnamenzwangs bei dem Anbieter Facebook wird deutlich, welche Gefahr von Anbietern sozialer Netzwerke mit Sitz in den USA für das Persönlichkeitsrecht europäischer Nutzer ausgeht, wenn diese sich nicht konsequent an das europäische und deutsche Datenschutzrecht halten.

Verstärkt wird das Risiko einer Gefährdung persönlicher Daten durch technische Sicherheitsmängel. Die Einhaltung der Datensicherheit liegt bei den Anbietern sozialer Netzwerke, indem sie erforderliche technische und organisatorische Maßnahmen treffen müssen. Dazu gehört auch der Schutz der Nutzerdaten vor

828 § 13 Abs. 8 S. 2 TMG; Spindler/ Nink in Spindler/ Schuster, 2011, § 13 TMG, Rn. 16.
829 Hullen/ Roggenkamp in Plath, 2012, § 13 TMG, Rn. 44.
830 Gitter in Roßnagel, 2013, § 3 TMG, Rn. 15 f.
831 Ebd., Rn. 20.
832 § 3 Abs. 3 Nr. 4 TMG.
833 Simitis in Simitis, 2011, § 1 BDSG, Rn. 48 f.
834 VG Schleswig-Holstein, Urteil vom 14.02.2013, Az. 8 B 60/12.
835 OVG Schleswig-Holstein, Urteil vom 22.04.2013, Az. 4 MB 10/13, 4 MB 11/13.

unerlaubtem Zugriff Dritter. Eine Garantie zur Vermeidung von Fehlern seitens der Anbieter ist jedoch nicht möglich, so dass mit der Nutzung sozialer Netzwerke und der damit einhergehenden Veröffentlichung privater Daten immer ein gewisses Gefahrenpotential des Missbrauchs personenbezogener Daten besteht.[836]

Die §§ 11 ff. TMG verdrängen in einzelnen Bereichen die allgemeinen Regeln des BDSG, jedoch kommt das BDSG mangels eigener Vorschriften im TMG ergänzend zur Anwendung für die datenschutzrechtliche Verantwortlichkeit in § 3 Abs. 7 BDSG, die allgemeinen Begriffsbestimmungen gem. § 3 BDSG, die Übermittlung personenbezogener Daten ins Ausland gem. § 1 Abs. 5 BDSG[837], die Betroffenenrechte gem. §§ 19 ff., 34 BDSG, den Schadensersatz gem. §§ 7 und 8 BDSG und die behördliche Aufsicht gem. §§ 24, 38 BDSG.[838]

Das Nebeneinander unterschiedlicher Gesetzesvorschriften in Deutschland, das eine eindeutige Abgrenzung zum Teil erschwert, erzeugt bei Diensteanbietern Rechtsunsicherheit. Die Regelungen des BDSG werden den Anforderungen der Informationsgesellschaft des 21. Jahrhunderts nicht mehr gerecht.[839]

Die Folgen einer Datenverarbeitung hängen im Wesentlichen von der Verwendung der einzelnen Angaben ab. Es gibt keine belanglosen Daten, denn vermeintlich belanglose Daten können in Verbindung mit weiteren Daten zu neuen Erkenntnissen führen und gewinnen damit an Bedeutung.[840] Gerade in sozialen Netzwerken, welche nach ihrer Gesamtkonzeption der Kommunikation dienen, d.h. dem Veröffentlichen und Preisgeben von Daten, gibt es viele Kollisionspunkte der beteiligten Interessen bzgl. der dort verarbeiteten Daten. Dies soll im folgenden Kapitel genauer untersucht werden.

---

836 So auch International Working Group on Data Protection in Telecommunications, Bericht und Empfehlung zum Datenschutz in sozialen Netzwerkdiensten – Rom-Memorandum, 43. Sitzung, 2008, S. 3, abrufbar unter http://www.datenschutz.fu-berlin.de/dahlem/ressourcen/675_36_13-ROM-Memorandum.pdf (zuletzt abgerufen am 27.03.2017).

837 Vgl. § 4b und c BDSG.

838 Roßnagel in Roßnagel, 2003, Kap. 7.9, Rn. 36.

839 Härting, BB 2012, S. 459.

840 Vgl. Simitis in Simitis, 2011, Einleitung, Rn. 34.

Viertes Kapitel: Datenschutz in sozialen Netzwerken

Mit der wachsenden Nutzung sozialer Netzwerke geht auch eine massenhafte Verarbeitung von Nutzerdaten einher. Nutzer geben hierbei nicht nur Daten über sich selbst in hohem Maße frei, sondern auch über Dritte, die davon häufig keine Kenntnis haben. Diese neue Form des User-Generated-Content stellt den Datenschutz weltweit vor neue Herausforderungen. Die Gefahr von Persönlichkeitsrechtsverletzungen steigt durch die massenhafte Preisgabe von persönlichen Daten. Daten, die einmal online veröffentlicht sind, können noch lange Zeit, auch an anderer Stelle, abrufbar sein. Datenschützer appellieren an Nutzer immer wieder, mit der Preisgabe ihrer Daten umsichtiger und vorsichtiger zu sein.[841] Wie bereits erörtert, sind personenbezogene Daten als Basis für personalisierte Werbung für die Betreiber sozialer Netzwerke meist Haupteinnahmequelle.[842]

Soziale Netzwerke bieten ihren Dienst weltweit an, es kann also grundsätzlich jeder Mensch auf der Welt über das Internet darauf zugreifen. Dabei haben die größten sozialen Netzwerke wie Facebook, Path und Google Plus ihren Sitz im außereuropäischen Ausland. Wie aufgeführt, existiert kein Datenschutzrecht, das international gültig ist. Hieraus erwächst die Frage, wann welches nationale Recht bei der rechtlichen Beurteilung datenschutzrelevanter Sachverhalte in sozialen Netzwerken Anwendung findet.

A. Anwendbarkeit des europäischen Datenschutzrechts auf soziale Netzwerke

Wie in dieser Arbeit bereits aufgezeigt wurde, richtet sich das anwendbare Recht für den Verantwortlichen der Verarbeitung personenbezogener Daten nach dem Ort seiner Niederlassung. Für Verarbeitungen personenbezogener Daten außerhalb des EWR gilt der Ort, an dem die für die Verarbeitung verwendeten Mittel belegen sind.[843] Um den richtigen Anhaltspunkt für die Anwendung nationalen Rechts zu finden, muss für jedes soziale Netzwerk genau geprüft werden, ob eine Niederlassung besteht, wo sich diese befindet und inwiefern sie an der Verarbeitung personenbezogener Daten beteiligt ist. Eine in der Rechtsprechung für Deutschland relevante Entscheidung bzgl. der Anwendbarkeit deutschen Datenschutzrechts auf ein soziales

841 International Working Group on Data Protection in Telecommunications, Bericht und Empfehlung zum Datenschutz in sozialen Netzwerkdiensten – Rom-Memorandum, 43. Sitzung, 2008, S. 8 f., abrufbar unter http://www.datenschutz.fu-berlin.de/dahlem/ressourcen/675_36_13-ROM-Memorandum.pdf (zuletzt abgerufen am 27.03.2017).

842 Vgl. Zweites Kapitel D.

843 Vgl. Drittes Kapitel C. II. 2. a) bb) und Drittes Kapitel D. II. 1. b).

Netzwerk fiel in den Beschlüssen des Oberverwaltungsgerichts (OVG) Schleswig-Holstein vom 22. April 2013[844] in der Verwaltungsrechtssache der Facebook Inc. gegen das Unabhängige Landeszentrum für Datenschutz Schleswig-Holstein.

Hier hat das OVG entschieden, dass das deutsche Datenschutzrecht nicht auf das soziale Netzwerk Facebook anwendbar ist. Das OVG bestätigte das vom VG Schleswig-Holstein in erster Instanz beschlossene Urteil[845], dass die Facebook Ireland Ltd. mit Sitz in Irland eine Niederlassung der Facebook Inc. mit Sitz in den USA i.S.d. Erwägungsgrunds 19 der Datenschutzrichtlinie 95/46/EG ist.[846] Keine Anwendung hingegen findet § 1 Abs. 5 S. 2 BDSG, da die Facebook Inc. selber keine Daten von außerhalb der EU erhebt. Auch bei der Facebook Germany GmbH mit Sitz in Hamburg, Deutschland, sieht das OVG keine Anwendbarkeit des BDSG aus § 1 Abs. 5 S. 1 BDSG i.V.m. Art. 4 Abs. 1 a) DSRL, da diese lediglich in den Bereichen Anzeigenakquise und Marketing tätig ist und zudem unter der Kontrolle von Facebook Ireland Ltd. operiert. Eine Verarbeitung personenbezogener Daten findet bei der Facebook Germany GmbH nicht statt, so dass diese i.S.d. § 1 Abs. 5 S. 1 BDSG auch keine Niederlassung ist. Ebenso führt auch die Existenz eines in Deutschland ansässigen Auftragsdatenverarbeiters nicht zur Anwendbarkeit des deutschen Datenschutzrechts, da dieser datenschutzrechtlich als Teil der Facebook Ireland Ltd. anzusehen ist.[847]

Die Beschlüsse des OVG könnten zur Folge haben, dass sich global agierende Unternehmen mit Sitz außerhalb des EWR, z. B. Google oder Facebook, durch die Gründung einer Niederlassung in einem EU-Mitgliedstaat der Befolgung sämtlicher nationaler Datenschutzregeln entziehen können, auch wenn sich deren Angebot an Nutzer anderer EU-Mitgliedstaaten richtet. Es bestünde damit für Unternehmen, die außerhalb der EU bzw. des EWR angesiedelt sind, die Möglichkeit, durch tatsächliche Einbeziehung eines EU-Tochterunternehmens das innerhalb der gesamten EU für sie anwendbare Recht der Datenverarbeitung personenbezogener Daten gezielt zu wählen.[848]

Eine konträre Entscheidung zum anwendbaren Datenschutzrecht geht aus einem Urteil des Kammergerichts (KG) vom 24. Januar 2014[849] in dem Rechtsstreit der Facebook Ireland Limited gegen die Verbraucherzentrale Bundesverband hervor. In dem Berufungsverfahren ist die Frage des anwendbaren Datenschutzrechts nur eine

844 OVG Schleswig-Holstein, Beschlüsse vom 22.04.2013, Az. 4 MB 10/13, 4 MB 11/13.

845 VG Schleswig-Holstein, Urteil vom 14.02.2013, Az. 8 B 60/12 = ZD 2013, S. 245 ff.

846 „Facebook Ireland Ltd. erfülle mit ihrem am Standort Dublin vorhandenen Personal (400 Personen) und den dortigen Einrichtungen die Voraussetzungen für die Annahme des Vorhandenseins einer Niederlassung in Irland. Es liege die effektive und tatsächliche Ausübung einer Tätigkeit mittels einer festen Einrichtung im Sinne des Erwägungsgrundes 19 RL 95/46/EG vor." Az. 4 MB 11/13 Punkt 4.

847 OVG Schleswig, Beschluss vom 22. 04.2013, Az. 4 MB 11/13 = ZD 2013, S. 365.

848 Karg, ZD 2013, S. 373.

849 KG Berlin, Urteil vom 24.01.2014, Az. 5 U 42/12 = ZD, 2014, S. 412.

zu prüfende Vorstufe zur Beurteilung der Rechtmäßigkeit des „Freunde-Finders“, eine Funktion von Facebook, die dem Nutzer ermöglicht, Kontakte, die noch nicht Mitglied des Netzwerks sind, zu importieren. Das KG bestätigt in seinem Urteil die Auffassung des Landgerichts Berlin[850], wonach deutsches Datenschutzrecht Anwendung findet.

In seiner Entscheidung bezieht sich das KG auf § 1 Abs. 5 S. 2 BDSG und den zugrundliegenden Art. 4 der europäischen DSRL. Anknüpfungspunkte sind die Art. 4 Abs. 1 lit. a DSRL und Art. 4 Abs. 1 lit. c DSRL. Bei der Prüfung des Art. 4 Abs. 1 lit. c DSRL ist das KG, anders als das OVG, der Auffassung, dass die Facebook Muttergesellschaft mit Sitz in den USA und damit außerhalb des EWR für die Verarbeitung personenbezogener Daten verantwortlich ist.[851] Das KG geht davon aus, dass die Muttergesellschaft auf „Mittel“ mit Hilfe von Cookies auf Computern von deutschen Nutzern zurückgreift und damit auch Daten i.S.d § 1 Abs. 5 S. 2 BDSG erhebt und verarbeitet. Es gelte daher deutsches Recht. Darüber hinaus sieht das KG den Auftragsdatenverarbeiter mit Niederlassung in Deutschland als ein „Mittel“ an, auf das die Muttergesellschaft zurückgreift. Auch aus diesem Grunde gelte deutsches Recht.[852]

Bei der Prüfung des Art. 4 Abs. 1 lit. a DSRL kommt das KG zu dem Entschluss, dass in der Facebook Niederlassung in Irland keine „eigene effektive und tatsächliche Datenverarbeitung“ stattfindet: „Es ist insbesondere nicht erkennbar, dass die Beklagte den Internetauftritt für Deutschland mit eigenem Personal programmiert und diese Programme und ihre Änderungen unmittelbar selbst auf Datenverarbeitungsanlagen (eigene oder auch nur solche der Muttergesellschaft in den USA) aufspielt. Letztlich bezieht sie sich insoweit auch nur auf die tatsächliche Datenverarbeitung durch ihre Muttergesellschaft. Weitergehendes hat die Beklagte auch nach Erörterung in der mündlichen Verhandlung vor dem Senat nicht geltend gemacht.“[853]

Entscheidend für die Prüfung ist, in wieweit die europäische Niederlassung als verantwortliche Stelle angesehen werden kann und welche tatsächlichen Einflussmöglichkeiten sie auf Verarbeitungsvorgänge hat. Facebook konnte das KG nicht davon überzeugen, dass die irische Niederlassung allein für die Verarbeitungsvorgänge personenbezogener Daten deutscher Nutzer verantwortlich ist.

Im Ergebnis gibt es nun in Deutschland zwei Obergerichte mit unterschiedlicher Auffassung zum anwendbaren Datenschutzrecht auf Facebook. Hier muss Facebook als Präzedenzfall betrachtet werden, denn die Rechtsentscheidungen sind für alle Anbieter sozialer Netzwerke relevant. Solange kein Beschluss auf höchstrichterlicher

---

850 LG Berlin, Urteil vom 06.03.2012, Az. 16 O 551/10 = ZD, 2012, S. 276.

851 „Ebenso werden die über den Internetauftritt der Beklagten erhobenen und weitergehend verwendeten Daten in tatsächlicher Hinsicht von dieser Muttergesellschaft verarbeitet.“, KG Berlin, Urteil vom 24.01.2014, Az. 5 U 42/12 = ZD, 2014, S. 414.

852 KG Berlin, Urteil vom 24.01.2014, Az. 5 U 42/12 = ZD, 2014, S. 415.

853 Ebd.

Ebene gefällt wird, besteht sowohl für Anbieter als auch Nutzer sozialer Netzwerke weiterhin Rechtsunsicherheit bzgl. des anwendbaren Rechts. Auch mit der in 2018 in Kraft tretenden DS-GVO bleibt unklar, wann die nationalen Datenschutzregelungen, die aufgrund der Öffnungsklauseln erlassen werden, bei grenzüberschreitenden Datenverarbeitungen zu beachten sind.[854]

Die Frage, wann welches nationale Datenschutzrecht Anwendung findet, kann derzeit nicht beantwortet werden und hängt stark von den zukünftig erlassenen nationalen Regelungen ab.

B. Anwendbarkeit des nationalen Datenschutzrechts auf soziale Netzwerke

Die Abgrenzung der datenschutzrechtlichen Anwendungsbereiche des BDSG, TMG und auch TKG gestaltet sich bei sozialen Netzwerken mitunter schwierig, da sich soziale Netzwerke aus mehreren Teilangeboten zusammensetzen, für die jeweils unterschiedliche Regelungen gelten. Da sich die Teilangebote sozialer Netzwerke unterscheiden, ist eine einheitliche, für alle sozialen Netzwerke umfassende Einordnung nicht möglich. Es kann jedoch festgehalten werden, dass überwiegend bei allen sozialen Netzwerken eine offene Kommunikation stattfindet und damit die inhaltliche Leistung im Vordergrund steht. Grundsätzlich findet damit das TMG auf soziale Netzwerke in Deutschland Anwendung.[855]

I. Leistungszuordnung sozialer Netzwerke

In Anlehnung an die in dieser Arbeit geltende Definition sozialer Netzwerke sollen die Funktionen der Profilseiten und Kontaktlisten als Teilangebote sozialer Netzwerke rechtlich eingeordnet werden. Darüber hinaus ist allen sozialen Netzwerken die Funktion der Kommunikation über ein Nachrichtensystem gemein, welches ebenfalls im Folgenden betrachtet wird.

1. Profilseiten

Die Profilseiten der Nutzer beinhalten sowohl die für die Registrierung notwendigen Daten des Nutzers als auch darüber hinaus gehende Daten sowie Bilder. Damit ist die inhaltliche Leistung Mittelpunkt der Profilseiten, und es gelten die Vorschriften des TMG und BDSG.[856]

854 Siehe dazu Drittes Kapitel C. III.
855 Jotzo, 2013, S. 52; Karg/ Fahl, K&R 2011, S. 456; Pfeiffer/ Weller/ Nordmeier in Spindler/ Schuster, § 3 TMG, Rn. 3.
856 Karg/ Fahl, K&R 2011, S. 456.

2. *Kontaktlisten*

Kontaktlisten der Nutzer sind für andere Nutzer des sozialen Netzwerks und auch teilweise öffentlich sichtbar. Sie stellen eine inhaltliche Leistung der Anbieter sozialer Netzwerke dar und fallen daher in den Anwendungsbereich des TMG bzw. BDSG.[857]

3. *Private Nachrichten*

Über den Großteil sozialer Netzwerke können private Nachrichten versandt werden. Hierüber kommunizieren einzelne Mitglieder innerhalb des sozialen Netzwerks miteinander. Die Nachrichten sind ausschließlich für den Empfänger und Absender der Nachricht zugänglich, wobei hier keine inhaltliche Leistung im Vordergrund steht, sondern vielmehr der rein technische Transport von Daten, d.h., es findet eine Übertragung über Kommunikationsnetze statt.[858] Es gilt daher sowohl das TKG als auch TMG mit der Einschränkung gem. § 11 Abs. 3 TMG.[859]

4. *Öffentliche Nachrichten*

Öffentliche Nachrichten können sich Nutzer sozialer Netzwerke über z. B. Pinnwände oder Gästebücher senden. Hierbei können auch Bilder und Links hinterlassen werden. Dabei steht die inhaltliche Leistung im Vordergrund, und es gelten die Vorschriften des TMG bzw. BDSG.[860]

II. Personenbezogene Daten in sozialen Netzwerken

Voraussetzung für die Anwendung datenschutzrechtlicher Regelungen des TMG und BDSG ist das Vorliegen personenbezogener Daten, welche in sozialen Netzwerken in einer Art und Weise und Menge öffentlich verfügbar sind, wie man sie vorher noch nie gekannt hat.[861] Das TMG enthält keine Definition personenbezogener Daten, so dass auf § 3 Abs. 1 BDSG zurückgegriffen werden muss.[862] Folglich sind viele der Informationen, die Nutzer in sozialen Netzwerken veröffentlichen, personenbezogene Daten. Dazu gehören u.a. Profilinformationen, wie z. B. Name, Familienstand, E-Mail-Adresse, Fotos und auch Freundeslisten oder Videos. Bei all diesen Daten kann ein Rückschluss auf den Nutzer erfolgen und damit seine Person

857 Ebd.

858 Hawellek in Forgó/ Helfrich/ Schneider, 2014, Teil VII Kap. 2, Rn. 19; Karg/ Fahl, K&R 2011, S. 457.

859 Karg/ Fahl, K&R 2011, S. 456 f.

860 Ebd., S. 456.

861 Bericht und Empfehlung zum Datenschutz in sozialen Netzwerkdiensten, 2008, S. 2.

862 Siehe auch Drittes Kapitel D. II. 1. a) (aa).

bestimmt werden. An welchen Maßstäben dabei die Bestimmbarkeit einer Person zu messen ist, ist ein in der Literatur umstrittenes Thema.

Die Bestimmbarkeit kann objektiv mit allen theoretisch zur Verfügung stehenden Mitteln von jedem Dritten erfolgen oder relativ, d.h. mit Mitteln der verarbeitenden Stelle.[863] Nach Ansicht der objektiven Theorie genügt demnach die theoretische Möglichkeit der Bestimmbarkeit einer Person, auch wenn diese mit Mitteln Dritter ohne die Weitergabe des notwendigen Zusatzwissens an die verarbeitende Stelle erfolgt. Dies hätte zur Folge, dass jedes Datum in sozialen Netzwerken, bei dem irgendein Dritter durch Zusatzwissen die dahinter stehende Person bestimmen könnte, ein personenbezogenes Datum darstellen würde, so dass letztendlich jedes Datum ein personenbezogenes wäre.[864] Im Gegensatz dazu kommt es bei der relativen Bestimmbarkeit ausschließlich auf die Kenntnisse, Mittel und Möglichkeiten der verarbeitenden Stelle an, wobei diese den Personenbezug mit den ihr zur Verfügung stehenden Mitteln und ohne einen unverhältnismäßigen Aufwand (Zeit, Aufwand, Arbeitskraft) durchführen muss.[865] Dementsprechend kann ein Datum zur gleichen Zeit personenbezogen als auch nichtpersonenbezogen sein, abhängig von der Stelle, die über das Datum verfügt.[866]

1. IP-Adressen

Technische Grundlage der Kommunikation im Internet und damit auch in sozialen Netzwerken sind die sog. IP-Adressen. Sie identifizieren die mit dem Internet verbundenen Geräte bzw. Rechner und ermöglichen den Austausch von Datenpaketen zwischen diesen.[867] Grundsätzlich wird zwischen statischen und dynamischen IP-Adressen unterschieden. Statische IP-Adressen sind einem bestimmten Rechner fest zugeordnet,[868] dynamische IP-Adressen hingegen werden vom Access-Provider[869] bei jeder neuen Einwahl in das Internet neu vergeben, d.h., sie sind nur für die Dauer einer Internetverbindung gültig.[870] Für statische IP-Adressen ist ein Personenbezug im Sinne des § 3 Abs. 1 BDSG allgemein anerkannt,[871] für dynamische IP-Adressen

---

863 Vgl. Forgó/ Helfrich/ Schneider, 2014, Teil VII Kap. 2, Rn. 31; Missling in Weitnauer, 2012, S. 376; Piltz, 2013, S. 62 f.; siehe auch Spindler/ Nink in Spindler/ Schuster, 2011, § 11 TMG, Rn. 5, 5a.

864 Spindler/ Nink in Spindler/ Schuster, 2011, § 11 TMG, Rn. 5b.

865 Forgó/ Helfrich/ Schneider, 2014, Teil VII Kap. 1, Rn. S. 12; Gola/ Schomerus, 2007, § 3 BDSG, Rn. 10; Missling in Weitnauer, 2012, S. 376.

866 Breyer, ZD 2014, S. 400.

867 Forgó/ Helfrich/ Schneider, 2014, Teil VII Kap. 1, Rn. 7; Schwenke, 2012, S. 378.

868 Bauer/ Greve/ Hopf, 2011, S. 101.

869 Anbieter für den Zugang zum Internet.

870 Missling in Weitnauer, 2012, S. 376; Spindler/ Nink in Spindler/ Schuster, 2011, § 11 TMG, Rn 8; Tinnefeld/ Buchner/ Petri, 2012, S. 224.

871 Dittmayer, DuD 2012, S. 528; Spindler/ Nink in Spindler/ Schuster, 2011, § 11 TMG, Rn 8.

hingegen war dies bisher in Deutschland streitig[872], vor allem die Frage, ob dynamische IP-Adressen einen relativen oder absoluten Personenbezug aufweisen, weshalb der BGH dem EuGH am 17. Dezember 2014 Fragen dazu vorgelegt hat.[873]

In sozialen Netzwerken ist es für die Bestimmung der Person jedoch gar nicht relevant, ob es sich um dynamische oder statische IP-Adressen handelt. Sobald sich ein Nutzer in einem sozialen Netzwerk anmeldet, wird seine IP-Adresse, ganz gleich ob statisch oder dynamisch, dem Anbieter übermittelt. Zudem ist jeder Nutzer bzw. jedes Nutzungsprofil dem Anbieter mittels einer einmaligen Nutzer-Kennnummer bekannt. Durch Verbindung der IP-Adresse mit der Nutzerkennung des Profils ist ein Personenbezug ohne Weiteres möglich. Dieser lässt sich auch über die übrigen Profildaten eines Nutzers herstellen.[874] Folglich ist es bei einer dynamischen IP-Adresse für den Anbieter eines sozialen Netzwerks zumindest im Zeitraum der Anmeldung des Nutzers möglich, einen Personenbezug herzustellen.[875] IP-Adressen unterfallen damit den Vorschriften des TMG und BDSG.

2. Cookies

Auch im Hinblick auf Software-Prgogramme wie Cookies, welche Anbieter sozialer Netzwerke nutzen, um unter anderem Nutzungsprofile[876] für die Schaltung personalisierter Werbung zu erstellen, stellt sich ebenso wie bei IP-Adressen die Frage nach ihrer Personenbezogenheit. Allgemein wird in der Literatur vertreten, dass mit Hilfe von Cookies das Verhalten eines Nutzers im Internet problemlos identifiziert werden kann.[877]

Entscheidend bei der Frage nach der Personenbezogenheit ist der Inhalt des Cookies, da ein Cookie an sich nur eine leere Datei darstellt. Nutzer haben auf den Inhalt der gespeicherten Daten im Cookie keinen Einfluss.[878] Es können verschiedene Daten wie z. B. Benutzernamen, Passwörter, Profildaten, Uhrzeiten, IP-Adressen

---

872 Abrufbar unter http://www.cr-online.de/blog/2015/09/13/ip-adressen-eu-kommission-gibt-bgh-nachhilfe-in-sachen-grundrechte/ (zuletzt abgerufen am 27.03.2017).

873 BGH, Beschluss vom 28.10.2014, Az. VI ZR 135/13 abrufbar unter http://juris.bundesgerichtshof.de/cgi-bin/rechtsprechung/document.py?Gericht=bgh&Art=pm&Datum=2015&nr=69680&linked=bes&Blank=1&file=dokument.pdf (zuletzt abgerufen am 27.03.2017); Vorabentscheidungsersuchen des BGH vom 17.12.2014, Az. C-582/14, abrufbar unter http://curia.europa.eu/juris/document/document.jsf?text =&docid=162555&pageIndex=0&doclang=DE&mode=req&dir=&occ=first&part=1&cid=307356 (zuletzt abgerufen am 27.03.2017).

874 So auch das KG Berlin, Urteil vom 29.04.2011, Az. 5 W 88/11 = MIR 05/2011, S. 3.

875 Piltz, 2013, S. 64 f.

876 Siehe Viertes Kapitel B. IV. 2.

877 Artikel 29-Datenschutzgruppe, 2007, WP 136, S. 16; so auch der EuGH in seinem Urteil vom 6.11.2003, Az. C-101/01, Rn. 27.

878 Piltz, 2013, S. 168 f.; Schröder/ Hawxwell/ Münzing, Deutscher Bundestag WD 3 - 3000 - 306/11 neu, S. 7.

oder besuchte Webseiten in einem Cookie gespeichert werden.[879] Inhalt und Nutzungsdauer unterliegen dabei keinen technischen Restriktionen.[880] So können Cookies auch über die Abmeldung des Browsers bzw. das Ausschalten des Rechners hinaus gespeichert werden und beim nächsten Besuch des Nutzers auf der Anbieterwebseite von diesem erkannt, abgerufen, die darin enthaltenen Informationen ausgelesen und an den Anbieterserver übermittelt werden.[881]

Anbieter sozialer Netzwerke verfügen über das erforderliche Zusatzwissen über ihre Nutzer (z. B. Profildaten), das einen Personenbezug grundsätzlich auch bei Nichtvorhandensein personenbezogener Daten in einem Cookie ermöglicht. Genau genommen kann eine Zuordnung des nicht personenbezogenen Cookie-Inhaltes mit den Nutzerdaten wie z. B. Registrierungsdaten erfolgen.[882]

Folglich stellen Cookies für Anbieter sozialer Netzwerke immer personenbezogene Daten dar und unterliegen den Vorschriften des TMG und BDSG.[883]

Weiter gilt es zu klären, wann eine Verarbeitung personenbezogener Daten beim Einsatz von Cookies stattfindet. Cookies werden automatisiert und i.d.R. ohne das Wissen der Nutzer auf deren Festplatte abgelegt und können bei Bedarf abgerufen werden.[884] Dieser Vorgang kann bereits als ein Erheben personenbezogener Daten gem. § 3 Abs. 3 BDSG[885] betrachtet werden, wobei der Vorgang des „Cookie-Setzens" eine aktive Handlung darstellt mit dem Zweck der zukünftigen Speicherung und Übermittlung der Daten.[886] Auch kann das „Cookie-Setzen" als ein Speichern gem. § 3 Abs. 4 S. 2 Nr. 1 BDSG[887] angesehen werden.[888] Beide Voraussetzungen dieser Vorschrift werden erfüllt, denn das Cookie dient zum Zwecke einer weiteren Verarbeitung und wird auf einem Datenträger (Festplatte des Nutzers) gespeichert.[889]

Spätestens jedoch bei der Übermittlung der Daten im Cookie an den Anbieter des sozialen Netzwerks findet eine datenschutzrechtlich relevante Datenverarbeitung i.S.d. § 3 Abs. 4 S. 2 BDSG statt.[890] Durch Zuordnung dieser Daten mit bereits vorhandenen Nutzerdaten ist eine Bestimmbarkeit der Person theoretisch möglich. Für Nutzer sozialer Netzwerke kann diese Form der Datenerhebung eine Gefahr für ihre Persönlichkeitsrechte darstellen.

---

879 Piltz, 2013, S. 168.

880 Kühling/ Seidel/ Sivridis, 2011, S. 241.

881 Hoeren in Festschrift Heussen, 2009, S. 211.

882 Gola/ Reif, 2013, S. 159.

883 Piltz, 2013, S. 169 f.; im Ergebnis auch Spindler/ Nink in Spindler/ Schuster, 2011, § 11 TMG, Rn. 8b.

884 Determann, 1999, S. 92.

885 Vgl. Drittes Kapitel D. II. 1. a) bb) (1).

886 Piltz, 2013, S. 171.

887 Vgl. Drittes Kapitel D. II. 1. a) bb) (2) (2.1).

888 Hoeren in Festschrift Heussen, 2009, S. 211.

889 Vgl. Drittes Kapitel D. II. 1. a) bb) (2) (2.1).

890 Kühling/ Seidel/ Sivridis, 2011, S. 241.

III. Datenschutzrechtliche Verantwortlichkeit in sozialen Netzwerken

Eine pauschale Bestimmung des datenschutzrechtlichen Verantwortlichen in sozialen Netzwerken nach deutschem Datenschutzrecht ist aufgrund der Tatsache, dass Nutzer eigene Daten und auch personenbezogene Daten über Dritte preisgeben, nicht möglich. Es kommen sowohl Anbieter als auch Nutzer sozialer Netzwerke als datenschutzrechtliche Verantwortliche in Betracht, wobei die Normen des TMG oder des BDSG Anwendung finden könnten. Aufgrund der Unberührtheitsklausel in Art. 1 Abs. 5 ECRL i.V.m. Erwägungsgrund 14 ECRL, findet die ECRL keine Anwendung auf Fragen des Schutzes natürlicher Personen bei der Verarbeitung personenbezogener Daten, da diese ausschließlich von der DSRL und der RL 97/66/EG erfasst werden, so dass die datenschutzrechtliche Verantwortlichkeit folglich vom BDSG geregelt wird, welches die DSRL in Deutschland umsetzt.[891]

Wie bereits aufgeführt definiert das BDSG in § 3 Abs. 7 eine verantwortliche Stelle als „jede Person oder Stelle, die personenbezogene Daten für sich selbst erhebt, verarbeitet oder nutzt oder dies durch andere im Auftrag vornehmen lässt."[892] Aufgrund der im Vergleich zur DSRL engeren Definition muss der Begriff verantwortliche Stelle richtlinienkonform ausgelegt werden.[893] Abgeleitet aus Art. 2 lit. d DSRL kommt es bei der Bestimmung eines Verantwortlichen darauf an, welche Person oder Stelle die Entscheidungsverantwortung über die Zwecke und Mittel der Verarbeitung trägt; dabei unerheblich ist die rechtliche Zuordnung der Entscheidung. Zweck ist das zu erwartende „Ergebnis, das beabsichtigt ist oder die geplanten Aktionen leitet", und „Mittel" sind die „Art und Weise, wie ein Ergebnis oder Ziel erreicht wird", d.h., der Zweck bestimmt das „Warum" und die Mittel bestimmen das „Wie" der Datenverarbeitung.[894] Die Entscheidung über die Mittel kann Dritten überlassen bzw. delegiert werden, so dass der Zweck die Einstufung des für die Verarbeitung Verantwortlichen bedingt.[895] Den Zweck der Datenverarbeitung in sozialen Netzwerken, warum also welche Daten verarbeitet werden, kennen nur die Anbieter selbst. Sie entscheiden sowohl über die Mittel als auch den Zweck der Datenverarbeitungen.[896]

Im Regelfall sind Nutzer sozialer Netzwerke als Betroffene anzusehen,[897] jedoch stellt sich die Frage, ob ihnen neben den Anbietern eine Verantwortlichkeit bzw. Mitverantwortlichkeit für die Verarbeitung von personenbezogenen Daten zukommt,

891 Hoffmann in Spindler/ Schuster, 2011, §§ 7 ff. TMG, Rn. 10; Karg, ZD 2014, S. 55.
892 § 3 Abs. 7 BDSG.
893 Vgl. Drittes Kapitel D. II. 1. a) (cc).
894 Artikel 29-Datenschutzgruppe, 2010, WP 169, S. 11.
895 Artikel 29-Datenschutzgruppe, 2010, WP 169, S. 17, 39; Jandt/ Roßnagel, ZD 2011, S. 161.
896 Vgl. Artikel 29-Datenschutzgruppe, 2009, WP 163, S. 6; Jandt/ Roßnagel, ZD 2011, S. 160; Piltz, 2013, S. 91.
897 Artikel 29-Datenschutzgruppe, 2009, WP 163, S. 6.

da es die Nutzer sind, die zum Teil entscheiden, welche Daten sie über sich selbst und über Dritte preisgeben. § 3 Abs. 7 BDSG schließt nicht aus, dass eine betroffene Person zur gleichen Zeit auch eine verantwortliche Stelle darstellen kann. Art. 2 lit. d DSRL spricht sogar ausdrücklich von einer verantwortlichen Stelle, „die allein oder gemeinsam mit anderen über die Zwecke und Mittel der Verarbeitung von personenbezogenen Daten entscheidet."[898] Der Begriff „gemeinsam" muss hierbei im Sinne von „zusammen mit" oder „nicht alleine" ausgelegt werden. Dabei ist es entscheidend, ob mehr als eine Partei über die Zwecke und Mittel entscheidet.[899] Sobald ein Nutzer personenbezogene Daten über Dritte in einem sozialen Netzwerk veröffentlicht, z. B. durch die Nennung des Namens eines Dritten in einem beliebigen Zusammenhang über seine Pinnwand, findet eine Übermittlung personenbezogener Daten gem. § 3 Abs. 4 S. 2 Nr. 3 BDSG statt.[900] Bestätigt wird diese Auffassung durch das Urteil des EuGH in Sachen „Lindqvist" vom 06. November 2003, welches entschied, „dass die Handlung, die darin besteht, auf einer Internetseite auf verschiedene Personen hinzuweisen und diese entweder durch ihren Namen oder auf andere erkennbar zu machen, eine ganz oder teilweise automatisierte Verarbeitung personenbezogener Daten darstelle."[901] Die Daten werden auf dem Server der Anbieter abgespeichert, und der Anbieter kann die Daten direkt abrufen. Der Anbieter hat keinen Einfluss auf die Art der Inhalte und die mit der Datenveröffentlichung verbundenen Absichten der Nutzer. Die Nutzer allein entscheiden hierbei über den Zweck der Datenveröffentlichung und Datenverarbeitung, womit sie für die Übermittlung personenbezogener Daten als verantwortliche Stelle anzusehen sein sollten.[902]

Wie bereits in dieser Arbeit aufgezeigt, ist eine Datenverarbeitung jedoch gem. Art. 3 Abs. 2 zweiter Spiegelstrich DSRL und § 1 Abs. 2 Nr. 3 BDSG ausschließlich für persönliche oder familiäre Tätigkeiten erlaubt, d.h., die private Datenverarbeitung ist weder vom deutschen noch vom europäischen Datenschutzrecht beschränkt. Für eine wirksame Anwendung dieser Ausnahmeregelung müssten die Datenverarbeitungen der Nutzer „ausschließlich" im Rahmen familiärer, d.h. privater Zwecke stattfinden. Aufgrund der unterschiedlichen Funktionsweise sozialer Netzwerke ist eine pauschale Anwendung dieser Ausnahmeregelung auf alle sozialen Netzwerke nicht möglich. Es müssen vielmehr die konkreten Verarbeitungsvorgänge und der tatsächliche Zweck im Einzelnen untersucht werden.[903] Bei Netzwerken zum Aufbau und zur Pflege von geschäftlichen Beziehungen ist eine rein persönliche oder familiäre Nutzung nicht möglich, auch wenn es sich bei den Nutzern um Privatpersonen handelt, die auf ihren Profilen evtl. auch persönliche Daten von sich preisgeben.

---

898 Art. 2 lit. d DSRL.
899 Artikel 29-Datenschutzgruppe, 2010, WP 169, S. 22.
900 Vgl. Drittes Kapitel, D. II. 1. a) bb) (2) (2.3).
901 EuGH, Urteil vom 06.11.2003, Az. C-101/01 = MMR 2004, S. 95.
902 Piltz, 2013, S. 93.
903 Jandt/ Roßnagel, ZD 2011, S. 162.

Da diese Netzwerke öffentlich zugängliche Profile haben, also der Zugriff auf die Profildaten „voraussetzungslos und ohne technische Zugangsbarrieren“ möglich ist[904], scheitert die Ausnahmeregelung. Folglich gilt die Ausnahme grundsätzlich nicht für öffentlich zugängliche Profile.[905]

Offene und unbestimmte Netzwerke wie Facebook oder Google Plus sind grundsätzlich für den privaten Gebrauch bestimmt, so dass eine Anwendung des § 1 Abs. 2 Nr. 3 BDSG in Betracht kommt. Eine klare Abgrenzung zwischen privater und beruflicher Nutzung ist hierbei nur schwer möglich und muss im Einzelfall betrachtet werden. Grundsätzlich ist der Zweck der Nutzung dieser sozialen Netzwerke jedoch der private Austausch mit anderen Mitgliedern, indem z. B. Statusmeldungen, Fotos oder Nachrichten geteilt und persönliche Informationen wie Beziehungsstatus, Hobbys oder Vorlieben veröffentlicht werden. Im Sinne einer restriktiven Auslegung ist § 1 Abs. 2 Nr. 3 BDSG anwendbar. Die Ausnahmeregelung findet jedoch keine Anwendung, wenn der Nutzer sein Profil in den Einstellungen des sozialen Netzwerks öffentlich zugänglich macht. In diesem Fall haben unbeteiligte Personen, die nicht in dem sozialen Netzwerk angemeldet sind, Zugang zu diesem Profil, womit die Ausnahmeregelung scheitert.[906]

Die Datenverarbeitung der Nutzer muss getrennt von der Datenverarbeitung durch den Anbieter betrachtet werden. Die Nutzer haben keinen Einfluss darauf, wie mit ihren Daten nach der Übermittlung an den Anbieter umgegangen wird, so dass diese Datenverarbeitung allein beim Anbieter liegt.[907]

Nutzer sozialer Netzwerke sind demnach nicht als verantwortliche Stelle anzusehen, wenn sie Daten an den Anbieter übermitteln und die Datenverarbeitung im Rahmen persönlicher Zwecke stattfindet. Hierbei ist es jedoch wichtig zu beachten, dass bei der Frage der Einstufung stets die konkreten Verarbeitungsvorgänge geprüft werden müssen und eine pauschale Aussage auf die Frage, wann eine Datenverarbeitung persönliche bzw. berufliche Aktivitäten betrifft, nicht getroffen werden kann. Nutzer sozialer Netzwerke müssen daher ebenso wie Anbieter den Schutz des informationellen Selbstbestimmungsrechts beachten, wenn sie personenbezogene Daten von Dritten veröffentlichen.[908] Allein die Nutzung sozialer Netzwerke zu privaten Zwecken schützt Nutzer nicht vor einer möglichen Verantwortlichkeit.[909]

Die Verantwortlichkeit der Anbieter und Nutzer sozialer Netzwerke überschneidet sich dabei nicht, sondern besteht nebeneinander.[910]

---

904 Taeger in Taeger/ Gabel, 2010, § 28 BDSG, Rn. 80.

905 Artikel 29-Datenschutzgruppe, 2009, WP 163, S. 7; Hamburgischer Beauftragter für Datenschutz und Informationsfreiheit, 2013, S. 12; Hawellek in Forgó/ Helfrich/ Schneider, 2014, Teil VII Kap. 2, Rn. 52; Jandt/ Roßnagel, ZD 2011, S. 162.

906 Vgl. AG München, Urteil vom 15.06.2012, Az. 158 C 28716/11 = ZUM 2013, S. 159.

907 Jandt/ Roßnagel, ZD 2011, S. 160 f.

908 Ebd., S. 161 f.; Piltz, 2013, S. 96.

909 Artikel 29-Datenschutzgruppe, 2009, WP 163, S. 7; Jandt/ Roßnagel, ZD 2011, S. 162; Piltz, 2013, S. 94.

910 Jandt/ Roßnagel, ZD 2011, S. 161.

In einem Urteil vom 09. Oktober 2013[911] hat das Schleswig-Holsteinische Verwaltungsgericht eine datenschutzrechtliche Verantwortlichkeit von sog. Facebook-Fanpage[912]-Betreibern für die Verarbeitung personenbezogener Daten von Nutzern der Fanpage durch Facebook verneint. Drei Unternehmen und Betreiber von Facebook-Fanpages hatten gegen das ULD geklagt, da dieses von den Betreibern eine Deaktivierung der Fanpages verlangte mit der Begründung, dass die Datenerhebung der Fanpage-Nutzer durch Facebook gegen das Datenschutzrecht verstoße, weil über die Datenerhebung zum einen vorab nicht ausreichend informiert werde und daher keine wirksame Einwilligung vorliege und zum anderen eine Widerspruchsmöglichkeit fehle. Die Betreiber einer Facebook-Fanpage seien hierfür mitverantwortlich.[913]

Das VG ist der Auffassung, dass Betreiber einer Facebook-Fanpage zwar Diensteanbieter i.S.d. § 2 S. 1 Nr. 1 TMG sind, die eigene oder fremde Telemedien zur Nutzung bereithalten oder den Zugang zur Nutzung vermitteln, jedoch eine datenschutzrechtliche Verantwortlichkeit bzw. Mitverantwortlichkeit für die durch den Besuch von Nutzern auf der Fanpage und die damit ausgelösten Datenverarbeitungen seitens Facebook nicht vorliegt.[914] Das Gericht begründet seine Auffassung mit der Gegebenheit, dass allein der Anbieter Facebook über die Zwecke und Mittel der Datenverarbeitung entscheidet und die Betreiber der Fanpage weder einen rechtlichen noch tatsächlichen Einfluss auf die Verarbeitung personenbezogener Daten der Nutzer der Fanpage haben. Die Betreiber einer Fanpage verfügen allein durch die Annahme des Angebots zur Einrichtung einer Fanpage und zur Füllung dieser mit Inhalten über keine Entscheidungsmacht bzgl. Mitteln und Zwecken der Datenverarbeitung. Zudem begründet das VG seine Entscheidung mit der Gegebenheit, dass bei Aufruf einer Fanpage seitens eines Nutzers die personenbezogenen Daten direkt und ausschließlich vom Nutzer zu Facebook gelangen. Es finde keine Übermittlung[915] seitens des Facebook-Betreibers statt, und die Betreiber kämen in keinen direkten Kontakt mit den Nutzerdaten. Auch dieser fehlende Kontakt schließe die datenschutzrechtliche Verantwortlichkeit gem. § 3 Abs. 7 BDSG und Art. 2 lit. d DSRL aus, zumal darüber hinaus von keiner Auftragsdatenverarbeitung ausgegangen werden könne.[916]

Das ULD hatte bereits am 19. August 2011 die datenschutzrechtliche Unzulässigkeit der Einbindung von Fanpages und sog. Social Plugins, insbesondere den „Facebook-Like-Button", proklamiert.[917] Social Plugins sind von Anbietern sozialer Netzwerke zur Verfügung gestellte Funktionen, die Webseitenbetreiber auf ihren

911 VG Schleswig, Urteil vom 09.10.2013, Az. 8 A 14/12.

912 Fanpages sind spezielle Nutzerprofile bei Facebook, die von Unternehmen, Organisationen, Instituten, öffentlichen Personen oder gemeinnützigen Gemeinschaften eingerichtet werden können. Es handelt sich also um Webseiten von Facebook.

913 VG Schleswig, Urteil vom 09.10.2013, Az. 8 A 14/12 = ZD 2014, S. 52.

914 Ebd.

915 Vgl. § 3 Abs. 4 S. 2 Nr. 3 BDSG.

916 VG Schleswig, Urteil vom 09.10.2013, Az. 8 A 14/12 = ZD 2014, S. 53 f.

917 Moos, K&R 2012, S. 153; Pressemitteilung des ULD Schleswig Holstein vom 19.08.2011, abrufbar unter https://www.datenschutzzentrum.de/presse/20110819-facebook.htm (zuletzt abgerufen am 27.03.2017); Weichert, DuD 2012, S. 719.

Webseiten integrieren können, um Nutzern die Möglichkeit zu geben, mit dem sozialen Netzwerk zu interagieren. Dabei werden bereits teilweise schon allein nur durch den Aufruf der Seite, in die das Social Plugin integriert ist, Nutzerdaten seitens des Anbieters des sozialen Netzwerks erhoben und ggf. verarbeitet, indem u.a. die IP-Adresse des Nutzers übermittelt wird. Der Nutzer und der Webseitenbetreiber haben keinen Einfluss und keine Kenntnis über Art und Umfang der Datenverarbeitung durch den Anbieter des sozialen Netzwerks.[918] Nur der Anbieter des sozialen Netzwerks selbst weiß, welche Daten explizit übertragen werden.

Das ULD ist der Auffassung, dass dem Webseitenbetreiber mit Einbindung eines Social Plugins, speziell des „Facebook-Like-Buttons", auch eine datenschutzrechtliche Verantwortung zukommt.[919] Nutzerdaten werden bei Aufruf der Seite an Facebook weitergeleitet,[920] wonach gem. § 13 Abs. 5 TMG eine Anzeigepflicht des Anbieters, hier des Webseitenbetreibers, besteht. Der Nutzer muss genau wissen, in welchem Dienst er sich bewegt und wer ggf. über seine Daten verfügt. Als datenschutzrechtlich Verantwortlicher müsste der Webseitenbetreiber gem. § 13 Abs. 1 TMG die Nutzer vorab über die Datenverarbeitung hinreichend informieren und eine wirksame Einwilligung der Nutzer einholen. Technisch ist die Einholung einer wirksamen Einwilligung der Nutzer für Webseitenbetreiber schwer umsetzbar, da schon bei Aufruf der Seite Daten erhoben werden. Zudem ist es grundsätzlich fragwürdig, ob Webseitenbetreibern eine datenschutzrechtliche Verantwortung zuzuschreiben ist, da eine direkte Datenerhebung und – speicherung durch diesen nicht erfolgt, so dass der Webseitenbetreiber mangels eigener Speicherung der Daten auch keine Übermittlung i.S.d. § 3 Abs. 4 S. 2 Nr. 3 BDSG vornehmen kann.[921] Die Daten werden direkt von Facebook erhoben und verarbeitet. Aus der Tatsache, dass die von Facebook erhobenen Daten später an den Webseitenbetreiber im Zuge der Reichweitenanalyse[922], d.h. einer qualifizierten Rückmeldung an den Webseitenbetreiber hinsichtlich der Nutzung des Angebots, übermittelt werden, ist keine datenschutzrechtliche Verantwortlichkeit der Webseitenbetreiber abzuleiten, da die Daten für

918 Dittmayer, DuD 2012, S. 529; Wintermeier, ZD 2013, S. 23.

919 Pressemitteilung des ULD Schleswig Holstein vom 19.08.2011, abrufbar unter https://www.datenschutzzentrum.de/presse/20110819-facebook.htm (zuletzt abgerufen am 27.03.2017); so auch KG Berlin, Urteil vom 29.04.2011, Az. 5 W 88/11 = MIR 05/2011, S. 3.

920 Jandt/ Schaar/ Schulz in Roßnagel, 2013, § 13 TMG, Rn. 117.

921 Moos, K&R 2012, S. 154; vgl. Drittes Kapitel D. II. 1. a) bb) (2) (2.3).

922 Die Reichweitenanalyse umfasst das Sammeln, Analysieren und Rapportieren der Nutzung einer oder mehrerer Websites und des Verhaltens ihrer Besucher, ULD, 08/2011, S. 15, abrufbar unter https://www.datenschutzzentrum.de/facebook/facebook-ap-20110819.pdf (zuetzt abgerufen am 27.03.2017).

den Webseitenbetreiber nicht personenbezogen sind.[923] Ein gerichtliches Urteil, das für Webseitenbetreiber Rechtssicherheit schaffen könnte, gibt es dazu bisher nicht.

Ob Anbieter sozialer Netzwerke für die Datenerhebung und – verarbeitung mittels Social Plugins eine wirksame Einwilligung ihrer Nutzer einholen, muss im Einzelfall geprüft werden. Nach Meinung des ULD liegt diese bei Facebook nicht vor.[924]

IV. Zulässigkeit der Datenverarbeitung

Im deutschen Datenschutzrecht ist eine Erhebung und Verarbeitung personenbezogener Daten nur zulässig, wenn eine Rechtsvorschrift dies erlaubt oder der Nutzer darin einwilligt.[925] Liegt keine Einwilligung des Nutzers vor, ist für die Frage der Zulässigkeit der Datenverarbeitung durch soziale Netzwerke zunächst die Einordnung der personenbezogenen Daten notwendig.

1. Bestandsdaten

Im Sinne des in dieser Arbeit bereits ausführlich beschriebenen § 14 TMG[926] gehören zu Bestandsdaten in sozialen Netzwerken die Daten, die für die Anmeldung erforderlich sind. Für kostenlose soziale Netzwerke gehören dazu i.d.R. der Benutzername, das Passwort, der Name und die E-Mail-Adresse. Im Rahmen kostenpflichtiger Netzwerke zählen auch die Bankdaten zu den Bestandsdaten, da diese für die Abwicklung von Zahlungen notwendig sind.[927]

Die Verarbeitung von Bestandsdaten in einem sozialen Netzwerk ist gem. § 14 Abs. 1 TMG zulässig, soweit sie für die Begründung, inhaltliche Ausgestaltung oder Änderung eines Vertragsverhältnisses zwischen dem Diensteanbieter und dem Nutzer über die Nutzung von Telemedien erforderlich sind. Folglich ist entscheidend, ob ein Vertragsverhältnis zwischen Anbieter des sozialen Netzwerks und Nutzer vorliegt. Dieses kommt mit Registrierung des Nutzers bei einem sozialen Netzwerk zustande. § 14 Abs. 1 TMG gilt für alle sozialen Netzwerke, für deren Nutzung eine Registrierung oder vergleichbare Anmeldung erforderlich ist.[928]

Der Erforderlichkeitsgrundsatz gilt als entscheidendes Kriterium der Anwendbarkeit des § 14 Abs. 1 TMG, wobei umstritten ist, wann eine Erhebung und Verarbeitung von Bestandsdaten erforderlich ist. Bei einer strengen Auslegung des

---

923 Moos, K&R 2012, S. 154.

924 Pressemitteilung des ULD Schleswig Holstein vom 19.08.2011, abrufbar unter https://www.datenschutzzentrum.de/presse/20110819-facebook.htm (zuletzt abgerufen am 27.03.2017).

925 Vgl. § 4 Abs. 1 BDSG und § 12 Abs. 1 TMG.

926 Siehe Drittes Kapitel D. II. 2. b) bb) (1).

927 Karg/ Fahl, K&R 2011, S. 457; Tinnefeld/ Buchner/ Petri, 2012, S. 396.

928 Bartelt, 2012, S. 85; vgl. Spindler/ Nink in Spindler/ Schuster, 2011, § 14 TMG, Rn. 2.

Erforderlichkeitsbegriffs ist die Verwendung von Bestandsdaten nur zulässig, wenn diese für die Gestaltung eines Vertragsverhältnisses unerlässlich, d.h. zwingend notwendig sind.[929] Eine weitere Auslegung bindet die Erforderlichkeit gem. § 14 Abs. 1 TMG an das konkrete Vertragsverhältnis, welches in jedem Einzelfall geprüft werden muss. Im Falle sozialer Netzwerke sind alle bereits genannten Daten erforderlich, die eine ordnungsgemäße Vertragsdurchführung sicherstellen. Der Diensteanbieter kann durch entsprechende Vertragsgestaltung festlegen, welche Daten der Nutzer zum Vertragsschluss angeben muss. Es können daher je nach Art des sozialen Netzwerks noch weitere Daten erforderlich sein, wie z. B. das Geburtsdatum bei Facebook zur Sicherstellung der Volljährigkeit des Nutzers.[930]

Der Zweckbindungsgrundsatz gem. § 12 Abs. 2 TMG verbietet eine über den für das Vertragsverhältnis erforderlichen Zweck hinausgehende Verwendung der Bestandsdaten. Sie müssen demnach auf das unverzichtbare Maß begrenzt werden.[931] Für Verwendungszwecke, die über die Vorschrift des § 14 Abs. 1 TMG hinausgehen, benötigen Anbieter sozialer Netzwerke stets eine wirksame Einwilligung gem. § 13 Abs. 1 und Abs. 2 TMG. Es stellt sich daher die Frage, ob die Verwendung von Bestandsdaten zu Werbezwecken durch den Anbieter zulässig ist.

Wie bereits erläutert, finanziert sich ein Großteil der Anbieter sozialer Netzwerke über Werbeeinnahmen, speziell über personalisierte Werbung.[932] Für eine zulässige Verwendung von Bestandsdaten zu Werbezwecken müsste diese für die Vertragsdurchführung erforderlich sein. Davon kann bei sozialen Netzwerken nicht ausgegangen werden, da Gegenstand des Vertragsverhältnisses die Bereitstellung aller technischen und organisatorischen Rahmenbedingungen zur Nutzung des sozialen Netzwerkes für die Nutzer ist. Die Verwendung von Bestandsdaten zu Werbezwecken ist daher nur mit der Einwilligung der Nutzer nach den § 13 Abs. 1 und Abs. 2 TMG möglich.

2. *Nutzungsdaten*

Zu den Nutzungsdaten in sozialen Netzwerken gem. § 15 Abs. 1 TMG gehören alle Daten, die nach der Anmeldung für die Nutzung des Netzwerks erforderlich sind bzw. aufgrund des Kommunikations- und Nutzungsverhaltens entstehen, wie bspw. während der Kommunikation zwischen Anbieter und Nutzer. Dazu gehören z. B. Cookies, IP-Adresse, Session-ID, Nutzungsdauer, Benutzername und Passwort. Eine Überschneidung von Bestands- und Nutzungsdaten lässt sich nicht ausschließen, so stellen z. B. IP-Adresse, Benutzername und Passwort sowohl Bestands- als auch Nutzungsdaten dar, da sie sowohl für die Gestaltung des Vertragsverhältnisses als auch für die Inanspruchnahme des Netzwerks erforderlich sind.[933]

---

929 Hullen/ Roggenkamp in Plath, 2012, § 14 TMG, Rn. 13; Roßnagel in Roßnagel, 2003, Kap. 7.9, Rn. 69.

930 Hullen/ Roggenkamp in Plath, 2012, § 15 TMG, Rn. 4, 7.

931 Dix in Roßnagel, 2013, § 14 TMG, Rn. 28.

932 Vgl. Zweites Kapitel D.

933 Spindler/ Nink in Spindler/ Schuster, 2011, § 15 TMG, Rn. 2.

Nach dem Erforderlichkeitsprinzip ist eine Erhebung und Verwendung von Nutzungsdaten ohne Einwilligung des Nutzers gem. § 15 Abs. 1 S. 1 TMG zulässig, wenn die Daten tatsächlich erforderlich sind, um die Inanspruchnahme von Telemedien zu ermöglichen oder abzurechnen. Ein Vertragsverhältnis ist dabei keine Zulässigkeitsvoraussetzung.[934] Die Erforderlichkeit muss dabei, ebenso wie bei den Bestandsdaten, eng ausgelegt werden und richtet sich nach der Ausgestaltung des sozialen Netzwerks.[935]

Nutzungsdaten, die zur Ermöglichung der Inanspruchnahme erhoben und verwendet, aber für die Abrechnung nicht benötigt werden, müssen gem. § 15 Abs. 4 TMG nach Ende des Nutzungsvorgangs gelöscht oder gesperrt werden, falls keine anderweitige Berechtigung vorliegt.[936] Für soziale Netzwerke wie Facebook oder Google Plus, die kostenlos angeboten werden, trifft dies für die Mehrheit personenbezogener Nutzungsdaten zu.[937]

Der Zweckbindungsgrundsatz gem. § 12 Abs. 2 TMG gilt auch für Nutzungsdaten. Für eine zulässige Verwendung von Nutzungsdaten, die über die Vorschriften des § 15 Abs. 1 S. 1 TMG hinausgehen, bedarf es einer wirksamen Einwilligung der Nutzer auf Grundlage des § 12 TMG.

Für eine zulässige Verwendung von Nutzungsdaten zu Werbezwecken müsste diese für die Inanspruchnahme des sozialen Netzwerks erforderlich sein. Dies ist nicht der Fall, so dass die Verwendung von Nutzungsdaten zu Werbezwecken daher nur mit einer datenschutzrechtlichen Einwilligung der Nutzer gem. den § 13 Abs. 1 und Abs. 2 TMG möglich ist.

3. Inhaltsdaten

Personenbezogene Daten, die über das bloße Nutzungsverhältnis sozialer Netzwerke hinausgehen, werden als sog. Inhaltsdaten bezeichnet. Inhaltsdaten sind von Bestands- und Nutzungsdaten abzugrenzen, da sie mit Hilfe des jeweiligen Telemediums transportiert werden und nicht für die Vertragsabwicklung, Nutzung des Netzwerks oder für dessen Abrechnung erforderlich sind.[938] Sie stehen in keinem funktionalen Zusammenhang mit der Nutzung sozialer Netzwerke.[939] In sozialen Netzwerken zählen hierzu freiwillig angegebene personenbezogene Daten bzw. Profildaten der Nutzer wie z. B. Geschlecht, Familienstand, beruflicher Werdegang,

934 Heckmann, 2009, Kap. 1.15, Rn. 3; Roßnagel in Roßnagel, 2003, Kap. 7.9, Rn. 73; Spindler/ Nink in Spindler/ Schuster, 2011, § 15 TMG, Rn. 2.
935 Heckmann, 2009, Kap. 1.15, Rn. 12; Nink, 2010, S. 246.
936 Vgl. Drittes Kapitel D. II. 2. b) bb) (2).
937 So auch Piltz, 2013, S, 175.
938 Heckmann, 2009, Kap. 1.14, Rn. 9; Hullen/ Roggenkamp in Plath, 2012, § 15 TMG, Rn. 12; Karg/ Fahl, K&R 2011, S. 458; Spindler/ Nink in Spindler/ Schuster, 2011, § 15 TMG, Rn. 3.
939 Krause/ Lerch/ Hotho/ Roßnagel/ Stumme, Informatik-Spektrum vol. 35 2012, S. 14 f.

Hobbys, etc. Auch eingestellte Inhalte wie Postings, Fotos und Kommentare zählen zu Inhaltsdaten.[940] Die Einordnung dieser Daten ist im Datenschutzrecht allerdings sehr umstritten. Eine explizite Regelung von Inhaltsdaten findet im TMG im Gegensatz zu Bestands- und Nutzungsdaten nicht statt. Inhaltsdaten seien eben nicht erforderlich und werden bei der Nutzung sozialer Netzwerke lediglich übermittelt. Daher wird zum Teil die Meinung vertreten, dass Inhaltsdaten dem BDSG unterliegen.[941]

Nach einer weiteren Ansicht sind Inhaltsdaten in sozialen Netzwerken als Unterfall der Nutzungsdaten zu verstehen, so dass § 15 TMG Anwendung findet. Die Daten für die Nutzung des sozialen Netzwerks seien zwar nicht erforderlich, jedoch machten sie gerade den Zweck des sozialen Netzwerks aus, da dieser darin bestünde, Informationen auszutauschen, indem Daten im Netzwerk gespeichert und veröffentlicht werden. Die Daten stünden im unmittelbaren Zusammenhang mit der Erbringung des Telemediendienstes.[942] In diesem Falle sei die Einordnung der Inhaltsdaten unter Nutzungsdaten erforderlich und ausschließlich das TMG anwendbar. Darüber hinaus wird von Vertretern dieser Ansicht die Anwendbarkeit des TMG damit begründet, dass die Vertragserfüllung „online", d.h. auf der Ebene des Telemediendienstes stattfindet. Es würde demnach der abschließenden Natur des TMG widersprechen, wenn bestimmte online eingegebene und genutzte Daten, die nicht von dem engen Begriff der Bestands- oder Nutzungsdaten erfasst werden, den Bestimmungen des BDSG unterfielen.[943]

Für eine Anwendung des TMG sprechen die Regelungen des § 12 Abs. 1 und Abs. 2 TMG, die für eine Anwendbarkeit eines anderen Gesetzes oder einer anderen Rechtsvorschrift einen direkten Bezug auf Telemedien voraussetzen. Beim BDSG ist dies nicht der Fall.

Dagegen spricht die Tatsache, dass das TMG ausschließlich Regelungen zur Erhebung und Verwendung für Bestands- und Nutzungsdaten trifft und eine Regelung für Inhaltsdaten gänzlich fehlt. Hierbei ist von einer bewussten Trennung der Datenkategorien seitens des Gesetzgebers auszugehen. In einem Gesetzesentwurf zur Änderung des TMG ist er der Auffassung, dass im Rahmen von sog. Nutzerkonten in sozialen Netzwerken Daten „entweder im Rahmen des Anwendungsbereichs des TMG von dem in § 14 TMG geregelten Begriff der Bestandsdaten erfasst werden oder als Inhaltsdaten den Regelungen des BDSG unterfallen"[944]. Eine versehentliche Regelungslücke ist damit ebenfalls ausgeschlossen. Für den wesentlichen Zweck und die Nutzung sozialer Netzwerke sind die Grunddaten, die bei der Anmeldung angegeben werden, grundsätzlich ausreichend. Inhaltsdaten sind

940 Hawellek in Forgó/ Helfrich/ Schneider, 2014, Teil VII Kap. 2, Rn. 74.

941 Karg/ Fahl, K&R 2011, S. 458; Piltz, 2013, S. 67; Spindler/ Nink in Spindler/ Schuster, 2011, § 15 TMG, Rn. 3; Tinnefeld/ Buchner/ Petri, 2012, S. 395.

942 So Spindler/ Nink in Spindler/ Schuster, 2011, § 15 TMG, Rn. 3, 5a.

943 Bauer, MMR 2008, S. 435 f.

944 BT-Drs. 17/6765, S. 13.

für die Inanspruchnahme des Netzwerkes nicht erforderlich. Für die Zulässigkeit der Verarbeitung von Inhaltsdaten in einem sozialen Netzwerk sind daher die Regelungen des BDSG, insbesondere § 28 und § 29 BDSG, anzuwenden.

§ 28 BDSG findet Anwendung bei Datenverarbeitungen für eigene Geschäftszwecke, wobei die Verarbeitung der Daten als Hilfsmittel zur Erfüllung eigener Geschäftszwecke dient.[945] § 29 BDSG hingegen greift bei geschäftsmäßigen Datenverarbeitungen zum Zweck der Übermittlung. Hier bilden die Daten selbst den Geschäftsgegenstand.[946] In dem Fall, dass eine verantwortliche Stelle sowohl Daten für eigene Zwecke als auch für Geschäftszwecke erhebt, finden beide Vorschriften Anwendung.[947]

Anbieter sozialer Netzwerke als verantwortliche Stelle unterliegen bei der Erhebung von Inhaltsdaten § 29 BDSG, da die Daten geschäftsmäßig erhoben werden und eine auf Wiederholung und eine gewisse Dauer gerichtete Tätigkeit vorliegt.[948] Gestützt wird diese Auffassung durch ein Urteil des BGH, in dem es für ein Bewertungsportal als Anbieter entschied, dass dieses mit der Erhebung der Daten keinen eigenen Geschäftszweck, wie dies § 28 BDSG voraussetzt, verfolgt, sondern die Daten geschäftsmäßig i.S.d. § 29 Abs. 1 S. 1 BDSG zur Übermittlung an Dritte erhebt und speichert.[949]

Gerade im Hinblick auf Datenerhebungen sozialer Netzwerke zu Werbezwecken bzw. für Werbepartner ist es zutreffend, dass die Erhebung und Verarbeitung der Daten geschäftsmäßig i.S.d. § 29 Abs. 1 BDSG zum Zweck der Übermittlung und eben nicht nur zu eigenen Geschäftszwecken stattfindet.[950]

Eine zulässige Verwendung von Inhaltsdaten zu Werbezwecken ist gem. § 28 Abs. 3 S. 1 BDSG nur mit einer Einwilligung der Nutzer möglich. Voraussetzungen sind dabei die §§ 4, 4a BDSG und § 13 Abs. 2 TMG.

Wie bereits weiter oben aufgeführt, sind Nutzer sozialer Netzwerke aufgrund der Ausnahmeregelung des Art. 3 Abs. 2 zweiter Spiegelstrich DSRL und § 1 Abs. 2 Nr. 3 BDSG grundsätzlich nicht als verantwortliche Stelle anzusehen, es sei denn, sie nutzen ihr Profil im Internet zu beruflichen Zwecken. Nur für den Fall, dass der Nutzer sein Profil in den Einstellungen des sozialen Netzwerks öffentlich zugänglich macht, scheitert die Ausnahmeregelung, obwohl kein berufliches oder geschäftliches Interesse dahinter steht.[951] Hier stellt sich die Frage, welcher Erlaubnistatbestand für diese Nutzer als verantwortliche Stelle Anwendung findet. Die Anwendung der §§ 28 ff. BDSG stellt sich für Nutzer problematisch dar, da diese einen eigenen Geschäftszweck oder die geschäftsmäßige Datenverarbeitung voraussetzen.[952] Im

945 Gola/ Schomerus, 2007, § 28 BDSG, Rn. 4.
946 Gola/ Schomerus, 2007, § 29 BDSG, Rn. 1 f.
947 Simitis in Simitis, 2011, BDSG § 28, Rn. 25.
948 Taeger in Taeger/ Gabel, 2010, § 28 BDSG, Rn. 37.
949 BGH, Urteil vom 23.06.2009, Az. VI ZR 196/08 = MIR 07/2009, Rn. 24, S. 5.
950 Piltz, 2013, S. 110.
951 Vgl. Viertes Kapitel B. III.
952 Jandt/ Roßnagel, ZD 2011, S. 163.

Gegensatz zu Anbietern sozialer Netzwerke trifft dies auf Nutzer nicht zu, wenn sie ihr Profil öffentlich bereitstellen. Hier ist eine vergleichbare Anwendung der Erlaubnistatbestände notwendig, da der Gesetzgeber bisher nicht geregelt hat, dass natürliche Personen Daten in sozialen Netzwerken verarbeiten ohne geschäftsmäßig zu handeln. Dies kann man als Regelungslücke bezeichnen.[953] Nach § 29 BDSG bilden die Daten selbst den Geschäftsgegenstand, wonach Nutzer sozialer Netzwerke an diesen Daten ein geschäftliches Interesse haben müssten. Es ist jedoch davon auszugehen, dass dies nicht der Fall ist, wenn Nutzer persönliche Daten in ihrem Profil in einem sozialen Netzwerk preisgeben – wenn auch offen im Internet, da sie das Netzwerk zu rein privaten Zwecken nutzen. Es kommt daher eher § 28 Abs. 1 S. 1 Nr. 2 BDSG als Erlaubnistatbestand in Betracht, wonach eine Verarbeitung „personenbezogener Daten oder ihre Nutzung als Mittel für die Erfüllung eigener Geschäftszwecke“[954] zulässig ist, „soweit es zur Wahrung berechtigter Interessen der verantwortlichen Stelle erforderlich ist und kein Grund zu der Annahme besteht, dass das schutzwürdige Interesse des Betroffenen an dem Ausschluss der Verarbeitung oder Nutzung überwiegt“[955]. Der Begriff „Geschäftszwecke“ müsste mit „Zwecke“ oder „private Zwecke“ ersetzt werden.[956] Unter das „berechtigte Interesse“ fällt auch jedes ideelle, berechtigte Interesse,[957] wobei hierzu insbesondere das Recht auf informationelle Selbstbestimmung als Ausprägung des allgemeinen Persönlichkeitsrechts gem. Art. 2 Abs. 1 i.V.m. Art. 1 Abs. 1 GG sowie das Grundrecht auf Meinungsfreiheit gem. Art. 5 Abs. 1 GG zu zählen sind. Unsachliche Schmähkritik und Formalbeleidigungen fallen nicht unter ein berechtigtes Interesse[958] und damit auch nicht in den Anwendungsbereich des § 28 Abs. 1 S. 1 Nr. 2 BDSG. Für eine gerechte Bewertung bei der Verwendung personenbezogener Daten seitens der Nutzer in sozialen Netzwerken muss eine Interessenabwägung immer im Einzelfall erfolgen.[959] Für Nutzer, die ihr Profil im Internet öffentlich sichtbar machen, findet folglich § 28 Abs. 1 S. 1 Nr. 2 BDSG analog Anwendung.[960]

4. Personalisierte Werbung

Wie bereits aufgeführt, finanziert sich ein Großteil der Anbieter sozialer Netzwerke durch Werbung, indem bspw. Werbeflächen auf der Plattform Drittanbietern, sog. Anbietern von Werbenetzwerken, zum Verkauf angeboten werden. Personalisierte

953 Jandt/ Roßnagel, ZD 2011, S. 163 f.
954 § 28 Abs. 1 BDSG.
955 § 28 Abs. 1 S. 1 Nr. 2 BDSG.
956 Piltz, 2013, S. 111.
957 Simitis in Simitis, 2011, § 28 BDSG, Rn. 104; Taeger in Taeger/ Gabel, 2010, § 28 BDSG, Rn. 55.
958 BGH, Urteil vom 23.06.2009, Az. VI ZR 196/08 = MIR 07/2009, Rn. 4, 34, 36, 43, S. 2, 7, 9; Jandt/ Roßnagel, ZD 2011, S. 163.
959 Jandt/ Roßnagel, ZD 2011, S. 163.
960 Piltz, 2013, S. 112.

Werbung ist dabei von besonderem Interesse, da sie effizienter ausgesteuert werden kann und damit für die Anbieter sozialer Netzwerke gewinnbringender ist. Daher nehmen Wert und Bedeutung personenbezogener Daten stetig zu.[961]

Technische Voraussetzung für den Einsatz personalisierter Werbung sind Cookies. Dabei können die mit Cookies gewonnenen Informationen vom Anbieter eines sozialen Netzwerks zu sog. Nutzungsprofilen zusammengeführt werden.

a) Nutzungsprofile

Die durch Cookies erhobenen einzelnen Daten sind für soziale Netzwerke nicht besonders vielsagend. Erst mit der zielgerichteten Verknüpfung bzw. Zusammenführung der einzelnen Daten eines Nutzers erstellen sie sog. Nutzungsprofile, die ein Persönlichkeitsbild bzw. Teilabbild der Persönlichkeit ermöglichen.[962]

Erlaubnistatbestand für die Erstellung von Nutzungsprofilen ist § 15 Abs. 3 TMG, wonach Nutzungsprofile nur für bestimmte Zwecke unter Verwendung von Pseudonymen[963] und nur dann erstellt werden dürfen, wenn der Nutzer nach entsprechendem Hinweis nicht widersprochen hat.[964] Eine Zusammenführung der pseudonymisierten Daten mit den personenbezogenen Nutzerdaten ist nicht erlaubt.[965]

Voraussetzung für die Erstellung von Nutzungsprofilen ist die ausschließliche Nutzung von Nutzerdaten i.S.d. § 15 Abs. 1 TMG. Möchte ein Anbieter eines sozialen Netzwerks über den gesetzlichen Erlaubnistatbestand hinaus Bestands- und Inhaltsdaten verwenden, ist eine datenschutzrechtliche Einwilligung der Nutzer gem. den § 13 Abs. 1 und Abs. 2 TMG und §§ 4, 4 a BDSG notwendig.

Es ist davon auszugehen, dass soziale Netzwerke Nutzungsprofile in erster Linie dazu nutzen, um ihr Diensteangebot zu individualisieren und personalisierte Werbung ausspielen zu können.

b) Einsatz von Cookies zu Werbezwecken

Wie bereits aufgeführt, findet spätestens mit der Übermittlung der Daten in einem Cookie an den Server des Anbieters eines sozialen Netzwerks eine datenschutzrechtlich relevante Datenverarbeitung i.S.d. § 3 Abs. 4 S. 2 BDSG statt. Da die Anbieter über das erforderliche Zusatzwissen über ihre Nutzer verfügen, handelt es sich bei diesen Daten um personenbezogene Daten, und es finden die Vorschriften des BDSG und TMG Anwendung.[966]

---

961 Roßnagel in Roßnagel/ Banzhaf/ Grimm, 2003, S. 119.

962 Vgl. Hoeren, 2012, S. 394; Spindler/ Nink in Spindler/ Schuster, 2011, § 15 TMG, Rn. 7.

963 Vgl. Drittes Kapitel D. II. 1. a) aa) (2).

964 Hullen/ Roggenkamp in Plath, 2012, § 15 TMG, Rn. 21; siehe auch Drittes Kapitel D. II. 2. b) bb) (2).

965 § 15 Abs. 3 S. 2 TMG.

966 Vgl. Drittes Kapitel B. II. 2.

Werden durch den Einsatz von Cookies personenbezogene Inhaltsdaten erhoben, die zu Zwecken der späteren Übermittlung, d.h. an Dritte für Werbezwecke, dienen, findet § 29 Abs. 1 und Abs. 2 BDSG Anwendung, wobei eine zulässige Verwendung von Inhaltsdaten zu Werbezwecken gem. § 28 Abs. 3 S. 1 BDSG nur mit einer Einwilligung der Nutzer möglich ist.[967]

Möchte der Anbieter Bestands- oder Nutzungsdaten für Werbezwecke erheben, benötigt er eine Einwilligung gem. § 13 Abs. 1 und Abs. 2 TMG.[968] Der Anbieter hat dabei immer die Pflicht, die Nutzer gem. § 13 Abs. 1 TMG in klar verständlicher Form über den Zweck der Erhebung und Verwendung ihrer Daten zu unterrichten.[969]

Anbieter sozialer Netzwerke können die mithilfe von Cookies gesammelten Daten ihrer Nutzer verarbeiten und zu Nutzungsprofilen zusammenführen. Diese können dann an Anbieter von Werbenetzwerken weitergeleitet werden, die wiederum zielgerichtet Werbung aussteuern können.[970] Hierbei stellt sich die Frage, inwiefern diese Datenverarbeitung und Übermittlung der Daten an den Werbetreibenden zulässig ist und welche Pflichten den Anbieter des sozialen Netzwerks treffen.

aa) Verantwortlichkeit sozialer Netzwerke

Der Anbieter des sozialen Netzwerks setzt den Cookie und sendet die personenbezogenen Daten zurück an den eigenen Server, um dann ggf. Nutzungsprofile zu erstellen und diese anschließend an Werbetreibende weiterzuleiten. Er entscheidet damit auch über Mittel und Zweck der erhobenen Daten. In Folge dessen ist der Anbieter für die Datenverarbeitung mittels Cookies gem. § 3 Abs. 7 BDSG als verantwortliche Stelle anzusehen.[971] Handelt es sich bei den Daten um personenbezogene Inhaltsdaten, ist gem. § 29 Abs. 1 S. 2 BDSG § 28 Abs. 1 S. 2 und Abs. 3 bis 3b BDSG anzuwenden. Folglich muss der Zweck der Datenverarbeitung bereits bei der Erhebung der Daten feststehen.[972] Der BGH kommt in seiner Entscheidung im Fall eines Bewertungsportals zu dem Entschluss, dass die Erhebung der Daten im Informationsinteresse und für den Meinungsaustausch der Nutzer erfolgt und es nicht Zweck der Datenerhebung ist, dass zur Finanzierung der Website auch Werbeanzeigen verbreitet werden.[973] In Folge dessen ist der Anbieter des sozialen Netzwerks an diesen Zweck gebunden und darf auch im nachfolgenden Umgang mit den Daten nicht von diesem Zweck abweichen. Eine Verwendung und Übermittlung der Daten wäre damit nicht zulässig, sofern keine Einwilligung der Nutzer gem. § 28 Abs. 3 S. 1, 3a S. 1 BDSG vorliegt. Für eine Erhebung der Daten ausschließlich zum Zwecke der Werbung würden die Vorschriften des § 28 Abs. 3 bis 3 b BDSG gelten.

---

967 Vgl. Drittes Kapitel B. IV. 3.
968 Vgl. Drittes Kapitel B. IV. 1. und 2.
969 Vgl. Drittes Kapitel D. II. 2. b) dd).
970 Piltz, 2013, S. 169, 182.
971 Ebd., S. 184 f.; Artikel 29-Datenschutzgruppe, 2010, WP 171, S. 14 f.
972 Ebd., S. 174.
973 BGH, Urteil vom 23.06.2009, Az. VI ZR 196/08 = MIR 07/2009, Rn. 24.

Der Zweckbindungsgrundsatz gilt gem. den §§ 29 Abs. 4, 28 Abs. 5 BDSG auch für den Werbetreibenden, dem die Daten übermittelt werden. Nur unter den Voraussetzungen des § 28 Abs. 2 und Abs. 3 BDSG ist eine Verarbeitung zu anderen Zwecken möglich.[974]

Auch für die Erhebung und Verarbeitung von Nutzungsdaten ist der Anbieter des sozialen Netzwerks als Verantwortlicher, d.h. als Diensteanbieter i.S.d. § 2 S. 1 Nr. 1 TMG einzuordnen.[975] Die Verwendung von Bestands- und Nutzungsdaten zu Werbezwecken ist nur mit einer datenschutzrechtlichen Einwilligung der Nutzer nach den § 13 Abs. 1 und Abs. 2 TMG möglich.

bb) Einwilligung der Betroffenen

Grundsätzlich gelten für die Voraussetzungen einer Einwilligung in Bezug auf Inhaltsdaten die Vorschriften der §§ 4, 4a BDSG und für Bestands- und Nutzungsdaten die Vorschriften der §§ 12 Abs. 1 und 13 Abs. 2 TMG. Für die Verarbeitung und Übermittlung personenbezogener Inhalts- und Nutzungsdaten benötigen Anbieter sozialer Netzwerke wie erwähnt eine Einwilligung der Nutzer gem. § 28 Abs. 3 S. 1, Abs. 3a BDSG und den §§ 13 Abs. 1 und Abs. 2 TMG, wobei die Voraussetzungen der §§ 4 und 4a BDSG zu beachten sind. Die Einwilligung kann dabei elektronisch erfolgen.[976] Die Erstellung von Nutzungsprofilen aus Nutzungsdaten unter Pseudonym ist geschützt durch § 15 Abs. 3 S. 1 TMG, so dass hier ein Hinweis auf das Widerrufsrecht des Nutzers ausreichen könnte. Wie bereits in dieser Arbeit aufgezeigt, sind jedoch pseudonymisierte Daten für die Stelle, die die Pseudonymisierung durchführt, personenbezogen,[977] hier also für die Anbieter sozialer Netzwerke. Folglich ist § 15 Abs. 3 S. 1 TMG nicht anwendbar. Da im Rahmen sozialer Netzwerke zudem Nutzungsdaten allein für die Erstellung von Nutzungsprofilen nicht ausreichen, sondern vielmehr auch Bestands- und Inhaltsdaten verwendet werden, ist gem. § 13 Abs. 1 S. 1 TMG eine Einwilligung der Nutzer „zu Beginn des Nutzungsvorgangs" einzuholen,[978] d.h. bereits beim Setzen des Cookies.[979] Die europäische Cookie Richtlinie, die sich gem. Art. 5 Abs. 3 RL 2002/58/EG auf Informationen bezieht, die in einem Endgerät eines Teilnehmers oder Nutzers gespeichert werden, gilt auch im Rahmen der Erstellung von Nutzungsprofilen durch Cookies. Ausnahmen gelten ausschließlich für Cookies, die für die „Durchführung der Übertragung einer Nachricht über ein elektronisches Kommunikationsnetz" erforderlich sind, oder wenn „damit der Anbieter eines Dienstes der Informationsgesellschaft einen vom Teilnehmer oder Nutzer ausdrücklich gewünschten Dienst zur Verfügung

974 Taeger in Taeger/ Gabel, 2010, § 28 BDSG, Rn. 217.
975 Piltz, 2013, S. 184.
976 § 4a Abs. 1 S. 3 BDSG i.V.m. § 28 Abs. 3a S. 1 BDSG; vgl. Drittes Kapitel D. II. 2. b) cc).
977 Gola/ Schomerus, 2007, § 3a BDSG, Rn 10; vgl. Drittes Kapitel D. II. 1. a) aa) (2).
978 §§ 13 Abs. 1 und 2 TMG und § 28 Abs. 3, 3a BDSG.
979 Artikel 29-Datenschutzgruppe, 2010, WP 171, S. 16; Piltz, 2013, S. 185.

stellen kann“[980]; z. B. Warenkorb-Cookies, die erforderlich sind, um einen Dienst bereit zu stellen, oder Login-Cookies, um den Nutzer bei seiner Anmeldung zu erkennen.[981] Nach Art. 5 Abs. 3 RL 2002/58/EG ist eine informierte und aktive Einwilligung auch dann erforderlich, wenn es sich um nicht personenbezogene Daten handelt,[982] das bedeutet, dass auch bei einer Pseudonymisierung eine Einwilligung erforderlich ist.[983] Eine analoge Umsetzung findet sich im deutschen Recht nicht. Da jedoch aufgrund der von der EU-Kommission akzeptierten Stellungnahme der Bundesregierung eine konforme Umsetzung der Cookie Richtlinie in Deutschland anzunehmen ist,[984] gilt § 12 TMG, wonach eine Einwilligung nur für die Erhebung und Verwendung personenbezogener Daten erforderlich ist.

Um dem Gebot der Transparenz gerecht zu werden, ist eine bei der Einwilligung in klar verständlicher Form umfangreiche Unterrichtung der Nutzer bzw. die Bereitstellung bestimmter Informationen nach § 13 Abs. 1 TMG, § 4a Abs. 1 S. 2 BDSG notwendig.[985] Der Nutzer soll abschätzen können, was mit seinen Daten weiter geschieht bzw. wer wann was über ihn weiß, und er soll dadurch die Möglichkeit erhalten, die Rechtmäßigkeit der Datenverarbeitung zu überprüfen.[986] Die Unterrichtung muss vollständig, aktuell und inhaltlich richtig sein,[987] also darüber informieren, wer für die Platzierung des Cookies und die Erhebung der entsprechenden Informationen zuständig ist, dass der Cookie für die Erstellung von Profilen genutzt wird, welche Art an Informationen gesammelt werden, um diese Profile zu erstellen, und dass die Profile an Werbetreibende zur Schaltung personalisierter Werbung übermittelt werden.[988] Findet die Datenverarbeitung außerhalb der EU statt, muss darüber hinaus auch über den Ort der Datenverarbeitung informiert werden.[989] Diese Unterrichtung findet in sozialen Netzwerken durch die Bereitstellung der Informationen in einer Datenschutzerklärung[990] im Rahmen der Registrierung statt. Abhängig von der Ausgestaltung des sozialen Netzwerks muss immer im Einzelfall betrachtet werden, ob eine diesen Anforderungen hinreichend wirksame Einwilligung des Nutzers vorliegt.[991]

---

980 Artikel 29-Datenschutzgruppe, 2011, WP 188, S. 10.
981 Ebd., S. 9 f.
982 Vgl. Drittes Kapitel C. II. 2. c).
983 Artikel 29-Datenschutzgruppe, 2011, WP 188, S. 9.
984 Vgl. Drittes Kapitel D. II. 2. b) aa).
985 Vgl. Drittes Kapitel D. II. 2. b) dd) und D. II. 1. c) aa).
986 Spindler/ Nink in Spindler/ Schuster, 2011, § 13 TMG, Rn. 3.
987 BT-Drs. 156/11, S. 2.
988 Artikel 29-Datenschutzgruppe, 2010, WP 171, S. 30.
989 Spindler/ Nink in Spindler/ Schuster, 2011, § 13 TMG, Rn. 2.
990 Es sind auch andere Begrifflichkeiten möglich, siehe dazu Drittes Kapitel D. II. 2. b) dd).
991 Piltz, 2013, S. 187. So liegt diese bei der Google Inc. laut Urteil des LG Berlin nicht vor: LG Berlin, Urteil vom 19.11.2013, Az. 15 O 402/12.

Datenschutzerklärungen sozialer Netzwerke beinhalten i.d.R. sehr lange Texte, da sie die genaue Funktionsweise des jeweiligen Netzwerks erklären und sämtliche rechtlich relevanten Datenverarbeitungsvorgänge erfassen.[992] Ob Nutzer diese umfangreichen Datenschutzerklärungen wirklich lesen, ist zu bezweifeln.[993] Es ist daher fraglich, ob diese Form der Einwilligungserklärungen ihre rechtfertigende Wirkung entfalten kann.[994] Für die Erfüllung der Unterrichtungspflicht ist jedoch die tatsächliche Kenntnisnahme der Datenschutzerklärung unerheblich. Für die Kenntniserlangung durch die Nutzer reicht ein bei der Registrierung deutlich hervorgehobener Hinweis mit Verlinkung zur Datenschutzerklärung, die sich in einem Pop-Up-Fenster oder einem neuen Browserfenster öffnen kann, aus.[995]

Die in § 13 Abs. 2 Nr. 1 TMG für eine elektronische Einwilligung geforderte „bewusste und eindeutige Handlung“[996] kann in jedem Fall durch das aktive Setzen eines Häkchens in einer Checkbox erfolgen (Opt-in Modell).[997] Aber auch ein Opt-out Modell in Form eines vorausgewählten Einwilligungskästchens ist durch das Payback-Urteil des BGH als datenschutzrechtlich wirksame Einwilligung akzeptiert.[998] So ist der BGH bzgl. der Einwilligung in Form des Opt-out Modells in die Verarbeitung von Daten für Werbung per Post der Auffassung, dass die Notwendigkeit zur Versagung der Einwilligung das dafür vorbereitete Kästchen anzukreuzen, keine ins Gewicht fallende Hemmschwelle darstellt, die den Verbraucher davon abhalten könnte, von seiner Entscheidungsmöglichkeit Gebrauch zu machen.[999] Zwar bezog sich der BGH in seiner Entscheidung auf § 4a BDSG, jedoch lassen sich die Ausführungen auf eine elektronische Einwilligung übertragen, da diese lediglich als eine erleichterte Form der Einholung der Einwilligung dient.[1000] Folglich ist für eine wirksame Einwilligung nicht die „aktive“ Form der Erklärung erforderlich, vielmehr muss der Nutzer die Möglichkeit haben, seine Entscheidung frei zu treffen, d.h. auch keine Einwilligung abzugeben und im Falle eines Opt-out Modells das Häkchen entfernen zu können.[1001] Wichtig ist, dass auch beim Opt-out Modell die nötigen Informationen gem. § 13 Abs. 1 TMG, § 4a Abs. 1 S. 2, die dem Nutzer vor Einwilligungsabgabe zu erteilen sind, zur Verfügung gestellt werden.

In dem Rechtsstreit der Facebook Ireland Limited gegen die Verbraucherzentrale Bundesverband zur Beurteilung der Rechtmäßigkeit des „Freund-Finders“ sehen

---

992 Hoeren in Festschrift Heussen, 2009, S. 209.
993 Vgl. Solmecke/ Damm, MMR 2012, S. 71.
994 Piltz, 2013, S. 119.
995 Hoeren in Festschrift Heussen, 2009, S. 208 f.
996 Vgl. Drittes Kapitel D. II. 2. b) cc).
997 Spindler/ Nink in Spindler/ Schuster, 2011, § 13 TMG, Rn. 6.
998 BGH, Urteil vom 16.07.2008, Az. VIII ZR 348/06.
999 BGH, Urteil vom 16.07.2008, Az. VIII ZR 348/06 = MMR 2008, Rn. 22.
1000 Spindler/ Nink in Spindler/ Schuster, 2011, § 13 TMG, Rn. 6.
1001 Piltz, 2013, S. 116.

sowohl das Kammergericht[1002] als auch das Landgericht Berlin[1003] im Hinblick auf die Einwilligung des Nutzers in die Verarbeitung seiner Daten durch Facebook einen Verstoß gegen § 4a Abs. 1 BDSG. Mit Hilfe der Funktion „Freunde-Finder“ kann der Nutzer sein persönliches E-Mail-Postfach von Facebook durchsuchen lassen und erfahren, welche seiner Kontakte bereits bei Facebook registriert sind und welche nicht. Mit Betätigung einer Schaltfläche kann der Nutzer die Kontakte, die nicht zum Facebook-Nutzerkreis gehören, importieren, indem diesen Kontakten eine Freundschaftseinladung per E-Mail gesendet wird. Beide Gerichte sind der Auffassung, dass der Nutzer vorab nicht hinreichend darüber informiert wird, dass auch auf Daten von außerhalb des Netzwerks Facebook stehenden Dritten zugegriffen wird, somit nicht ausreichend über den Zweck der Datenverwendung informiert wird und seine Einwilligung damit auf keiner freien Entscheidung beruht. Es fehlt daher an einer wirksamen Einwilligung gem. § 4a Abs. 1 BDSG und es liegt ein Verstoß gegen § 28 Abs. 3 S. 1 BDSG vor, wonach die Verarbeitung oder Nutzung personenbezogener Daten für Zwecke der Werbung zulässig ist, soweit der Betroffene eingewilligt hat.[1004]

In beiden Urteilen wird zudem die Unwirksamkeit der datenschutzrechtlichen Einwilligung in die Datenschutzrichtlinien des Netzwerks Facebook bekräftigt, die u.a. Klauseln für die Datenverwendung zu Werbezwecken und Übermittlung an Dritte beinhaltet.[1005] Der Nutzer werde bei der Registrierung nicht ausreichend über die Art und Weise der Nutzung der Daten sowie über die Reichweite der Erklärung informiert, da jeder Hinweis darauf, dass überhaupt Daten erhoben und verwendet werden, geschweige denn zu welchem Zweck dies geschehen soll, fehlen.[1006] Aufgrund der ungenügenden Informationen und mangelnden Transparenz ist keine wirksame Einwilligung gegeben.

Eine ausdrückliche Einwilligung fehlte auch im Fall der sog. Gesichtserkennung bei dem Anbieter Facebook. Im Juni 2011 stellte Facebook die Funktion der Gesichtserkennung seinen Nutzern standardmäßig zur Verfügung, die es den Nutzern ermöglichte, Freunde auf hochgeladenen Fotos zu markieren und identifizieren. Die auf den Fotos abgebildeten Personen wurden von dieser Funktion automatisch mit anderen Nutzerprofilbildern abgeglichen und ermöglichten bei Übereinstimmung dem hochladenden Nutzer eine Verlinkung mit dem entsprechenden Profil.[1007] Europäische Datenschützer kritisierten u.a. die fehlende informierte Einwilligung der

1002 KG Berlin, Urteil vom 24.01.2014, Az. 5 U 42/12 = ZD, 2014, S. 412; vgl. Drittes Kapitel A.

1003 LG Berlin, Urteil vom 06.03.2012, Az. 16 O 551/10 = ZD, 2012, S. 276.

1004 LG Berlin, Urteil vom 06.03.2012, Az. 16 O 551/10 = ZD 2012, S. 277 f.; KG Berlin, Urteil vom 24.01.2014, Az. 5 U 42/12 = ZD, 2014, S. 416.

1005 LG Berlin, Urteil vom 06.03.2012, Az. 16 O 551/10 = ZD 2012, S. 277 f.; KG Berlin, Urteil vom 24.01.2014, Az. 5 U 42/12 = ZD, 2014, S. 419 f.

1006 LG Berlin, Urteil vom 06.03.2012, Az. 16 O 551/10 = ZD 2012, S. 279.

1007 Berliner Beauftragter für Datenschutz und Informationsfreiheit, Bericht 2011, S. 56; Poller/ Waldmann, 2013, S. 26; Schwartmann, RDV 2012, S. 5.

abgebildeten Personen, woraufhin Facebook die Gesichtserkennungsfunktion im September 2012 abschaltete.[1008]

(1) Koppelungsverbot

Die Voraussetzung der in § 4a S. 1 BDSG normierten freiwilligen Erteilung einer wirksamen Einwilligung gilt ebenso für § 13 Abs. 2 TMG.[1009] In diesem Zusammenhang stellt sich die Frage, ob in sozialen Netzwerken das in dieser Arbeit bereits erwähnte Koppelungsverbot gem. § 28 Abs. 3b BDSG, das dem Schutz der Nutzer für eine freiwillige Einwilligungserklärung dient, eingreift. Eine unzulässige Koppelung besteht, wenn alle Anbieter sozialer Netzwerke eine Einwilligung der Nutzer in die Verarbeitung personenbezogener Daten für Werbezwecke fordern würden. Die Unwirksamkeit der Einwilligung wäre dann die Folge.[1010] Es stellt sich hierbei die zentrale Frage, ob dem Nutzer ein anderer Zugang zu gleichwertigen vertraglichen Leistungen ohne die Einwilligung nicht oder nicht in zumutbarer Weise möglich ist. Nach der Rechtsprechung ist für die Frage, ob dem Nutzer ein anderer Zugang zu diesen Telediensten in zumutbarer Weise möglich ist, darauf abzustellen, ob der Anbieter des sozialen Netzwerks eine Monopolstellung innehat und diese ausnutzt.[1011] Entscheidend ist demnach die jeweilige Marktsituation und ob die Leistung auf dem Markt in vergleichbarer Form in Anspruch genommen werden kann.[1012] Das OLG Brandenburg ist in seiner Entscheidung zum Online-Auktionshaus eBay der Auffassung, dass auch bei einem Marktanteil von mehr als 73 Prozent nicht von einer Monopolstellung auszugehen sei. Allein die Tatsache, dass andere Anbieter vergleichbare Leistungen anbieten, genügt für den Ausschluss des Koppelungsverbots.[1013] Die Frage, ob eine Monopolstellung für ein soziales Netzwerk vorliegt, ist folglich eine Einzelfallentscheidung. Unter Berücksichtigung des Urteils des OLG Brandenburg ist eine Anwendung des Koppelungsverbots aus § 28 Abs. 3b BDSG auf soziale Netzwerke jedoch unwahrscheinlich.[1014]

1008 Prüfbericht der irischen Datenschutzbehörde zur Beurteilung des sozialen Netzwerks Facebook, abrufbar unter http://dataprotection.ie/documents/press/Facebook_Ireland_Audit_Review_Report_21_Sept_2012.pdf (zuletzt abgerufen am 27.03.2017).

1009 Spindler/ Nink in Spindler/ Schuster, 2011, § 13 TMG, Rn. 6.

1010 Piltz, 2013, S. 121.

1011 OLG Brandenburg, Urteil vom 11.01.2006, Az. 7 U 52/05 = MIR 9/2006, S. 5.

1012 Ohst in Wandtke, 2011, S. 225; Spindler/ Nink in Spindler/ Schuster, 2011, § 13 TMG, Rn. 9; Scheja/ Haag in Leupold/ Glossner, 2011, Teil 4 E, Rn. 91.

1013 OLG Brandenburg, Urteil vom 11.01.2006, Az. 7 U 52/05 = MIR 9/2006, S. 6; Spindler/ Nink in Spindler/ Schuster, 2011, § 13 TMG, Rn. 9.

1014 Hawellek in Forgó/ Helfrich/ Schneider, 2014, Teil VII Kap. 2, Rn. 87 ff.; so Piltz, 2013, S. 121 ff.; anderer Auffassung ist Bräutigam, MMR 2012, S. 636.

(2) Registrierung als konkludente Einwilligung

Im Online-Bereich, also auch im Rahmen sozialer Netzwerke, ist das Risiko einer missverständlich abgegebenen Einwilligung grundsätzlich größer als im analogen Bereich, da die Voraussetzungen einer wirksamen Einwilligung „aufgrund der Schnelligkeit und Einfachheit der Funktionen dieses Mediums“[1015] einfacher unterlaufen werden können.[1016] Voraussetzung einer wirksamen Einwilligung ist, wie bereits erörtert, eine „Willensbekundung“ i.S.d Art. 2 lit. h DSRL bzw. eine „bewusste und eindeutige Handlung“ nach § 13 Abs. 2 Nr. 1 TMG. Erforderlich ist folglich das Vorliegen irgendeiner Art von Handlung, eine einfache Untätigkeit reicht nicht aus.[1017] Die Willensbekundung muss dabei gem. Art. 7 lit a DSRL „ohne jeden Zweifel“ abgegeben werden, d.h., es darf kein Zweifel an der Absicht des Nutzers bei der Einwilligungsabgabe vorliegen. Diesen Anforderungen wird nach Meinung der Artikel 29-Datenschutzgruppe zum einen eine klare, ausdrückliche Einwilligung gerecht, zum anderen Verfahren, die eine eindeutige, konkludente Einwilligung der Person an den Empfänger übermitteln.[1018] In der Literatur wird zwar auch vertreten, dass nur eine ausdrücklich erteilte Einwilligung wirksam ist, jedoch ist der Gesetzgeber selbst der Meinung, dass im Anwendungsbereich des BDSG eine konkludente Einwilligung möglich ist.[1019] Dafür spricht auch die in Art. 2 lit. h DSRL gewählte Formulierung „jede Willensbekundung“. Grundsätzlich ist daher eine konkludente Einwilligung möglich. Entscheidend ist dabei die Frage, ob die Einwilligung „ohne jeden Zweifel“ abgegeben wird und die für eine Einwilligung notwendigen Informationen bereitgestellt werden.[1020] Eine ausdrückliche Einwilligung wird, wie bereits erwähnt, beispielsweise durch das aktive Setzen eines Häkchens in einer Checkbox oder durch das Anklicken einer Schaltfläche erteilt, sofern dem Nutzer vorab die dafür benötigten Informationen bereitgestellt wurden.[1021] Bei einer konkludenten Einwilligung muss aus der Handlung des Nutzers ohne jeden Zweifel die Einwilligungsabsicht in eine Datenverarbeitung abgeleitet werden können.[1022] Auch hier müssen dem Nutzer die dafür benötigten Informationen zur Verfügung gestellt werden, aus denen sich Zweck, Umfang und Art der Datenverarbeitung ergeben.[1023] Ob die Voraussetzungen einer konkludenten Einwilligung in sozialen Netzwerken vorliegen, muss immer im Einzelfall geprüft werden. Mit der DS-GVO ist eine

---

1015 Piltz, 2013, S. 133.
1016 Artikel 29-Datenschutzgruppe, 2011, WP 187, S. 27.
1017 Ebd., S. 14.
1018 Ebd., S. 25, 42.
1019 BT-Drs. 11/4306, S. 41.
1020 So Holznagel/ Sonntag in Roßnagel, 2003, Kap. 4.8, Rn. 37, der ein Vorliegen von besonderen Umständen i.S.d. § 4a Abs.1 S. 3 BDSG voraussetzt; so auch Piltz, 2014, S. 134.
1021 Artikel 29-Datenschutzgruppe, 2011, WP 187, S. 26; siehe auch Drittes Kapitel B IV. 4. b) bb).
1022 Artikel 29-Datenschutzgruppe, 2011, WP 187, S. 29; Piltz, 2013, S. 136 f.
1023 Vgl. Holznagel/ Sonntag in Roßnagel, 2003, Kap. 4.8, Rn. 37.

konkludente Einwilligung gem. Art. 6 Abs. 1 lit. a DS-GVO nicht vorgesehen.[1024] Die DS-GVO stellt erhöhte Anforderungen an die Wirksamkeit der Einwilligung, und es ist anzunehmen, dass zukünftig strengere Anforderungen, insbesondere an die konkreten Zweckangaben im Einwilligungstext, gestellt werden.

V. Rechtsprechung

In der Rechtsprechung zeigt sich eine Tendenz zur restriktiven Auslegung des allgemeinen Persönlichkeitsrechts, sofern persönliche Daten vom Nutzer selbst ins Internet gestellt wurden. So wertet das LG Hamburg die Veröffentlichung eines Fotos der eigenen Person auf einer Internetseite als konkludente Erklärung für ein Einverständnis des Betroffenen mit der Wiedergabe bzw. dem Erscheinen dieses Fotos in Ergebnisanzeigen von Personen-Suchmaschinen[1025]. Die gem. § 22 KUG erforderliche Einwilligung ist hierbei nicht notwendig. Grundsätzlich ist es jedem Nutzer selbst überlassen, welche Daten er öffentlich preisgibt, jedoch bedeutet ein Veröffentlichen persönlicher Daten in sozialen Netzwerken für den Betroffenen eine Schwächung des Schutzes seines Persönlichkeitsrechts, d.h., der Schutz der Privatsphäre tritt bei Preisgeben persönlicher Informationen vor öffentlicher Kenntnisnahme zurück. Die Rechtssprechung orientiert sich hier an den bereits aus früheren für den Offline-Bereich entwickelten Grundsätzen[1026]. Wie bereits erwähnt ist vielen Nutzern die Folgen ihres Tuns bei der Nutzung sozialer Netzwerke nicht bekannt, jedoch umfasst Datenschutz nicht den Schutz des Menschen vor sich selbst.[1027]

C. Selbstregulierung für soziale Netzwerke

Seit 2009 existiert in Deutschland unter dem Dach des Vereins der Freiwilligen Selbstkontrolle der Multimediaanbieter (FSM) ein Verhaltenskodex deutscher Anbieter sozialer Netzwerke.[1028] Dieser Kodex soll den Jugendschutz, Datenschutz und Verbraucherschutz in den deutschen Angeboten deutlich verbessern.

Ein Versuch der Selbstverpflichtung im Bereich des deutschen Datenschutzrechts, zusammen mit international agierenden Anbietern sozialer Netzwerke (Facebook und Google Plus), wurde im Mai 2013 in einem „Closing Report"[1029] als

---

1024 Siehe auch Erwägungsgrund 32 DS-GVO.

1025 LG Hamburg, Urteil vom 16.06.2010, Az. 325 0 448/09; so auch das OLG Köln, Urteil vom 09.02.2010, Az. 15 U 107/09.

1026 BVerfG, Urteil vom 15.12.1999, Az. 1 BvR 653/96, Rn. 1–120, abrufbar unter http://www.bverfg.de/e/rs19991215_1bvr065396.html (zuletzt abgerufen am 27.03.2017).

1027 Schwartmann, RDV 2012, S. 6 f.

1028 Abrufbar unter http://www.fsm.de/selbstverpflichtungen/VK_social_communities_final_09032009.pdf (zuletzt abgerufen am 27.03.2017).

1029 Closing Report der FSM vom 06.05.2013, abrufbar unter http://www.fsm.de/ueber-uns/veroeffentlichungen/FSM_Closing_Report_SocialCommunities.pdf (zuletzt abgerufen am 27.03.2017).

offiziell gescheitert erklärt. Das Projekt „Kodex für soziale Netzwerke" wurde im November 2011 durch Initiative des Bundesministeriums des Innern (BMI) gestartet, wobei der FSM die inhaltlichen Verhandlungen mit acht Anbietern sozialer Netzwerke[1030] übernahm. Für die deutschen Datenschützer war die Teilnahme der international agierenden Anbieter sozialer Netzwerke besonders bedeutend, da diese immer wieder in der Kritik stehen, gegen deutsches bzw. europäisches Datenschutzrecht zu verstoßen. Ziel dieses Projektes war es für den Bereich des Datenschutzes „zu einer Selbstregulierung zu kommen, die einen Mehrwert für den Verbraucher darstellt".[1031] Am Ende der Verhandlungen waren von insgesamt acht Anbietern sozialer Netzwerke nur drei bereit, die Ergebnisse anzuerkennen. Als Gründe für das Scheitern werden in dem abschließenden Bericht einerseits unzureichende gesetzliche Bestimmungen genannt, da der bestehende § 38a BDSG weder etwas über Verfahrensfragen, noch über eine Kompetenzzuweisung an die Selbstkontrolle aussage. Andererseits würden die Verhandlungen vor dem Hintergrund der DS-GVO, die mit Inkrafttreten die Bestimmungen des § 38a BDSG bedeutungslos werden lassen würde, noch komplexer. Darüber hinaus werden für das Scheitern die international agierenden Anbieter sozialer Netzwerke verantwortlich gemacht, da diese für ganz Europa einheitliche Vorgaben anstrebten.[1032]

Eine im November 2013 veröffentlichte Orientierungshilfe des Düsseldorfer Kreises[1033] für den Umgang mit den Verhaltensregeln nach § 38a BDSG[1034] soll für mehr Klarheit sorgen und das Thema der Selbstregulierung in der deutschen Wirtschaft attraktiver machen.[1035]

D. Zwischenergebnis zum Datenschutz in sozialen Netzwerken

Wie aufgezeigt, stellen die im Rahmen sozialer Netzwerke erhobenen Daten für Anbieter sozialer Netzwerke personenbezogene Daten dar, da sie sich den einzelnen Nutzern genau zuordnen lassen. Damit muss nach dem europäischen und deutschen

1030 Facebook Germany GmbH, Google Germany GmbH, LinkedIn Corporation, Lokalisten Media GmbH, Stay Friends GmbH, Poolworks (Germany) Ltd., wer-kennt-wen.de GmbH und Xing AG.

1031 Closing Report der FSM vom 06.05.2013, Punkt I., abrufbar unter http://www.fsm.de/ueber-uns/veroeffentlichungen/FSM_Closing_Report_SocialCommunities.pdf (zuletzt abgerufen am 27.03.2017).

1032 Piltz, Telemedicus, abrufbar unter https://www.telemedicus.info/article/2569-Kodex-zur-Selbstregulierung-fuer-soziale-Netzwerke-gescheitert.html (zuletzt abgerufen am 27.03.2017).

1033 Zusammenschluss der Datenschutzbeauftragten des Bundes und der Länder.

1034 Dokument abrufbar unter http://www.lda.bayern.de/lda/datenschutzaufsicht/lda_daten/Orientierungshilfe_Selbstregulierung.pdf (zuletzt abgerufen am 27.03.2017).

1035 Piltz, delegedata, abrufbar unter https://www.delegedata.de/2014/01/datenschuetzer-veroeffentlichen-orientierungshilfe-zur-selbstregulierung/ (zuletzt abgerufen am 27.03.2017).

Datenschutzrecht für die zulässige Erhebung, Verarbeitung und Nutzung dieser Daten eine gesetzliche Erlaubnisvorschrift oder eine wirksame Einwilligung der Nutzer vorliegen. Der Einwilligung kommt dabei eine besonders große Bedeutung zu, da durch sie letztendlich jede Art der Datenverarbeitung ermöglicht werden kann, sofern dem kein gesetzliches Verbot entgegensteht. Es zeigt sich, dass sich Gefahren für das Persönlichkeitsrecht immer dann ergeben, wenn das Recht auf Einwilligung bei Verwendung der Daten des Nutzers nicht ausreichend berücksichtigt wird.[1036]

In vielen Datenschutzerklärungen sozialer Netzwerke sehen deutsche Verbraucherschützer eine Unvereinbarkeit mit dem deutschen Datenschutzrecht.[1037] Es handelt sich hierbei häufig um Anbieter sozialer Netzwerke mit Sitz im außereuropäischen Ausland, vor allem in den USA, da das dortige Verständnis von Datenschutz ein grundlegend anderes als in Europa bzw. Deutschland ist. Europäische und deutsche Datenschützer sehen in dem Export von Nutzerdaten von europäischen Tochterfirmen an ihre amerikanischen Muttergesellschaften im Rahmen des PRISM Programms einen Verstoß gegen die europäische DSRL und damit eine Gefährdung des Rechts auf informationelle Selbstbestimmung. Auch Geheimdienste überwachen die Kommunikation im Internet, wie mit dem Überwachungssystem „Echelon" bekannt wurde.[1038]

Die steigende Bedeutung von personenbezogenen Daten für die Werbeindustrie bedeutet eine weitere Gefährdung für das Persönlichkeitsrecht der Nutzer. Funktionen wie bspw. Social Plugins oder Cookies bieten sicherlich viele interessante Nutzungsmöglichkeiten sowohl für Nutzer als auch Anbieter, jedoch darf die Gefahr, die dabei für die Privatsphäre und das Recht auf informationelle Selbstbestimmung der Nutzer ausgeht, nicht verkannt werden. Neben Nutzerdaten werden zudem vermehrt Daten von Nichtnutzern erhoben.[1039] Anbieter sozialer Netzwerke müssen, um das Persönlichkeitsrecht der Nutzer und Nichtnutzer nicht zu gefährden, gewissen datenschutzrechtlichen Pflichten nachkommen und insbesondere die Anforderungen an eine wirksame Einwilligung erfüllen. Das Grundrecht auf informationelle Selbstbestimmung gewährleistet „die Befugnis des Einzelnen, grundsätzlich selbst über die Preisgabe und Verwendung seiner persönlichen Daten zu bestimmen"[1040]. Folglich muss dem Nutzer ein bedachter und verantwortungsvoller Umgang mit

---

1036 KG Berlin, Urteil vom 24.01.2014, Az. 5 U 42/12 = ZD, 2014, S. 412; LG Berlin, Urteil vom 06.03.2012, Az. 16 O 551/10 = ZD 2012, S. 276.

1037 LG Berlin, Urteil vom 06.03.2012, Az. 16 O 551/10 = ZD 2012, S. 279.

1038 Weltweites Spionagenetz, das von Nachrichtendiensten der USA, Großbritannien, Australien, Neuseeland und Kanada zur Überwachung von Telefon-, Fax- und Internetdaten betrieben wird.

1039 Karg/ Fahl, K&R 2011, S. 453.

1040 BVerfG, Urteil vom 15.12.1983, Az. 1 BvR 209/83, Leitsätze Nr. 1 = NJW 1984, S. 419, 422.

seinen Daten bei der Nutzung sozialer Netzwerke zugemutet werden.[1041] Solange er die Folgen seines Handelns überschauen kann und er den Umgang mit seinen Daten bewusst selbst entscheiden kann, indem er hinreichend informiert wird, ist seine informationelle Selbstbestimmung gegeben.[1042] Für den Nutzer ist eine wirkliche Kontrolle über jeglichen Umgang seiner Daten kaum möglich, da er häufig gar nicht erfährt, welche Daten wo und wie über ihn verarbeitet werden.[1043] Darüber hinaus ist der Nutzer zunehmend bereit, die Kontrolle über seine privaten Daten aufzugeben, um neue technische Funktionen nutzen zu können, die der Bequemlichkeit oder dem Knüpfen sozialer Verbindungen dienen.[1044] Er ist sich den Gefahren für seine Privatsphäre bei der Nutzung sozialer Netzwerke meist nicht bewusst und kann den Zweck der Datenerhebung, -verarbeitung und -nutzung häufig nicht erkennen und verstehen.[1045] Hier zeigt sich die große Bedeutung eines transparenten Informationsflusses seitens der Anbieter.

Daneben besteht die Gefahr der Verwendung von Daten durch andere Nutzer. Hierbei können Persönlichkeitsrechte anderer Personen unbewusst verletzt werden, z. B. durch das Veröffentlichen eines Fotos von Freunden, deren wirksame Einwilligung dazu nicht vorliegt.[1046] Gefahren entstehen jedoch auch durch den Missbrauch mit Daten z. B. Beleidigungen, Belästigungen oder andere Formen der Schmähkritik.

Vor dem Hintergrund der Entstehung der europäischen und deutschen Datenschutzgesetzgebung zum Schutz der Bürger vor Eingriffen in die Privatsphäre seitens des Staates bzw. der öffentlichen Verwaltung herrscht für Anbieter und Nutzer sozialer Netzwerke zum Teil große Rechtsunsicherheit, da die Praxis zeigt, wie wenig passend viele bestehende Regelungen sind.[1047] Die Rechtsprechung hat bisher häufig schneller als der Gesetzgeber auf die neuen Herausforderungen, die mit der Nutzung sozialer Netzwerke einhergehen, reagiert. Weltweite, auch innerhalb der Europäischen Union, unterschiedliche Datenschutzniveaus führen zu Rechtsunsicherheiten und Wettbewerbsverzerrungen, die sich für Anbieter in Europa aufgrund der strengen Datenschutzregeln nachteilig auswirken.[1048] Gerade jedoch im Hinblick auf das anwendbare Recht bei Anbietern sozialer Netzwerke mit außereuropäischen Sitz fehlen höchstrichterliche Entscheidungen, um sowohl für Diensteanbieter als auch Nutzer Rechtssicherheit zu schaffen. Konsequenz ist häufig, dass international

1041 Solmecke/ Baursch, ZD 2012, S. 281.

1042 Heckmann, 2009, Kap. 1.11, Rn. 6; Köhler/ Arndt/ Fetzer, 2011, Kap. IX, Rn. 887.

1043 Roßnagel in Roßnagel/ Banzhaf/ Grimm, 2003, S. 120.

1044 Schwenke, 2012, S. 374.

1045 BT-Drs. 156/11, S. 2.

1046 Vgl. LAG Berlin-Brandenburg, Urteil vom 11.4.2014, Az. 17 Sa 2200/13 = ZD 2014, S. 481.

1047 Hullen/ Roggenkamp in Plath, 2012, Einleitung TMG, Rn. 4; Karg/ Fahl, K&R 2011, S. 458; Schmitz in Schuster, 2001, Kap. 3, S. 133.

1048 Dietzel, acquisa 05/2012, S. 66; Ehrlich, acquisa 09/2011, S. 67.

agierende Unternehmen ihre Server im außereuropäischen Ausland platzieren, um den strengen europäischen bzw. deutschen Datenschutzregeln zu entgehen.[1049]

Es zeigt sich hier der eingangs erwähnte Konflikt zwischen dem Schutz der Privatsphäre und der rasanten technischen und sozialen Entwicklung im Internet, mit der die Gesetze nicht Schritt halten können.

1049 Determann, 1999, S. 92.

Fünftes Kapitel: Rechtslage des Datenschutzes in Chile

Wie bereits ausführlich erläutert, macht Datenschutz an der Grenze eines Landes nicht Halt, und grenzüberschreitende Fälle im Datenschutzrecht gestalten sich problematisch, da kein internationales Datenschutzrecht existiert, das regeln würde, welches nationale Datenschutzrecht auf einen grenzüberschreitenden Fall anzuwenden wäre.[1050] Datenschutz ist in jedem Land anders konzipiert, und nicht jedes außereuropäische Land folgt dabei den Datenschutzvorschriften der Europäischen Union.[1051] So existieren in Chile zwar allgemeine Datenschutzvorschriften,[1052] jedoch noch kein positiver Angemessenheitsbeschluss der EU-Kommission für ein angemessenes Schutzniveau gem. Art. 25 Abs. 1 DSRL.[1053]

Die chilenische Gesetzgebung regelt den Schutz personenbezogener Daten mittels verschiedener rechtlicher Instrumente, wobei zwischen allgemeinen und bereichsspezifischen Rechtsvorschriften unterschieden wird.[1054]

Einschlägig sind fünf allgemeine Rechtsnormen: Neben der chilenischen Verfassung aus dem Jahr 1980 (span. Constitución Política de la República – CPR) ist zunächst das Gesetz Nr. 19.628 aus dem Jahr 1999 zu nennen, das den Doppeltitel Privatsphärengesetz oder Datenschutzgesetz (span. Ley sobre Protección de la Vida Privada oder ley de Protección de Datos de Carácter Personal) trägt und aktuell in der durch Gesetz Nr. 19.812 aus der geänderten Fassung aus 2002 gilt. Im Rahmen der Durchführung des Gesetzes Nr. 19.628 wurde im Jahr 2000 das Regierungsdekret (span. Decreto Supremo) Nr. 779 des Justizministeriums verabschiedet, mit dem eine Verordnung über die Eintragung personenbezogener Daten öffentlicher Stellen erlassen wurde.[1055]

Das Gesetz Nr. 20.285 aus dem Jahr 2008 enthält Vorschriften zur Regelung des Zugangs zu öffentlichen Informationen.[1056] Das im Jahr 2012 verabschiedete Gesetz Nr. 20.575 regelt den Grundsatz der Zweckbindung bei der Verarbeitung personenbezogener Daten, um auf diese Weise sicherzustellen, dass Schuldnerverzeichnisse nur für die Bewertung kommerzieller Risiken und nicht für anderweitige Zwecke

1050 Haug, 2010, Kap. 2, Rn. 111.
1051 Spies in Forgó/ Helfrich/ Schneider, 2014, Teil I Kap. 4, Rn. 1.
1052 Siehe dazu Fünftes Kapitel.
1053 Inderst/ Bannenberg/ Poppe, 2013, S. 339; Taeger, 2014, Kap. III, Rn. 236.
1054 Bahamonde Guasch, Ius Novum Nr. 1 2008, S. 50.
1055 Gesetzblatt Nr. 8143–03 (2013), Stellungnahme des Ausschusses für Wirtschaft, Standortförderung und Entwicklung zum Gesetzesentwurf betreffend Änderungen im Gesetz Nr. 19.628 über den Schutz der Privatsphäre, S. 3.
1056 Palma Calderón in Kuschewsky, 2014, S. 131.

genutzt werden.[1057] Damit änderte sich die bis dahin übliche Art und Weise der Nutzung und Weitergabe personenbezogener Geschäftsdaten.[1058]

Bereichsspezifische Rechtsvorschriften wiederum finden sich verstreut über die verschiedenen Rechtszweige, namentlich im Zivil- und Handelsrecht, im Kapitalmarktrecht, im Straf-, Verwaltungs- und Verfahrensrecht sowie im Informatikrecht und im Arbeitsrecht.[1059]

Im Folgenden werden zuerst der verfassungsrechtliche Rechtsrahmen und anschließend die gesetzlichen Regelungen zum Schutz persönlicher Daten betrachtet.

A. Verfassungsrechtlicher Rechtsrahmen

In Chile herrscht das Rechtsstaatsprinzip, was die Existenz bestimmter Rechtsgrundsätze impliziert, die sowohl für private als auch öffentliche Bereiche gelten. Einer der wichtigsten Grundsätze ist der Vorrang des Verfassungsrechts, der in Art. 6 CPR verankert ist, in dem der Aufbau der Rechtsordnung hierarchisch gegliedert ist und alle übrigen Rechtsvorschriften der Verfassung untergeordnet werden, mit der sie im Einklang stehen müssen.[1060] „Darüber hinaus ist die zwingende und unmittelbare Anwendbarkeit der in der Verfassung enthaltenen Grundrechtsnormen festgeschrieben. Mit Art. 5 Abs. 2 CPR werden die Rechte, die in von Chile ratifizierten internationalen Übereinkommen enthalten sind, in das geltende nationale Recht integriert."[1061] Dies ist deswegen von Bedeutung, weil die geltenden und ratifizierten internationalen Menschenrechtsübereinkommen aufgrund der Verweisung des Art. 5 Abs. 2 materieller Bestandteil der chilenischen Verfassung werden, wodurch sie einen die öffentlichen Gewalten beschränkenden Charakter erlangen.[1062]

1057 Ebd., S. 137 f.

1058 Biblioteca del Congreso Nacional de Chile, Geschichte des Gesetzes Nr. 20.575, S. 5, abrufbar unter http://www.leychile.cl/Navegar/scripts/obtienearchivo?id=recursos legales/10221.3/37048/1/HL20575.pdf (zuletzt abgerufen am 27.03.2017).

1059 Anguita Ramírez, 2007, S. 536.

1060 Marshall Barberán, Revista de Derecho Universidad Católica del Norte, Nr. 2, 2010, S. 199 f., abrufbar unter http://www.scielo.cl/pdf/rducn/v17n2/art08.pdf (zuletzt abgerufen am 27.03.2017).

1061 Jaramillo Gajardo/ Sabaj Abumohor, 2003, S. 8, abrufbar unter http://repositorio.uchile.cl/bitstream/handle/2250/115093/de-jaramillo_p.pdf?sequence=1&isAllowed=y (zuletzt abgerufen am 27.03.2017).

1062 So Art. 12 S. 1 Resolution 217 A (III) der Generalversammlung der Vereinten Nationen vom 10.12.1948, abrufbar unter http://www.ohchr.org/en/udhr/pages/language.aspx?langid=ger (zuletzt abgerufen am 27.03.2017), Art. 17 Internationaler Pakt über bürgerliche und politische Rechte: „(1) Niemand darf willkürlichen oder rechtswidrigen Eingriffen in sein Privatleben, seine Familie, seine Wohnung und seinen Schriftverkehr oder rechtswidrigen Beeinträchtigungen seiner Ehre und seines Rufes ausgesetzt werden.", abrufbar unter http://www.auswaertiges-amt.de/cae/servlet/contentblob/360794/publicationFile/3613/IntZivilpakt.pdf (zuletzt abgerufen am 27.03.2017) sowie Art. 11 Amerikanische Menschenrechtskonvention: „Schutz der

Der chilenische Staat ist daher verpflichtet, die in den internationalen Abkommen enthaltenen Menschenrechte zu beachten, sicherzustellen und zu garantieren.[1063]

Chile hat die informationelle Selbstbestimmung nicht als Grundrecht anerkannt[1064] und auch keinen verfassungsmäßigen besonderen Rechtsbehelf für den Schutz personenbezogener Daten (sog. Habeas-Data-Recht) verankert,[1065] sondern beschränkt sich auf einen rein gesetzlichen und verordnungsrechtlichen Schutz personenbezogener Daten. Anders als einige andere Verfassungstexte Lateinamerikas, in denen personenbezogene Daten, persönliche Informationen oder der Datenschutz allgemein zumindest erwähnt werden,[1066] zeigt die chilenische Verfassung keinerlei Besorgnis über Bedrohungen der Privatsphäre durch automatisierte oder elektronische Verfahren der Erfassung und Verarbeitung von personenbezogenen Daten. In Chile besteht demnach kein ausdrücklich auf verfassungsrechtlicher Ebene verankertes Grundrecht auf den Schutz persönlicher Daten.[1067] Der Schutz personenbezogener Daten wurde vielmehr mit der Wahrung des Rechtes auf Intimsphäre oder dem Schutz der Privatsphäre in Art. 19 Ziff. 4 und 5 CPR identifiziert, also dem verfassungsmäßig garantierten Grundrecht auf Abwehr ungewollter Eingriffe Dritter in die intimste persönliche Sphäre des Individuums.[1068]

Das Verhältnis zwischen Privatsphäre und den persönlichen Daten muss als ein Verhältnis vom Allgemeinen zum Speziellen verstanden werden, in dem die Privatsphäre eine Reihe von Facetten der Persönlichkeit umfasst, die in ihrer Gesamtheit das Individuum charakterisieren, dem das Recht zusteht, sie vor der Kenntnisnahme Dritter zu schützen.[1069] Die Intimsphäre ist dagegen als ein engerer Kreis zu verstehen, der nur einige dieser Aspekte umfasst, etwa das Beziehungs- und Sexualleben, den Bereich der individuellen Gesundheit, politische, religiöse

---

persönlichen Ehre und Würde." 1. Jeder hat das Recht auf Achtung seiner Ehre und Anerkennung seiner Würde. 2. Niemand darf willkürlichen oder missbräuchlichen Eingriffen in sein Privatleben, seine Familie, seine Wohnung und seinen Schriftverkehr oder rechtswidrigen Angriffen auf seine Ehre und seinen Ruf ausgesetzt werden.", abrufbar unter http://www.cidh.org/Basicos/English/Basic3.American%20Convention.htm (zuletzt abgerufen am 27.03.2017).

1063 Rubano Lapasta, Revista de Derecho de la Universidad Católica de Valparaíso Nr. 23 2002, S. 82.

1064 Gesetzblatt Nr. 9.384–07, Entwurf einer Verfassungsreform, die das Recht auf den Schutz personenbezogener Daten festschreibt, S. 2.

1065 Nogueira Alcalá, Anuario de derecho Constitucional latinoamericano 2005, S. 460.

1066 Steinmeyer Espinosa, Serie Bibliotecología y Gestión de Información Nr. 79, 2013, S. 15, abrufbar unter http://eprints.rclis.org/18890/1/Serie%20N%C2%B079,%20Febrero%202013%20Steinmeyer.pdf (zuletzt abgerufen am 27.03.2017).

1067 Zum Vergleich können beispielhaft herangezogen werden die Verfassungen von Argentinien (Art. 43), Bolivien (Art. 130), Brasilien (Art. 5), der Dominikanischen Republik (Art. 44), Ecuador (Art. 23, 94), Kolumbien (Art. 15), Mexiko (Art. 6, 16, 20), Paraguay (Art. 33, 36, 135) und Peru (Art. 2, 162, 203).

1068 Bahamonde Guasch, Ius Novum Nr. 1 2008, S. 50.

1069 Roa Navarrete, 2013, S. 98.

oder weltanschauliche Einstellungen, die schriftliche Korrespondenz, telefonische Kontakte und private Unterlagen.[1070]

I. Grundlagen des Persönlichkeitsrechts

Der Datenschutz dient dem Schutz mehrerer als fundamental anerkannter Rechtsgüter, die von der chilenischen Verfassung und der Mehrzahl der internationalen Menschenrechtsübereinkommen garantiert werden.[1071] Im Wesentlichen geht es um zwei Grundrechte: das Recht auf Ehre und das Recht auf Wahrung der Intim- oder Privatsphäre. Beide sind durch Art. 19 Ziff. 4 CPR erfasst. Der Bereich des Privat- oder Intimlebens (Privatsphäre, engl. Privacy) wird vom chilenischen Verfassungstext als ein einheitliches Grundrecht zusammen mit dem Recht auf Ehre geschützt, auch wenn es sich begrifflich wie inhaltlich um zwei verschiedene Rechte handelt.[1072]

Sowohl Lehre als auch ausländische Rechtsordnungen zählen zu diesem Bereich noch das Recht am eigenen Bild hinzu. Auch die chilenische Rechtsprechung hat das Bildnisrecht anerkannt und es manchmal als Ausfluss des Rechts auf Ehre oder auf Privatsphäre bezeichnet und in anderen Fällen als schutzwürdiges immaterielles Rechtsgut angesehen, das aus dem Grundrecht auf Eigentum erwächst.[1073] Das Recht auf Privatsphäre und das Ehr- und Bildnisrecht sind Persönlichkeitsrechte; sie gelten damit als Grundwerte oder Grundrechte, die die Voraussetzung für die Ausübung anderer Rechte bilden. Begrifflich ist die Privatsphäre schwer zu definieren. Weder Lehre noch Rechtsprechung bieten eine präzise und einheitliche Begriffsbestimmung.[1074]

Das Recht auf Ehre und das Recht auf Privatleben bzw. Wahrung der Privatsphäre sind seit 1980 in Art. 19 Ziff. 4 im III. Kapitel der chilenischen Verfassung über die verfassungsmäßigen Rechte und Pflichten garantiert. Versichert wird „allen Menschen: (...) 4. Respekt und Schutz des privaten Lebens, der Ehre der Person und der Familie."[1075] Dieses Grundrecht wird allgemein auch als „Recht auf Intimsphäre" bezeichnet,[1076] entsprechend dem US-amerikanischen „right of privacy".[1077] Darüber

1070 Banda Vergara, Gaceta Jurídica Nr. 246 2000, S. 7.

1071 Corral Talciani, Información Pública Universidad Santo Tomás, 2006, S. 259, abrufbar unter https://corraltalciani.files.wordpress.com/2010/04/resp-civil-de-periodistas.pdf (zuletzt abgerufen am 27.03.2017).

1072 Banda Vergara, Revista de Derecho vol. 11 2000, S. 60.

1073 Corral Talciani, Información Pública Universidad Santo Tomás, 2006, S. 259, abrufbar unter https://corraltalciani.files.wordpress.com/2010/04/resp-civil-de-perio distas.pdf (zuletzt abgerufen am 27.03.2017).

1074 Pfeffer Urquiaga, Ius Et Praxis vol. 6 Nr. 1 2000, S. 465 f.

1075 Art. 19 Ziff. 4 CPR, abrufbar unter http://www.verfassungen.net/cl/verf05-i.htm (zuletzt abgerufen am 27.03.2017).

1076 Gesetzblatt Nr. 9.384–07, Entwurf einer Verfassungsreform, die das Recht auf den Schutz personenbezogener Daten festschreibt, S. 2.

1077 Luarte Correa, Análisis del Estatuto de Protección de Datos Personales en Chile y evolución de la materia a nivel nacional e internacional [„Das Rechtsstatut

hinaus garantiert Art. 19 Ziff. 5 „die Unverletzlichkeit der Wohnung und jeglicher privater Kommunikation. Die Wohnung darf nur in der gesetzlich vorgesehenen Weise betreten und es dürfen ebenso Privatdokumente beschlagnahmt, geöffnet und registriert werden."[1078]

Aus verfassungsgeschichtlicher Betrachtung ist dies als ein Schritt hin zum materiellen Schutz der Privatsphäre zu bewerten, denn hier wurde zum ersten Mal die Sicherheit der Privatsphäre des Individuums vor fremden Eingriffen garantiert und der Schutz des Privatlebens als Grundrecht begriffen. Allerdings fehlt eine genaue begriffliche Bestimmung, sodass Zweifel hinsichtlich des Schutzumfangs der Regelung bleiben.[1079] Dies wird zu einem späteren Zeitpunkt bei der Untersuchung der Rechtsprechung näher beleuchtet.

Was die private Kommunikation angeht, ist der Inhalt des Protokolls der 129. Sitzung der Vorbereitungskommission der Verfassung von Interesse, aus dem hervorgeht, dass das Recht auch die Abwehr aller modernen, in der Gegenwart bekannten oder künftig entdeckten Mittel umfassen soll, die es erlauben, Gespräche aus der Entfernung mitzuhören oder Bilder aufzunehmen.[1080]

Hintergrund der Formulierung des Grundrechts auf Privat- oder Intimsphäre war der Wunsch nach Regulierung der zu dieser Zeit aufstrebenden sozialen Massenmedien. Dieser hat seinen Ursprung in den politischen und gesellschaftlichen Auswirkungen der Militärdiktatur[1081] in Chile.[1082] Es ging dabei also nicht so sehr um den Schutz gegenüber neuen Technologien wie digitaler Informationstechnik, Telekommunikation oder maschinellen bzw. elektronischen Verfahren der Datenverarbeitung.[1083]

II. Schutzbereiche des Persönlichkeitsrechts

Die mit dem Untersuchungsgegenstand der vorliegenden Arbeit zusammenhängenden und nach chilenischer Gesetzgebung geschützten Persönlichkeitsrechte sind das Recht auf Ehre, das Recht am eigenen Bild und das Recht auf Privatsphäre, welche im Folgenden näher betrachtet werden sollen.

---

des Schutzes personenbezogener Daten in Chile im Kontext der nationalen und internationalen Rechtsentwicklung"], abrufbar unter: http://www.bylabogados.cl/publicaciones_tecnologia.html (zuletzt abgerufen am 25.03.2016).

1078 Art. 19 Ziff. 5 CPR, abrufbar unter http://www.verfassungen.net/cl/verf05-i.htm (zuletzt abgerufen am 27.03.2017).

1079 Roa Navarrete, 2013, S. 8.

1080 Geschichte der CPR, Art. 19 Ziff. 4, Das Recht auf Privatsphäre, 129. Sitzung, S. 42.

1081 Am 11.09.1973 putschte das Militär in Chile und stürzte den zuvor demokratisch gewählten sozialistischen Präsidenten Salvador Allende. Eine Junta unter der Führung des Generals Augusto Pinochet regierte Chile bis zum 11.03.1990 als Militärdiktatur.

1082 Geschichte der CPR, Art. 19 Ziff. 4, Das Recht auf Privatsphäre, 129. Sitzung, S. 24–117.

1083 Anguita Ramírez, 2007, S. 134.

1. *Recht auf Ehre*

Die chilenische Verfassung enthält keine regelrechte Begriffsbestimmung oder Definition des Rechtsgutes der „Ehre“. Sie findet sich auch in der Gesetzgebung nicht. Vielmehr wird gesagt, es handele sich hierbei um ein veränderliches Konstrukt, das seine Gestalt unter dem Einfluss der sozialen und kulturellen Realitäten in der Gesellschaft ändert und weiterentwickelt.[1084]

Die Ehre oder das Ansehen einer Person kann aus zwei unterschiedlichen Blickwinkeln betrachtet werden: Objektiv gesehen geht es um die Würdigung und Wertschätzung der sittlichen Qualitäten einer Person und ihrer gesellschaftlichen Wertung durch andere Personen (sog. Ansehen). Subjektiv ist die Empfindung der persönlichen sittlichen Würde gemeint, die aus dem Bewusstsein ihrer Tugenden und Verdienste erwächst (sog. Ehrgefühl oder die Ehre im engeren Sinn).[1085]

Der Ehrschutz wird durch ein repressives System gewährleistet, das die zivilrechtliche und darüber hinaus eine strafrechtliche Haftung vorsieht, bedingt durch die Natur des geschützten Rechtsgutes. Seine Verletzung wird typischerweise durch rufschädigende Handlungen verwirklicht, die mittels Wahrnehmung des Klagerechts unterdrückt bzw. korrigiert werden können.[1086]

2. *Recht am eigenen Bild*

Das Recht am eigenen Bild steht in engem Zusammenhang mit dem Recht auf Ehre und Privatsphäre.[1087] Das Recht am eigenen Bild besteht in der Befugnis jeder Person, über ihr eigenes Bild zu verfügen und Dritten zu erlauben, es anzufertigen, zu vervielfältigen, zu kommerziellen, werblichen und vergleichbaren Zwecken zu veröffentlichen sowie derartige Erlaubnisse zu widerrufen.[1088] Diesem Recht wurde in der chilenischen Zivilrechtsdogmatik wenig Beachtung geschenkt, was dazu beigetragen hat, dass es weder in der Verfassung noch in der Zivilgesetzgebung ausdrücklich geschützt und anerkannt ist. Dessen ungeachtet handelt es sich um ein in Chile allgemein anerkanntes Persönlichkeitsrecht, dessen Beachtung Betroffene einfordern und im Falle einer Verletzung die Hilfe der Justiz in Anspruch nehmen und eine angemessene Sanktion gegen diejenigen erwirken können, die es verletzt haben.[1089] Demnach ist das Recht am eigenen Bild ein wesentliches persönliches

---

1084 Pfeffer Urquiaga, Ius Et Praxis, vol. 6 Nr. 1 2000, S. 468.

1085 Jervis Ortiz, 2006, S. 69, abrufbar unter http://www.derechoinformatico.uchile.cl/index.php/ RCHDI/article/viewFile/10644/10906 (zuletzt abgerufen am 27.03.2017).

1086 Pfeffer Urquiaga, Ius Et Praxis, vol. 6 Nr. 1 2000, S. 468.

1087 Oberster Gerichtshof (span. Corte Suprema), Urteil vom 10.11.2015, Az. 9973–2015, Entscheidungsgrund 4, abrufbar unter http://www.derecho-chile.cl/corte-suprema-ordena-eliminar-fotografia-de-facebook-por-atentar-contra-el-derecho-a-la-honra-y-a-la-propia-imagen/ (zuletzt abgerufen am 27.03.2017).

1088 Nogueira Alcalá, Revista de Derecho Nr. 17 2004, S. 141.

1089 Rubano Lapasta, Revista de Derecho de la Universidad Católica de Valparaíso Nr. 23 2002, S. 79.

Recht, das implizit von der chilenischen Verfassungsrechtsordnung geschützt wird.[1090] Es umfasst die Befugnis, die Verbreitung des eigenen Bildnisses – auch in verfremdeter Form – ohne Erlaubnis des Rechtsinhabers ganz oder teilweise zu untersagen.[1091]

3. *Recht auf Privatsphäre*

Wie bereits erwähnt, wird der Bereich des Privat- oder Intimlebens vom chilenischen Verfassungstext als ein einheitliches Grundrecht zusammen mit dem Recht auf Ehre geschützt. So wird allen Menschen die Wahrung und der Schutz ihres privaten und öffentlichen Lebens sowie der Ehre der Person und ihrer Familie zugesichert. Im Anschluss daran wird auch die Unverletzlichkeit der Wohnung und aller Formen privater Kommunikation unter Grundrechtsschutz gestellt. Über diese Grundrechtsgarantie hinaus definiert die Verfassung nicht, was unter „Privatleben" zu verstehen sein soll, und sagt auch nicht, welche Inhalte aus diesem Grundrecht herleitbar sein könnten.[1092]

Es ist auch apriorisch nicht möglich präzise Grenzen festzulegen, die eindeutig bestimmen, in welchem Augenblick das Recht auf Privatsphäre verletzt ist und wann es ein Ereignis des öffentlichen Lebens betrifft. Es ist Aufgabe der Gerichte, die Grenzen dieser Sphären für jeden Einzelfall und entsprechend den jeweils gegebenen Umständen zu bestimmen. Dessen ungeachtet werden als Angriff auf die Privatsphäre betrachtet zum einen das Eindringen in den physischen Raum, den sich eine Person in ihrer Wohnung oder in Bezug auf ihren Besitz als privaten Ausschlussbereich vorbehält (bspw. durch Anbringen eines Mikrophons, mit dem private Unterhaltungen aufgezeichnet werden), zum anderen die öffentliche Verbreitung privater Tatsachen, auch wenn diese nicht ehrverletzend sind, und weiterhin die unerlaubte Aneignung eines fremden Namens oder Bildes zum eigenen Vorteil.[1093]

In Art. 20 CPR[1094] ist der verfahrensrechtliche Mechanismus verankert, um verfassungsmäßige Rechte und Garantien geltend zu machen. Das entsprechende

---

1090 Oberster Gerichtshof (span. Corte Suprema), Urteil vom 09.06.2009, Az. 2506–2009, Entscheidungsgrund 5, abrufbar unter http://www.derecho-chile.cl/uso-de-fotografia-sin-autorizacion/ (zuletzt abgerufen am 27.03.2017).

1091 Pfeffer Urquiaga, Ius Et Praxis, vol. 6 Nr. 1 2000, S. 469.

1092 Banda Vergara, Revista de Derecho vol. 11 2000, S. 60 f.

1093 Pfeffer Urquiaga, Ius Et Praxis, vol. 6 Nr. 1 2000, S. 468.

1094 Art. 20 CPR, „Wer durch willkürliches oder rechtswidriges Tun oder Unterlassen bei der rechtmäßigen Ausübung von Rechten und Garantien, die im Art. 19, Ziff. 1, 2, 3, Absatz 4, Ziff. 4, 5, 6, 9 letzter Absatz, Ziff. 11, 12, 13, 15, 16 hinsichtlich der Arbeitsfreiheit und der freien Berufswahl und Vertragsfreiheit und dessen, was im fünften Absatz bestimmt ist, Ziff. 19, 21, 22, 23, 24, 25 ausgeschlossen, beeinträchtigt oder bedroht wird, kann selbst oder durch einen Vertreter sich an das zuständige Appellationsgericht wenden, das sofort die für notwendig erachteten Maßnahmen ergreift, um die Herrschaft des Rechts wiederherzustellen und den erforderlichen Schutz des Betroffenen sicherzustellen, unbeschadet der weiteren

Rechtsmittel wird nicht ganz präzise „recurso de protección" (Verfassungsbeschwerde) genannt und verfolgt das Ziel, „die Herrschaft des Rechts wiederherzustellen und den gebotenen Schutz des Betroffenen zu gewährleisten"[1095]. Anwendungsbereich sind Fälle, in denen eine beliebige Person an der legitimen Inanspruchnahme der im Verfassungstext erschöpfend aufgezählten Rechte und Garantien gehindert oder dabei gestört oder bedroht wird. Dazu zählen das Recht auf Privatsphäre und Öffentlichkeit, das Recht auf persönliche und familiäre Ehre sowie die Unverletzlichkeit der Wohnung und aller Formen privater Kommunikation.[1096]

Im Ergebnis besitzt Chile keine eigene Verfassungsvorschrift, die das Recht auf den Schutz personenbezogener Daten oder die informationelle Selbstbestimmung oder einen Schutzanspruch im Sinne eines Habeas-Data-Rechts[1097] verfassungsrechtlich verankert. Trotzdem hat man den Schutz personenbezogener Daten von der Tatsache des Rechts auf Privatleben und folglich des Rechts auf Intimsphäre her begründet, was im folgenden Verlauf bei der Untersuchung des Gesetzes Nr. 19.628 näher erläutert wird.

III. Rechtsprechung

In der Rechtsprechung des chilenischen Verfassungsgerichtes (span. Tribunal Constitucional de Chile – TC)[1098] lassen sich mit Blick auf den Schutz personenbezogener Daten zwei Phasen unterscheiden: eine erste Phase, in der dem Datenschutz keine verfassungsrechtliche Relevanz eingeräumt wurde, und eine zweite Phase, in der man den Schutz personenbezogener Daten als ein an den Staat gerichtetes Gebot mit Verfassungsrang begreift. Der Beginn dieser zweiten, bis heute anhaltenden Phase, in der man den Datenschutz als ein an den Staat gerichtetes Schutzgebot mit Verfassungsrang ansieht, liegt noch nicht weit zurück. Er lässt sich an zwei seit

---

Rechte, die bei der entsprechenden Behörde oder den entsprechenden Gerichten geltend gemacht werden können.
Weiterhin ist das Rechtsmittel möglich im Falle des Art. 19 Ziff. 8, wenn das Recht, in einer nicht beeinträchtigten Umwelt zu leben, durch ein rechtswidriges Verhalten oder Unterlassen einer bestimmten Behörde oder Person beeinträchtigt wird.", abrufbar unter http://www.verfassungen.net/cl/verf05-i.htm, (zuletzt abgerufen am 27.03.2017).

1095 Art. 20 CPR, abrufbar unter http://www.verfassungen.net/cl/verf05-i.htm, (zuletzt abgerufen am 27.03.2017). Anders als die Verfassungsbeschwerde in Deutschland ist der *recurso de protección* in Chile bei den ordentlichen Gerichten (Berufungsgerichtshof, span. Corte de Apelaciones) einzulegen.

1096 Anguita Ramírez, 2007, S. 141.

1097 Siehe Fünftes Kapitel B. II. 4. g) ii).

1098 Das Verfassungsgericht wurde explizit geschaffen, um ein selbstständiges Gericht im Verfassungstext zu verankern, das zur Auslegung der Verfassung berufen ist und dessen wesentliche Aufgabe darin besteht, über den konstitutionellen Vorrang zu wachen.

2011 ergangenen Urteilen festmachen, auf die zu einem späteren Zeitpunkt noch eingegangen wird.[1099]

1. *Erste Phase: Datenschutz als nicht verfassungsrechtliche Problematik*

Mit einem Urteil des chilenischen Verfassungsgerichtes vom 4. Januar 1995[1100] wurde erstmals eine allen Menschen zugesicherte Garantie auf „Respekt und Schutz des privaten Lebens, der Ehre der Person und der Familie"[1101] ausgesprochen.[1102] Das Gericht prüfte den Art. 16 eines ihm vom Parlament vorgelegten Gesetzesentwurfs über das System der Nachrichtendienste des Staates und die Schaffung einer Nationalen Nachrichtendienstagentur, die einer staatlichen Einrichtung – namentlich dem Staatsschutzrat – absolute Ermessensfreiheit bei Wahl der Mittel zur Ermittlung und Verfolgung bestimmter Delikte einräumt.[1103]

In seiner Entscheidung erklärte es das TC für verfassungswidrig, die Inanspruchnahme der allen Menschen durch die Verfassung zugesicherten und garantierten Freiheiten und Rechte – darunter das Recht auf Wahrung der persönlichen und familiären Intimsphäre – *nicht* zu schützen, indem man dem Staatsschutzrat[1104] absolute Ermessensfreiheit bei der Wahl der Mittel zur Ermittlung und Verfolgung bestimmter Delikte einräumt, darunter die Einziehung und Sicherstellung von Dokumenten und Beweismitteln jeglicher Art aus dem Besitz von Personen, gegen die der besagte Dienst ermittelt, sowie die Befugnis, von Dritten die Herausgabe von Daten oder Unterlagen über Bankkonten, Einlagen oder sonstige Operationen zu verlangen, die der Geheimhaltung unterliegen bzw. der Privatsphäre der Personen

1099 Quezada Rodríguez, Revista Chilena de Derecho y Tecnología vol. 1 Nr. 1 2012, S. 125 f., abrufbar unter http://www.rchdt.uchile.cl/index.php/RCHDT/article/viewFile/24027/25353 (zuletzt abgerufen am 27.03.2017).

1100 TC, Urteil vom 04.01.1995, Az. 198–94.

1101 Art. 19 Ziff. 4 CPR, abrufbar unter http://www.verfassungen.net/cl/verf05-i.htm (zuletzt abgerufen am 27.03.2017).

1102 Quezada Rodríguez, Revista Chilena de Derecho y Tecnología vol. 1 Nr. 1 2012, S. 129, abrufbar unter http://www.rchdt.uchile.cl/index.php/RCHDT/article/viewFile/24027/25353 (zuletzt abgerufen am 27.03.2017).

1103 Ebd.

1104 Der chilenische Staatsschutzrat (span. Consejo de Defensa del Estado) ist eine dezentralisierte staatliche Einrichtung mit eigener Rechtspersönlichkeit, die unter unmittelbarer Aufsicht des Staatspräsidenten oder der Staatspräsidentin unabhängig von den einzelnen Ministerien agiert. Seine wichtigste Aufgabe ist die rechtliche Verteidigung, Vertretung und Beratung des chilenischen Staates in seinen materiellen und immateriellen Belangen als Beitrag zur Aufrechterhaltung des Rechtsstaates.

angehören,[1105] die im Fokus der Ermittlungen stehen.[1106] Weiter erklärte das Gericht, dass die überprüfte Bestimmung auch die Garantie gem. Art. 19 Ziff. 5 der Verfassung verletzt, die zusammen mit Ziff. 4 jenen Schutz gewährt, den die Rechtswissenschaft als das Recht auf Wahrung der Intimsphäre der Personen und ihrer Familien bezeichnet.[1107]

1105 In Bezug auf den beanstandeten Gesetzesentwurf „über das System der Nachrichtendienste des Staates und zur Schaffung einer Nationalen Nachrichtendienstagentur" (span. Agencia Nacional de Inteligencia) führt das Urteil in seinem zehnten Entscheidungsgrund aus: „Der vorzitierte Abs. 3 aus Art. 16 des Entwurfs verletzt die Verfassung, indem er die Inanspruchnahme der allen Menschen in der Verfassung zugesicherten und garantierten Rechte und Freiheiten nicht schützt, insoweit einer staatlichen Einrichtung – namentlich dem Staatsschutzrat – absolute Ermessensfreiheit bei Wahl der Mittel zur Ermittlung und Verfolgung bestimmter Delikte eingeräumt wird, darunter die Einziehung und Sicherstellung von Dokumenten und Beweismitteln jeglicher Art aus dem Besitz von Personen, gegen die der besagte Dienst ermittelt, sowie die Befugnis, von Dritten die Herausgabe von Daten oder Unterlagen über Bankkonten, Einlagen oder sonstige Operationen zu verlangen, die der Geheimhaltung unterliegen bzw. der Privatsphäre der Personen angehören, die im Fokus der Ermittlungen stehen. Der Dienst übt die ihm übertragenen Befugnisse ohne jegliche gerichtliche Zustimmung oder Kontrolle aus: Vorgesehen sind weder eine vorherige richterliche Erlaubnis noch Beschwerdemöglichkeiten durch besondere oder ordentliche Rechtsmittel, die die Überprüfung der angeordneten oder durchgeführten Maßnahmen durch eine höhere Instanz erlauben würden. Abgesehen von der Möglichkeit, den Schutz der Verfassung zu beanspruchen, bleiben natürliche oder juristische Personen, die von einer Ermittlungshandlung betroffen sein können, wie sie der beanstandete Gesetzesentwurf dem Staatsschutzrat zubilligt, der Rechtsschutzlosigkeit ausgeliefert." Weiter erklärte das Gericht: „Tatsächlich enthält der hier untersuchte Art. 16 weder eine umfassende, vollständige und genaue Regelung des angestrebten Verfahrens noch werden präzise die Fälle benannt, in denen es zur Anwendung gelangen soll. Es ist vielmehr von beliebigen, ganz dem Ermessen der Handelnden überlassenen Situationen die Rede, in denen die Beamten des Dienstes befugt sein sollen, Dokumente, Beweismittel und Gegenstände aller Art einzuziehen und sicherzustellen, wenn sie es für die Ermittlung als notwendig betrachten. Das bedeutet, da weder das Verfahren genauer spezifiziert noch die einzelnen Fälle genannt werden, in denen die Maßnahmen zulässig sein sollen, verstößt die Bestimmung gegen die Unverletzlichkeit privater Mitteilungen und Schriftstücke, die nur in den Fällen und in der Art und Weise sichergestellt, geöffnet oder durchsucht werden dürfen, die das Gesetz näher bestimmt."

1106 Quezada Rodríguez, Revista Chilena de Derecho y Tecnología vol. 1 Nr. 1 2012, S. 129, abrufbar unter http://www.rchdt.uchile.cl/index.php/RCHDT/article/viewFile/24027/25353 (zuletzt abgerufen am 27.03.2017).

1107 TC, Urteil vom 04.01.1995, Az. 198–94, Entscheidungsgrund 10.

„Diese Entscheidung markiert den Beginn der Anwendung des Legalitätsprinzips im Bereich des Datenschutzes."[1108] Demnach müssen Befugnisse einer öffentlichen Stelle, die dieser Eingriffe in die Privatsphäre ermöglichen, entweder durch ein gesetzliches Verfahren geregelt sein, oder es muss eine Verordnungsermächtigung vorliegen, um beschränkend eingreifen zu können.[1109]

In einem weiteren Urteil des chilenischen Verfassungsgerichts vom 28. Oktober 2003[1110] wurde ebenfalls an keiner Stelle speziell auf die datenschutzrechtliche Problematik eingegangen, es wurden jedoch einzelne dem Datenschutz unterliegende Elemente der Privatsphäre herausgearbeitet. Das Gericht prüfte einen vom Parlament vorgelegten Gesetzesentwurf über die Schaffung von Untersuchungsstellen, zuständig für Geldwäsche.[1111]

In seiner Entscheidung kommt das Gericht zu dem Ergebnis, dass es gegen das Recht auf Privatsphäre und gegen die Menschenwürde verstoße, einer behördlichen Einrichtung (hier: Untersuchungsstelle Finanzen) völlig unbeschränkte Befugnisse zur Einholung von Auskünften einzuräumen.[1112] Auf dem Weg zu dieser Schlussfolgerung prüfte das Gericht Art. 19 Ziff. 4 CPR und stellte fest, dass die Menschenwürde in einer substanziellen, unverkennbaren und direkten Beziehung mit dem Schutz der Privatsphäre (der Person und ihrer Familie) steht. Da das Recht auf diesen Schutz Ausfluss jener allgemeinen Würde ist, bedeute das, dass es „in ganz besonders kategorischer Weise Anerkennung und Schutz" verdiene.[1113]

Das Gericht ist weiterhin der Auffassung, dass in den „nicht-öffentlichen Lebensbereich" entweder mit Einwilligung des Betroffenen oder durch eine behördliche Entscheidung eingedrungen werden dürfe, die sich auf ein Gesetz stützt, das im Einklang mit der Verfassung steht. Damit wird das sog. Einwilligungsprinzip anerkannt.[1114]

Nach Aussage des Verfassungsgerichts sind zur Gewährung des Schutzes, auf den sich Art. 19 Ziff. 4 CPR bezieht, zum einen der Gesetzgeber und zum anderen die übrigen Autoritäten und Privatpersonen verpflichtet.[1115] Damit wird ein umfassender

---

1108 Quezada Rodríguez, Revista Chilena de Derecho y Tecnología vol. 1 Nr. 1 2012, S. 130, abrufbar unter http://www.rchdt.uchile.cl/index.php/RCHDT/article/viewFile/24027/25353 (zuletzt abgerufen am 27.03.2017).

1109 Ebd.

1110 TC, Urteil vom 28.10.2003, Az. 389–03.

1111 Ebd., Entscheidungsgrund 1.

1112 Quezada Rodríguez, Revista Chilena de Derecho y Tecnología vol. 1 Nr. 1 2012, S. 131, abrufbar unter http://www.rchdt.uchile.cl/index.php/RCHDT/article/viewFile/24027/25353 (zuletzt abgerufen am 27.03.2017).

1113 TC, Urteil vom 28.10.2003, Az. 389–03, Entscheidungsgrund 18.

1114 Quezada Rodríguez, Revista Chilena de Derecho y Tecnología vol. 1 Nr. 1 2012, S. 132, abrufbar unter http://www.rchdt.uchile.cl/index.php/RCHDT/article/viewFile/24027/25353 (zuletzt abgerufen am 27.03.2017).

1115 TC, Urteil vom 28.10.2003, Az. 389–03, Entscheidungsgrund 23 f.

Privatsphärenschutz gewährleistet, der nicht nur die öffentlichen Gewalten bindet, sondern auch private Stellen.[1116]

Gem. des Entscheidungsgrundes 21 sind „Achtung und Schutz der Würde sowie der Rechte auf Privatsphäre und Unverletzlichkeit der Kommunikation sowohl eine essentielle Basis für die freie Entwicklung der Persönlichkeit des Individuums als auch für ihre gemeinschaftliche Manifestation, die vermittelt wird über autonome Gruppen, die der Gesellschaft Struktur geben."[1117] Das Privatleben ist danach kein absolutes Recht, und sein Schutz kann durch den Gesetzgeber begrenzt werden, wobei immer der verfassungsmäßige Rahmen beachtet werden muss.[1118]

2. *Zweite Phase: Datenschutz als verfassungsrechtliche Problematik*

Im Jahr 2011 wurden zwei Entscheidungen gefällt, die den Datenschutz als verfassungsrechtliches Problem erkennbar gemacht haben, indem sie ihn im Bereich des Privatsphärenschutzes ansiedeln.[1119]

Mit dem Urteil des chilenischen Verfassungsgerichts vom 21. Juni 2011[1120] wurde die Verfassungsmäßigkeit der aktiven Transparenzpflicht öffentlicher Unternehmen untersucht, bestehend in der Pflicht zur Veröffentlichung der Gehälter ihrer leitenden Angestellten.[1121]

Das Gericht ist der Auffassung, dass das Recht auf Privatleben allen Menschen Schutz vor Eingriffen Dritter zusichern muss, womit die volle Ausübung der persönlichen Freiheit ohne unzulässige Störungen und Einmischungen oder Druckausübung von außen gewährleistet werden soll.[1122] Auf diese Weise wird erneut der eminent

---

1116 Quezada Rodríguez, Revista Chilena de Derecho y Tecnología vol. 1 Nr. 1 2012, S. 132, abrufbar unter http://www.rchdt.uchile.cl/index.php/RCHDT/article/view File/24027/25353 (zuletzt abgerufen am 27.03.2017).

1117 TC, Urteil vom 28.10.2003, Az. 389–03, Entscheidungsgrund 21.

1118 Ebd., Entscheidungsgrund 22.

1119 Quezada Rodríguez, Revista Chilena de Derecho y Tecnología vol. 1 Nr. 1 2012, S. 137, abrufbar unter http://www.rchdt.uchile.cl/index.php/RCHDT/article/view File/24027/253530 (zuletzt abgerufen am 27.03.2017).

1120 TC, Urteil vom 21.06.2011, verb. Rs. 1732–10-ina und 1800–10-ina, abrufbar unter http://www.derecho-chile.cl/tribunal-constitucional-acerca-del-deber-de-trans parencia-activa-de-las-empresas-publicas-en-la-publicacion-de-las-remuneracio nes-de-sus-ejecutivos/ (zuletzt abgerufen am 27.03.2017).

1121 Quezada Rodríguez, Revista Chilena de Derecho y Tecnología vol. 1 Nr. 1 2012, S. 137, abrufbar unter http://www.rchdt.uchile.cl/index.php/RCHDT/article/view File/24027/25353 (zuletzt abgerufen am 27.03.2017).

1122 TC, Urteil vom 21.06.2011, verb. Rs. 1732–10-ina und 1800–10-ina, Entscheidungsgrund 22: „Art. 19 Ziff. 4 der Verfassung sichert allen Menschen neben dem Recht auf Ehre und Ansehen die Achtung und den Schutz des Privatlebens zu, das vor Eingriffen Dritter geschützt werden muss. Die Verfassung will auf diese Weise die volle Ausübung der persönlichen Freiheit ohne unzulässige Störungen und Einmischungen oder Druckausübung von außen erleichtern. Das Gleiche fordert in

negative Charakter des Privatsphärenschutzes betont.[1123] Es wird ausdrücklich anerkannt, dass der Schutz des Privatlebens in engem Zusammenhang mit dem Schutz der persönlichen Daten steht.[1124] Damit wird das beschrieben, was dem deutschen Recht auf informationelle Selbstbestimmung entspricht.[1125]

Außerhalb des geschützten Bereichs des Privatlebens gelten jene Daten, deren Schutz zu Beeinträchtigungen der Ordnung des gesellschaftlichen Lebens führen oder die Rechte Dritter bzw. die legitimen Ansprüche des Gemeinwesens beeinträchtigen kann.[1126]

Das Gericht hält fest, dass nicht alle personenbezogenen Daten als sensibel gelten, was aber nicht bedeutet, dass sie nicht gleichermaßen vom Recht auf Privatsphäre erfasst würden.[1127]

---

eindeutiger Weise Art. 11.(2) der Amerikanischen Menschenrechtskonvention: ‚Niemand darf willkürlichen oder missbräuchlichen Eingriffen in sein Privatleben [...] ausgesetzt werden. Jeder hat Anspruch auf rechtlichen Schutz gegen solche Eingriffe und Beeinträchtigungen.'", abrufbar unter http://www.derecho-chile.cl/tribunal-constitucional-acerca-del-deber-de-transparencia-activa-de-las-empresas-publicas-en-la-publicacion-de-las-remuneraciones-de-sus-ejecutivos/ (zuletzt abgerufen am 27.03.2017).

1123 Quezada Rodríguez, Revista Chilena de Derecho y Tecnología vol. 1 Nr. 1 2012, S. 137, abrufbar unter http://www.rchdt.uchile.cl/index.php/RCHDT/article/viewFile/24027/25353 (zuletzt abgerufen am 27.03.2017).

1124 Castro Hermosilla/ Muñoz Massouh, Revista Chilena de Derecho y Tecnología vol. 1 Nr. 1 2012, S. 155, abrufbar unter http://www.rchdt.uchile.cl/index.php/RCHDT/article/viewFile/24028/25350 (zuletzt abgerufen am 27.03.2017).

1125 TC, Urteil vom 21.06.2011, verb. Rs. 1732–10-ina und 1800–10-ina, Entscheidungsgrund 25, abrufbar unter http://www.derecho-chile.cl/tribunal-constitucional-acerca-del-deber-de-transparencia-activa-de-las-empresas-publicas-en-la-publicacion-de-las-remuneraciones-de-sus-ejecutivos/ (zuletzt abgerufen am 27.03.2017); vgl. Drittes Kapitel D. I. 2. a).

1126 TC, Urteil vom 21.06.2011, verb. Rs. 1732–10-ina und 1800–10-ina, Entscheidungsgrund 27, abrufbar unter http://www.derecho-chile.cl/tribunal-constitucional-acerca-del-deber-de-transparencia-activa-de-las-empresas-publicas-en-la-publicacion-de-las-remuneraciones-de-sus-ejecutivos/ (zuletzt abgerufen am 27.03.2017).

1127 TC, Urteil vom 21.06.2011, verb. Rs. 1732–10-ina und 1800–10-ina, Entscheidungsgrund 28: „Indem der Gesetzgeber essentielle Bereiche der Privatsphäre ausgewiesen hat, die besonders geschützt sind, hat er die aus diesen Bereichen stammenden Daten als sensibel definiert. Als sensibel gelten dem Privatsphärengesetz zufolge ‚jene personenbezogenen Daten, die sich auf physische oder moralische Eigenschaften der Person oder auf Tatsachen oder Lebensumstände aus ihrem Privat- oder Intimbereich beziehen, wie etwa persönliche Lebensgewohnheiten, die rassische Herkunft, politische Meinungen oder Weltanschauungen, Glaubensüberzeugungen und religiöse Einstellungen, den körperlichen oder psychischen Gesundheitszustand und das Geschlechtsleben' (Gesetz Nr. 19.628, Art. 2 lit. g). Solche Informationen gehören somit zum essentiellen Kern der Intimsphäre, daher muss ihre Bewahrung

In einem letzten Urteil des TC vom 12. Juli 2011[1128] wurde die Verfassungsmäßigkeit privater Aufzeichnungen durch die Inhaber von Internetdienstleistungslokalen (sog. Internetcafés) geprüft.[1129] Das Neue an diesem Urteil lässt sich folgendermaßen zusammenfassen:

Das TC bezieht sich auf Art. 19 Ziff. 4 CPR und ist der Auffassung, dass zu den „vielen in diesem Recht enthaltenen Aspekten" auch die Versicherung gehört, dass niemand zum Ziel von Ausspähungen werden solle „so als ob er ein bloßes Mittel zur Befriedigung der Gelüste seiner Mitmenschen wäre".[1130] Weiterhin würde die Privatsphäre in Fällen anhaltender und systematischer Verfolgungen oder Überwachungen verletzt, deren Fokus darauf liegt nachzuspüren, welche Orte jemand aufsucht, etwa weil er „zu einer von vornherein verdächtigen Kategorie von Staatsbürgern" gehört.[1131]

---

größer sein. Ein Eingriff in diesen Bereich, soweit nicht gesetzlich geregelt, kann die Freiheit des Individuums in jeder ihrer Ausprägungen verletzen: Gedankenfreiheit, Meinungsfreiheit, Bewegungsfreiheit, Vereinigungsfreiheit usw. Aber auch innerhalb dieser besonders empfindlichen Sphäre kann das Gesetz eine Bekanntgabe von Teilen oder kompletten Sätzen bestimmter Daten erlauben, was bspw. dann geschieht, wenn die öffentliche Gesundheit auf dem Spiel steht, oder in Prozessen zur Ermittlung oder Aburteilung von Straftaten, immer im Rahmen einer gerechten und rationalen Verfahrensordnung.", abrufbar unter http://www.derecho-chile.cl/tribunal-constitucional-acerca-del-deber-de-transparencia-activa-de-las-empresas-publicas-en-la-publicacion-de-las-remuneraciones-de-sus-ejecutivos/ (zuletzt abgerufen am 27.03.2017).

1128 TC, Urteil vom 12.07.2011, Az. 1894–2011-cpr, abrufbar unter http://www.derecho-chile.cl/sentencia-del-tribunal-constitucional-sobre-la-constitucionalidad-de-un-registro-privado-de-los-cibercafes/ (zuletzt abgerufen am 27.03.2017).

1129 Quezada Rodríguez, Revista Chilena de Derecho y Tecnología vol. 1 Nr. 1 2012, S. 141, abrufbar unter http://www.rchdt.uchile.cl/index.php/RCHDT/article/viewFile/24027/25353 (zuletzt abgerufen am 27.03.2017).

1130 TC, Urteil vom 12.07.2011, Az. 1894–2011-cpr, Entscheidungsgrund 20, abrufbar unter http://www.derecho-chile.cl/sentencia-del-tribunal-constitucional-sobre-la-constitucionalidad-de-un-registro-privado-de-los-cibercafes/ (zuletzt abgerufen am 27.03.2017).

1131 TC, Urteil vom 12.07.2011, Az. 1894–2011-cpr, Entscheidungsgrund 22: „Natürlicherweise hält sich jeder – auch ohne juristische Vorkenntnisse – für berechtigt, sich nach eigenem legitimen Ermessen anonym und für andere nicht unterscheidbar im Verkehr zu bewegen, ohne Kontrollen oder Durchsuchungen gewärtigen zu müssen, zumindest solange nach dem Urteil einer zuständigen autoritativen Stelle kein hinlänglicher Anlass zu der Befürchtung besteht, es seien konkrete und als wahrscheinlich anzunehmende Rechtsverstöße im Gange. Dies vorausgesetzt, würde die Privatsphäre im Falle anhaltender und systematischer Verfolgungen oder Überwachungen, deren Fokus darauf liegt nachzuspüren, welche

Es wird zudem eingeräumt, dass der Umfang des Rechts auf Achtung und Schutz des Privatlebens unterschiedliche Situationen erfassen kann und sich nachträglichen Weiterentwicklungen hin zu einem umfassenderen Geltungsbereich nicht verschließt.[1132]

„Die Privatsphäre ist nicht auf gewisse, eher abgeschiedene Örtlichkeiten beschränkt, sondern erstreckt sich in manchen Situationen auch auf bestimmte öffentliche Räume, wenn dort spezifische Handlungen vorgenommen werden mit dem unmissverständlichen Willen sie fremder Beobachtung zu entziehen."[1133] Dies wäre im Fall der Internetcafés gegeben. Um das Privatleben vor unbefugter Kenntnis zu verbergen, sind angemessene und hinreichende Garantien zu schaffen, die einer gesetzlichen Regelung bedürfen. Die pauschale Verweisung auf unbestimmte Verordnungen ist verfassungswidrig.[1134]

Orte jemand aufsucht, weil er zu einer von vornherein verdächtigen Kategorie von Staatsbürgern gehört, offensichtlich verletzt (Wo genau bewegt er sich im Einzelnen, welche Strecken, Wege oder Kommunikationskanäle benutzt er; wie lauten die numerischen Kennungen der besuchten Seiten und der kontaktierten Adressen; mit wem, wie lange und wie häufig werden die Verbindungen hergestellt usw.). Das gilt umso mehr, wenn es heute möglich ist, mithilfe dieser Daten auf Spurensuche zu gehen und individuelle Geschichten auszukundschaften oder Profile zu erstellen, die menschliche Lebensgewohnheiten und Verhaltensmuster offenbaren, bis hin zu politischen Präferenzen, Geschäftsoptionen und sozialen Neigungen der so ausgespähten Personen.", abrufbar unter http://www.derecho-chile.cl/sentencia-del-tribunal-constitucional-sobre-la-constitucionalidad-de-un-registro-privado-de-los-cibercafes/ (zuletzt abgerufen am 27.03.2017).

1132 TC, Urteil vom 12.07.2011, Az. 1894–2011-cpr, Entscheidungsgrund 21, abrufbar unter http://www.derecho-chile.cl/sentencia-del-tribunal-constitucional-sobre-la-constitucionalidad-de-un-registro-privado-de-los-cibercafes/ (zuletzt abgerufen am 27.03.2017).

1133 TC, Urteil vom 12.07.2011, Az. 1894–2011-cpr, Entscheidungsgrund 23, abrufbar unter http://www.derecho-chile.cl/sentencia-del-tribunal-constitucional-sobre-la-constitucionalidad-de-un-registro-privado-de-los-cibercafes/ (zuletzt abgerufen am 27.03.2017).

1134 TC, Urteil vom 12.07.2011, Az. 1894–2011-cpr, Entscheidungsgrund 24: „Ganz davon abgesehen, dass die Pflicht zur Schaffung eines Kontrollsystems dem Entwurf zufolge auf privaten Unternehmen lasten soll, denen die Wahrnehmung von Polizeigewalt an sich fremd ist, lässt es das Gesetzesvorhaben trotz seiner Absicht, Indiskretionen und den illegalen Handel mit solchen provisorisch gespeicherten Daten, die hoch sensible und wertvolle persönliche Informationen enthalten, auszuschließen, bei einer bloßen Geheimhaltungspflicht bewenden, was sich – wie oben gezeigt – für den Schutz des hier in Frage stehenden Rechtes als

Obwohl das chilenische Verfassungsgericht die verfassungsrechtliche Relevanz des Schutzes personenbezogener Daten erst spät erkannt hat und seine Rechtsprechung insgesamt wenig systematisch erscheint, bleibt festzuhalten, dass es das Recht auf informationelle Selbstbestimmung in seiner zweiten Rechtsprechungsphase anerkannt und damit die Tür für ein neues Verständnis des Schutzes der Privatsphäre geöffnet hat.[1135]

Dieses Verständnis kann als die am ehesten angemessene Art und Weise angesehen werden, um das Privatleben in der heutigen Informationsgesellschaft zu fassen. Es lässt sich als Doppelperspektive vorstellen, in der Menschen auf der einen Seite den negativen Aspekt der Abwehr von äußeren Eingriffen und auf der anderen Seite die moderne, dynamische Konzeption des Privacy-Begriffs betrachten, die das Recht auf Privatsphäre auch als Vorbehalt versteht, die Kontrolle über die in der Öffentlichkeit zirkulierenden Informationen über die eigene Person auszuüben.[1136]

Auch wenn die Weiterentwicklung in der Rechtsprechung mit offensichtlichen Widersprüchen einhergeht, bietet sie doch erhellende Ansatzpunkte für künftige Fortschritte im Bereich des Datenschutzes.

B. Gesetzliche Regelungen

Die Verarbeitung und Geheimhaltung personenbezogener Daten war in der chilenischen Rechtsordnung schon häufig Gegenstand vielgestaltiger Regelungen. Jeder der verschiedenen Rechtszweige folgt seinen jeweils eigenen Grundsätzen und Leitprinzipien, die in den jeweils geltenden Vorschriften verankert und vorgegeben sind. Aus dieser Perspektive regelt jeder Rechtszweig die Verwendung von Daten und den Schutz einer Vielzahl personenbezogener Informationen auf je eigene Weise und nach eigenen Maßstäben.[1137]

Konkreter fassbar ist der gesetzliche Schutz personenbezogener Daten in Chile allerdings erst am 28. August 1999 geworden, dem Tag, an dem das Gesetz Nr. 19.628 mit der Doppelbezeichnung „Privatsphärengesetz oder Datenschutzgesetz" im

---

ungenügend erweist. Unter Inkaufnahme mangelnder Rechtssicherheit schweigt der Entwurf zu allen oben erwähnten Fragen der sicheren Verwahrung und der Unantastbarkeit der betreffenden Datensammlungen. In Bezug auf diese Materie wird vielmehr pauschal auf eine unbestimmte Verordnung verwiesen, was dem gebotenen gesetzlichen Schutz des Individuums bei der ungestörten Ausübung seiner Rechte offenkundig nicht gerecht wird."

1135 Quezada Rodríguez, Revista Chilena de Derecho y Tecnología vol. 1 Nr. 1 2012, S. 128, abrufbar unter http://www.rchdt.uchile.cl/index.php/RCHDT/article/viewFile/24027/25353 (zuletzt abgerufen am 27.03.2017).

1136 Banda Vergara, Gaceta Jurídica Nr. 246 2000, S. 9.

1137 Jaramillo Gajardo/ Sabaj Abumohor, 2003, S. 22, abrufbar unter http://repositorio.uchile.cl/bitstream/handle/2250/115093/de-jaramillo_p.pdf?sequence=1&isAllowed=y (zuletzt abgerufen am 27.03.2017).

chilenischen Gesetzblatt veröffentlicht wurde. Über das Projekt wurde seit dem Jahr 1993 beraten. Wegen seiner herausragenden Bedeutung wird es zu einem späteren Zeitpunkt gesondert behandelt.

Zunächst ist festzuhalten, dass es auch im sektoriellen Recht Vorschriften mit gesetzlichem Rang gibt, die mit dem Schutz personenbezogener Daten in Zusammenhang stehen, und zwar sowohl im Bereich des Öffentlichen Rechts als auch im Privatrecht.

I. Bereichsspezifische Regelungen

Es soll im Folgenden nur auf diejenigen Rechtsvorschriften genauer eingegangen werden, die aufgrund ihrer Bedeutung und breiten Anwendung von besonderem Interesse sind.

1. Regierungsdekret Nr. 950

Erste Hinweise auf einen Schutz persönlicher Daten findet man im Regierungsdekret Nr. 950 des Finanzministeriums aus dem Jahr 1928. Es verpflichtete die dort genannten amtlichen Stellen aus der gesamten Republik, täglich Auskünfte über die finanziellen Verhältnisse bestimmter Personen an die chilenische Handelskammer zu übermitteln.[1138] Soweit es dem Gesetz Nr. 19.628 nicht widerspricht, ist dieses Dekret bis heute in Kraft.[1139]

2. Art. 30 Abs. 4 Código Tributario

Art. 30 Abs. 4 des chilenischen Abgabengesetzbuches (span. Código Tributario) bestimmt das sog. Steuer- oder Abgabengeheimnis, das die Besteuerungsdaten der Steuerpflichtigen unter Geheimnisschutz stellt.[1140] Bemerkenswert ist, dass die Bestimmung nicht nur für Beamte des Innendienstes der Finanzverwaltungen gilt, sondern auch für Privatpersonen, die solche Informationen beim Erhalt oder bei der Bearbeitung solcher Steuererklärungen zur Kenntnis nehmen, also bspw. auch Bankangestellte, die Einsicht in diese Unterlagen erhalten.[1141]

1138 Gesetzblatt Nr. 917–03 (2015), Stellungnahme des Wirtschaftsausschusses zum Gesetzesentwurf betreffend Änderungen des Gesetzes Nr. 19.628 über den Schutz der Privatsphäre, S. 3.

1139 Art. 3 der Übergangsbestimmungen zum Gesetz Nr. 19.628.

1140 „Wer die Steuererklärungen oder Geldanweisungen aus jedwedem Grund in Empfang nimmt oder bearbeitet, ist zur absoluten Geheimhaltung aller individuellen Verhältnisse verpflichtet, von denen er aufgrund seiner Arbeit Kenntnis erlangt. Der Verstoß gegen diese Verpflichtung wird mit einfacher Haft mittleren Grades oder Geldstrafe zwischen 5 und 100 Monatsabgabeneinheiten (UTM) geahndet."

1141 Jaña Tapia, 2003, S. 78.

3. *Gesetz Nr. 19.223*

Im Gesetz Nr. 19.223 aus dem Jahr 1993 werden Straftatbestände des Informatikrechts beschrieben. Es handelt sich um die erste gesetzliche Vorschrift überhaupt, die den Schutz von Daten und Datenverarbeitungssystemen regelt.[1142] In lediglich vier Artikeln werden Straftaten aufgelistet, die zum Schaden von Datenverarbeitungssystemen bzw. von in ihnen gespeicherten Daten führen können. Damit schafft dieses Gesetz ein „neuartiges Rechtsgut, das erst mit der Nutzung moderner Computertechnologie ins Bewusstsein getreten ist: Qualität, Unverfälschtheit und Brauchbarkeit von Daten als solche, soweit sie automatisiert in maschinellen Datenverarbeitungssystemen verarbeitet werden, sowie der aus dieser Verarbeitung gewonnenen Erzeugnisse."[1143]

Das Gesetz Nr. 19.223 definiert eine Reihe von datenrechtlichen Straftatbeständen, darunter den Datendiebstahl: „Wer in der Absicht, sich unrechtmäßig der in einem Datenverarbeitungssystem enthaltenen Informationen zu bemächtigen, sie zu nutzen oder in Erfahrung zu bringen, ein solches System abfragt, in es eindringt oder darauf zugreift, wird mit einfachem Freiheitsentzug niederen bis mittleren Grades bestraft."[1144]. Dieser Tatbestand kann den Schutz personenbezogener Daten in bestimmten Fällen gewährleisten, nämlich dann, wenn der Weitergabe der Daten an einen Dritten oder ihrer Bekanntgabe in der Öffentlichkeit der für die strafrechtliche Relevanz nötige unmittelbare Vorsatz zugrundeliegt.[1145]

4. *Gesetz Nr. 19.812*

Das Gesetz Nr. 19.812 aus dem Jahr 2002 diente zur Änderung des Gesetzes Nr. 19.628. Die Änderungen betreffen vor allem Sammlungen und Verzeichnisse von personenbezogenen Daten, die geschäftliche und wirtschaftliche Schuldverhältnisse betreffen.[1146] Die drei wichtigsten Änderungen sind die Folgenden:

1.) Das Gesetz Nr. 19.628 schrieb in Art. 18 ursprünglich vor: „Daten über Schulden dürfen nicht weiter an das Finanzsystem oder an Handelshäuser gemeldet werden, wenn nach der Bezahlung oder Beendigung des Schuldverhältnisses auf andere rechtmäßige Weise drei Jahre vergangen sind oder, im Fall der Nichtzahlung, nach sieben Jahren, gerechnet ab dem Tag, an dem die Forderung fällig geworden

1142 Jaramillo Gajardo/ Sabaj Abumohor, 2003, S. 35, abrufbar unter http://repositorio.uchile.cl/bitstream/handle/2250/115093/de-jaramillo_p.pdf?sequence=1&isAllowed=y (zuletzt abgerufen am 27.03.2017).

1143 Geschichte des Gesetzes Nr. 19.223, S. 4.

1144 Art. 2 Gesetz Nr. 19.223.

1145 Art. 4 Gesetz Nr. 19.223.

1146 Jaramillo Gajardo/ Sabaj Abumohor, 2003, S. 36, abrufbar unter http://repositorio.uchile.cl/bitstream/handle/2250/115093/de-jaramillo_p.pdf?sequence=1&isAllowed=y (zuletzt abgerufen am 27.03.2017).

ist."[1147] Demgegenüber hielt das Gesetz Nr. 19.812 fest, dass derjenige, der seine Schuld bezahlt hat, aus der DICOM-Kartei[1148] oder der amtlichen Schuldnerliste des Handelsblattes gestrichen werden muss. Das Gleiche gilt für säumige Zahler nach Ablauf von fünf Jahren, gerechnet ab dem Fälligkeitstermin der Forderung.[1149] **2.)** Das Gesetz erlaubt die Nutzung dieser Daten nur zum Zweck der Bewertung von Geschäftsrisiken und Kreditanträgen und bestimmt, dass die Mitteilung ausschließlich an etablierte Händler und Unternehmen, die sich mit der Bewertung von Kreditrisiken beschäftigen, erfolgen darf.[1150] **3.)** Das Gesetz verbietet das Anfordern von Wirtschafts- und Bonitätsauskünften im Rahmen von Personalauswahlprozessen, bei Aufnahmeverfahren in Vorschulen, Schulen oder höheren Bildungsanstalten, im Vorfeld notfallmedizinischer Maßnahmen oder in Bewerbungsverfahren um ein öffentliches Amt.[1151]

5. *Arbeitsgesetz*

Im Arbeitsrecht wurden durch das Gesetz Nr. 19.812 verschiedene Änderungen eingebracht. Ziel war es, jegliche Diskriminierung von Arbeitnehmern als Folge ihrer negativen geschäftlichen Bonität auszuschließen.[1152]

6. *Gesetz Nr. 20.285*

Das Gesetz Nr. 20.285 über die Transparenz und den Zugang zu öffentlichen Informationen hat zum Hauptziel die Sicherstellung eines erforderlichen Zugangs der Öffentlichkeit zu Informationen, die von allgemeinem Interesse sind, um zivilgesellschaftliche Teilnahme zu ermöglichen, die mit einem höheren Maß staatlicher Transparenz einhergehen muss.[1153] Dies soll mithilfe der Verankerung der Grundsätze der aktiven und passiven Transparenz erreicht werden, wobei passive Transparenz das Recht auf Zugang zu öffentlichen Informationen meint.[1154] Weiter tritt mit dem Gesetz Nr. 20.285 eine neue, autonome Institution in den öffentlichen Raum, der sog. Rat für Transparenz (span. Consejo para la Transparencia), dessen Auftrag darin besteht, über die Beachtung des Publizitäts- und Transparenzgebots in der öffentlichen Verwaltung zu wachen und zugleich die Rechte der Inhaber von

---

1147 Geschichte des Gesetzes Nr. 19.812, S. 5.

1148 DICOM ist ein privates Unternehmen, das Wirtschaftsinformationen kommerziell vertreibt (Kreditauskunftsdienst) und wurde umbenannt in Equifax Chile S.A.

1149 Jaramillo Gajardo/ Sabaj Abumohor, 2003, S. 36, abrufbar unter http://repositorio.uchile.cl/bitstream/handle/2250/115093/de-jaramillo_p.pdf?sequence=1&isAllowed=y (zuletzt abgerufen am 27.03.2017).

1150 Art. 1 Abs. 1 Gesetz Nr. 20.575.

1151 Art. 1 Abs. 3 Gesetz Nr. 20.575.

1152 Geschichte des Gesetzes Nr. 19.812, S. 74 f.

1153 Art. 3 Gesetz Nr. 20.285.

1154 Pozo Valdés, 2010, S. 116.

personenbezogenen Daten zu schützen, die sich im Besitz des Staates befinden.[1155] Angesichts der Möglichkeit von Konflikten zwischen dem Recht auf Zugang zu öffentlichen Informationen und dem Schutz personenbezogener Daten ist nach dem Willen des Gesetzgebers also der Transparenzrat die berufene Instanz, die einen Ausgleich suchen und das Gleichgewicht herstellen soll.[1156]

7. Durchführungsverordnung zum Gesetz Nr. 19.628

Die Durchführungsverordnung zum Gesetz Nr. 19.628:[1157] Die Verordnung verfügt, dass bei der zentralen chilenischen Personenstands- und Meldebehörde ein Verzeichnis der von öffentlichen Stellen verwalteten personenbezogenen Datenbanken eingerichtet werden soll. In dieses Verzeichnis werden alle Datensammlungen und Verzeichnisse eingetragen, die nach Maßgabe der jeweils einschlägigen gesetzlichen Vorschriften von Behörden, in der Verfassung vorgesehenen Staatsorganen sowie von den in Art. 1 Abs. 2 Gesetz Nr. 18.575 (Organgesetz im Verfassungsrang über die allgemeinen Grundlagen der Staatsverwaltung) genannten Stellen geführt werden und personenbezogene Daten enthalten.[1158]

II. Gesetz Nr. 19.628

Das Gesetz Nr. 19.628 „über den Schutz des Privatlebens oder Gesetz zum Schutz von personenbezogenen Daten“[1159] (span. Ley sobre Protección de la Vida Privada o ley de Protección de Datos de Carácter Personal) wurde am 28. August 1999 veröffentlicht und trat 60 Tage danach in Kraft.

Anders als man anhand des Titels vermuten könnte, sind in dem Gesetz allerdings keineswegs sämtliche Belange des Privatsphärenschutzes in umfassender Weise geregelt. Aspekte wie die Unverletzlichkeit der Wohnung, das Brief- und Kommunikationsgeheimnis, der Schutz der Ehre, der Schutz des Rechts am eigenen Bild oder die Wahrung der persönlichen Intimsphäre liegen außerhalb des Schutzumfangs der letztlich verabschiedeten Fassung des Gesetzestextes.

Dagegen regelt das Gesetz sehr spezifisch den Umgang mit personenbezogenen Daten in Datenbanken oder -verzeichnissen.[1160] Es schützt die Privatsphäre natürlicher Personen, sofern sie bei der Erstellung und Führung von Verzeichnissen, Datensammlungen oder Datenbanken öffentlicher oder privater Personen oder Institutionen durch die Sammlung, Aufzeichnung, Verarbeitung, Weitergabe oder

---

1155 Art. 32 Gesetz Nr. 20.285.

1156 Pozo Valdés, 2010, S. 7.

1157 Verordnung des Ministerium der Justiz per Dekret Nr. 779, veröffentlicht im chilenischen Gesetzblatt am 11.11.2000.

1158 Art. 22 Gesetz Nr. 19.628.

1159 Folgend Privatsphären- oder Datenschutzgesetz genannt.

1160 Romero Obreque, 2009, S. 28, abrufbar unter http://cybertesis.uach.cl/tesis/uach/2009/fjr763p/doc/fjr763p.pdf (zuletzt abgerufen am 27.03.2017).

Nutzung persönlicher Daten in jeglicher Form, sei es manuell oder automatisiert, beeinträchtigt werden kann.[1161] Ausdrücklich ausgenommen bleiben gem. Art. 1 Abs. 1 Gesetz Nr. 19.628 solche Datenverarbeitungen, die im Zusammenhang mit der Ausübung von Freiheitsrechten wie der Meinungs- und Informationsfreiheit stattfinden. Diese Fälle werden dem Gesetzestext zufolge durch die Bestimmungen des Art. 19 Ziff. 12 CPR[1162] geregelt.[1163]

Gegenstand des Gesetzes Nr. 19.628 ist demnach die Regulierung bzw. der Schutz von Datensammlungen im Allgemeinen, unabhängig davon, ob sie in einem analogen oder digitalen Format vorliegen, weshalb der Fokus des Gesetzes nicht speziell auf das Internet und schon gar nicht auf soziale Netzwerke gerichtet ist. Allerdings muss dazu gesagt werden, dass das Gesetz auf Drängen der Berater jener Konzerne und Unternehmen zustande kam, die an einer rechtlichen Absicherung des lukrativen Geschäfts der Verarbeitung personenbezogener Daten interessiert sind.[1164]

1161 Ebd.

1162 Art. 19 Ziff. 12 CPR, Jede natürliche oder juristische Person hat die Freiheit, eine Meinung zu äußern und die Freiheit, sich ohne vorherige Zensur zu informieren, in welcher Form und durch welches Mittel auch immer, unbeschadet der durch ein Gesetz, das mit qualifizierter Mehrheit beschlossen werden muss, vorgesehenen Verantwortung für Delikte und Mißbräuche, die bei der Ausübung dieser Freiheiten begangen werden.
Das Gesetz kann keinesfalls ein Staatsmonopol auf Massenmedien begründen.
Jede natürliche oder juristische Person, die beleidigt oder zu Unrecht durch irgendein Massenmedium angegriffen wurde, hat das Recht, unter den gesetzlichen Bedingungen, von dem Massenmedium, in dem die Information bekannt gemacht worden ist, kostenlos eine Berichtigung bzw. eine Erklärung zu verlangen.
Jede natürliche oder juristische Person hat das Recht, Zeitungen, Zeitschriften und Periodika unter den gesetzlichen Voraussetzungen zu gründen, zu verlegen und zu unterhalten.
Der Staat, diejenigen Universitäten und übrigen Personen, Körperschaften und Einheiten, die vom Gesetz bestimmt sind, dürfen Fernsehstationen einrichten, betreiben und unterhalten.
Es wird ein Nationalrat für Fernsehen als unabhängige juristische Person errichtet, deren Aufgabe es ist, über das ordnungsgemäße Funktionieren dieses Mediums zu wachen. Ein Gesetz, das mit qualifizierter Mehrheit beschlossen werden muss, wird Organisation, Aufgaben und sonstige Eigenschaften dieses Rates festlegen.
Das Gesetz bestimmt über ein System der Bedingungen für die Filmproduktion., abrufbar unter http://www.verfassungen.net/cl/verf05-i.htm (zuletzt abgerufen am 27.03.2017).

1163 Entsprechend im Gesetz Nr. 19.733 über die Meinungs- und Informationsfreiheit und die Ausübung journalistischer Tätigkeiten (span. Ley sobre Libertades de Opinión e Información y Ejercicio del Periodismo).

1164 Jijena Leiva, 2002, S. 77.

1. *Historische Entwicklung*

Das Gesetz Nr. 19.628 geht auf eine Gesetzesinitiative zurück, die am 5. Januar 1993 im Senat vorgelegt wurde[1165] und 26 Artikel umfasste, mit denen ein Ausgleich zwischen drei Interessenbereichen geschaffen werden sollte.[1166]

Den ersten Bereich stellte die private Wirtschaft dar, bestehend aus den Verbrauchern von IT-Produkten und den Herstellern der IT-Branche, also jenen, die IT-Produkte erstellen, vertreiben und vermarkten. Der zweite Bereich war die Öffentlichkeit, in der die Daten einzelnen Interessenten oder der Allgemeinheit zugänglich gemacht werden können.[1167] Aus ihrer Sicht schutzbedürftig sind die grundsätzliche Freiheit der Datenverarbeitung und der Zugang zu sicherheitsrelevanter Information. Besonders bedeutsam war die Frage der Wahrung der Intimsphäre (Privacy) angesichts der immer häufiger stattfindenden maschinellen Verarbeitung personenbezogener Daten in digitalisierter Form durch automatisierte Systeme.[1168] Der dritte Bereich betraf die Rechte derer, die von der Nutzung persönlicher Daten unmittelbar betroffen sind.[1169]

Ziel der Gesetzesinitiative war es, eine Regelungslücke im chilenischen Rechtssystem zu schließen, „indem das Recht auf Privatsphäre des Individuums im zivilrechtlichen Raum einen angemessenen Schutz vor etwaigen unberechtigten Eingriffen erhält."[1170] All dies ist im Kontext der sog. Informationsgesellschaft zu sehen.[1171] Als Vertragsstaat des Internationalen Übereinkommens über bürgerliche und politische Rechte von 1966 und auch im Hinblick auf die chilenische Verfassung selbst sollte Chile über ein Gesetz zum Schutz personenbezogener Daten verfügen, die in Datenbanken oder digitalen Dateien jeglicher Art gespeichert sind.[1172] Anders als es der Gesetzestitel suggeriert, wurde der Inhalt des ursprünglichen Gesetzentwurfs allerdings deutlich reduziert und nur jener Teil des Vorhabens verabschiedet, der die Konkretisierung des Privatsphärenschutzes im Hinblick auf den Schutz personenbezogener Daten bzw. digitaler Daten betrifft.[1173] Diskutiert wurde auch, ob ein Recht auf informationelle Selbstbestimmung des Individuums in Bezug auf seine persönlichen Daten verankert werden könnte, ähnlich wie das in Deutschland der Fall ist. Allerdings wurde diese Möglichkeit fallen gelassen, weil nach der

---

1165 Geschichte des Gesetzes Nr. 19.628, S. 4.
1166 Nogueira Alcalá, Anuario de derecho Constitucional latinoamericano 2005, S. 461.
1167 Geschichte des Gesetzes Nr. 19.628, S. 170.
1168 Der ursprüngliche Gesetzesentwurf behandelte auch das Recht am eigenen Bild, die persönliche und familiäre Intimsphäre, das Recht auf Anonymität und ein ungestörtes Leben ohne Anfeindungen und Belästigungen sowie die Unverletzlichkeit der Wohnung und aller Formen privater Kommunikation.
1169 Geschichte des Gesetzes Nr. 19.628, S. 170.
1170 Geschichte des Gesetzes Nr. 19.628, S. 4.
1171 Geschichte des Gesetzes Nr. 19.628, S. 112.
1172 Geschichte des Gesetzes Nr. 19.628, S. 4–8.
1173 Moya Jiménez, 2010, S. 167.

maßgeblichen Ansicht noch kein reifer Konsens über dieses Thema zu erzielen war. Kritische Stimmen warnten vor einer möglichen Kapitalisierung der Rechte von Individuen an ihren persönlichen Daten.[1174]

Im Wesentlichen orientierten sich die Abgeordneten an den damals geltenden Datenschutzgesetzen Spaniens,[1175] Frankreichs,[1176] Großbritanniens[1177] und Norwegens[1178] sowie „Art. 71-bis“ des argentinischen Zivilgesetzbuches und Art. 9 des französischen „Code Civil“.[1179] Die Tatsache, dass sich der chilenische Gesetzgeber in manchen Teilen eng an die gesetzgeberischen Vorbilder hielt, in anderen Teilen aber davon abwich und eigene Lösungen bevorzugte, führte zu einem insgesamt unsystematischen Charakter der Norm. Im Ergebnis ging aus dem Prozess ein vor allem im Hinblick auf prinzipielle Aspekte wenig konsistenter normativer Text hervor.[1180]

Das Ziel, den Schutz der Privatsphäre als Ganzes gesetzlich zu regeln, erwies sich als nicht umsetzbar. Zu seiner Zeit ein Fortschritt, haben sich seit Inkrafttreten der Norm diverse Schwachstellen im Gesetz 19.628 gezeigt, die Änderungen nötig machen.[1181] Tatsächlich sind seit Veröffentlichung des Gesetzes mehr als 80 Änderungsanträge im Parlament eingebracht worden, die darauf zielen, den Umgang mit personenbezogenen Daten zu optimieren.[1182]

2. *Sachlicher Anwendungsbereich*

Das Gesetz Nr. 19.628 findet Anwendung bei der Verarbeitung personenbezogener Daten jeglicher Art, d.h. automatisiert oder manuell, die von natürlichen oder juristischen Personen im öffentlichen und nicht-öffentlichen Bereich durchgeführt wird.[1183]

1174 Geschichte des Gesetzes Nr. 19.628, S. 21.

1175 *Ley Orgánica N° 1, de 5 de mayo de 1982, de protección civil del derecho al honor, a la intimidad personal y familiar y a la propia imagen* („Organgesetz Nr. 1 vom 5. Mai 1982 über den zivilrechtlichen Schutz des Rechtes auf Ehre, auf die persönliche und familiäre Intimsphäre und auf das eigene Bild“).

1176 *Loi n° 78–17 du 6 janvier 1978 relative à l'informatique, aux fichiers et aux libertés* („Gesetz Nr. 78–17 vom 6. Januar 1978 über Informationstechnik, Dateien und Freiheiten“).

1177 *Data Protection Act* vom 12. Juli 1984.

1178 *Lov om personregistre mm av 9 juni 1978 nr. 48 (Personal Data Registers Act)* vom 9. Juni 1978.

1179 Geschichte des Gesetzes Nr. 19.628, S. 110.

1180 Jaña Tapia, 2003, S. 80.

1181 Gesetzblatt Nr. 4466–03 (2013), Gesetzesentwurf betreffend der Änderung des Gesetzes Nr. 19.628 mit der Absicht der Ausdehnung des Schutzes personenbezogener Daten, S. 2.

1182 Kommuniqué Nr. 395–359, S. 2.

1183 Anguita Ramírez, 2007, S. 293.

Personenbezogene Daten dürfen gem. Art. 1 Abs. 2 Gesetz Nr. 19.628 nur verarbeitet werden, wenn die Verarbeitung im Einklang mit dem Gesetz Nr. 19.628 erfolgt, sie von der Rechtsordnung erlaubte Zwecke verfolgt und dabei die Grundrechte der Betroffenen voll respektiert werden (sog. Erlaubnisgrundsatz). Im Unterschied zur europäischen DSRL und zum deutschen BDSG wird in Chile auf die Einschränkung des Anwendungsbereichs für Verarbeitungen, „die von einer natürlichen Person zur Ausübung ausschließlich persönlicher oder familiärer Tätigkeiten vorgenommen wird“[1184], sowie für Verarbeitung, die die öffentliche Sicherheit, Landesverteidigung und das Strafrecht betreffen, verzichtet.[1185]

Bei der Verarbeitung personenbezogener Daten ist zwischen dem öffentlichen und nicht-öffentlichen Bereich zu unterscheiden.

a) Personenbezogene Daten

Als persönliche oder personenbezogene Daten gelten Informationen jedweder Art, die identifizierte oder identifizierbare natürliche Personen zum Gegenstand haben.[1186]

Als „sensibel“ gelten jene personenbezogenen Daten, die sich auf physische oder moralische Eigenschaften der Person oder auf Tatsachen oder Lebensumstände aus ihrem Privat- oder Intimbereich beziehen, wie etwa persönliche Lebensgewohnheiten, die rassische Herkunft, politische Meinungen oder Weltanschauungen, Glaubensüberzeugungen und religiöse Einstellungen, den körperlichen oder psychischen Gesundheitszustand und das Sexualleben.[1187]

Grundsätzlich sind sensible Daten von jeglicher Verarbeitung und Nutzung ausgeschlossen. Ausnahmen sind in Art. 10 Gesetz Nr. 19.628 geregelt. So ist eine Verarbeitung erlaubt, wenn ein Gesetz dies erlaubt, der Inhaber der sensiblen Daten seine Einwilligung erteilt oder die sensiblen Daten zur Festsetzung oder Bewilligung von Gesundheitsleistungen benötigt werden, die dem Dateninhaber zugute kommen.[1188]

aa) Personenbezogene Daten im öffentlichen Bereich

Öffentliche Datenverantwortliche (span. organismos públicos dedicados al tratamiento de datos) sind jene öffentlichen Stellen oder Einrichtungen, die Datensammlungen oder Verzeichnisse führen und personenbezogene Daten verarbeiten. Was den Terminus ‚öffentliche Stellen‘ (span. organismos públicos) angeht, liefert das Gesetz in Art. 2 lit. k selbst eine begriffliche Bestimmung und definiert, welche Einrichtungen als öffentliche Stellen im Sinne des Datenschutzgesetzes zu betrachten

---

1184 Art. 3 Abs. 2 zweiter Spiegelstrich DSRL.

1185 Vgl. Art. 3 Abs. 2 zweiter Spiegelstrich DSRL und § 1 Abs. 2 Nr. 3 BDSG sowie Art. 3 Abs. 2 erster Spiegelstrich DSRL.

1186 Art. 2 lit. f Gesetz Nr. 19.628.

1187 Art. 2 lit. g Gesetz Nr. 19.628.

1188 Art. 10 Gesetz Nr. 19.628.

sind.[1189] Der Gesetzgeber hat sich für ein weit gefasstes Verständnis des Begriffs öffentliche Stellen entschieden, der Behörden und in der Verfassung genannte und geregelte staatliche Organe und Institutionen ebenso umfassen soll wie die in Art. 1 Gesetz Nr. 18.575 (Organgesetz im Verfassungsrang über die allgemeinen Grundlagen der Staatsverwaltung) genannten Stellen.[1190] Im Ergebnis wäre demnach jegliche Institution oder Einrichtung der öffentlichen Hand einzuschließen. Nun nimmt Art. 1 der Durchführungsverordnung in relativ breiter Form auf diese Begriffsbestimmung Bezug, nennt allerdings allein solche öffentlichen Stellen, die zur Eintragung ihrer Datensammlungen verpflichtet sind. Obgleich diese verordnungsrechtliche Vorschrift Anlass zu gewissen Zweifeln geben kann, welche öffentlichen Stellen im Einzelnen dieser Pflicht unterliegen, so bleibt doch zu beachten, dass Art. 1 Gesetz Nr. 19.628 die höherrangige Norm darstellt und von daher sämtliche öffentlichen Stellen in den Geltungsbereich des Gesetzes einzubeziehen sind.[1191]

In Art. 1 der Verordnung heißt es: „Die zentrale Personenstands- und Meldebehörde führt ein Verzeichnis der von öffentlichen Stellen verwalteten personenbezogenen Datenbanken, in das alle Sammlungen personenbezogener Daten einzutragen sind, die nach Maßgabe der jeweils anwendbaren gesetzlichen Vorschriften von Behörden, in der Verfassung vorgesehenen Staatsorganen sowie von den in Art. 1 Abs. 2 des Organgesetzes im Verfassungsrang über die allgemeinen Grundlagen der Staatsverwaltung (Gesetz Nr. 18.575) genannten Stellen geführt werden."[1192] Im Ergebnis umfasst der Begriff also sowohl sämtliche Behörden, Staatsorgane und in der CPR beschriebenen und geregelten Einrichtungen[1193] als auch sämtliche zur Erfüllung administrativer Aufgaben geschaffenen öffentlichen Einrichtungen und Dienste.[1194]

1189 Art. 2 lit. k Gesetz Nr. 19.628.

1190 Art. 1 Abs. 2 Gesetz Nr. 18.575 (Organgesetz im Verfassungsrang über die allgemeinen Grundlagen der Staatsverwaltung) nennt „Ministerien, Intendanturen *[= Regionalregierungen]*, Gouvernements *[= Provinzregierungen]* und zur Erfüllung administrativer Aufgaben geschaffene öffentliche Einrichtungen und Dienste einschließlich des Rechnungshofes der Republik (span. Contraloría General de la República), der Zentralbank, der Streitkräfte und der staatlichen Ordnungs- und Sicherheitskräfte, der Kommunen sowie der kraft Gesetzes errichteten öffentlichen Betriebe."

1191 Anguita Ramírez, 2007, S. 538.

1192 Art. 1 Regierungsdekret Nr. 779: Verordnung über die Eintragung personenbezogener Datensammlungen öffentlicher Stellen.

1193 Z. B. der Nationalkongress, die Staatsanwaltschaft, das Verfassungsgericht, die Zentralbank und andere Einrichtungen.

1194 Z. B. Regierungsorgane der ausführenden Gewalt, etwa die Ministerien des Inneren, der Verteidigung, des Auswärtigen usw., Gemeindeverwaltungen, Streitkräfte, kraft Gesetzes geschaffene öffentliche Betriebe u.ä.

bb) Personenbezogene Daten im nicht-öffentlichen Bereich

Private Datenverantwortliche (span. particulares dedicados al tratamiento de datos) sind jene Personen oder Einrichtungen, die Datensammlungen oder Verzeichnisse führen und personenbezogene Daten privat bzw. ohne öffentlichen Auftrag verarbeiten.[1195] Das Gesetz unterscheidet nicht nach Art der privaten Akteure. Die Definition schließt folglich personenbezogene Datenverarbeitungen jeglicher Art ein, automatisiert oder manuell, die von natürlichen oder juristischen Personen durchgeführt werden.[1196]

b) Verantwortliche Stelle

Als Datenverzeichnis oder Datenbank definiert das Gesetz Nr. 19.628 „eine strukturierte Gesamtheit personenbezogener Daten – gleich ob automatisiert oder nicht und unabhängig vom Format und von der Art und Weise ihrer Erstellung oder Organisation –, die es ermöglicht, Daten miteinander in Beziehung zu setzen und Datenverarbeitungen aller Art zu realisieren."[1197].

Gem. Art. 2 lit. n Gesetz Nr. 19.628 ist der für die Verarbeitung Verantwortliche „die natürliche oder juristische Person des Privatrechts, der die Entscheidungen in Bezug auf die Verwendung der personenbezogenen Daten zustehen"[1198].

c) Betroffene Personen

In Art. 2 lit. ñ des Gesetzes Nr. 19.628 wird der Inhaber der Daten definiert als „die natürliche Person, auf die sich die personenbezogenen Daten beziehen."[1199] Das bedeutet, beim Schutz persönlicher Daten bleiben juristische Personen ausgeklammert, und der Datenschutz erfasst nur natürliche Personen.[1200] Man hat sich für den Ausschluss juristischer Personen entschieden, weil das Rechtsgut der Intimsphäre oder des Privatlebens die genuine Eigentümlichkeit natürlicher Personen betrifft und nur ihnen zukommt, nicht dagegen rein ideellen Persönlichkeiten. Sie können auf anderem Wege geschützt werden, bspw. über den Geheimnisschutz oder den Schutz der Vertraulichkeit.[1201] Trotzdem gibt es Gesetzesvorschläge, die

---

1195 Art. 1 Abs. 2 Gesetz Nr. 19.628.

1196 Anguita Ramírez, 2007, S. 538.

1197 Art. 2 lit. m Gesetz Nr. 19.628.

1198 Art. 2 lit. n Gesetz Nr. 19.628.

1199 Art. 2 lit. ñ Gesetz Nr. 19.628.

1200 Oberster Gerichtshof (span. Corte Suprema), Urteil vom 24.09.2010, Az. 4832–2010, Entscheidungsgrund 3, abrufbar unter http://www.derecho-chile.cl/sentencia-corte-suprema-datos-personales-es-aplicable-las-personas-juridicas/ (zuletzt abgerufen am 27.03.2017).

1201 Vgl. Stellungnahme des parlamentarischen Ausschusses für Verfassungsrecht, Gesetzgebung und Justiz zum Vorhaben eines Gesetzes über den Schutz der Privatsphäre vom 04.06.1996: „Grundsätzlich ist der Begriff der ‚persönlichen Daten' – und noch weniger jener der ‚Intimsphäre' – nicht auf juristische Personen anwendbar.

im Parlament beraten werden und den Schutz auf juristische Personen auszuweiten suchen.[1202] Denn so wenig juristischen Personen ein Recht auf Leben oder ein Recht auf Familienleben, Sexualität, Intimsphäre oder körperliche Unversehrtheit zugesprochen werden kann, ließe sich doch andererseits durchaus ein eigener Rechtsanspruch etwa zur Abwehr telefonischer Abhörmaßnahmen oder zur Durchsetzung des Hausrechts oder der Vertraulichkeit der Korrespondenz vorstellen, wobei es sich dann sehr wohl auch um Belange handeln würde, die personenbezogene Daten betreffen.[1203]

d) Umgang mit personenbezogenen Daten

Gem. Art. 2 lit. o Gesetz Nr. 19.628 wird Datenverarbeitung definiert als „jede Operation oder Mehrheit von Operationen oder technischen Verfahren maschineller oder nichtmaschineller Art, die es erlaubt, personenbezogene Daten zu sammeln, zu speichern, aufzuzeichnen, zu organisieren, zu verarbeiten, zu selektieren, zu extrahieren, zu vergleichen, miteinander in Beziehung zu setzen, aufzuspalten, mitzuteilen, weiterzugeben, zu übertragen, zu übermitteln oder zu löschen oder sie in einer beliebigen sonstigen Weise zu nutzen."[1204] Diese Begriffsbestimmung schließt sich damit dem europäischen Standard an und erfasst den Schutz personenbezogener Daten unabhängig davon, ob die Daten automatisiert oder nicht automatisiert verarbeitet werden.[1205]

Nach der Legaldefinition gem. Art. 2 lit. a Gesetz Nr. 19.628 ist das Speicherung die „Erhaltung oder Verwahrung von Daten in einem Verzeichnis oder einer Datenbank."[1206]

Die Mitteilung (auch Weitergabe) oder Übermittlung von Daten besteht gem. Art. 2 lit. c Gesetz Nr. 19.628 in der „Bekanntgabe der personenbezogenen Daten in beliebiger Form gegenüber anderen Personen als dem Inhaber"[1207], wobei es sich um bestimmte oder unbestimmte Empfänger handeln kann. Art. 2 lit. h Gesetz Nr. 19.628 definiert den Begriff Löschen als das Löschen, Streichen oder Vernichten von Daten unabhängig von der dafür angewandten Methode.[1208]

Ihre Daten dürfen vielmehr immer bekannt werden, denn hier herrscht der Publizitätsgrundsatz. Etwas anderes wären Regelungen, die beispielsweise auf das Geschäfts- oder Betriebsgeheimnis abstellen.", 3. Sitzung, S. 152.

1202 So etwa die im Gesetzblatt Nr. 2422–07 abgedruckte Eingabe. Der Entwurf möchte den Personendatenschutz auf juristische Personen ausdehnen, weil auch sie über Sphären der Privatheit, Integrität und Intimität verfügen, deren Verletzung ehrenrührig sein kann, wenn auch in einem anderen Sinne als natürliche Personen.

1203 Moya Jiménez, 2010, S. 169.

1204 Art. 2 lit. o Gesetz Nr. 19.628.

1205 Vgl. Art. 2 lit. b DSRL; siehe Drittes Kapitel C. II. 2. a) aa).

1206 Art. 2 lit. a Gesetz Nr. 19.628.

1207 Art. 2 lit. c Gesetz Nr. 19.628.

1208 Art. 2 lit. h Gesetz Nr. 19.628.

Das Verändern betrifft gem. Art. 2 lit. j Gesetz Nr. 19.628 nur die Modifikation und jegliche inhaltliche Umgestaltung von Daten.[1209]

Schließlich wird in Art. 2 lit. l Gesetz Nr. 19.628 auch das Verfahren der Aufspaltung (auch Dissoziation) von Daten definiert als ein Verfahren der Verarbeitung personenbezogener Daten, bei dem das Ergebnis der Operation eine Information darstellt, die keiner bestimmten oder bestimmbaren Person mehr zugeordnet werden kann.[1210]

3. Räumlicher Anwendungsbereich

Chile ist ein Einheitsrechtsstaat, weshalb die in der chilenischen Verfassung, dem Gesetz Nr. 19.628 und der entsprechenden Durchführungsverordnung enthaltene Gesetzgebung im Bereich des Datenschutzes im gesamten Staatsgebiet Anwendung findet.[1211]

Die Übermittlung von Daten in Drittländer ist erlaubt,[1212] sofern die drei in Art. 5 Gesetz Nr. 19.628 normierten Voraussetzungen, also die Identifikation des Anfordernden, der Anlass und Zweck der Datenanforderung und die Art der übertragenen Daten festgestellt werden.[1213] Grenzüberschreitende Datenübermittlungen, die internationale Übereinkommen betreffen, sind davon ausgenommen. Hier gelten die Bestimmungen der internationalen Übereinkommen. Diese Absicht des Gesetzgebers lässt sich sowohl an der gut dokumentierten Geschichte des Gesetzgebungsprozesses[1214] ablesen wie auch dem Schluss von Art. 5 Gesetz Nr. 19.628[1215] entnehmen.

Für den Anwendungsfall bei sozialen Netzwerken ist dies insofern von Bedeutung, da vielfach Nutzerdaten an dritte Content-Provider oder Dienstleister im Ausland weitergegeben werden. Die beschriebene Vorgehensweise ist hierbei dem nationalen Recht verpflichtet. Allerdings ist zu berücksichtigen, dass der Nutzer häufig mit Annahme der entsprechenden Nutzungsbedingungen sozialer Netzwerke der Weitergabe seiner persönlichen Daten bereits im Voraus zustimmt.[1216] Die beschriebene Regelung kann bei Zugrundelegung des europäischen Standards nicht befriedigen, was dazu geführt hat, dass der Schutz personenbezogener Daten in Chile als nicht angemessen beurteilt wurde.[1217] Chile hat verschiedene Maßnahmen ergriffen, um den Datenschutzstandard der Europäischen Union zu erfüllen.

1209 Art. 2 lit. j Gesetz Nr. 19.628.

1210 Art. 2 lit. l Gesetz Nr. 19.628.

1211 Palma Calderón in Kuschewsky, 2014, S. 136.

1212 Jijena Leiva, 2002, S. 78.

1213 Palma Calderón in Kuschewsky, 2014, S. 140.

1214 Geschichte des Gesetzes Nr. 19.628, S. 112.

1215 „Diese Regel gilt nicht, wenn personenbezogene Daten an internationale Organisationen zur Erfüllung internationaler Übereinkommen übermittelt werden."

1216 Aravena López, 2010, S. 193.

1217 Arrieta, 2009, S. 18.

Es wurde zum einen die Frage in den Verhandlungen über das am 19. November 2002 in Brüssel unterzeichnete Assoziierungsabkommen zwischen der Europäischen Union und Chile thematisiert und zum anderen im März 2008 ein technisches Kooperationsabkommen mit der spanischen Datenschutzagentur (Agencia Española de Protección de Datos) geschlossen.[1218] Ein weiterer Schritt war der im Oktober 2008 im Kongress eingebrachte Gesetzentwurf[1219] zur Änderung des geltenden Datenschutzgesetzes, um es an die Datenschutzstandards der EU und OECD[1220] anzupassen. Dieses Vorhaben befindet sich noch bis heute im Gesetzgebungsverfahren.[1221]

4. *Allgemeine Grundsätze*

Das Gesetz Nr. 19.628 enthält keine ausdrückliche Nennung der Grundsätze, nach denen sich die Verarbeitung personenbezogener Daten richten soll. Trotzdem ist es möglich, die folgenden Grundsätze herzuleiten:

a) Erlaubnisgrundsatz

Gem. Art. 1 Abs. 2 Gesetz Nr. 19.628 darf jede Person personenbezogene Daten verwenden und bearbeiten.[1222] Die Verwendung personenbezogener Daten muss im Einklang mit dem Gesetz Nr. 19.628 stehen und zu den von der Rechtsordnung erlaubten Zwecken erfolgen, wobei die Grundrechte der betroffenen Personen und die Befugnisse, die das Gesetz ihnen zuerkennt, in vollem Umfang zu respektieren sind.[1223]

b) Einwilligung

Der Grundsatz der aufgeklärten Einwilligung ist der wichtigste Grundsatz überhaupt, denn er „bildet den Grundstein, auf dessen Fundament alle gesetzlichen Regelungen in dieser Materie aufbauen. Wann immer personenbezogene Daten eines Individuums

---

1218 Cerda Silva, Revista de Derecho de la Pontificia Universidad Católica de Valparaíso Nr. 38 2012, S. 210 f.

1219 Gesetzblatt Nr. 8143-03 (2013), Stellungnahme des Ausschusses für Wirtschaft, Standortförderung und Entwicklung zum Gesetzesentwurf betreffend Änderungen des Gesetzes Nr. 19.628 über den Schutz der Privatsphäre, S. 3.

1220 Die Umsetzung der Leitlinien der OECD für den Schutz des Persönlichkeitsbereichs und den grenzüberschreitenden Verkehr personenbezogener Daten wurde Chile im Rahmen des Beitrittsprozesses ausdrücklich empfohlen. Dieses Dokument zeigt Prinzipien auf, die in der innerstaatlichen Gesetzgebung aufgegriffen oder gestärkt werden müssten.

1221 Vgl. Gesetzesinitiative betreffend Änderungen des Gesetzes Nr. 19.628 über den Schutz der Privatsphäre und des Gesetzes Nr. 20-285 über den Zugang zu öffentlichen Informationen (Parlamentsbulletin Nr. 6120-07).

1222 Art. 2 Abs. 1 Gesetz Nr. 19.628.

1223 Art. 1 Abs. 2 Gesetz Nr. 19.628.

verwendet werden sollen, ist demnach die Einwilligung des hinreichend informierten Betroffenen verlangt, unbeschadet einer Anzahl gesetzlich geregelter Ausnahmen (...)."[1224]

Um personenbezogene Daten in eine Datensammlung aufnehmen zu können, bedarf es der Einwilligung des Inhabers der personenbezogenen Daten.[1225] Die betroffene Person ist in gebotener Weise über den Zweck der Speicherung ihrer persönlichen Daten und auch über deren etwaige Veröffentlichung zu unterrichten.[1226] Weiter muss die Erlaubnis schriftlich festgehalten werden und kann in gleicher Form auch widerrufen werden, allerdings nicht rückwirkend.[1227]

Eine Einwilligung ist nicht zwingend, wenn das Gesetz Nr. 19.628 den Verzicht darauf gestattet oder wenn andere Gesetze den Verzicht darauf gestatten.[1228] In diesem Fall verweist das Gesetz Nr. 19.628 auf andere gesetzliche Vorschriften, die eine Verwendung personenbezogener Daten in den ausdrücklich in ihnen geregelten Fällen gestatten. Zu nennen ist hier das Gesetz Nr. 19.477 über die Personenstands- und Meldebehörde (span. Servicio de Registro Civil e Identificación). Es regelt die Befugnis dieser Behörde, „Vereinbarungen mit anderen öffentlichen Stellen sowie mit privaten Einrichtungen über die Weitergabe der in den öffentlichen Registern der Behörde enthaltenen Daten unter Beachtung der die Sicherheit und Vertraulichkeit der Daten betreffenden gesetzlichen Beschränkungen zu schließen. Die Gebühren für die Inanspruchnahme solcher Leistungen sind von der Behörde durch Verwaltungsakt festzusetzen."[1229].

Auf die Einwilligung der Betroffenen kann auch dann verzichtet werden, wenn die Datenverantwortlichen die personenbezogenen Informationen aus „öffentlich zugänglichen Quellen"[1230] gewonnen haben, d.h. aus öffentlichen oder privaten Verzeichnissen oder Sammlungen personenbezogener Daten, die frei zugänglich sind und deren Zugang nicht auf bestimmte Nutzerkreise eingeschränkt ist. Das bedeutet, die Konsultation dieser Datenquellen muss grundsätzlich jedermann möglich sein, was bspw. bei Inhalten im Internet, von Zeitungen oder amtlichen Bekanntmachungen der Fall ist.

Eine Einwilligung der Betroffenen ist auch im Falle der Verwendung von Daten geschäftlicher oder wirtschaftlicher Natur nicht erforderlich, wenn diese aus im Gesetz oder in einem besonderen Regierungsdekret ausdrücklich bestimmten

1224 Cerda Silva, Revista Chilena de Derecho Informático Nr. 2 2003, S. 45.
1225 Art. 4 Abs. 1 Gesetz Nr. 19.628.
1226 Art. 4 Abs. 2 Gesetz Nr. 19.628.
1227 Art. 4 Abs. 4 Gesetz Nr. 19.628.
1228 Art. 4 Abs. 1 Gesetz Nr. 19.628.
1229 Art. 7 lit. i Gesetz Nr. 19.477.
1230 Art. 4 Abs. 5 Gesetz Nr. 19.628.

öffentlichen Urkunden stammen.[1231] Dabei sind bezüglich der Schuldnerdaten die im Gesetz bestimmten Verfallsfristen zu beachten.[1232]

Vom Einwilligungserfordernis befreit ist auch die Verwendung personenbezogener Daten, die für die Durchführung von Fernabsatzgeschäften oder im Direktverkauf oder -vertrieb von Waren und Dienstleistungen benötigt werden.[1233] Frei ist auch die Verwendung von Listen bestimmter Personengruppen, die sich auf die Nennung von Stammdaten wie etwa der Zugehörigkeit einer bestimmten Person zu der Gruppe, der Angabe ihres Berufs oder ihrer Tätigkeit, ihres Bildungsabschlusses, der Anschrift oder des Geburtsdatums beschränken oder die benötigt werden, um geschäftliche Mitteilungen im Rahmen von Fernabsatzgeschäften oder dem Direktverkauf oder -vertrieb von Waren und Dienstleistungen zu versenden.[1234] Gleiches gilt für Datenverarbeitungsprozesse, die von juristischen Personen des Privatrechts (also Gesellschaften) ausschließlich für eigene Zwecke und zur Nutzung durch die mit ihnen verbundenen Rechtsträger oder die ihnen angehörenden Mitglieder oder Filialen zu statistischen Zwecken, zur Preisfindung oder zu anderen Zwecken durchgeführt werden, die dem generellen Nutzen dieser Akteure dienen.[1235]

Ebenso ist für Datenverarbeitungen durch öffentliche Stellen mit Bezug auf die Gegenstände, die in ihre Zuständigkeit fallen, unter Einhaltung der Bestimmungen des Gesetzes Nr. 19.628 ebenfalls keine Ermächtigung der betroffenen Person erforderlich.[1236]

Wie den genannten Ausführungen zu entnehmen ist, gilt im Regelfall der Grundsatz, wonach für eine Verarbeitung oder Nutzung personenbezogener Daten die ausdrückliche und mithin schriftlich zu erteilende Einwilligung des Betroffenen notwendig ist. Allerdings wird nicht verlangt, dass die Einwilligung spezifisch für jeden Einzelfall erteilt werden muss. Demnach steht der üblichen Praxis nichts entgegen, eine generelle Einwilligungsklausel zu verwenden, wie sie in verschiedenen sozialen Netzwerken zum Einsatz kommt und wonach der Nutzer in dem Augenblick, in dem er sich bei einem sozialen Netzwerk anmeldet, die Speicherung seiner Daten in einer privaten Datenbank oder auch andere Verarbeitungsarten erlaubt, bspw. die zielgerichtete Zusammenführung seiner einzelnen Daten zu Nutzungsprofilen.

Aufgrund der Vielzahl der Ausnahmeregelungen stammt die Mehrheit der Daten allerdings aus öffentlich zugänglichen Quellen, sodass hier keine vorausgehende Einwilligung zur Datenverabeitung notwendig ist. Dies macht die allgemeine Regel zu einer bloßen Grundsatzerklärung.

1231 Art. 17 Abs. 2 Gesetz Nr. 19.628.

1232 Speicherung ist nur bis zu dem Zeitpunkt erlaubt, in dem die Verbindlichkeit beglichen wird; bei nicht beglichenen Forderungen bis zu fünf Jahre, gerechnet ab Fälligkeit (Art. 18 Gesetz Nr. 19.628 i.d.F. gem. Gesetz Nr. 19.812 aus 2002).

1233 Art. 4 Abs. 4 Gesetz Nr. 19.628.

1234 Art. 4 Abs. 5 Gesetz Nr. 19.628.

1235 Art. 4 Abs. 6 Gesetz Nr. 19.628.

1236 Art. 20 Gesetz Nr. 19.628.

c) *Datenqualität und Datenrichtigkeit*

Sowohl bei der Datenerhebung als auch bei der Datenverarbeitung (Verarbeitung und Nutzung) ist darauf zu achten, dass die personenbezogenen Daten richtig und aktuell sind und die tatsächliche Lage des Inhabers wahrheitsgemäß widerspiegeln.[1237] Darüber hinaus müssen personenbezogene Daten entfernt oder gelöscht werden, wenn ihre Speicherung einer gesetzlichen Grundlage entbehrt oder die Daten nicht mehr aktuell sind.[1238]

Zusammenfassend müssen personenbezogene Daten, die Gegenstand einer manuellen oder automatisierten Verarbeitung bzw. Nutzung sind, richtig, aktuell und wahrheitsgemäß sein.

d) *Zweckbindung*

Der Grundsatz der Zweckbindung besagt, dass der für die Verarbeitung Verantwortliche den Zweck, für den die Daten erhoben worden sind, dauerhaft zu beachten hat, sodass ein direkter Zusammenhang zwischen dem Zweck und den erhobenen Daten entsteht.[1239] Das bedeutet, die personenbezogenen Daten müssen zu einem ganz bestimmten Zweck erhoben werden, und spätere Verarbeitungen oder Nutzungen – auch Weitergaben, Speicherungen usw. – dürfen über diesen ursprünglich umschriebenen Zweck nicht hinausgehen. Dieser Zweck ist im Übrigen der Grund, weshalb die betroffene Person der Abgabe ihrer Daten frei zugestimmt hat.[1240]

Von diesem Erfordernis ausgenommen sind personenbezogene Daten, die aus öffentlich zugänglichen Quellen stammen oder ihnen entnommen wurden.[1241]

Hinsichtlich der Zwecke der Datensammlung enthält das Gesetz Nr. 19.628 keinerlei Beschränkungen auf spezifische Zweckarten. Die Vorschrift erfasst grundsätzlich alle Verzeichnisse oder Datenbanken unabhängig von dem jeweils verfolgten Zweck, soweit das Gesetz nicht etwas anderes bestimmt. Die einzige in Art. 1 Gesetz Nr. 19.628 ausdrücklich erwähnte Ausnahme bezieht sich auf Datenverarbeitungen, „die in Ausübung der Rechte auf freie Meinungsäußerung und auf Informationsfreiheit stattfinden und durch das Gesetz geregelt werden, auf das Art. 19 Ziff. 12 der Verfassung Bezug nimmt."[1242]

e) *Vertraulichkeit der Daten*

Der Grundsatz der Datenvertraulichkeit konkretisiert sich in einer Geheimhaltungspflicht, welche diejenigen betrifft, die als Mitarbeiter des Datenverantwortlichen mit der Verarbeitung personenbezogener Daten betraut sind. Sie beschränkt sich

---

1237 Art. 9 Abs. 2 Gesetz Nr. 19.628.
1238 Art. 6 Abs. 1 Gesetz Nr. 19.628.
1239 Art. 9 Gesetz Nr. 19.628.
1240 Roa Navarrete, 2013, S. 40 f.
1241 Art. 9 Abs. 1 Gesetz Nr. 19.628.
1242 Art. 1 Abs. 1 Gesetz Nr. 19.628.

auf diejenigen Informationen, von denen sie aufgrund dieser Tätigkeit Kenntnis erlangen.[1243] Dies gilt sowohl bei öffentlichen als auch nicht-öffentlichen Datenverantwortlichen. Hervorzuheben ist der Umstand, dass betroffene Mitarbeiter, die Zugang zu Datenbanken haben oder diese verwalten, auch nach Beendigung ihrer Tätigkeiten in diesem Feld, welches ihnen die Kenntnis geheimhaltungsbedürftiger Tatsachen ermöglicht, weiterhin der Vertraulichkeitspflicht unterliegen. Dies hat hohe Relevanz im Bereich der sozialen Netzwerke, wo Umstrukturierungen, Umbenennungen, Abteilungs- oder Eigentümerwechsel und sogar Geschäftsaufgaben an der Tagesordnung sind. Hier bestimmt das Gesetz, dass auch für derartige Fälle ein angemessener Schutz der personenbezogenen Daten der Nutzer dauerhaft sichergestellt werden muss, weshalb die Geheimhaltungspflicht sämtliche Mitarbeiter, die jemals Zugang zu den Daten besessen haben, ebenso trifft wie die, die aktuell für sie verantwortlich sind.[1244]

f) Datensicherheit

Der Verantwortliche für die Datenbanken, in denen die personenbezogenen Daten im Anschluss an ihre Erhebung gespeichert werden, hat mit der gebotenen Sorgfalt für ihre Sicherheit zu sorgen und haftet für etwaige Schäden bei deren Vernachlässigung.[1245]

g) Rechte des Betroffenen

Das Gesetz Nr. 19.628 schreibt eine Reihe von Rechten fest, die der betroffenen Person zustehen. Diese werden im Folgenden näher erläutert.

aa) Recht auf Information über die Datenerhebung

Der Betroffene muss bei Befragungen, Marktstudien, Meinungsumfragen und ähnlichen Gelegenheiten darüber informiert werden, ob die Beantwortung der Fragen obligatorisch oder freiwillig ist und zu welchem Zweck die Informationen erhoben werden.[1246] Die Datenverantwortlichen sind verpflichtet, Erkennungsdaten auszusparen, die eine Identifikation der befragten Personen ermöglichen würden. Dieses Recht kann durch keinerlei Handlung oder Abrede beschränkt oder verworfen werden.[1247] Außerdem hat die betroffene Person bei Verlangen Anspruch auf eine Kopie des erhobenen Datensatzes.[1248]

1243 Art. 7 Gesetz Nr. 19.628.
1244 Aravena López, 2010, S. 192.
1245 Art. 11 Gesetz Nr. 19.628.
1246 Art. 3 Abs. 1 Gesetz Nr. 19.628.
1247 Art. 13 Gesetz Nr. 19.628.
1248 Art. 12 Abs. 5 Gesetz Nr. 19.628.

bb) Recht auf Auskunft

Die betroffene Person hat das Recht, von dem für die Verarbeitung Verantwortlichen, der sich in öffentlichem oder privatem Auftrag mit der Verarbeitung personenbezogener Daten befasst, Auskunft über die dort bezüglich seiner Person gespeicherten Daten zu verlangen. Dieses Auskunftsrecht umfasst Herkunft und Adressat der Daten, den Zweck der Speicherung und die Angabe der Personen oder Einrichtungen, an welche die Daten regelmäßig weitergeleitet werden.[1249]

Eine Verweigerung der Auskunft bezüglich der personenbezogenen Daten bzw. des Zugriffs auf diese Daten ist nur dann begründet, wenn dies die ordnungsmäßige Ausübung der Aufsichtsaufgaben einer um Auskunft gebetenen öffentlichen Stelle behindern oder unmöglich machen würde oder eine durch Gesetz oder Verordnung vorgeschriebene Geheimhaltungs- oder Schweigepflicht, die Sicherheit der Nation oder das nationale Interesse dadurch beeinträchtigt würden.[1250] Ein Recht auf Auskunft ist ebenfalls ausgeschlossen, wenn die personenbezogenen Daten aufgrund zwingender gesetzlicher Vorschrift gespeichert wurden und ein im entsprechenden Gesetz geregelter Ausnahme- oder Härtefall nicht vorliegt.[1251]

cc) Recht auf Richtigstellung

Der Betroffene hat die Befugnis, die Berichtigung der die eigene Person betreffenden Daten zu verlangen, soweit diese unrichtig, fehlerhaft, irreführend oder unvollständig sind.[1252] "Anders als für die Ausübung der übrigen Rechte, nennt das Gesetz hierfür allerdings eine Voraussetzung, nämlich den Nachweis der „schlechten Qualität" der beanstandeten Daten seitens der betroffenen Person."[1253] Eine Verweigerung der Richtigstellung der personenbezogenen Daten durch den für die Verarbeitung Verantwortlichen ist nur begründet, wenn dies die ordnungsmäßige Ausübung der Aufsichtsaufgaben einer um Auskunft gebetenen öffentlichen Stelle behindern oder unmöglich machen würde oder eine durch Gesetz oder Verordnung vorgeschriebene Geheimhaltungs- oder Schweigepflicht, die Sicherheit der Nation oder das nationale Interesse dadurch beeinträchtigt würden.[1254] Das Recht auf Richtigstellung der Daten ist ebenfalls ausgeschlossen, wenn die personenbezogenen Daten aufgrund zwingender gesetzlicher Vorschrift gespeichert wurden und ein in dem entsprechenden Gesetz geregelter Ausnahme- oder Härtefall nicht vorliegt.[1255]

1249 Art. 12 Abs. 1 Gesetz Nr. 19.628.

1250 Art. 15 Abs. 1 Gesetz Nr. 19.628.

1251 Art. 15 Abs. 2 Gesetz Nr. 19.628.

1252 Art. 2 lit. j Gesetz Nr. 19.628.

1253 Jervis Ortiz, 2006, S. 23 f., abrufbar unter http://www.derechoinformatico.uchile.cl/index.php/ RCHDI/article/viewFile/10644/10906 (zuletzt abgerufen am 27.03.2017).

1254 Art. 15 Abs. 1 Gesetz Nr. 19.628.

1255 Art. 15 Abs. 2 Gesetz Nr. 19.628.

dd) Recht auf Streichung oder Löschung der Daten

Der Betroffene hat das Recht, vom Verantwortlichen die Streichung oder Löschung seiner Daten zu verlangen, falls ihre Speicherung einer Rechtsgrundlage entbehrt oder die Daten „überholt" sind.[1256] Dieses Recht kann durch keinerlei Handlung oder Abrede beschränkt oder verworfen werden.[1257]

ee) Recht auf Sperrung

Gem. Art. 12 Abs. 4 Gesetz Nr. 19.628 hat der Betroffene das Recht, die zeitweilige Aussetzung jeglicher Verwendung (Verarbeitung oder Nutzung) seiner Daten zu verlangen.[1258] Dieses Recht kann durch keinerlei Handlung oder Abrede beschränkt oder verworfen werden.[1259]

Die Gründe, die eine Verweigerung der Sperrung personenbezogener Daten rechtfertigen, sind die gleichen, auf die sich ein Verantwortlicher auch im Falle der Verweigerung des Rechtes auf Auskunft, Richtigstellung oder Löschung berufen kann.

ff) Recht auf Kenntnis der Datenweitergabe

Die betroffene Person hat das Recht, von dem für die Verarbeitung Verantwortlichen die Angabe der Personen oder Stellen zu verlangen, an die seine Daten regelmäßig weitergeleitet werden.[1260] Wurden bestimmte personenbezogene Daten geändert oder gelöscht, vor ihrer Richtigstellung oder Löschung aber bereits an bestimmte Personen weitergegeben oder einem umschriebenen Personenkreis mitgeteilt, so ist der Datenverantwortliche verpflichtet, den Empfängern die durchgeführte Operation (Richtigstellung oder Löschung) auf schnellstem Wege mitzuteilen.[1261] Sind jedoch die Personen, denen die Daten bereits mitgeteilt wurden, nicht mehr im Einzelnen zu ermitteln, so hat er eine allgemeine Bekanntmachung zur Kenntnisnahme sämtlicher Nutzer der Datensammlung bereitzustellen.[1262]

gg) Recht auf Widerspruch

Die betroffene Person kann der Nutzung ihrer persönlichen Daten zu Werbe-, Marktforschungs- oder Meinungsforschungszwecken widersprechen.[1263]

1256 Art. 2 lit. h Gesetz Nr. 19.628.
1257 Art. 13 Gesetz Nr. 19.628.
1258 Art. 12 Abs. 4 Gesetz Nr. 19.628.
1259 Art. 13 Gesetz Nr. 19.628.
1260 Art. 12 Abs. 1 Gesetz Nr. 19.628.
1261 Art. 12 Abs. 6 Gesetz Nr. 19.628.
1262 Ebd.
1263 Art. 3 Abs. 2 Gesetz Nr. 19.628.

hh) Recht auf Schadensersatz

Die betroffene Person hat Anspruch auf Ersatz der ihr infolge unzulässiger Verwendung ihrer personenbezogenen Daten entstandenen materiellen und immateriellen Schäden. Der Datenverantwortliche haftet für den wegen Vorsatzes oder Fahrlässigkeit vorwerfbaren Schaden. Die Geltendmachung des Schadensersatzanspruches ist mit der Beantragung der Löschung, Richtigstellung oder Sperrung der Daten durch die betroffene Person vereinbar.[1264]

Das Gericht kann alle Verfügungen treffen, die es für geeignet hält, um den Schutz der gesetzlich verankerten Rechte zu gewährleisten. Es gilt der Grundsatz der freien Beweiswürdigung. Die Höhe der Entschädigung ist nach klugem Ermessen des Gerichts unter Berücksichtigung der Umstände des Einzelfalls und der Schwere der Tat festzusetzen.[1265]

ii) Habeas Data

Zu den oben beschriebenen rechtlichen und begrifflichen Bestimmungen tritt in Art. 16 Gesetz Nr. 19.628 ein neuer gerichtlicher Rechtsbehelf, der diese Rechte schützen soll, nämlich der sog. Habeas-Data-Anspruch.[1266] Dieser Anspruch ist gegeben, wenn der für die Datenverarbeitung Verantwortliche die Gesuche des Antragstellers nicht fristgerecht beantwortet[1267] oder ohne berechtigten Grund ablehnt,[1268] mit denen dieser Auskunft über seine personenbezogenen Daten verlangt oder die Berichtigung fehlerhafter, unzutreffender oder unvollständiger Daten, die Löschung sinnfreier oder verfallener Daten bzw. die Löschung oder Sperrung freiwillig abgegebener Daten fordert, die nach seinem Wunsch nicht länger in dem betreffenden Verzeichnis enthalten sein sollen.[1269] Der Habeas-Data-Rechtsschutz wurde konzipiert als ein Instrument, mit dem es den Betroffenen möglich ist, ihre Rechte wirksam gegenüber unzulässigen oder missbräuchlichen Akten oder anderen Handlungen der Datenverantwortlichen zu schützen, die einen unzulässigen Gebrauch der sie betreffenden personenbezogenen Daten ermöglichen oder darstellen.[1270]

In der gerichtlichen Praxis haben sich jedoch trotz dieser Möglichkeit andere Rechtswege als wirkungsvoller und schneller erwiesen, so z. B. die Verfassungsbeschwerde (span. recurso de protección), die Verbraucherschutzklage (span. recurso de amparo económico) oder die unmittelbare Klage auf Schadensersatz.[1271]

1264 Art. 23 Abs. 1 Gesetz Nr. 19.628.

1265 Art. 23 Abs. 2 Gesetz Nr. 19.628.

1266 Jervis Ortiz, 2006, S. 26, abrufbar unter http://www.derechoinformatico.uchile.cl/index.php/ RCHDI/article/viewFile/10644/10906 (zuletzt abgerufen am 27.03.2017).

1267 Art. 16 Abs. 1 Gesetz Nr. 19.628.

1268 Art. 16 Abs. 3 Gesetz Nr. 19.628.

1269 Banda Vergara, Revista de Derecho vol. 11 2000, S. 64.

1270 Jervis Ortiz, 2006, S. 27, abrufbar unter http://www.derechoinformatico.uchile.cl/index.php/ RCHDI/article/viewFile/10644/10906 (zuletzt abgerufen am 27.03.2017).

1271 Ebd., S. 26 f.

Das liegt unter anderem daran, dass das ungünstige Kosten-Nutzen-Verhältnis der Inanspruchnahme des Habeas-Data-Schutzes die Rechtssuchenden abschreckt: Es gibt keine konkreten und effektiven Sanktionen; der Anspruch muss wie jeder andere im Klageweg vor Gericht geltend gemacht werden, und die Kosten der Rechtsverteidigung fallen den Betroffenen zur Last. Darüber hinaus fehlt eine Überwachungsbehörde.[1272]

5. *Rechtsprechung*

Da das Gesetz Nr. 19.628 noch sehr jung ist und es sich um ein neuartiges Phänomen handelt, existiert für den Umgang mit persönlichen Daten in sozialen Netzwerken nur wenig relevante Rechtsprechung. Wie dargestellt, gibt es einschlägige Entscheidungen des Verfassungsgerichts sowie eine entsprechende Verwaltungsrechtsprechung. Speziell das Thema dieser Untersuchung betreffende Rechtsprechung gibt es in Chile hingegen nicht.

Obwohl der Verfassungsgeber die ordentlichen Gerichte eigens mit dieser Aufgabe betraut hat, stehen die nachfolgend behandelten Entscheidungen beispielhaft für die sehr seltenen Fälle, in denen der komplexe Bereich des Rechtes auf Privatsphäre in seinen verschiedenartigen Ausprägungen von der Rechtsprechung gegenüber ungewollten Eingriffen in Schutz zu nehmen war.[1273] Die Diskussion über das Recht auf Privatsphäre konzentriert sich beinahe ausschließlich auf den Umgang mit personenbezogenen Wirtschaftsdaten, die von Unternehmen und Agenturen gesammelt, verarbeitet und verbreitet werden, die ihre Aufgabe in der Information des Marktes über die ökonomischen Verhältnisse der Bevölkerung sehen und insbesondere negative Verhaltensweisen im Blick auf die Zahlungsmoral und Bonität der Betroffenen erfassen, also etwa die säumige oder verspätete Erfüllung von Zahlungsverpflichtungen oder andere wirtschaftliche, geschäftliche oder den Banken- und Finanzverkehr betreffende Risikofaktoren.

Jedoch gilt auch für chilenische Bürger, dass die größten Bedrohungen für die Privatsphäre mit neuen Technologien wie der Computertechnologie, der Videoüberwachung und den sozialen Netzwerken verbunden ist. Diese Risiken erfahren in der chilenischen Gesellschaft insgesamt noch sehr wenig Aufmerksamkeit und werden nur relativ selten als bedrohlich empfunden.[1274]

Die wichtigsten grundsätzlichen Entscheidungen der Rechtsprechung zu dem im Gesetz Nr. 19.628 bzw. in Art. 19 Ziff. 4 CPR geregelten Schutz personenbezogener Daten werden im Folgenden dargestellt.

1272 Garrido Iglesias, 2013, S. 17.
1273 Anguita Ramírez in Anguita Ramírez/González M. et al., 2006, S. 513.
1274 Anguita Ramírez in Anguita Ramírez/González M. et al., 2006, S. 513.

So hatte der Berufungsgerichtshof Santiago de Chile (span. Corte de Apelaciones de Santiago) im Verfahren mit dem Az. 5414–2009 zu entscheiden, ob sich der Schutz des Datenschutzgesetzes auch auf die Daten juristischer Personen erstreckt.[1275]

Ein Telefonanbieter hatte dem Kreditauskunftsdienst DICOM die säumige Bezahlung einer von ihm an die klagende Firma gestellten Rechnung gemeldet. Das betroffene Unternehmen erhob Verfassungsbeschwerde, weil es der Auffassung war, DICOM habe missbräuchlich und unrechtmäßig gehandelt und gegen das im Gesetz Nr. 19.628 ausdrücklich enthaltene Verbot verstoßen, personenbezogene Daten zu schützen, wodurch die in der Verfassung verankerten Garantien missachtet worden seien.[1276] Der Gerichtshof stellte fest, die Beschwerdegegnerin sei berechtigt gewesen, der Firma DICOM die Säumigkeit des rechtsschutzsuchenden Unternehmens mitzuteilen. Da es um die Verbindlichkeiten einer juristischen Person gehe, die vom Schutz des Gesetzes Nr. 19.628 nicht erfasst sei, sah der Gerichtshof im Verhalten der Beschwerdegegnerin weder ein Unrecht noch eine missbräuchliche Vorgehensweise.[1277]

Eine das Recht am eigenen Bild als Bestandteil des Privatsphärenschutzes berührende Grundsatzentscheidung war veranlasst durch die Veröffentlichung von Fotografien eines Zeitschriftenverlags, die junge Leute in Badekleidung zeigten und an verschiedenen Stränden Chiles aufgenommen worden waren. In einer ersten Rechtsprechungsphase wurden die dagegen gerichteten Klagen von den Berufungsgerichtshöfen durchweg abgewiesen, weil eine Verletzung des Rechtes auf Privatsphäre oder der Ehre der Abgebildeten durch die Veröffentlichung dieser Aufnahmen nicht zu erkennen sei. Im Folgenden sollen zwei Entscheidungen näher betrachtet werden:

Im ersten Urteil vom 01. August 1989[1278] hielt das Gericht eine Rechtswidrigkeit der Verbreitung der Fotografien für nicht gegeben. Es stützte seine Entscheidung auf das Gesetz über das geistige Eigentum (span. Ley de Propiedad Intelectual), das Zeitschriftenverlagen das Recht verleihe, Bilder zu veröffentlichen, deren Urheber arbeitsvertraglich an den Verlag gebunden sind. Die Pflicht von Fotografen, die

---

1275 Berufungsgerichtshof Santiago de Chile, Urteil vom 11.11.2009, Az. 54144–2009, abrufbar unter http://www.derecho-chile.cl/datos-personales-persona-juridica/ (zuletzt abgerufen am 27.03.2017).

1276 Berufungsgerichtshof Santiago de Chile, Urteil vom 11.11.2009, Az. 54144–2009, Entscheidungsgrund 1 und 7, abrufbar unter http://www.derecho-chile.cl/datos-personales-persona-juridica/ (zuletzt abgerufen am 27.03.2017).

1277 Berufungsgerichtshof Santiago de Chile, Urteil vom 11.11.2009, Az. 54144–2009, Entscheidungsgrund 5 und 7, abrufbar unter http://www.derecho-chile.cl/datos-personales-persona-juridica/ (zuletzt abgerufen am 27.03.2017).

1278 Berufungsgerichtshof Santiago de Chile, Urteil vom 01.08.1989, Az. 3322–97 (Alvarado Solari, Julio ./. Diario La Cuarta).

Einwilligung der abgebildeten Person einzuholen, bleibt hierbei außerhalb des gedanklichen Horizonts.[1279]

Auf das nach Ansicht des Gerichts entscheidende Kriterium geht die Urteilsbegründung in Ziffer 7 ein: „Das Problem besteht darin zu entscheiden, ob derartige Vorgänge, die sich an öffentlichen oder für die Öffentlichkeit zugänglichen Orten abspielen, Bestandteil der Privatsphäre einer Person sein können. Die richtige Antwort lautet hier nein, denn die Tatsache, dass sich die Handlungen an einem öffentlichen Ort zugetragen haben, macht bereits deutlich, dass die vorgeblich Geschädigte sie nicht als privat betrachtete, und in dieser Beziehung ist ihr Wille das Entscheidende. Infolgedessen ist eine Verletzung verfassungsmäßiger Rechte hier nicht erkennbar, (...) wenn man in Betracht zieht, dass sich die Tochter des Beschwerdeführers an einem öffentlichen Ort aufhielt."[1280]

Der Gerichtshof beschränkt den Schutz der Privatsphäre demnach auf die Frage, an welchem Ort das Bild aufgenommen wurde.[1281] Dies sei ausschlaggebend dafür, ob eine Verletzung der Privatsphäre einer Person in Betracht komme oder von vornherein ausgeschlossen sei.[1282]

Ein Beispiel für die Weiterentwicklung der Rechtsprechung in dieser Materie ist eine spätere Entscheidung des Berufungsgerichtshofs Santiago de Chile vom 26. April 1993 im Fall *Díaz Colom, José ./. Diario La Cuarta.*[1283] Dieser Fall hatte erhebliche Bedeutung, denn es war die erste Entscheidung, die einen verfassungsrechtlichen Abwehranspruch – und zwar wiederum gegen die Veröffentlichung der Fotografie einer Heranwachsenden im Badeanzug auf der Titelseite der Zeitung *Diario La Cuarta*[1284] – bejahte. Das Urteil stellt nicht auf das Recht der Beschwerdeführerin am eigenen Bild ab, sondern auf den Schutz ihrer Ehre und Privatsphäre.[1285] Die Tageszeitung *Diario La Cuarta* verteidigte sich in ihrer Stellungnahme damit, die Fotos und die sie begleitenden Bildunterschriften seien für die Betroffene nicht entwürdigend gewesen, und weder ihr Recht auf Privatleben noch ihre Ehre seien durch die Veröffentlichung beschädigt worden. Nach Ansicht des beschwerdegegnerischen Verlags war das Verhalten der Zeitung durch die Pressefreiheit gedeckt,

1279 Nogueira Alcalá, Ius et Praxis vol. 13 Nr. 2 2007, S. 266, abrufbar unter http://www.scielo.cl/pdf/iusetp/v13n2/art11.pdf (zuletzt abgerufen am 27.03.2017).

1280 Berufungsgerichtshof Santiago de Chile, Urteil vom 01.08.1989, Az. 3322–97 (Alvarado Solari, Julio ./. Diario La Cuarta), Entscheidungsgrund 7.

1281 Nogueira Alcalá, Ius et Praxis vol. 13, Nr. 2 2007, S. 265, abrufbar unter http://www.scielo.cl/pdf/iusetp/v13n2/art11.pdf (zuletzt abgerufen am 27.03.2017).

1282 Anguita Ramírez in Anguita Ramírez/González M. et al., 2006, S. 351.

1283 Berufungsgerichtshof Santiago de Chile, Urteil vom 26.04.1993, Az. 604–93 = Gaceta Jurídica Nr. 160, 1993, S. 143 ff.

1284 Tageszeitung in Chile, die für gewöhnlich Bilder von leicht bekleideten Frauen zeigt.

1285 Figueroa G., Rodolfo, Revista Chilena de Derecho vol. 40 Nr. 3 2013, S. 874, abrufbar unter http://www.scielo.cl/pdf/rchilder/v40n3/art05.pdf (zuletzt abgerufen am 27.03.2017).

die Vorrang vor Privatinteressen habe, solange sie nicht böswillig missbraucht und niemand gezielt geschädigt werde.[1286]

Der Berufungsgerichtshof hielt die Beschwerde in der Sache für begründet. Zum einen sei die häufige Veröffentlichung von Bildern junger Frauen auf der Titelseite der Zeitung *Diario La Cuarta*, die ihren Körper in der Öffentlichkeit unter Entblößung erotisch reizvoller Partien in provozierender Pose zur Schau stellen, für die Würde, Achtung und Ehrbarkeit einer allein aus diesem Grund in der entsprechenden Rubrik abgebildeten Person als Nachteil zu werten[1287], und zum anderen beeinträchtige die Veröffentlichung des Bildes der Minderjährigen im Bikini auf der ersten Seite der Zeitschrift ohne ihre Zustimmung und ohne Einwilligung der Eltern „ganz unvermeidlich ihr Privatleben und ihr Ansehen im Kreise derer, die sie kennen und in der Lage sind zu bemerken, dass sie die Abgebildete ist; und zwar ausschließlich in diesem Kreis, da die Identität des Mädchens in der Rubrik nicht genannt wird (...)."[1288]

Der Berufungsgerichtshof gab der Beschwerde im Ergebnis statt und verbot strikt jede neue Veröffentlichung von Fotografien der Minderjährigen, was durch die Anordnung an die Zeitung unterstrichen wurde, sämtliche Negative der Bilder unverzüglich herauszugeben.[1289]

Eine weitere gerichtliche Entscheidung hängt ebenfalls mit der missbräuchlichen Verwendung eines Fotos der Klägerin zusammen, das auf einer Internetseite zusammen mit erniedrigenden Schmähtexten veröffentlicht wurde.[1290] Auch dieser Fall gehört also zu jener Konstellation, in der mit dem Recht am eigenen Bild auch das Recht auf Ehre verletzt wird. Die Entscheidung des Berufungsgerichtshofs von Temuco vom 6. Dezember 2001 ist bekannt geworden als der Fall *Ustovic Kaflik, Izet u.a. ./. Sáez Infante, Eugenio u.a.*[1291] Der Oberste Gerichtshof hat das Urteil in letzter Instanz bestätigt.[1292]

Die Verfassungsbeschwerde war veranlasst durch diverse Mobbinghandlungen eines Kommilitonen, der dieselbe Universität wie die Tochter des Beschwerdeführers besuchte. Eine dieser Handlungen bestand darin, dass sich der Täter ein digitales

---

1286 Anguita Ramírez in Anguita Ramírez/González M. et al., 2006, S. 352.

1287 Berufungsgerichtshof Santiago de Chile, Urteil vom 26.04.1993, Az. 604–93, Ziff. 4 der Entscheidungsgründe.

1288 Ebd., Ziff. 5 der Entscheidungsgründe.

1289 Anguita Ramírez in Anguita Ramírez/González M. et al., 2006, S. 354.

1290 Figueroa G., Rodolfo, Revista Chilena de Derecho vol. 40 Nr. 3 2013, S. 874, abrufbar unter http://www.scielo.cl/pdf/rchilder/v40n3/art05.pdf (zuletzt abgerufen am 27.03.2017).

1291 Berufungsgerichtshof von Temuco, Urteil vom 06.12.2001, Az. 127–02 bestätigt durch den Obersten Gerichtshof (span. Corte Suprema), Urteil vom 30.01.2002, Az. 127–02 = Revista de Derecho y Jurisprudencia vol. 99, Nr. 1 2002, 2. Teil, Abschnitt 5, S. 20 ff.

1292 Oberster Gerichtshof (span. Corte Suprema), Urteil vom 30.01.2002, Az. 127–02 = Revista de Derecho y Jurisprudencia vol. 99, Nr. 1 2002, 2. Teil, Abschnitt 5, S. 20 ff.

fotografisches Bildnis des Opfers aus dem Computerarchiv der Universität besorgte und es anschließend auf eine öffentlich zugängliche Internetseite (http://www.xuxetumadre.cl) stellte. Er kommentierte das Bild mit aggressiven, beleidigenden Kommentaren, in denen er sowohl die Tochter als auch deren Vater beschimpfte, und verbreitete die Adresse der Internetseite im Bekanntenkreis.[1293]

Das Rechtsmittel richtete sich gegen den Studenten als den mutmaßlichen Tatverantwortlichen sowie auch gegen die technischen und administrativen Verantwortlichen der Internetseite http://www.xuxetumadre.cl.

Der Berufungsgerichtshof bewertete es nach Würdigung der beigebrachten Beweise als unzweifelhafte Tatsache, dass über die Internetseite www.xuxetumadre.cl das fotografische Bildnis der Beschwerdeführerin zusammen mit einer rüpelhaften, geschmacklosen, beleidigenden, ehrverletzenden und den Ruf und das Ansehen von Vater und Tochter beschädigenden Botschaft verbreitet worden war.

Zur festen Überzeugung des Gerichts seien das Bild und der begleitende Text ohne Einwilligung und Kenntnis der Beschwerdeführer verbreitet worden. Weiter heißt es: „Es kann kein Zweifel bestehen, dass mit dieser Verbreitung des Bildnisses der Rechtsschutzsuchenden zusammen mit der beigefügten Botschaft ein Anschlag auf die psychische Integrität der Beschwerdeführerin verübt, der Respekt und der Schutz ihrer Privatsphäre missachtet und ihre Ehre und die Ehre ihrer Familie verletzt wurden; desgleichen ihr geistiges Eigentumsrecht, da nämlich das Abbild ein Ausdruck ihrer Persönlichkeit ist, die ihr gehört, und die Verbreitung eines Bildes ohne Einverständnis oder wenigstens Wissen der abgebildeten Person untragbar erscheint."[1294]

Der Berufungsgerichtshof machte sich die von der rechtsschutzsuchenden Seite vorgebrachten Argumente zu Eigen und stellte fest, ein solches Verhalten – nämlich die Verbreitung des fraglichen Bildes zusammen mit den entehrenden Texten – sei ein rechtswidriger Missbrauch.[1295]

Das Gericht sah allerdings keinen hinreichenden Nachweis darüber erbracht, welche Person das Bild und die beigefügte Textbotschaft auf die Seite www.xuxetumadre.cl hochgeladen hatte. Deshalb wies es den gegen den mutmaßlichen Täter gerichteten Anspruch ab. Erfolgreich war die Beschwerde jedoch gegenüber der Firma NIC Chile, also der nationalen chilenischen Vergabestelle für Top-Level-Domains mit dem Länderkürzel „cl".[1296] Bei der Haftung für unerlaubte Inhalte im Internet wären somit nach dem eigentlichen Verfasser auch die Internetdienstanbieter haftbar

---

1293 Anguita Ramírez in Anguita Ramírez/González M. et al., 2006, S. 373.

1294 Berufungsgerichtshof von Temuco, Urteil vom 06.12.2001, Az. 127–02, Entscheidungsgrund 4.

1295 Ebd., Entscheidungsgrund 5.

1296 Die Bezeichnung NIC Chile steht für *Network Information Center de Chile.* Die Einrichtung handelt im ausdrücklichen Auftrag der IANA (engl. Internet Assigner Number Authority) und verwaltet seit 1997 das Regelwerk für die Zuweisung von Internetadressen mit der Top-Level-Domain „.cl". Diese Aufgabe wird im Sinne eines Dienstes für die Allgemeinheit von der Abteilung für Naturwissenschaften

zu machen: an erster Stelle der Netzzugangsprovider, der die Netzkonnektivität bereitstellt, und zuletzt auch der Webhosting- oder Colocation-Provider, der die Internetpräsenz bzw. den Server bereitstellt.[1297] Der Berufungsgerichtshof gab dem auf die Verfassung gegründeten Anspruch der Rechtsschutzsuchenden daher statt und wies den für technische Belange zuständigen Ansprechpartner der Firma NIC Chile an, die Internetseite http://www.xuxetumadre.cl zu löschen und die Verbreitung des Bildes der Beschwerdeführerin mit dem beigefügten Schmähtext einzustellen.[1298]

Der sicherlich bedeutendste Fall im Hinblick auf den Schutz personenbezogener Daten außerhalb des Feldes der Wirtschaftsdatenlieferanten sowie der Ehrverletzungen und Rufschädigungen, der zudem eng mit dem Schutz der Privatsphäre zusammenhängt, ist der im Folgenden geschilderte Verfassungsrechtsstreit *N.N. ./. Justizverwaltung.*[1299] Anlass für die Verfassungsbeschwerde gegen die Justiz war die Vaterschaftsfeststellungsklage einer Frau gegen den Mann, den sie für den Vater ihrer Tochter hielt. Die Klägerin hatte von Dritten erfahren, dass die Eingabe ihres Namens in die Suchmaske auf dem Internetportal der chilenischen Justizverwaltung unter der Adresse www.poderjudicial.cl dazu führte, dass ihre Klageerhebung für jedermann sichtbar wurde und es so jeder beliebigen Person an jedem Ort der Welt möglich sei, in Erfahrung zu bringen, dass sie eine bestimmte Person verklagt hatte, mutmaßlicher Vater oder Erzeuger ihres nicht anerkannten Kindes zu sein.[1300] Zusätzlich machte sie darauf aufmerksam, in dem Feld „Gegenstand" der Verfahrensaufstellung sei der Ausdruck erschienen: „Legitimierung von Kindern, Klagen", obwohl sie ihre Klage erst nach Inkrafttreten des Gesetzes Nr. 19.585[1301] erhoben

---

und Computertechnologie der Fakultät für physikalische und mathematische Wissenschaften der Chilenischen Universität (*Universidad de Chile*) übernommen.

1297 Anguita Ramírez in Anguita Ramírez/González M. et al., 2006, S. 376.

1298 Berufungsgerichtshof von Temuco, Urteil vom 06.12.2001, Az. 127–02, Entscheidungsgrund 5.

1299 Berufungsgerichtshof Santiago de Chile, Urteil vom 01.06.2001, Az. 2.299–2001, bestätigt vom Obersten Gerichtshof ohne qualifizierenden Ausspruch, Urteil vom 03.07.2001, abrufbar unter http://www.derecho-chile.cl/rol-2-299-2001-proteccion-de-datos-personales-vinculado-con-el-derecho-a-la-vida-privada/ (zuletzt abgerufen am 27.03.2017).

1300 Figueroa G., Rodolfo, Revista Chilena de Derecho vol. 40 Nr. 3 2013, S. 874, abrufbar unter http://www.scielo.cl/pdf/rchilder/v40n3/art05.pdf (zuletzt abgerufen am 27.03.2017).

1301 Mit dem am 27. Oktober 1999 in Kraft getretenen neuen Abstammungsgesetz (span. Ley de Filiación, Gesetz Nr. 19.585) wurde die volle rechtliche Gleichstellung aller Kinder in Chile verwirklicht. Heute wird jeder vor dem Gesetz gleich geboren. Damit wurde die in Chile seit 1855 geltende, diskriminierende Unterscheidung zwischen ehelichen, nichtehelichen und rechtlich vaterlosen (sog. „schlicht illegitimen") Kindern abgeschafft.

hatte. Der Angabe lasse sich die im Gesetz nicht mehr vorgesehene Qualifizierung ihrer Tochter als „illegitim" entnehmen, die diese stigmatisiere und diskriminiere.[1302]

Der mit der Verfassungsbeschwerde geltend gemachte Anspruch wegen Grundrechtsverletzung stützt sich auf das Gesetz Nr. 19.628 als den verbindlichen Rechtsrahmen, an den jede natürliche oder juristische Person, die für Register, Verzeichnisse oder Datenbanken verantwortlich ist, die personenbezogene Informationen enthalten, gebunden ist.[1303] Die Klägerin nimmt auch Bezug auf Art. 10 Gesetz Nr. 19.628, der die Verwendung sensibler Daten verbietet, „ausgenommen sie wäre durch ein Gesetz gestattet, der Inhaber hätte ihr zugestimmt oder sie wäre zum Zwecke der Festsetzung oder Bewilligung von Gesundheitsleistungen unabdingbar, die dem Inhaber zugute kommen."[1304] Zitiert werden auch die Bestimmungen des Gesetzes Nr. 19.628 über Datenverarbeitungen durch öffentliche Stellen. Sie sind gemäß Art. 20 mit Bezug auf Gegenstände, die in die Zuständigkeit dieser Stellen fallen, ohne Zustimmung des Inhabers statthaft, allerdings unter Einhaltung der übrigen Bestimmungen des Gesetzes, darunter auch der vorzitierte Art. 10.[1305]

Verfassungsrechtlich beruft sich die Klägerin auf Art. 19 Ziff. 1 CPR („das Recht auf Leben und auf die körperliche und geistige Unversehrtheit der Person"[1306]), Art. 19 Ziff. 4 CPR („Respekt und Schutz des privaten Lebens, der Ehre der Person und der Familie."[1307]) und Art. 19 Ziff. 2 CPR, wonach „weder das Gesetz noch irgendeine sonstige Autorität (...) willkürliche Unterschiede machen"[1308] dürfen. Art. 19 Ziff. 2 CPR bezieht sich auf die Bezeichnung eines Kindes in Chile als „legitim" oder „illegitim. Auch auf die Allgemeine Erklärung der Menschenrechte und die Amerikanische Menschenrechtskonvention wird Bezug genommen, die das Privatleben der Menschen als schutzwürdig anerkennen.[1309]

1302 Anguita Ramírez in Anguita Ramírez/González M. et al., 2006, S. 508.

1303 Berufungsgerichtshof Santiago de Chile, Urteil vom 01.06.2001, Az. 2.299–2001, bestätigt vom Obersten Gerichtshof ohne qualifizierenden Ausspruch, Urteil vom 03.07.2001, Abs. 6, abrufbar unter http://www.derecho-chile.cl/rol-2-299-2001-proteccion-de-datos-personales-vinculado-con-el-derecho-a-la-vida-privada/ (zuletzt abgerufen am 27.03.2017).

1304 Art. 10 Gesetz Nr. 19.628.

1305 Berufungsgerichtshof Santiago de Chile, Urteil vom 01.06.2001, Az. 2.299–2001, bestätigt vom Obersten Gerichtshof ohne qualifizierenden Ausspruch, Urteil vom 03.07.2001, Abs. 7, 8 abrufbar unter http://www.derecho-chile.cl/rol-2-299-2001-proteccion-de-datos-personales-vinculado-con-el-derecho-a-la-vida-privada/ (zuletzt abgerufen am 27.03.2017).

1306 Art. 19 Ziff. 1 CPR, abrufbar unter http://www.verfassungen.net/cl/verf05-i.htm (zuletzt abgerufen am 27.03.2017).

1307 Art. 19 Ziff. 4 CPR, abrufbar unter http://www.verfassungen.net/cl/verf05-i.htm (zuletzt abgerufen am 27.03.2017).

1308 Art. 19 Ziff. 2 Abs. 2 CPR, abrufbar unter http://www.verfassungen.net/cl/verf05-i.htm (zuletzt abgerufen am 27.03.2017).

1309 Berufungsgerichtshof Santiago de Chile, Urteil vom 01.06.2001, Az. 2.299–2001, bestätigt vom Obersten Gerichtshof ohne qualifizierenden Ausspruch, Urteil vom

In der Sache verteidigt sich die Beschwerdegegnerin mit dem Argument, nur die jeweils anhängigen Kindschaftssachen würden in dem Verzeichnis öffentlich bekannt gemacht, wobei auch das betreffende Gesetz explizit genannt sei: „Klage nach Gesetz 19.585."[1310] Da die Seite regelmäßig aktualisiert und gewartet werde, blieben die Daten nur für den Zeitraum zugänglich, in dem das Verfahren tatsächlich betrieben wird.[1311] Gleichzeitig fehle jeglicher Hinweis darauf, dass die Betroffene dem Administrator der Internetpräsenz ihre Bedenken mitgeteilt habe.[1312] Weiter trägt die Betreiberin vor, es handele sich nur um die Bekanntgabe der anhängigen Verfahren und es würden nur Basisdaten genannt, während auf den Volltext der Entscheidungen oder Verhandlungsprotokolle kein allgemeiner Zugriff bestehe.[1313]

Sie betont den Umstand, über Suchanfragen könne der Seitennutzer lediglich die Daten der beteiligten Parteien ermitteln und müsse sich für weiter führende Auskünfte direkt an die Beteiligten wenden. Über den Inhalt des anhängigen Verfahrens erfahre der Nutzer dagegen nichts.[1314] Weiter beruft sich die Beschwerdegegnerin darauf, gemäß Art. 90 des chilenischen Gerichtsverfassungsgesetzes (*Código de Tribunales*) seien gerichtliche Akte grundsätzlich öffentlich und dürften der Öffentlichkeit nur in den ausdrücklich im Gesetz genannten Ausnahmefällen vorenthalten werden.[1315] Damit werde eines der grundlegenden Prinzipien der Rechtsprechung verankert, nämlich ihre Publizität. Diesem Prinzip sei der in Art. 197 des chilenischen Zivilgesetzbuches verankerte Grundsatz gegenüberzustellen, wonach derartige Prozesse grundsätzlich so lange geheim bleiben müssen, bis das Endurteil gesprochen sei, weshalb bis dahin nur den beteiligten Parteien und ihren anwaltlichen Vertretern Zugang zu den Akten gewährt werden dürfe.[1316] Das bedeute, so die Beschwerdegegnerin, ähnlich wie in Strafsachen dürften die Einzelheiten solcher Verfahren nicht an die Öffentlichkeit gelangen. Dies beziehe sich auf den Inhalt der Akten, Entscheidungen oder Eingaben, die der Öffentlichkeit keinesfalls bekannt gegeben werden dürfen, sondern der Geheimhaltung unterliegen.[1317] Allerdings, so fügt sie hinzu, beziehe sich das mitnichten auf die bloße Tatsache der Anhängigkeit des betreffenden Verfahrens. Der Beweis dafür seien die Eingangsbücher der Gerichte, in denen alle anhängig gemachten Verfahren verzeichnet seien und die von jedermann konsultiert werden könnten.[1318] Auf diese Weise könne jeder davon

---

03.07.2001, Abs. 11, abrufbar unter http://www.derecho-chile.cl/rol-2-299-2001-proteccion-de-datos-personales-vinculado-con-el-derecho-a-la-vida-privada/ (zuletzt abgerufen am 27.03.2017).

1310 Ebd., Entscheidungsgrund 1.
1311 Ebd., Entscheidungsgrund 2.
1312 Ebd., Abs. 16.
1313 Ebd., Abs. 17.
1314 Ebd., Abs. 5.
1315 Ebd., Entscheidungsgrund 6.
1316 Ebd., Entscheidungsgrund 2.
1317 Ebd., Entscheidungsgrund 4.
1318 Ebd., Abs. 20.

Kenntnis erhalten, ob ein Verfahren dieser Art geführt wird, einschließlich der Namen der Parteien, der Verfahrensart und des Geschäfts- oder Aktenzeichens.[1319]

Der Berufungsgerichtshof Santiago de Chile wies die Verfassungsbeschwerde ab, nachdem es die Internetseite der Justizverwaltung selbst geprüft hatte, und stellte fest, dass Klagen von der Art, wie sie die Beschwerdeführerin erhoben hatte, nur durch die Angabe des entsprechenden Gesetzes als solche identifizierbar seien („Klage nach Gesetz 19.585."). [1320] Informationen über den Inhalt der entsprechenden Verfahren oder die gefällten Entscheidungen seien hingegen nicht abrufbar.[1321]

Das Gericht urteilte, dass sich die auf der Internetseite der Justizverwaltung dargebotenen Informationen über die anhängigen Verfahren in Kindschaftssachen (Gesetz Nr. 19.585) ausschließlich auf jene Daten beschränkten, die von jedermann in den Eingangsbüchern der Gerichte konsultiert werden könnten und dementsprechend als öffentlich bekannt gelten müssten.[1322] Eine Überschreitung der Befugnisse oder Verletzung der Geheimhaltungspflicht seitens der Behörde sieht das Gericht nicht.[1323] Auf der Internetseite der Justizverwaltung seien nämlich weder der Inhalt des Verfahrens noch die etwa ergangenen Entscheidungen bekanntgegeben worden. Erst damit aber wären sensible Daten aus dem Privatleben der Klägerin offenbart gewesen, die durch das Gesetz Nr. 19.628 als Bestandteil ihrer Privatsphäre vor ungewollter Verbreitung geschützt sind.[1324]

Im Ergebnis diente das Verfahren dazu, die mit der Privatsphäre verbundene verfassungsrechtliche Problematik zu durchleuchten und die Tragweite der Bestimmungen des Datenschutzgesetzes Nr. 19.628 auszuloten.

III. Im Legislaturprozess befindliche Gesetzentwürfe zur Verbesserung des aktuellen Datenschutzrechts

Im Parlament sind momentan verschiedene wichtige Gesetzentwürfe anhängig, mit denen versucht werden soll, die gegenwärtige Gesetzgebung zum Schutz personenbezogener Daten zu verbessern.[1325] Seit dem Jahr 2000 bis Dezember 2015

1319 Ebd., Entscheidungsgrund 5.

1320 Ebd., Entscheidungsgrund 4 und 5.

1321 Ebd., Entscheidungsgrund 6.

1322 Ebd., Entscheidungsgrund 5 Abs 1, 2.

1323 Ebd., Entscheidungsgrund 6 Abs. 1.

1324 Anguita Ramírez in Anguita Ramírez/González M. et al., 2006, S. 512.

1325 Nummern der Veröffentlichungen im Gesetzblatt: 2474-07, 2771-05, 3003-19, 3066-03, 3094-19, 3095-07, 3185-19, 3312-05, 3656-18, 3796-07, 4124-18, 4143-07, 4203-07, 4429-07, 4466-03, 4482-03, 4629-07, 4959-03, 4972-03, 5009-06, 5053-07, 5122-07, 5309-03, 5320-03, 5351-07, 5356-07, 5365-07, 5754-07, 5883-07, 5999-07, 6120-07, 6298-05, 6353-07, 6495-07, 6594-07, 6598-06, 6854-03, 6914-03, 6939-03, 6979-06, 6982-03, 6994-07, 7026-07, 7055-07, 7093-03, 7132-03, 7158-05, 7232-03, 7282-07, 7715-03, 7732-07, 7776-03, 7777-07, 7794-07, 7808-13, 7831-07, 7833-13, 7864-03, 7886-03, 8086-04, 8143-03, 8175-03, 8208-07,

wurden mehr als 70 Gesetzentwürfe vorgelegt,[1326] von denen bisher nur sechs in Gesetze verwandelt wurden, während 72 im Gesetzgebungsstau stecken oder nicht die nötige Dringlichkeit haben.[1327]

Der erste hier zu nennende Gesetzentwurf bezweckt eine Verfassungsänderung: Der Vorlage zufolge soll in Art. 19 Ziff. 4 CPR die Zusicherung des Schutzes personenbezogener Daten aufgenommen und zugleich die Schaffung einer unabhängigen Kontrollinstanz vorgeschrieben werden, die die Umsetzung und Anwendung des entsprechenden Gesetzes überwacht.[1328]

Bisher kennt das Gesetz Nr. 19.628 keine unabhängige administrative Instanz, die über die Einhaltung der den Umgang mit personenbezogenen Daten leitenden Grundsätze wacht und unter anderem über Beschwerden etwaiger Betroffener entscheiden und verwaltungsrechtliche Sanktionen zur Ahndung von Zuwiderhandlungen verhängen könnte.[1329] Dies wird seitens der Lehre als einer der größten Schwachpunkte der chilenischen Datenschutzgesetzgebung angesehen.[1330] Die einzige Reaktion auf diesen Kritikpunkt seitens des chilenischen Gesetzgebers bestand bisher darin, der zentralen Personenstands- und Meldebehörde die Pflicht zur Führung eines Verzeichnisses der von öffentlichen Stellen geführten Datensammlungen aufzuerlegen.[1331]

Zwar wurde im Gesetz Nr. 19.628 die Pflicht öffentlicher Datenverantwortlicher verankert, ihre Datensammlungen bei der zentralen Personenstands- und Meldebehörde registrieren zu lassen,[1332] jedoch ist diese Verpflichtung durch keinerlei Sanktionen flankiert und wird deswegen nicht konsequent umgesetzt. Das amtliche Datenbankregister erfasst daher keineswegs alle existierenden Datenbanken öffentlicher Stellen, gilt als wenig zuverlässig und hat entsprechendes Vertrauen eingebüßt. Für Datensammlungen privater Datenverantwortlicher existiert zudem keine vergleichbare Registrierungspflicht.[1333]

8222–11, 8275–07, 8559–03, 8589–07, 9242–10, 9252–15, 9388–03, 9384–07, 9308–07 und 9.558–15.

1326 Diario El Mostrador, 21.12.2015, abrufbar unter http://m.elmostrador.cl/mercados/2015/12/28/necesita-chile-una-nueva-ley-de-proteccion-de-datos/ (zuletzt abgerufen am 27.03.2017).

1327 Campusano Barra, 2014, S. 81.

1328 Gesetzblatt Nr. 5883–07, S. 2.

1329 Jervis Ortiz, 2006, S. 26, abrufbar unter http://www.derechoinformatico.uchile.cl/index.php/ RCHDI/article/viewFile/10644/10906 (zuletzt abgerufen am 27.03.2017).

1330 Anguita Ramírez, 2007, S. 322.

1331 Personenstands- und Meldebehörde, Beschluss Nr. 1.540 vom 30.04.2010, abrufbar unter https://www.registrocivil.cl/transparencia/marcoNormativo/Resolucion_1540.pdf (zuletzt abgerufen am 27.03.2017).

1332 Vgl. Art. 22 Gesetz Nr. 19.628 sowie das Dekret Nr. 779 des Justizministeriums, mit dem die Verordnung über die Eintragung personenbezogener Datensammlungen öffentlicher Stellen erlassen wurde.

1333 Arrieta, 2009, S. 20.

Daneben gibt es ein weiteres Vorhaben, mit dem weite Teile des Gesetzes Nr. 19.628 geändert werden sollen. Geschärft werden soll unter anderem das Recht der Individuen, die tatsächliche und effektive Kontrolle über ihre Daten auszuüben. Insgesamt wird die Anpassung der Rechtslage an internationale Standards angestrebt.[1334] Auch sollen dem Rat für Transparenz Befugnisse zur Überwachung der Einhaltung der die Verarbeitung und Nutzung personenbezogener Daten betreffenden gesetzlichen Bestimmungen eingeräumt werden: Er soll über Beschwerden Einzelner entscheiden, die mit der Wahrnehmung ihrer Rechte zusammenhängen, und ein Verzeichnis aller Datenbanken führen, sowohl öffentlicher als auch privater Datenverantwortlicher.[1335]

Ein weiterer Gesetzentwurf strebt die Änderung von Art. 1 Gesetz Nr. 19.628 an. Hier soll bestimmt werden, jeder habe das Recht, bei Suchmaschinen und Internetseiten die Entfernung seiner persönlichen Daten zu verlangen. Eine Nichtbeantwortung oder Ablehnung des Gesuchs seitens der für die betreffenden Suchmaschinen oder Internetseiten Verantwortlichen soll den Betroffenen berechtigen, das in Art. 16 Gesetz Nr. 19.628 vorgesehene Rechtsmittel einzulegen.[1336]

Der letzte hier vorgestellte Gesetzentwurf schlägt zahlreiche Änderungen am Gesetz Nr. 19.628 vor. In einem die Regierungsvorlage begleitenden Schreiben[1337] nennt der damalige Staatspräsident Sebastián Piñera[1338] folgende Punkte als Kerngedanken der Gesetzesinitiative: Stärkung der Rechte der Inhaber personenbezogener Daten, Erfüllung der von Chile aufgrund seiner Aufnahme in die OECD übernommenen Verpflichtungen, Verbesserung der gesetzlichen Standards, um Chile in ein Land mit adäquatem Datenschutzniveau zu verwandeln.

Unter anderem präzisiert der Regierungsentwurf den Begriff der „Zustimmung des Inhabers“ mit dem Ziel, die Rechtmäßigkeit jeglicher Datenverarbeitung an das Erfordernis der Zustimmung des Dateninhabers in Form einer ausdrücklichen Willenserklärung zu binden, die frei, unmissverständlich und aufgeklärt abgegeben werden muss, um als gültig anerkannt zu werden.[1339]

Gleichzeitig werden die von der OECD anerkannten Datenschutzgrundsätze eingeführt, die den regulatorischen Rahmen bilden, von dem alle neueren Normsetzungsvorhaben im Bereich des Datenschutzes ausgehen. Es handelt sich um die Grundsätze

---

1334 Kommuniqué Nr. 395–359, Santiago de Chile, 25.11.2011, S. 4 abrufbar unter http://www.oas.org/es/sla/ddi/docs/CH4%20Proyecto%20de%20Ley%20que%20Modifica%20la%20ley%20N%2019628.pdf (zuletzt abgerufen am 27.03.2017).

1335 Gesetzblatt Nr. 6120–07.

1336 Gesetzblatt Nr. 9388–03.

1337 Kommuniqué Nr. 395–359, Santiago de Chile, 25.11.2011, abrufbar unter http://www.oas.org/es/sla/ddi/docs/CH4%20Proyecto%20de%20Ley%20que%20Modifica%20la%20ley%20N%2019628.pdf (zuletzt abgerufen am 27.03.2017).

1338 Sebastián Piñera war in der Zeit von 2010 bis 2014 Staatspräsident der Republik Chile.

1339 Kommuniqué Nr. 395–359, Santiago de Chile, 25.11.2011, S. 7, abrufbar unter http://www.oas.org/es/sla/ddi/docs/CH4%20Proyecto%20de%20Ley%20que%20Modifica%20la%20ley%20N%2019628.pdf (zuletzt abgerufen am 27.03.2017).

der Verhältnismäßigkeit, der Datenqualität, der Offenlegung eines spezifischen Zwecks oder Anliegens, der beschränkten Nutzung, der Datensicherheit, des Auskunfts- und Widerspruchsrechts seitens des Dateninhabers und der Transparenz.[1340]

Ebenso wird die Pflicht festgeschrieben, den Inhaber der personenbezogenen Daten über die Umstände aufzuklären, unter denen man ihn um Angabe seiner persönlichen Daten ersucht. Damit ist gemeint, der Verantwortliche hätte den Dateninhaber ausdrücklich, genau, eindeutig und unmissverständlich auf die Existenz eines Datenverzeichnisses oder einer Datenbank hinzuweisen und deutlich zu machen, dass die erhobenen personenbezogenen Daten in diese Sammlung aufgenommen werden.[1341] Dabei sind der Verantwortliche oder Betreiber der Datensammlung, der Zweck der Datenerhebung sowie die Empfänger oder Nutznießer der Datenverarbeitungen bzw. -weitergaben präzise zu bezeichnen; desgleichen ist eindeutig anzugeben, ob die Angabe der erbetenen personenbezogenen Daten freiwillig oder obligatorisch ist und welche Folgen die Abgabe oder die Verweigerung der Angaben hätte; ferner sind die gesetzlichen Rechte des Dateninhabers zu nennen und einiges mehr.

Weiter wird die Pflicht verankert, in geschäftlichen Mitteilungen und Werbesendungen, die namentlich an den Dateninhaber gerichtet sind, Angaben über die Herkunft der Daten, die Identität des für ihre Verarbeitung Verantwortlichen und die Rechte des Dateninhabers zu machen.[1342]

Der Verantwortliche für eine personenbezogene Datensammlung oder ein Datenverzeichnis soll verpflichtet werden, auf seiner Internetseite einen für die Öffentlichkeit permanent zugänglichen Link vorzuhalten, über den man die von ihm verwalteten Datenbanken in Erfahrung bringen kann, sowie eine E-Mail-Adresse, über die Widersprüche und Beschwerden der Dateninhaber mitgeteilt werden können.[1343]

Die Vorlage möchte jede Verwendung personenbezogener Daten von Kindern verbieten; ausgenommen solche, die für ihre Identifikation in medizinischen Notfällen unbedingt benötigt werden und die nur mit gesonderter Zustimmung des Personensorgeberechtigten abgegeben werden dürfen. In Bezug auf Heranwachsende verbietet der Entwurf die Verwendung sensibler Personendaten, die ebenfalls nur mit gesonderter Zustimmung des Personensorgeberechtigten abgegeben werden dürfen.[1344]

Geregelt werden auch die Beschwerdeverfahren, die sich je nachdem unterscheiden, ob es sich bei den Adressaten um staatliche oder private Einrichtungen handelt. Bei Datenschutzverstößen durch öffentliche Stellen kann sich der Betroffene beim Rat für Transparenz (span. Consejo para la Transparencia) beschweren und, soweit seiner Beschwerde dort nicht abgeholfen wird, gegen dessen Entscheidungen beim zuständigen Berufungsgerichtshof (span. Corte de Apelaciones) klagen. Was Beschwerden und Reklamationen gegenüber privaten Stellen betrifft, soll die Möglichkeit geschaffen

1340 Ebd., S. 6.
1341 Ebd., S. 9.
1342 Ebd., S. 10.
1343 Ebd., S. 11.
1344 Ebd., S. 12.

werden, über die Schlichtungsstellen der Nationalen Verbraucherschutzzentrale (span. Servicio Nacional del Consumidor) eine gütliche Einigung herbeizuführen, bevor der Rechtsweg (verwaltungsrechtliche Ahndung der Zuwiderhandlung bzw. Schadensersatzklage vor den Zivilgerichten) beschritten wird.[1345]

Schließlich stellt der Gesetzentwurf einen detaillierten Katalog von Sanktionen auf der Basis eines dreistufigen Systems vor.[1346] Gegenwärtig steht nur das allgemeine Schadensersatzverfahren zur Verfügung, da im Gesetz Nr. 19.628 kein eigenes Verfahren etabliert worden ist, das die Besonderheiten des Datenschutzrechts berücksichtigen könnte. Um effektiv zu sein, müsste ein solches Verfahren summarisch und konzentriert aufgebaut sein und dem in diesen Fällen gewöhnlich zu erwartenden prozessualen Ungleichgewicht zwischen den bei datenschutzrechtlichen Zuwiderhandlungen auftretenden Streitparteien Rechnung tragen. Das aktuelle Verfahren unterscheidet sich nur sehr wenig von anderen summarischen Verfahren in Chile und nimmt keine Rücksicht auf die Auslegungs- und Zumessungsschwierigkeiten bei der Bemessung von Geldbußen oder Entschädigungssummen für Betroffene. Beide Punkte sind vom Gericht nach freiem Ermessen zu entscheiden, ohne dass geeignete Grundlagen und Hilfsmittel zur Festsetzung solcher Summen zur Verfügung stünden.[1347] Das im Gesetzentwurf geplante dreistufige System unterscheidet zwischen leichten (span. leves), schweren (span. graves) und sehr schweren (span. gravísimas) Verstößen mit den jeweils dazugehörigen Sanktionen, die Bußgelder und in bestimmten Fällen die Löschung aus dem Datenbankregister vorsehen.[1348]

C. Selbstregulierung

Art. 1 Abs. 3 CPR[1349] normiert das sog. Subsidiaritätsprinzip.[1350] Nach der chilenischen Verfassung bedeutet das Konzept der Subsidiarität, dass der Staat eine sekundäre Rolle einnimmt und nur dann eingreift bzw. tätig wird, wenn private Unternehmen nicht handeln wollen bzw. können.[1351] Damit wird die Entwicklung eines Selbstregulierungssystems ermöglicht und geschützt, das sich in Chile in Form von Verhaltenskodizes manifestiert, mit denen die Sicherheits- und Datenschutzstandards verbessert

---

1345 Ebd., S. 13.
1346 Ebd., S. 14.
1347 Gallardo Garafulic, 2011, S. 42.
1348 Gesetzblatt Nr. 8143–038.
1349 Art. 1 Abs. 3 CPR, „Der Staat ist zum Dienst am Menschen geschaffen, und sein Ziel ist die Förderung des Gemeinwohls, da er dazu beitragen muss, die gesellschaftlichen Voraussetzungen zu schaffen, die allen und jedem einzelnen der Mitglieder der nationalen Gemeinschaft erlauben, die größtmögliche geistige und materielle Selbstverwirklichung zu erreichen, unter voller Beachtung der Gesetze und Garantien, die diese Verfassung vorsieht.“, abrufbar unter http://www.verfassungen.net/cl/verf05-i.htm (zuletzt abgerufen am 27.03.2017).
1350 Villagrán Abarzúa, 2010, S. 87.
1351 Abrufbar unter http://www.boell.de/de/2013/09/30/umwelt-und-demokratie-chile-herausforderungen-fuer-die-naechsten-40-jahre (zuletzt abgerufen am 27.03.2017).

und die Verlässlichkeit der Akteure gesteigert werden sollen, um auf diese Weise effektiv vorhandene oder potenzielle Risiken inadäquater Praktiken zu minimieren.[1352]

Allerdings gibt es in Chile keinen absoluten Rückzug des Staates im Blick auf die typischen Probleme des Umgangs mit personenbezogenen Daten, wie das in den Vereinigten Staaten der Fall ist.[1353] Das chilenische Modell der Selbstregulierung dient nicht dem Ersatz staatlicher Rechtsetzung, sondern als ergänzendes Instrument, mit dem sich Praktiken fördern lassen, die sich innerhalb des bestehenden gesetzlichen Rahmens entwickelt und bewährt haben. Letztlich steht immer der Weg zu den Gerichten offen, um Konflikte im Zusammenhang mit der Anwendung des Gesetzes Nr. 19.628 klären zu lassen. Man kann daher in Chile weder von einem Modell der autonomen Selbstregulierung wie in den Vereinigten Staaten üblich,[1354] noch von der hoheitlich-imperativen Selbstregulierung sprechen, wie sie in Deutschland existiert, sondern man spricht hier eher von einer hybriden bzw. gemischten Selbstregulierung.

Das Modell der Selbstregulierung liegt auch dem Privacy Framework der APEC[1355] (engl. Asia-Pacific Economic Cooperation) zugrunde.[1356]

Die Wirtschaften der APEC-Länder haben das auf gemeinsamen Prinzipien beruhende APEC Privacy Framework als ein wichtiges Instrumentarium beschlossen,

---

1352 Beispielhaft zu nennen ist der seit Januar 2013 existierende Verhaltenskodex der IAB Chile (engl. Interactive Advertising Bureau), der auf 3 wesentlichen Säulen basiert: 1. Ein Verhaltenskodex zur Regulierung von Online-Marketingaktivitäten und zum Schutz personenbezogener Daten mit dem Ziel, die Rechte der Internetnutzer zu sichern. 2. Ein Verfahren zur Beilegung von Konflikten und Bearbeitung von Beschwerden. 3. Ein Sicherheitssiegel.

1353 Cerda Silva, Derecho y Humanidades Nr. 13 2008, S. 123.

1354 Selbstregulierung ist in den Vereinigten Staaten grundsätzlich inhaltlich frei und ein erfolgreiches und bedeutungsvolles Instrument für den Ersatz staatlicher Rechtsetzung und die Schaffung von Rechtssicherheit und Vertrauen. Es kann auch als freiwillige Selbstverpflichtung bezeichnet werden, wobei eine Allgemeinverbindlichkeit und eine rechtlich verbindliche Durchsetzung fehlen. Genz, 2004, S. 86 f.; Kranig/Peintinger, ZD 2014, S. 6 f.; Roßnagel in Roßnagel, 2003, Kap. 3.6, Rn. 3.

1355 Das Forum der Asiatisch-Pazifischen Wirtschaftsgemeinschaft (APEC) ist das wichtigste Forum zur Förderung des wirtschaftlichen Wachstums, Verbesserung der technischen und wirtschaftlichen Zusammenarbeit und Liberalisierung des Handels und der Investitionstätigkeit im asiatisch-pazifischen Raum. Es wurde 1989 auf Initiative Australiens und Japans zur Förderung des Wirtschaftswachstums und des Wohlstands und zur Stärkung der asiatisch-pazifischen Zusammenarbeit gegründet. Die APEC ist die weltweit einzige zwischenstaatliche Wirtschaftsorganisation, die auf der Basis nicht-bindender Abkommen nach dem Prinzip des offenen Dialogs und der gleichberechtigten Meinungen aller Teilnehmer operiert. Die APEC-Mitgliedstaaten sind: Australien, Brunei, Kanada, Chile, China (Volksrepublik), Südkorea, USA, Philippinen, Hongkong, Indonesien, Japan, Malaysia, Mexiko, Neuseeland, Papua Neu-Guinea, Peru, Russland, Singapur, Taiwan,Thailand, Vietnam.

1356 APEC Privacy Framework, verabschiedet auf der 16. Ministerkonferenz der APEC am 18. November 2004 in Santiago de Chile.

um Anreize für die Entwicklung angemessener Mechanismen zum Schutz privater Daten zu schaffen und den freien Informationsfluss im asiatisch-pazifischen Wirtschaftsraum zu gewährleisten. In Punkt 2 der Präambel heißt es: „Information and communications technologies, including mobile technologies, that link to the Internet and other information networks have made it possible to collect, store and access information from anywhere in the world. These technologies offer great potential for social and economic benefits for business, individuals and governments, including increased consumer choice, market expansion, productivity, education and product innovation. However, while these technologies make it easier and cheaper to collect, link and use large quantities of information, they also often make these activities undetectable to individuals. Consequently, it can be more difficult for individuals to retain a measure of control over their personal information. As a result, individuals have become concerned about the harmful consequences that may arise from the misuse of their information. Therefore, there is a need to promote and enforce ethical and trustworthy information practices in on- and off-line contexts to bolster the confidence of individuals and businesses."[1357]

Das APEC Privacy Framework bildet den Referenzrahmen für die Regulierung des Umgangs mit personenbezogenen Daten in den Wirtschaften der APEC-Mitglieder. Damit soll ein Datenschutz-Standard geschaffen werden, der ein gemeinsames Schutzniveau gewährleistet und Hürden beseitigt, die den internationalen Handel zwischen den beteiligten Ländern behindern könnten.[1358] In diesem Sinne wird betont, die Verabschiedung des Rahmendokuments im November 2004 sei in der Absicht geschehen, den Schutz der Privatsphäre zu stärken und einen besseren Austausch von Informationen zu ermöglichen.[1359] Es handelt sich um ein freiwilliges, multilaterales Compliance-Programm, das die Erfüllung und Beachtung bestimmter Sicherheitsmaßnahmen bei grenzüberschreitenden Datenübertragungen zwischen Unternehmen aus dem APEC-Wirtschaftsraum beinhaltet.[1360]

Auch wenn es nur um einen unverbindlichen Referenzrahmen geht, erweist sich das Dokument als außerordentlich hilfreich im Hinblick auf die praktische Einführung von Standards. Jeder einzelne Paragraf des Regelungsvorschlags ist mit einer Reihe von Kommentaren versehen, die höchst relevante Hinweise für die Umsetzung in ein harmonisiertes System enthalten und sehr nützlich für die Erforschung und Planung von regionalen Lösungsvorschlägen sein können. Zu bedenken ist, dass ein APEC-Dokument nicht allein die lateinamerikanischen Verhältnisse beachten muss, sondern auch andere Regionen des asiatisch-pazifischen Raums

---

1357 Privacy Framework des Forums der Asiatisch-Pazifischen Wirtschaftsgemeinschaft (APEC), 2005, S. 2, abrufbar unter http://www.apec.org/Groups/Committee-on-Trade-and-Investment/~/media/Files/Groups/ ECSG/05_ecsg_privacyframewk.ashx (zuletzt abgerufen am 27.03.2017).

1358 Cerda Silva, Derecho y Humanidades Nr. 13 2008, S. 124.

1359 Ebd., S. 123.

1360 Voskamp/ Kipker/ Yamato, DuD 2013, S. 453.

einbezieht, die zum Teil weiter entwickelte Rechtssysteme besitzen.[1361] Auch die Herkunft aus der Tradition des Common Law ist zu beachten, die zwar nicht etwa aus sich heraus eine Inkompatibilität mit den Rechtsordnungen des romanischen Rechtskreises (dem die meisten lateinamerikanischen Rechtssysteme angehören) impliziert, aber doch ein gewisses Augenmerk auf Abweichungen in der Rechtswirklichkeit der einzelnen Regionen nötig macht.[1362]

Das Dokument enthält nicht nur eine Reihe nützlicher Begriffsbestimmungen, sondern stellt auch eine Reihe von Datenschutz-Prinzipien vor:

- *Personal information:* Definition und Umfang des Begriffs der „personenbezogenen Daten“
- *Personal information controller:* Person oder Organisation, die personenbezogene Daten sammelt, verarbeitet oder nutzt (und nach dem Prinzip „Accountability“ für die Umsetzung der Prinzipien verantwortlich sein soll)
- *Publicly available information:* öffentlich zugänglich gemachte personenbezogene Daten
- *Preventing Harm:* Schutz vor Datenmissbrauch
- *Notice:* Information über die bei der Verarbeitung personenbezogener Daten verwendeten Praktiken und Leitprinzipien (practices and policies)
- *Collection Limitation:* Datensparsamkeit
- *Uses of Personal Information:* Zweckbindungsgrundsatz
- *Choice:* Wahlmöglichkeiten der Betroffenen hinsichtlich Verwendung eigener persönlicher Daten
- *Integrity of Personal Information:* Richtigkeit und regelmäßgie Aktualisierung der Daten
- *Security Safeguards:* Datensicherheit
- *Access and Correction:* Recht auf Auskunft und Berichtigung der Daten[1363].

Weiter hat die APEC mit dem Ziel der Implementierung des APEC Privacy Framework im Jahr 2012 die sog. grenzüberschreitenden Privacy-Regeln (engl. Cross Border Privacy Rules – CBPR)[1364] erarbeitet, die in erster Linie dazu dienen, den Schutz der Daten jener Personen zu gewährleisten, die sich zwischen den Wirtschaften der APEC-Länder hin- und herbewegen. In den Bedingungen werden die Unternehmen aufgefordert, ihre eigenen internen Geschäftsregeln bezüglich der Verfahrensweisen zur Sicherstellung der Vertraulichkeit von grenzüberschreitenden

---

1361 Voskamp/ Kipker/ Yamato, DuD 2013, S. 455.

1362 Iriarte Ahon, 2008, S. 24.

1363 Privacy Framework des Forums der Asiatisch-Pazifischen Wirtschaftsgemeinschaft (APEC), 2005, S. 5–28, abrufbar unter http://www.apec.org/Groups/Committee-on-Trade-and-Investment/~/media/Files/Groups/ECSG/05_ecsg_privacyframewk.ashx (zuletzt abgerufen am 27.03.2017).

1364 Abrufbar unter http://www.apec.org/Home/Groups/Committee-on-Trade-and-Investment/~/media/Files/Groups/ECSG/CBPR/CBPR-PoliciesRulesGuidelines.ashx (zuletzt abgerufen am 27.03.2017).

Datentransfers zu erstellen.[1365] Bisher nehmen von den APEC-Staaten nur die Vereinigten Staaten, Mexiko, Japan und Kanada an dem CBPR-System teil.[1366] Alle APEC-Staaten, darunter auch Chile, haben eine zukünftige Teilnahme geäußert, ein konkreter Beitrittstermin Chiles ist jedoch nicht bekannt. Der Beitritt in das CBPR-System ist für Unternehmen freiwillig. Nach Eintritt durch Zertifizierung sog. „Accountability Agents" der APEC sind die Datenschutzregelungen der CBPR jedoch für die Unternehmen verbindlich, auch wenn diese strenger ausfallen als die nationalen Datenschutzregelungen.[1367] Wie auch die europäischen Binding Corporate Rules handelt es sich bei dem CBPR-System um eine Selbstverpflichtung der Unternehmen für die grenzüberschreitende Übermittlung personenbezogener Daten, festgelegte Regelungen zum Schutz persönlicher Daten einzuhalten und diese durch die jeweiligen Aufsichtsbehörden prüfen und genehmigen zu lassen. Die Kontrolle obliegt den Unternehmen selbst. Datenübermittlungen können bei dem CBPR-System nur innerhalb der APEC-Staaten erfolgen und im Gegensatz zu den BCR auch an Dritte außerhalb eines Unternehmens.[1368]

D. Zwischenergebnis zur Rechtslage in Chile

Das Gesetz Nr. 19.628, mit dem ursprünglich ein wirksamer Schutz sämtlicher Aspekte des Privatlebens gewährleistet werden sollte, hat sich im Ergebnis auf die gesetzliche Regelung des Privatsphärenschutzes im Umgang mit Datenverarbeitungen beschränkt.

Es hat den Habeas-Data-Schutz gesetzlich verankert und sieht für den Betroffenen die Möglichkeit vor, den Habeas-Data-Anspruch gegenüber demjenigen geltend zu machen, der für eine Datenverarbeitung verantwortlich ist.

Obwohl ein spezifisches Rechtsmittel zur Gewährleistung der Ausübung der Rechte auf Auskunft, Berichtigung, Löschung oder Sperrung persönlicher Daten existiert, hat die Ausgestaltung dieses Antragsrechts in dem Gesetz dazu geführt, dass es in der Praxis kaum genutzt wird. In der Regel werden Abwehransprüche bevorzugt im Wege der „Schutzklage" bei den ordentlichen Gerichten (Berufungsgerichtshof) geltend gemacht. Es wird also gegen die Verletzung eines Grundrechts vorgegangen (normalerweise gegen das Recht auf Privatsphäre) und nicht gegen die Verletzung personenbezogener Daten gem. Gesetz Nr. 19.628.

Das liegt an den zahlreichen Problemen des Habeas-Data-Rechtsschutzes in seiner jetzigen Form. Schwierigkeiten bereiten zum einen die Ermittlung des

1365 Estudio SIC-NCV („Studie über die Anwendung verbindlicher Unternehmensregelungen im internationalen Szenario"), 2014, abrufbar unter: http://www.sic.gov.co/drupal/sites/default/files/files/Estudio_SIC_NCV.pdf (zuletzt abgerufen am 25.03.2016).

1366 Abrufbar unter http://www.cbprs.org/Business/BusinessDetails.aspx (zuletzt abgerufen am 27.03.2017).

1367 Voskamp/ Kipker/ Yamato, DuD 2013, S. 454.

1368 Ebd., S. 455.

zuständigen Gerichts für Betroffene und zum anderen die ungleiche Behandlung der Prozessparteien in einem Verfahren, die letztlich auf eine Verletzung der Prinzipien der fairen Prozessführung und des Grundsatzes des beiderseitigen rechtlichen Gehörs hinausläuft. Schließlich gibt es auch keine Verjährungsfristen für den Anspruch, was die Rechtssicherheit beeinträchtigt.[1369]

Angesichts der Umwälzungen und Bedrohungen des Einzelnen durch neue Technologien und Telekommunikationsmittel mit scheinbar grenzenlosen Fähigkeiten, die eine Verarbeitung persönlicher Daten quasi in Echtzeit erlauben ist der Schutz personenbezogener Daten die Materie, an der sich am ehesten ablesen lässt, dass die Diskussion in Chile im Hinblick auf den verbesserten Schutz der Persönlichkeitsrechte durch den Staat in den letzten Jahren nur vordergründig geführt wird. Wie schon erwähnt reicht ein Besuch auf der Internetseite der Bibliothek des chilenischen Nationalkongresses aus, um bei Eingabe des Suchwortes „Datenschutz" mit Dutzenden von Gesetzesvorhaben konfrontiert zu werden, die sich aktuell im Gesetzgebungsprozess befinden. Die Suche mit dem Wort „Privatsphäre" fördert noch einmal Dutzende von Initiativen zutage, die sich im weiteren Sinn mit Datenschutzproblemen befassen.

Das zeigt, dass es eine landesweit geführte Diskussion über das Thema gibt. Allerdings handelt es sich offenbar weitgehend doch nur um eine Scheindiskussion, denn wirklich passiert ist in den vergangenen vierzehn Jahren in diesem Bereich so gut wie nichts. Dies offenbart eine erschreckende Untätigkeit des Gesetzgebers angesichts offenkundiger Rechtsverletzungen, die von staatlichen wie privaten Institutionen und Einrichtungen tagtäglich begangen werden.

Solange der Schutz der Persönlichkeitsrechte vom Gesetzgeber nicht verbessert und gestärkt wird, wird das Recht auf Datenschutz weiterhin nur unter dem Schirm des Rechts auf Privatsphäre existieren, wodurch die Prinzipien und Rechte, die es von diesem unterscheiden, unerkannt bleiben, was sich in unklaren und bruchstückhaften Normsetzungen, Gerichtsentscheidungen und Verfahrensweisen manifestiert.

1369 Arrieta, 2009, S. 20 f.

Sechstes Kapitel: Verbesserungsvorschläge

Im Bereich des Schutzes der Persönlichkeitsrechte von Nutzern sozialer Netzwerke sind konkrete Verbesserungen, sowohl im rechtlichen als auch im gesellschaftlichen Bereich notwendig, um den Gefahren zu begegnen, die sich mit der Nutzung sozialer Netzwerke ergeben können. Soziale Netzwerke bieten eine Fülle von neuen Möglichkeiten für die Kommunikation und den Austausch jeglicher Art von Informationen in Echtzeit, wobei massenweise persönliche Daten preisgegeben werden, die sich in Sekundenschnelle im Internet verbreiten. Weltweite, auch innerhalb der Europäischen Union unterschiedliche Datenschutzniveaus führen zu Rechtsunsicherheiten und Wettbewerbsverzerrungen, die sich für Anbieter in Europa aufgrund der strengen Datenschutzregeln nachteilig auswirken.[1370]

Datenschutz kann daher nicht mehr allein vom Staat gewährleistet werden. Der Erlass nationaler Rechtsakte ist zwar ein mögliches Instrument der Regulierung, kann aber mit der schnellen technologischen Entwicklung nicht Schritt halten. Bei Verabschiedung eines Gesetzes kann der Grund für den Erlass schon längst überholt sein.[1371] Zudem tragen vor dem Hintergrund des grenzüberschreitenden Datenaustauschs auf den nationalen Rechtsraum beschränkte Vorschriften nicht zur Lösung der damit verbundenen Rechtsunsicherheiten bei. Darüber hinaus kann der Staat dem einzelnen Nutzer keinen Schutz vor sich selbst bieten, wenn dieser freiwillig private Daten über sich veröffentlicht.

Zusätzlich wird das Risiko des Datenmissbrauchs durch die technische Komplexität sozialer Netzwerke und den damit einhergehenden Schwächen in der eingesetzten Technologie und den Datenverarbeitungsprozessen erhöht.[1372]

In der öffentlichen Diskussion steht der Ansatz des sog. „Rechts auf Vergessen". Der Nutzer soll die Möglichkeit haben, Daten aus dem Internet bzw. auf Webseiten sozialer Netzwerke endgültig löschen zu können. Dabei soll auch ein automatischer Verfall von Daten möglich sein. Diese Methode des Datenschutzes durch Technik, sog. Privacy Enhancing Technologies, sollen dem Nutzer einen verbesserten Schutz seiner persönlichen Daten ermöglichen. Fraglich ist, wie sich solch ein Löschungsanspruch im Hinblick auf die Möglichkeit der schnellen Weitergabe und Verbreitung von personenbezogenen Daten im Internet in der Praxis technisch umsetzen lässt. Auch wenn ein Anbieter eines sozialen Netzwerks der Forderung auf Löschung von personenbezogenen Daten einer betroffenen Person nachkommt, gibt es keine Garantie, dass diese Daten nicht an anderer Stelle im Internet noch

1370 Dietzel, acquisa 05/2012, S. 66; Ehrlich, acquisa 09/2011, S. 67.
1371 Ehrlich, acquisa 09/2011, S. 67; Hoeren/ Vossen, DuD 2010, S. 465; vgl. auch Roßnagel in Roßnagel, 2003, Kap. 3.6, Rn. 4.
1372 Weiss, DuD 2010, S. 444.

verfügbar sind.[1373] Zudem haben Nutzer häufig keine Kenntnis davon, wo welche Daten über sie gespeichert sind.

Die technische Möglichkeit eines Verfallsdatums von Daten bietet sich eher für einen verbesserten Schutz personenbezogener Daten an, dürfte sich in der Praxis aber ebenfalls schwierig durchsetzen lassen. In erster Linie müsste der automatische Ablauf von Daten technisch verwirklicht werden können, zudem müssten Fragen geklärt werden, wie z. B. welche Stelle für die Löschung der Daten verantwortlich und welches Verfallsdatum sinnvoll und umsetzbar ist. Eine rein rechtliche Verankerung des Anspruchs auf Löschung reicht hierbei nicht aus, vielmehr bedarf es einer Zusammenarbeit von Wirtschaft (z. B. Softwareherstellern) und dem Gesetzgeber.[1374] Grundsätzlich ist der Ansatz der Löschungspflicht jedoch begrüßenswert und wird in der geplanten Datenschutz-Grundverordnung mit Art. 17 normiert. Veröffentlicht eine Person in ihrem Profil eines sozialen Netzwerks ein Bildnis einer dritten Person, hat der Betroffene derzeit keine technische Möglichkeit, dieses selbständig zu löschen. Dem könnte Rechnung getragen werden, wenn der Betroffene bei dem sozialen Netzwerk einen Anspruch auf Löschung stellen könnte für Fotos, auf denen er abgebildet ist und die ohne seine Einwilligung veröffentlicht wurden. Als Nachweis der Identität der betroffenen Person könnte das soziale Netzwerk bspw. den Personalausweis verlangen und bei Übereinstimmung alle betroffenen Fotos löschen. Damit einhergehend sollten die Beschwerdeverfahren vereinfacht werden.

Es darf hierbei jedoch nicht dazu kommen, dass Nutzer die absolute Verfügungsgewalt über ihre Daten erhalten und damit selbst entscheiden, ob überhaupt und auf welche Weise sie in der Öffentlichkeit dargestellt werden.[1375] Das Recht auf informationelle Selbstbestimmung muss mit weiteren Grundrechten, vor allem mit dem Grundrecht auf Meinungs- und Informationsfreiheit gem. Art. 10 EMRK und Art. 5 Abs. 1 GG in Einklang gebracht werden.[1376] Die Meinungs- und Informationsfreiheit bzw. Pressefreiheit garantiert, dass die Öffentlichkeit durch unabhängige Stellen informiert wird und ist wichtigster Garant eines aufgeklärten Bürgers. Das Gegenteil wäre ein Bürger mit eingeschränkter Entscheidungsfreiheit, da er die ihm offenstehenden Möglichkeiten nicht kennt.[1377]

Die Meinungs- und Informationsfreiheit findet dort ihre Grenze, wo sie andere Personen unverhältnismäßig beeinträchtigt. Um das Persönlichkeitsrecht des Einzelnen zu schützen, ist eine ständige Abwägung zwischen öffentlichem Interesse und dem Schutz der Privatsphäre der betroffenen Person notwendig und unausweichlich.

1373 Roßnagel/ Kroschwald, ZD 2014, S. 498.

1374 Piltz, 2013, S. 289 f.

1375 Gola/ Schomerus, 2007, § 1 BDSG, Rn. 10.

1376 Vgl. Abänderung 83, P7_TA(2014)0212.

1377 Abrufbar unter http://upload-magazin.de/blog/2864-internetzensur-warum-die-meinungs-und-informationsfreiheit-alleine-keine-hilfe-sind/ (zuletzt abgerufen am 27.03.2017).

Es ist vorstellbar, dass im Zusammenhang mit bestimmten Ereignissen, die für die Gesellschaft von Interesse sind oder rein informativen Charakter besitzen (z. B. Arbeit der Polizei), der Öffentlichkeit Einzelheiten aus dem Privatleben oder intime Unterlagen von Personen bekannt werden. Eine klare Unterscheidung zwischen den Aspekten, die bekannt werden dürfen, und denen, die nicht Gegenstand der Information sein dürfen, ist nur schwer möglich, und daher wäre es fragwürdig, jegliche Information in diesen Bereichen als gesetzwidrig zu betrachten. Das Spannungsfeld zwischen Informationsfreiheit und Privatleben ist variabel, in Abhängigkeit von den persönlichen Umständen der einzelnen Personen. Bei der Verhältnismäßigkeitsprüfung müssen die Pro- und Contra-Argumente für jeden Einzelfall abgewogen werden.

Eine erste Maßnahme zur praktischen Umsetzung des Rechts auf Löschung wurde mit dem Urteil des EuGH vom 13. Mai 2014 erreicht. Grund für die Stattgabe der Klage des Betroffenen gegen Google ist die enorme Verbreitung von Informationen in schnellster Zeit an Millionen Menschen, die täglich Zugang zu den in Suchmaschinen erscheinenden Ergebnislisten haben. Das Urteil bekräftigt, dass der Inhalt des Artikels erhalten bleiben soll, der Zugang über eine Suchmaschine jedoch erheblich erschwert wird und dadurch ein enormer Aufwand notwendig ist, da der Artikel mit dem Inhalt nicht mehr einfach über die Suchmaschine auffindbar ist. Sofern die Nachricht bzw. der Inhalt des Artikels nicht mehr aktuell und nicht von großem öffentlichen Interesse ist, ist der Eingriff in die Meinungs- und Informationsfreiheit verhältnismäßig.[1378] Etwaige Ansprüche gegen den Verantwortlichen für den Inhalt des Artikels bleiben davon unberührt.

Google hat am 12. Oktober 2014 als Teil seiner Transparenzberichte eine Statistik veröffentlicht, die genaue Zahlen von Löschanfragen von betroffenen Personen präsentiert.[1379] Laut dieser Statistik sind weltweit 407.279 Ersuche um Löschung von Dateneinträgen im Internet seit Einführung des Verfahrens am 29. Mai 2014 bei Google eingegangen. Facebook ist dabei am häufigsten von den Löschanfragen betroffen.[1380] Die Zahlen sprechen allerdings nicht dafür, dass das Bedürfnis nach Löschung persönlicher Daten sehr hoch ist.

Eine massenhafte Verbreitung der Informationen im Internet kann durch das Löschen der Links in den Suchmaschinen eingegrenzt werden. Eine totale Löschung der Informationen ist jedoch nahezu unmöglich.

Ein weiteres Instrument für einen verbesserten Datenschutz, das die beteiligten Akteure – also die Inhaber der Rechte an den Daten und die Verantwortlichen für ihre Verarbeitung – bei der Regulierung und Kontrolle personenbezogener Daten entlastet, stellt die Selbstregulierung dar. Das Prinzip der Freiheit ist die

1378 Vgl. Leutheusser-Schnarrenberger, Editorial ZD 2015, S. 149.

1379 Abrufbar unter http://www.google.com/transparencyreport/removals/europeprivacy/?hl=de (zuletzt abgerufen am 27.03.2017).

1380 Von insgesamt 515.679 entfernten Links wurden 12.196 Links von Facebook entfernt. Weiterhin häufig betroffen sind die sozialen Netzwerke YouTube, Google Plus und Twitter (Status: 27.03.2017).

grundlegende Basis des Datenverkehrs im Internet. Allerdings darf man keinesfalls dem Missverständnis erliegen, die Freiheit der Internetnutzer sei absolut und unbeschränkt. Bekanntlich bedeutet ein Regulierungssystem nicht notwendigerweise eine Beeinträchtigung der Freiheit, sondern es schafft vielmehr erst die Möglichkeit eines ungestörten Austauschs zwischen den über dieses Medium miteinander interagierenden Personen. Damit sichert ein solcher regulativer Rahmen gerade die Voraussetzungen für die Ausübung der Freiheit, die als solche gar nicht gegeben wäre, wenn es keine begleitenden und ihrerseits von anderen Prinzipien wie bspw. der Verantwortung geleiteten Regeln gäbe. Fehlte ein Mindestmaß an Regulierung, so gäbe es gar keine Freiheit, sondern das Ergebnis ähnelte wohl eher einer Art ungezügeltem Libertinismus.[1381]

Das Modell der Selbstregulierung vereint, wie ausführlich dargestellt, je nach Auslegung bzw. Definition des Begriffs unterschiedliche Konzepte. Im Gegensatz zu Chile, wo das Konzept der hybriden Selbstregulierung ohne die Kontrolle einer staatlichen Aufsichtsbehörde herrscht, umfasst das europäische bzw. deutsche Konzept der Selbstregulierung ausschließlich Vollzugsfragen und darf nur in einem sehr engen Spielraum erfolgen. Zwar wurden in Europa und Deutschland in der Praxis im Bereich des Datenschutzes bisher kaum geprüfte Selbstregulierungen durchgeführt, da es u.a. an gesetzlichen Bestimmungen mangelt und Selbstregulierung immer unter der Voraussetzung der staatlichen Steuerung stattfinden muss. Da der Schutz der personenbezogenen Daten ein Grundrechtsschutz ist, sowohl auf europäischer als auch deutscher Ebene, kommt dem Staat ein gesetzlich auszuformender Schutzauftrag zu, den er nicht gefährden möchte.[1382] Für Anbieter sozialer Netzwerke kann es schwierig sein, einen Ausgleich zwischen Einhaltung dieses Grundrechts und den eigenen Interessen zu finden. Weiterhin kann die hoheitlich-imperative Selbstregulierung zu einem Nebeneinander von Vorschriften führen und damit für Anbieter die Gefahr erhöhen, sich wettbewerbswidrig zu verhalten.[1383] Es setzt sich daher in Europa und Deutschland zunehmend die Erkenntnis durch, dass eine Modernisierung staatlicher Handlungsformen notwendig ist, um den aktuellen Herausforderungen gerecht werden zu können.

Die auf europäischer Ebene bestehenden Safer Social Networking Principles sind ein erster Schritt in die richtige Richtung, jedoch betreffen sie nur eine ganz bestimmte Zielgruppe. Selbstregulierende Maßnahmen im Datenschutz müssen hingegen alle Nutzer jeder Altersklasse betreffen, da die Gefahren für die Persönlichkeitsrechte in sozialen Netzwerken nicht nur für Kinder und Jugendliche gelten.

Dem Instrument der hybriden Selbstregulierung nach chilenischem Ansatz fehlt die allgemeine Verbindlichkeit und Durchsetzbarkeit. Für einen wirksamen Schutz

---

1381 Aravena López, 2010, S. 183 f.

1382 Piltz, Telemedicus vom 07.05.2013, abrufbar unter http://www.telemedicus.info/article/2569-Kodex-zur-Selbstregulierung-fuer-soziale-Netzwerke-gescheitert.html (zuletzt abgerufen am 27.03.2017).

1383 Kranig/ Peintinger, ZD 2014, S. 4.

persönlicher Daten in einem wirksamen Datenschutzsystem ist eine rechtliche Durchsetzbarkeit sowie eine Stelle, die für die Prüfung von Beschwerden betroffener Personen bzw. bei Verstößen verantwortlich ist, jedoch entscheidend.[1384]

Das von der APEC entwickelte CBPR-System für den grenzüberschreitenden Datenaustausch, das auf den Datenschutzprinzipien der APEC basiert, stellt ein gutes Datenschutzkonzept im Bereich der Selbstregulierung innerhalb der Asien-Pazifik Region dar, welches es gilt weiterzuentwickeln. Sind die Datenschutzprinzipien des APEC Privacy Framework aus europäischer Sicht noch zu niedrig, sind sie jedoch als ein erster Schritt in die richtige Richtung anzusehen. Das CBPR-System ähnelt zwar den europäischen BCRs, jedoch ist eine Interoperabilität zwischen beiden Systemen aufgrund der Unterschiede nicht möglich. Zur Überwindung der Differenzen beider Systeme hat daher die Artikel 29-Datenschutzgruppe zusammen mit der FTC im März 2014 eine Absichtserklärung[1385] mit dem Ziel erstellt, eine Interoperabilität beider Systeme für einen internationalen grenzüberschreitenden Austausch personenbezogener Daten zu erreichen. Eine weltweit einheitliche Regelung wäre sowohl für Anbieter als auch Nutzer wünschenswert.

Um dem Schutzauftrag des Staates und einer gleichzeitigen Verbesserung und Vereinfachung des Datenschutzrechts gerecht zu werden, wird in Deutschland das Modell der sog. regulierten Selbstregulierung[1386] in Betracht gezogen, mit der der Gesetzgeber einen Rahmen vorgibt, innerhalb dessen sich sowohl Anbieter als auch Nutzer sozialer Netzwerke selbst regulieren können.[1387] Dabei ist eine klare Definition gesellschafts- und wirtschaftspolitischer Ziele unabdingbar.[1388] Die regulierte Selbstregulierung dient der Sicherstellung staatlicher Grundsätze und gibt Anbietern und Nutzern sozialer Netzwerke die Möglichkeit diese Grundsätze unter kontrollierbaren Rahmenbedingungen gemeinsam auszufüllen.[1389] Das Problem hierbei besteht jedoch darin, dass sowohl das europäische als auch das deutsche

---

1384 Vgl. Arbeitsunterlage der Europäischen Kommission, GD XV D/5057/97 endg. WP 7, S. 5.

1385 Memorandum of understanding between the United States Federal Trade Commission and the Information Commissioner's office of the United Kingdom on mutual assistance in the enforcement of laws protecting personal information in the private sector, abrufbar unter http://www.ftc.gov/system/files/attachments/international-competition-consumer-protection-cooperation-agreements/140306ftc-uk-mou.pdf (zuletzt abgerufen am 27.03.2017).

1386 Auch sog. Co-Regulierung genannt.

1387 Genz, 2004, S. 121; Maennel in Engel-Flechsig/ Maennel/ Tettenborn, 2001, 13. Teil, Rn. 92.

1388 Stellungnahme des BITKOM vom 13.03.2013, S. 3, abrufbar unter http://sriw.de/images/pdf/Stellungnahmen/BITKOM_und_SRIW_Stellungnahme_Selbstregulierung_DS-VO_final.pdf (zuletzt abgerufen am 27.03.2017).

1389 Roßnagel in Roßnagel, 2003, Kap. 3.6, Rn. 5; Genz, 2004, S. 121; vgl. auch Zeit Online, 17.10.2012, abrufbar unter http://www.zeit.de/digital/datenschutz/2012-10/facebook-friedrich-schrems/seite-3 (zuletzt abgerufen am 27.03.2017).

Datenschutzrecht keinen Beurteilungsspielraum offen lassen, da eine Datenverarbeitung entweder rechtmäßig ist oder nicht. Solch ein Beurteilungsspielraum lässt sich daher auch nicht von Anbietern sozialer Netzwerke oder Fachpersonen aus der Wirtschaft ausfüllen.[1390]

Für die Schaffung von mehr Rechtssicherheit, gerade vor dem Hintergrund der grenzüberschreitenden Datenverarbeitungen, müssen international einheitliche Vorgaben angestrebt werden, da sich – wie beim Projekt „Kodex für soziale Netzwerke" aufgezeigt – vor allem außereuropäische Anbieter sozialer Netzwerke nicht einer nationalen Selbstregulierung unterwerfen möchten, die sie mittelbar an ein nationales Recht (z. B. deutsches Datenschutzrecht) bindet. So müssen im Rahmen einer freiwilligen Selbstverpflichtung die Akteure in erster Linie den Zweck der kommerziellen Verarbeitung personenbezogener Daten festlegen. Damit könnte eine für alle Akteure zuverlässige Norm geschaffen werden, die auch international gültig ist und Wettbewerbsverzerrungen zwischen Europa und außereuropäischen Ländern wie Chile oder den USA vermeiden und das Vertrauen der Nutzer in den Schutz ihrer Daten stärken kann.[1391] Für einen wirksamen Schutz bei Verstößen gegen Persönlichkeitsrechte der Nutzer muss die Antwort auf die Frage des anwendbaren Rechts gesetzlich normiert werden, also eine Ebene über der freiwilligen Selbstverpflichtung, denn diese lässt sich im Rahmen einer Selbstverpflichtung kaum festlegen.[1392]

Die DS-GVO sieht mit Art. 40 Ansätze der Selbstregulierung vor, welche jedoch weiterentwickelt werden müssten.[1393] So müsste das in Europa und Deutschland vorherrschende Prinzip des Verbots mit Erlaubnisvorbehalt gelockert werden, um die nötigen Spielräume für eine Förderung der Selbstregulierung zu öffnen.[1394] Die datenschutzrechtliche Einwilligung würde damit jedoch an Bedeutung verlieren.

Es lässt sich diskutieren, ob das Internet reguliert werden sollte oder nicht und in welchem Maß eine solche Regulierung sinnvoll ist. Unverzichtbar erscheint es jedoch, unterschiedliche Handlungsmöglichkeiten zu skizzieren, um der Ratlosigkeit und Passivität entgegenzutreten, die die gegenwärtige Gesetzgebung auf nationaler wie internationaler Ebene kennzeichnen. Wie zu Beginn dieser Arbeit erwähnt, hat sich im Zuge des technologischen Fortschritts ein neues Diskussionsfeld aufgetan, das sich vorrangig im Bereich der sozialen Netzwerke manifestiert: ein Streit zwischen dem Recht auf Privatsphäre und der Informationsfreiheit. Im sog. „Real Life", dem täglichen Leben außerhalb der digitalen Welt, ist es nichts Außergewöhnliches,

---

1390 Eine andere Situation stellt sich im Jugendmedienschutz dar, da die Frage nach jugendgefährdenden Medien eine Wertungsfrage darstellt, die einen Beurteilungsspielraum offen lässt; Piltz, 2013, S. 312.

1391 Bräutigam, MMR 2012, S. 641.

1392 Piltz, 2013, S. 313.

1393 Ausführlich dazu Stellungnahme des BITKOM vom 13.03.2013, S. 3, abrufbar unter http://sriw.de/images/pdf/Stellungnahmen/BITKOM_und_SRIW_Stellungnahme_Selbstregulierung_DS-VO_final.pdf (zuletzt abgerufen am 27.03.2017).

1394 Bräutigam, MMR 2012, S. 641.

wenn Menschen in Situationen kommen, in denen ihre persönliche Sphäre berührt ist, sei es aufgrund eigenen Handelns oder infolge der Eingriffe Dritter. Dabei wird mitunter in Kauf genommen, dass bestimmte personenbezogene Informationen in fremde Hände geraten. In der Onlinewelt fällt vor allen Dingen die ungleiche Position ins Auge, in der sich der Nutzer gegenüber demjenigen befindet, der ein soziales Netzwerk im Internet betreibt.

Die offensichtlichste Gefahr sozialer Netzwerke im Allgemeinen besteht darin, dass der Nutzer sich im Umgang mit einer großen Zahl persönlicher Profile, vielerlei Angaben, die das Privatleben berühren, und in Massen abgefragter persönlicher Daten vorschnell und unmerklich in die Lage begibt, seine Daten und sein Privatsphäre preiszugeben. Leicht kann es dazu kommen, dass über eine solche Plattform die Privatsphäre des Nutzers verletzt wird, dass Nutzer die Kontrolle über ihre persönlichen Daten verlieren und schließlich ihre privaten Rückzugsräume selbst in Gefahr sind.

Sicherlich verpflichten sich die Betreiber sozialer Netzwerke, die ihnen von den Nutzern bei deren Registrierung überlassenen Daten zu schützen und die Vertraulichkeit dieser Daten sicherzustellen. Dies erscheint als wesentliches Element des Datenschutzes in Bezug auf diese Angaben, die oft äußerst private Informationen über die Person des Nutzers enthalten. Gleichzeitig wird i.d.R. auch zugesagt, die Weitergabe dieser Informationen an Dritte sei nur mit ausdrücklicher Zustimmung des betroffenen Nutzers möglich. Dabei muss der Nutzer schlicht und einfach in die Redlichkeit seines Gegenübers vertrauen, da ihm zumindest auf den ersten Blick keine wirksamen rechtlichen Mittel zur Verfügung stehen, die einen angemessenen Schutz gegen etwaige Verletzungen seiner Privatsphäre bieten.

Die informationelle Selbstbestimmung der Nutzer, wie sie in Europa und Deutschland geregelt ist, muss daher auch in Chile zur Grundlage der Kommunikations- und Geschäftspolitiken sozialer Netzwerke gemacht werden. Soziale Netzwerke müssen sich den Normen und Prinzipien des Datenschutzes unterordnen, was bedeutet, dass der Nutzer tatsächlich derjenige ist, der die Macht hat zu entscheiden, von wem, wann und in welcher Form die ihn betreffenden persönlichen Informationen verarbeitet und genutzt werden, wobei stetig die Grenzen der Meinungs- und Informationsfreiheit berücksichtigt werden müssen. Dabei ist die Einwilligung der Weg, auf dem jeder Nutzer frei entscheiden soll, wer auf seine Daten zugreifen und sie verarbeiten oder nutzen darf. Nur so kann er sein Privatleben selbst schützen und jene Aspekte seines Lebens für sich behalten, die er nicht bekannt geben will, und nur jene veröffentlichen, die er für unbedenklich hält.

Zur Verbesserung der Situation des Datenschutzes in Chile und besonders zur Schaffung effektiver Schutzmechanismen sind Änderungen der gesetzlichen Vorschriften und wohl auch der Verfassung sicherlich unumgänglich. Besonders dringlich wäre die Schaffung eines autonomen administrativen Organs, das in der Lage ist, die Einhaltung der datenschutzrechtlichen Vorschriften zu überwachen und Beschwerden zu bearbeiten, mit denen sich Bürger gegen die unzulässige Verwendung ihrer persönlichen Daten wehren.

Es bleibt zu hoffen, dass die dogmatische Entwicklung zu einem Punkt gelangt, an dem es gelingt, die momentan so störenden und ärgerlichen Mängel zu beheben, denen sich Nutzer solcher Dienste ausgesetzt sehen. Dies kann geschehen durch umfassende, gewährleistende Gesetzgebung, die einen wirklichen Schutz des Privatlebens garantiert und effektive Kontrollmöglichkeiten für den Einzelnen schafft, um seine persönlichen Daten und alles, was seine intimsten Persönlichkeitsbereiche betrifft, tatsächlich im Griff zu behalten.

In diesem Kontext ist es notwendig, dass sich auch die Gesellschaft selbst um eine Lösung dieses für das demokratische Zusammenleben so grundlegenden Strukturproblems bemüht und nicht weiter nur darauf hofft, dass der Staat die Persönlichkeitsrechte schützen wird.

Es ist daher grundlegend, dass die Nutzer selbst einen verantwortungsvollen und informierten Umgang mit ihren persönlichen Daten erlernen. Aufklärung muss bereits Teil des Bildungssystems sein. Besonders Kinder und Jugendliche müssen über die Gefahren, die mit der Nutzung des Internets bzw. sozialen Netzwerken einhergehen können, umfangreich aufgeklärt werden, da sie am wenigstens einschätzen können, welche Konsequenzen ihr Handeln für die Zukunft haben kann. Je früher Nutzer daher über die Gefahren und Schutzmöglichkeiten im Internet bzw. in sozialen Netzwerken aufgeklärt werden, desto besser kann sich eine gesellschaftliche Datenschutzkultur entwickeln.[1395] Den besten Schutz vor Datenmissbrauch kann nur der einzelne Nutzer selbst erlangen (sog. Selbstdatenschutz), indem er Verhandlungsweisen erlernt, die ihm zu einem verantwortungsvollen Umgang mit seinen persönlichen Daten in den neuen Medien verhelfen. Eine umfangreiche Aufklärung der Nutzer ist zentrale Voraussetzung für einen Selbstdatenschutz.[1396] Herausforderung ist es hierbei für den Gesetzgeber, Datenschutz so praxisrelevant und verständlich zu machen, dass er in das Bildungssystem z. B. in Schullehrpläne integriert werden kann.[1397] Aber auch gesellschaftlich öffentliche Diskussionen und die Schaffung von mehr Transparenz ist für ein Informieren des Nutzers grundlegend, denn vor freiwilliger Datenpreisgabe kann sich der einzelne Nutzer nur selbst schützen. Der Nutzer muss darüber in Kenntnis gesetzt werden, welche seiner Daten bei der Nutzung sozialer Netzwerke erhoben werden und was mit diesen geschieht. Darüber hinaus muss er mittels Hinweisen an den richtigen Stellen, die klar verständlich und nachvollziehbar sind, davon in Kenntnis gesetzt werden, welche Risiken mit der Veröffentlichung persönlicher Daten und den Daten Dritter einhergehen und welche Möglichkeiten es gibt, diese zu vermeiden, z.B. durch Einstellung der Sichtbarkeit des Profils. Solch eine angemessene Transparenz kann Vertrauen schaffen und muss zum Ziel haben, dass der Nutzer seine digitalen Daten besser kontrollieren kann.

1395 Rom-Memorandum, 2008, S. 5; Worms/ Gusy, DuD 2012, S. 99.
1396 Roßnagel in Roßnagel, 2003, Kap. 3.4, Rn. 21.
1397 Piltz, 2013, S. 305.

Hierbei stellt sich die Frage, ob jeder Nutzer diese Form der Aufklärung wünscht und in Anspruch nimmt. Dem könnte Rechnung getragen werden, in dem der Nutzer selbst entscheiden kann, z.B. durch Auswahlmöglichkeiten, welche Informationen er erhalten möchte.

Voraussetzung für eine informationelle Selbstbestimmung ist ein „informierter" Bürger. Nur ein informierter Nutzer, der die Alternativen und Folgen seines Handelns kennt, hat die Möglichkeit einer freien Entscheidung.[1398] Der beste Datenschutz ist jedoch immer noch, Daten gar nicht erst zu veröffentlichen bzw. möglichst wenig private Informationen offen zu legen. Nutzer sollten sich bei der Preisgabe persönlicher Daten genau überlegen, wer Zugang zu diesen Daten haben darf. So ist es in sozialen Netzwerken meist möglich, in den Einstellungen genau zu bestimmen, wer welche Daten lesen darf, z.B. nur direkte Freunde, alle Nutzer eines Netzwerks oder sogar jeder Internetnutzer.

Das neue Transparenzprinzip in Art. 12 Abs. 2 DS-GVO ist daher sehr zu begrüßen. Für eine verbesserte Transparenz muss diese jedoch bereits bei der Planung und Entwicklung neuer technischer Anwendungen berücksichtigt werden. Dies würde mit dem Prinzip des Privacy by Design und Privacy by Default in Art. 25 DS-GVO für Anbieter sozialer Netzwerke bedeuten, dass sie bereits bei der Programmierung ihrer Dienste und Anwendungen beachten müssen, später nur solche Daten erheben zu dürfen, die für ihren Dienst erforderlich sind. Das Risiko des Missbrauchs persönlicher Daten kann durch diese datenschutzkonforme Technikgestaltung verringert werden. Die Aufnahme der Prinzipien in der DS-GVO ist ein erster wichtiger Schritt.

Ein Appell an die bürgerliche Mitverantwortung und der Rückgriff auf partizipative Interventionstechniken wie der regulierten Selbstregulierung scheint unumgänglich, damit Staat und Gesellschaft die ihnen jeweils zukommenden Rollen beim Schutz der Persönlichkeitsrechte übernehmen und damit die Fähigkeit der Institutionen verbessern können, dem elementarsten Auftrag an eine Gesellschaft gerecht zu werden, nämlich dem des gegenseitigen Zusammenwirkens mit dem Ziel der Befriedigung der Bedürfnisse der Bürger. Hierfür unverzichtbar ist ein unermüdlicher Einsatz aller beteiligten Akteure für den Aufbau eines minimalen gesetzlichen Normgerüsts, in dem auf der einen Seite die Freiheit und die Würde der Person als essentieller Kern der Rechtsordnung ihren gebührenden Platz erhalten. In diesem Sinne zu beachten ist, dass der Schutz dieser verfassungsmäßig verankerten Werte ganz unabhängig von den eigenen Einstellungen der betroffenen Dateninhaber zu den vornehmsten Aufgaben des Staates gehört, und zwar ohne dabei auf der anderen Seite zu repressiven oder allzusehr beschränkenden gesetzlichen Verboten Zuflucht nehmen zu müssen, die den technischen Fortschritt und die Erfindung solcher neuartigen Geschäftsmodelle zu sehr behindern.

Festzuhalten bleibt, dass Persönlichkeitsschutz immer auch Selbstschutz ist und nicht allein durch Gesetze gewährleistet werden kann.

1398 Worms/ Gusy, DuD 2012, S. 98; Holtz, DuD 2010, S. 441.

Siebtes Kapitel: Ergebnisse

Die zunehmenden Gefahren, die mit der Nutzung sozialer Netzwerke einhergehen, erfordern eine weltweit neue Diskussion um die Neugestaltung des Datenschutzrechts.

Für die Schaffung eines Ausgleichs zwischen international unterschiedlichen Datenschutzniveaus und eines Abbaus der damit verbundenen Rechtsunsicherheiten beim grenzüberschreitenden Datenaustausch sind Reformen nationaler Datenschutzgesetze erstrebenswert. Dies wäre durch ein ausgewogenes Verhältnis von informationeller Selbstbestimmung und staatlicher Regulierung zu erreichen.

i. Auch wenn das Gesetz Nr. 19.628 sicherlich als Fortschritt auf dem Weg einer notwendigen Regulierung des Privatsphärenschutzes zu werten ist, ist in Chile das Ziel zu verfolgen, den angemessenen Schutz für ein derart sensibles und gefährdetes Rechtsgut auszuweiten. Daher sollte das auf europäischer Ebene in Art. 8 der EU-Grundrechtecharta und in Deutschland aus dem allgemeinen Persönlichkeitsrecht gem. Art. 2 Abs. 1 i.V.m. Art. 1 Abs. 1 GG abgeleitete Grundrecht auf informationelle Selbstbestimmung schnellstmöglich auch in Chile verfassungsrechtlich verankert werden und zur Grundlage der Kommunikations- und Geschäftspolitiken sozialer Netzwerke gemacht werden. Hiermit würde ein Schutzmechanismus geschaffen, um wirksame Barrieren vor dem sensiblen Bereich der Persönlichkeitsrechte zu errichten. Soziale Netzwerke müssen sich den Normen und Prinzipien des Datenschutzes unterordnen, was bedeutet, dass der Nutzer tatsächlich derjenige ist, der die Macht hat zu entscheiden, von wem, wann und in welcher Form die ihn betreffenden persönlichen Informationen verarbeitet und genutzt werden, wobei es hierbei jedoch nicht dazu kommen darf, dass Nutzer die absolute Verfügungsgewalt über ihre Daten erhalten und damit selbst entscheiden, ob überhaupt und auf welche Weise sie in der Öffentlichkeit dargestellt werden. Dabei ist die Einwilligung der Nutzer der Weg, auf dem jeder Nutzer frei entscheiden soll, wer auf seine Daten zugreifen und sie verarbeiten oder nutzen darf. Nur so kann er sein Privatleben selbst schützen und jene Aspekte seines Lebens für sich behalten, die er nicht bekannt geben will, und nur jene veröffentlichen, die er für unbedenklich hält.

Gleichzeitig ließen sich Konflikte mit dem in der chilenischen Verfassung geschützten Freiheitsrecht der Meinungs- und Informationsfreiheit gem. Artikel 19 Ziff. 12 nicht verhindern, welche im Einzelfall immer eine Abwägung zwischen dem Informationsinteresse der Öffentlichkeit und dem Schutz des Persönlichkeitsrechts des Betroffenen erfordern.

Schwachpunkt der derzeitigen Rechtslage in Europa und Deutschland ist ein fehlender staatlicher Schutzauftrag, denn die Einwilligung der Nutzer als zentrale Voraussetzung der informationellen Selbstbestimmung ist abhängig von deren Vermögen, Informationen zu verstehen und zu verarbeiten. Mehr Informationen und Transparenz seitens der Anbieter sozialer Netzwerke sind zwar wünschenswert, jedoch nicht ausreichend für einen besseren Schutz der Nutzer und ihrer Daten, da nur wenige Nutzer zu Schlussfolgerungen in der Lage sind. Voraussetzung für eine informationelle Selbstbestimmung ist ein „informierter" Bürger. Es bedarf also einer begleitenden Unterstützung des Staates durch gesetzliche Regelungen, die Entscheidungen des Einzelnen, basierend auf seinem Grundrecht auf informationelle Selbstbestimmung, sowie dessen Selbstschutz ermöglichen.

Der beste Datenschutz ist jedoch immer noch, Daten gar nicht erst zu veröffentlichen bzw. möglichst wenig private Informationen offen zu legen. Nutzer sollten sich bei der Preisgabe persönlicher Daten genau überlegen, wer Zugang zu diesen Daten haben darf.

ii. Die in der zukünftigen DS-GVO in Art. 6 Abs. 1 lit. a normierte Einwilligung muss gem. Erwägungsgrund 32 DS-GVO „durch eine eindeutige bestätigende Handlung (...) in Form einer schriftlichen Erklärung, die auch elektronisch erfolgen kann, oder einer mündlichen Erklärung" erfolgen. Eine konkludente Einwilligung sollte dabei keine Einwilligung darstellen.[1399] Die Möglichkeit der Abgabe der Einwilligung in elektronischer Form – neben der schriftlichen und mündlichen Form – ist sehr zu begrüßen und sollte in Deutschland in das BDSG, genauer gesagt in § 4a Abs. 1 BDSG, übernommen werden, um auf die Notwendigkeit des Zurückgreifens auf die Formvorschriften des § 13 Abs. 2 TMG verzichten zu können. Diese Anpassung wäre zeitgemäß. Die Ablehnung der konkludenten Einwilligung und die Forderung einer Einwilligung in verständlicher und leicht zugänglicher Form in einer klaren und einfachen Sprache gem. Art. 7 Abs. 2 DS-GVO stärken die Rechte der Nutzer, um eine ungewollte Einwilligung durch Unkenntnis oder Nichtverstehen zu vermeiden. Nur ein informierter Nutzer, der die Alternativen und Folgen seines Handelns kennt, hat die Möglichkeit einer freien Entscheidung.[1400]

In Chile sollte die Einwilligung – wie auch in Europa – ohne Ausnahme für jeden Einzelfall Voraussetzung für die Nutzung sozialer Netzwerke sein und der Opt-in-Ansatz als Voraussetzung für einen informierten Nutzer mit Wahlfreiheit verfolgt werden. Das Risiko bei der Datensammlung, Datenauswertung und Zusammenführung von Daten zu sog. Nutzerprofilen seitens der Anbieter besteht zwar weiterhin, der Nutzer hat dann aber größere Chancen die Folgen seines Handelns abzusehen und einzuschätzen.

iii. Die Pflicht sozialer Netzwerke, die Nutzer zu Beginn des Nutzungsvorgangs über Art, Umfang, Ort und Zweck der Erhebung und Verwendung von personenbezogenen Daten in klar verständlicher Form zu unterrichten, wird mit § 13 Abs. 1 TMG normiert und dient dem Grundsatz der Transparenz, ist dabei aber für Nutzer nicht ausreichend. Der Nutzer kann sein Recht der informationellen Selbstbestimmung nur wahrnehmen, wenn von staatlicher Seite sozialen Netzwerken die Pflicht auferlegt wird, den Nutzer ausdrücklich, präzise, eindeutig und unmissverständlich auf die Existenz einer Datenbank und die Speicherung der personenbezogenen Daten in diese hinzuweisen, den Zweck und den Verantwortlichen der Datenerhebung, und -verarbeitung sowie

1399 Erwägungsgrund 32 DS-GVO.
1400 Holtz, DuD 2010, S. 441; Worms/ Gusy, DuD 2012, S. 98.

die Empfänger der Datenweitergabe präzise zu bezeichnen. Darüber hinaus muss eindeutig ersichtlich sein, ob die Angabe der erbetenen personenbezogenen Daten freiwillig oder obligatorisch ist und welche Folgen die Abgabe oder die Verweigerung der Angaben hätte. Entscheidend ist dabei, dass diese Informationen so dargestellt werden, dass sie leicht auffindbar, erkennbar und verständlich sind. So sollten Anbieter sozialer Netzwerke bei Änderung ihrer Datenschutzbedingungen die Nutzer informieren. Es sollte Art. 12 DS-GVO gefolgt werden, der den für die Verarbeitung Verantwortlichen verpflichtet, dem Betroffenen alle Informationen „in präziser, transparenter, verständlicher und leicht zugänglicher Form in einer klaren und einfachen Sprache zu übermitteln; dies gilt insbesondere für Informationen, die sich speziell an Kinder richten."[1401]. Anbieter sozialer Netzwerke müssen danach ihren Nutzern Informationen in einfacher und leicht verständlicher Sprache zugänglich machen.[1402] Erst recht sollte dies für die automatisierte Erhebung von Daten wie beim Setzen von Cookies gelten.

Da sich viele Nutzer der Implikation der Privatsphäre-Einstellungen nicht bewusst sind,[1403] müssen Nutzer mittels Hinweisen an den richtigen Stellen, die klar verständlich und nachvollziehbar sind, davon in Kenntnis gesetzt werden, welche Risiken mit der Veröffentlichung persönlicher Daten und den Daten Dritter einhergehen und welche Möglichkeiten es gibt, diese zu vermeiden, z.B. durch Einstellung der Sichtbarkeit des Profils. Solch eine angemessene Transparenz kann Vertrauen schaffen und muss zum Ziel haben, dass Nutzer ihre digitalen Daten besser kontrollieren können.

So könnten die Privatsphäre-Einstellungen standardmäßig nur auf die Sichtbarkeit der Profilperson selbst eingestellt sein. Für die Erweiterung der Sichtbarkeit des Profils, z. B. für den Freundeskreis, müssten Nutzer dies aktiv einstellen können (Opt-in).

Hierbei stellt sich die Frage, ob jeder Nutzer diese Form der Aufklärung wünscht und in Anspruch nimmt. Dem könnte Rechnung getragen werden, indem der Nutzer selbst entscheiden kann, z.B. durch Auswahlmöglichkeiten, welche Informationen er erhalten möchte.

iv. Die verfassungsrechtliche Verankerung des Rechtsschutzinstrumentariums des Habeas-Data in Chile ist unverzichtbar, um das ungünstige Kosten-Nutzen-Verhältnis der Inanspruchnahme des Habeas-Data-Schutzes für Betroffene zu verbessern. Weiterhin ist die Schaffung eines autonomen administrativen zentralen Organs notwendig, das in der Lage ist, die Einhaltung der datenschutzrechtlichen Vorschriften zu überwachen und Beschwerden zu bearbeiten, mit denen sich Bürger gegen die unzulässige Verwendung ihrer persönlichen Daten wehren. Neben einer absoluten Unabhängigkeit dieses Organs müsste dieses hohe Geldbußen bei Verstößen gegen das Datenschutzrecht verhängen dürfen. Dabei darf der personelle

1401 Art. 12 Abs. 1 DS-GVO.
1402 Erwägungsgrund 58 DS-GVO.
1403 Verheijden, 2015, S. 353.

und finanzielle Aufwand für bürokratische Aufgaben das Wachstumstempo der Internetwirtschaft nicht bremsen.

Nutzern sollte ein Recht auf Löschung ihrer Daten bei der datenverarbeitenden Stelle, bei welcher sie ihre Daten zuerst veröffentlicht haben, gesetzlich eingeräumt werden. Um dem Nutzer auch hier nicht die absolute Herrschaftsgewalt über seine Daten zu überlassen, muss auch eine Anonymisierung ausreichend sein. Art. 17 DS-GVO ist ein guter Ansatz für eine Diskussionsgrundlage, jedoch ist eine Zusammenarbeit von Wirtschaft und Gesetzgeber unerlässlich.

Das in Chile und Europa bestehende Auskunftsrecht sollte um den Anspruch auf Auskunft in elektronischer Form ergänzt werden. Dem Vorschlag der Datenschutz-Grundverordnung gem. Art. 15 Abs. 3 sollte daher Rechnung getragen werden und übernommen werden.

Darüber hinaus muss der Nutzer durch Ausformung des deutschen Rechts die Möglichkeit des Rechts zur alleinigen Bestimmung seiner Identität bspw. durch Verwendung eines Pseudonyms bei der Nutzung sozialer Netzwerke eingeräumt werden. Eine Unzumutbarkeit der Zulassung von Pseudonymen kommt nur dann in Betracht, wenn das Geschäftsmodell des sozialen Netzwerks auf die Offenlegung der Identität besteht wie bspw. bei Netzwerken zum Aufbau und zur Pflege von geschäftlichen Beziehungen. Dies sollte auf Chile übertragen werden.

v. Alternativ zum Rechtsweg, der mit hohen Kosten verbunden und sehr zeitintensiv ist, wäre ein Mediationsverfahren denkbar, dass betroffenen Parteien den Gang vor Gericht erspart.

Mediation ist ein strukturiertes Verfahren, in dem zwei oder mehr Streitparteien mit Hilfe eines Mediators auf freiwilliger Basis selbst versuchen, eine Vereinbarung über die Beilegung ihrer Streitigkeiten zu erzielen. Dieses Verfahren kann entweder von den Parteien selbst eingeleitet oder von einem Gericht vorgeschlagen oder angeordnet werden.[1404] Gerade im Bereich von Persönlichkeitsrechtsverletzungen, in dem sich Rechtsverletzer und Betroffener persönlich kennen, kann ein Mediationsverfahren dazu beitragen, Verständnis auf beiden Parteiseiten zu erlangen. Anders als bei einer Schlichtung, finden bei einer Mediation die Parteien selbst eine Lösung des Konflikts, was ein gegenseitiges Verständnis voraussetzt.[1405] Auch bei grenzüberschreitenden Rechtsverletzungen wäre ein Mediationsverfahren vorstellbar. Das Mediationsverfahren sollte eine gleichwertige Alternative zum ordentlichen Gerichtsverfahren sein, so dass Konfliktparteien die freie Wahl haben, für welches Verfahren sie sich entscheiden. Auch der Inhalt einer im Mediationsverfahren erzielten schriftlichen Vereinbarung muss vollstreckbar gemacht werden.

1404 Art. 3 lit. a Richtlinie 2008/52/EG des Europäischen Parlaments und des Rates vom 21. Mai 2008, abrufbar unter http://eur-lex.europa.eu/LexUriServ/LexUriServ.do?uri=OJ:L:2008:136:0003:0008:de:PDF (zuletzt abgerufen am 27.03.2017).

1405 Verheijden, 2015, S. 349.

Ein Gericht, das mit einer Klage befasst wird, kann gegebenenfalls und unter Berücksichtigung aller Umstände des Falles die Parteien auffordern, die Mediation zur Streitbeilegung in Anspruch zu nehmen.[1406]

Für die Kosten sollte der Staat z. B. das Ministerium der Justiz verantwortlich sein, ggf. mit einer Kostendeckelung.

Dies würde die Gerichte entlasten und für ein besseres Verständnis zwischen den Parteien führen. Das Mediationsverfahren ist auch für Deutschland vorstellbar.

vi. Der Schutz von Minderjährigen muss in Europa und Deutschland erweitert werden und unter die Schutzpflicht des Staates fallen. Hier kann der Ansatz des chilenischen Gesetzesentwurfs zum Gesetz Nr. 19.628 übernommen werden, der jede Verwendung personenbezogener Daten von Kindern verbieten möchte. In Bezug auf Heranwachsende, d.h. ab dem 14. Lebensjahr, verbietet der Entwurf die Verwendung sensibler Personendaten, die ebenfalls nur mit gesonderter Einwilligung der Erziehungsberechtigten abgegeben werden dürfen. Den Änderungen in der DS-GVO nach Art. 8 DS-GVO sollte daher Folge geleistet werden, wonach für soziale Netzwerke die Einwilligung der Erziehungsberechtigten für Kinder unter sechzehn Jahren vorgeschrieben ist, sofern es zu einer Verarbeitung personenbezogener Daten kommt.

Anbieter sozialer Netzwerke müssen sich dann entweder die Einwilligung der Eltern einholen oder sich aber auf eine konkludente Einwilligung der Eltern in die Nutzung des Internets durch die Minderjährigen stützen. Art. 8 Abs. 3 DS-GVO lässt nämlich das allgemeine Vertragsrecht der Mitgliedstaaten unberührt, was eine konkludente Einwilligung der gesetzlichen Vertreter gem. § 107 BGB weiterhin ermöglicht.[1407] Stützen sich Anbieter auf die zuletzt genannte Variante, wird es für sie spätestens bei der Nachweispflicht der Einwilligung gem. Art. 8 Abs. 2 DS-GVO problematisch, die konkludente Einwilligung der gesetzlichen Vertreter nachzuprüfen. Folglich bleibt Anbietern nur die Möglichkeit der Einholung einer ausdrücklichen Einwilligung, wobei es grundsätzlich eine Herausforderung sein wird, das Alter der Nutzer bei der Anmeldung zu verifizieren.

In jedem Fall muss für die Einräumung von mehr Rechtssicherheit die Nutzerfreundlichkeit sozialer Netzwerke weichen.[1408]

vii. Ebenso wie Staat und Anbieter sozialer Netzwerke eine datenschutzrechtliche Verantwortlichkeit besitzen, muss auch der Gesellschaft und mit ihr dem Einzelnen eine Mitverantwortung für den Umgang mit personenbezogenen Daten zugeteilt werden. Die Aufklärung der Gesellschaft über das Thema Datenschutz im Internet muss ein internationales Anliegen sein. Sie sollte bereits Teil des Bildungssystems werden, damit der informierte Umgang mit personenbezogenen Daten

---

1406 Art. 5 Abs. 1 Richtlinie 2008/52/EG des Europäischen Parlaments und des Rates vom 21. Mai 2008, abrufbar unter http://eur-lex.europa.eu/LexUriServ/LexUriServ.do?uri=OJ:L:2008:136:0003:0008:de:PDF (zuletzt abgerufen am 27.03.2017).

1407 Piltz, 2013, S. 299.

1408 Ebd., S. 299 f.

bereits von Kindern erlernt wird als Grundvoraussetzung für eine informationelle Selbstbestimmung, da sie am wenigsten einschätzen können, welche Konsequenzen ihr Handeln für die Zukunft haben kann.

So könnten in Deutschland die Lehrpläne für das Fach Informatik an den Oberschulen angepasst werden, um Kinder und Jugendliche über die Gefahren, die mit der Nutzung des Internets bzw. sozialen Netzwerken einhergehen können, umfangreich aufzuklären.

In den Grundschulen könnte die Nutzung des Internets bzw. der Umgang mit sozialen Netzwerken im Rahmen von Projekttagen ab der 4. Klasse erlernt werden. Damit kann eine umfangreiche und zeitintensive Lehrplanänderung umgangen werden. Die Notwendigkeit, schon sehr früh mit der Aufklärung über die Gefahren des Internets zu beginnen, zeigen die Nutzerzahlen des Internets bei Kindern und Jugendlichen, wobei schon 39 Prozent der 6 bis 7-Jährigen, bereits 79 Prozent der 8 bis 9 Jährigen und ganze 94 Prozent der 10 bis 11-Jährigen das Internet nutzen.[1409]

Sind staatliche und wirtschaftliche Voraussetzungen für den Schutz personenbezogener Daten gegeben, bleibt es dem Einzelnen überlassen, sich selbst vor freiwilliger Datenpreisgabe zu schützen.

1409 Studie „Jung und vernetzt“ des BITKOM, 2014, S. 65, abrufbar unter https://www.bitkom.org/Publikationen/2014/Studien/Jung-und-vernetzt-Kinder-und-Jugendliche-in-der-digitalen-Gesellschaft/BITKOM-Studie-Jung-und-vernetzt-2014.pdf (zuletzt abgerufen am 27.03.2017).

Literaturverzeichnis

Abel, Ralf B.: Datenschutz in Anwaltschaft, Notariat und Justiz, München, 2001

Abts, Dietmar/ Mülder, Wilhelm: Grundkurs Wirtschaftsinformatik: Eine kompakte und praxisorientierte Einführung, 4. Auflage, Braunschweig/ Wiesbaden, 2002

Ahlf, Henning: Identifikation von Influentials in virtuellen sozialen Netzwerken: Eine agentenbasierte Modellierung und Simulation sozialer Beeinflussungsprozesse, Dissertation der Universität Duisburg-Essen, Cloppenburg, 2013

Anguita Ramírez, Pedro: Jurisprudencia constitucional sobre el derecho a la propia imagen y a la vida privada en Chile (1981–2004): un intento de sistematización [„Verfassungsrechtsprechung zum Recht am eigenen Bild und zum Recht auf Privatsphäre in Chile (1981–2004): Versuch einer Systematik"], in: Anguita Ramírez, Pedro/González M., Felipe et al., Libertad de expresión en Chile, Santiago de Chile, 2006, 319

–: La protección de datos personales y el derecho a la vida privada: Régimen jurídico, jurisprudencia y derecho comparado [„Datenschutz und Recht auf Privatsphäre: gesetzliche Regelung, Rechtsprechung und Rechtsvergleich"], Santiago de Chile, 2007

Aravena López, Christian A./de la Fuente Gómez, Oliver N.: Régimen contractual de las redes sociales en internet [„Vertragliche Regelung sozialer Netzwerke im Internet"], Staatsexamensarbeit zur Erlangung der Lizenziatur der Rechts- und Sozialwissenschaften, Santiago de Chile, 2010, abrufbar unter http://tesis.uchile.cl/bitstream/handle/2250/111511/de-aravena_c.pdf?sequence=1

Arrieta, Raúl: Chile y la protección de datos personales: compromisos internacionales ¿Están en crisis nuestros derechos fundamentales? [„Chile und der Datenschutz: internationale Verpflichtungen. Sind unsere Grundrechte in der Krise?"], in: Arrieta, Raúl/Ortiz, Claudio/Uriarte, Mikel et al., Santiago de Chile, 2009, 13

Artikel 29-Datenschutzgruppe: Arbeitsunterlage: Beurteilung der Selbstkontrolle der Wirtschaft: Wann ist sie ein sinnvoller Beitrag zum Niveau des Datenschutzes in einem Drittland?, WP 7

–: Arbeitsunterlage: Übermittlungen personenbezogener Daten an Drittländer: Anwendung von Artikel 25 und 26 der Datenschutzrichtlinie der EU, WP 12

–: Künftige Arbeit im Hinblick auf Verhaltensregeln: Arbeitsunterlage über das Verfahren für die Prüfung der Verhaltensregeln der Gemeinschaft durch die Arbeitsgruppe, WP 13

–: Arbeitsdokument: Übermittlung personenbezogener Daten in Drittländer: Anwendung von Artikel 26 Absatz 2 der EU-Datenschutzrichtlinie auf verbindliche unternehmensinterne Vorschriften für den internationalen Datentransfer, WP 74

–: Stellungnahme 4/2007 zum Begriff „personenbezogene Daten", WP 136

–: Stellungnahme 5/2009 zur Nutzung sozialer Online-Netzwerke, WP 163

–: Die Zukunft des Datenschutzes. Gemeinsamer Beitrag zu der Konsultation der Europäischen Kommission zu dem Rechtsrahmen für das Grundrecht auf den Schutz der personenbezogenen Daten, WP 168

–: Stellungnahme 1/2010 zu den Begriffen „für die Verarbeitung Verantwortlicher" und „Auftragsverarbeiter", WP 169

–: Stellungnahme 2/2010 zur Werbung auf Basis von Behavioural Targeting, WP 171

–: Stellungnahme 6/2010 zum Schutz natürlicher Personen bei der Verarbeitung personenbezogener Daten in der Republik Östlich des Uruguay, WP 177

–: Stellungnahme 8/2010 zum anwendbaren Recht, WP 179

–: Stellungnahme 15/2011 zur Definition von Einwilligung, WP 187

–: Stellungnahme 16/2011 zur Best-Practice-Empfehlung von EASA und IAB zu verhaltensorientierter Online-Werbung, WP 188

–: Stellungnahme 01/2012 zu den Reformvorschlägen im Bereich des Datenschutzes, WP 191

–: Stellungnahme 02/2014 zu einem Regelwerk für die Anforderungen an verbindliche unternehmensinterne Regelungen, die den nationalen Datenschutzbehörden der EU vorgelegt werden, und an Regelungen für den grenzüberschreitenden Datenschutz, die den von der APEC anerkannten „CBPR Accountability Agents" vorgelegt werden, WP 212

Auer-Reinsdorff, Astrid/ Conrad, Isabell: IT-Recht, München, 2011

Auernhammer, Herbert: Bundesdatenschutzgesetz, 3. Auflage, München, 1993

Back, Andrea/Gronau, Norbert/Tochtermann, Klaus: Web 2.0 in der Unternehmenspraxis: Grundlagen, Fallstudien und Trends zum Einsatz von Social Software, 2. Auflage, München, 2009

Back, Mitja D./Stopfer, Juliane M./Vazire, Simine/ Gaddis, Sam/Schmukle, Stefan C./ Egloff, Boris/ Gosling, Samuel D.: Facebook Profiles Reflect Actual Personality, Not Self-Idealization, Psychological Science, 21(3) 2010, 372

Backstrom, Lars/Boldi, Paolo/Rosa, Marco/Ugander, Johan/Vigna, Sebastiano: Four Degrees of Separation, 2011

Bahamonde Guasch, Christián: Los Datos Personales en Chile: concepto, clasificación y naturaleza jurídica [„Personenbezogene Daten in Chile: Begriff, Einteilung und Rechtsnatur"], Ius Novum Nr. 1 2008, 45

Banda Vergara, Alfonso: Manejo de datos personales. Un limite al derecho a la vida privada [„Behandlung personenbezogener Daten: eine Einschränkung des Rechts auf Privatleben"], Revista de Derecho vol. 11 2000, 55

–: La vida privada e intimidad en la sociedad tecnológica actual y futura [„Privatleben und Intimsphäre in der Technologiegesellschaft der Gegenwart und Zukunft"], Gaceta Jurídica Nr. 246 2000, 7

Bartelt, Maik: Datenschutz in sozialen Netzwerken, Eine datenschutzrechtliche Beurteilung im Lichte des deutschen und europäischen Rechts, Saarbrücken, 2012

Baston-Vogt, Marion: Der sachliche Schutzbereich des zivilrechtlichen allgemeinen Persönlichkeitsrechts, Tübingen, 1997

Batke, Tobias: Location-based Services – Chancen und Perspektiven für ortsbasierte Unternehmenswerbung, München, 2013

Bauer, Stephan: Personalisierte Werbung auf Social Community-Websites, Datenschutzrechtliche Zulässigkeit der Verwendung von Bestandsdaten und Nutzungsprofilen, MMR 2008, 435

Bauer, Lukas/Reimer, Sebastian: Handbuch Datenschutzrecht, Wien, 2009

Bauer, Christoph/ Greve, Goetz/ Hopf, Gregor: Online Targeting und Controlling, Grundlagen – Anwendungsfelder – Praxisbeispiele, Wiesbaden, 2011

Bäumler, Helmut/Mutius, Albert von: Datenschutzgesetze der dritten Generation, Texte und Materialien zur Modernisierung des Datenschutzrechts, Neuwied, 1999

Berliner Beauftragter für Datenschutz und Informationsfreiheit: Bericht 11, Auszug aus dem Jahresbericht 2011 abrufbar unter http://datenschutz-berlin.de/content/veroeffentlichungen/jahresberichte/bericht-11

Biblioteca del Congreso Nacional de Chile: Geschichte des Gesetzes Nr. 20.575 abrufbar unter http://www.leychile.cl/Navegar/scripts/obtienearchivo?id=recursoslegales/10221.3/37048/1/HL20575.pdf

–: Geschichte des Gesetzes Nr. 19.223 abrufbar unter https://www.google.de/url?sa=t&rct=j&q=&esrc=s&source=web&cd=1&cad=rja&uact=8&ved=0ahUKEwjL14PrjcPMAhVErxoKHWSHD58QFggjMAA&url=https%3A%2F%2Fwww.leychile.cl%2FNavegar%2Fscripts%2Fobtienearchivo%3Fid%3Drecursoslegales%2F10221.3%2F4745%2F1%2FHL19223.pdf&usg=AFQjCNHPW6TJuIRUlufeSIM5epjBvPgHqw&bvm=bv.121099550,d.d2s

–: Geschichte des Gesetzes Nr. 19.812 abrufbar unter https://www.google.de/url?sa=t&rct=j&q=&esrc=s&source=web&cd=1&cad=rja&uact=8&ved=0ahUKEwjnkPyAjsPMAhUDVhoKHeO9DrwQFggjMAA&url=https%3A%2F%2Fwww.leychile.cl%2FNavegar%2Fscripts%2Fobtienearchivo%3Fid%3Drecursoslegales%2F10221.3%2F2464%2F1%2FHL19812.pdf&usg=AFQjCNGbLtPEoummht85DuHphkl67P-Epw&bvm=bv.121099550,d.d2s

–: Geschichte des Gesetzes Nr. 19.628 abrufbar unter https://www.google.de/url?sa=t&rct=j&q=&esrc=s&source=web&cd=3&cad=rja&uact=8&ved=0ahU-KEwjGwP-ejsPMAhVE2hoKHYGnAQUQFggtMAI&url=https%3A%2F%2Fwww.leychile.cl%2FNavegar%2Fscripts%2Fobtienearchivo%3Fid%3Drecursoslegales%2F10221.3%2F2468%2F7%2FHL19628.pdf&usg=AFQjCNEU3lLP3DzpoZusJ_WFJUzuMtVc9g&bvm=bv.121099550,d.d2s

Bohnen, Simon: Die BDSG Novellen 2009 / 2010, Kritische Bestandsaufnahme und weiterer Reformbedarf, Berlin, 2011

Bonk, Barbara: Technische Möglichkeiten der Datenerhebung und zivilrechtliche Folgen bei Verstoß gegen die datenschutzrechtlichen Informationspflichten, München, 2009

Boos, Frank/Exner, Alexander/Heitger, Barbara: Soziale Netzwerke sind anders, Organisations-entwicklung, 11. Jahrgang, 1992

Boyd, Danah m./ Ellison, Nicole B.: Social Network Sites: Definition, History, and Scholarship in: Journal of Computer-Mediated Communication 13, 210, 2007, abrufbar unter http://onlinelibrary.wiley.com/store/10.1111/j.1083-6101.2007.00393.x/asset/j.1083-6101.2007.00393.x.pdf?v=1&t=i4pxs5n6&s=ec929bb6af04fc03f432e88e007f94178b428bf1

Bräutigam, Peter: Das Nutzungsverhältnis bei sozialen Netzwerken, Zivilrechtlicher Austausch von IT-Leistung gegen personenbezogene Daten, MMR 2012, 635

Brennscheidt, Kirstin: Cloud Computing und Datenschutz, Band 13, Baden-Baden, 2013

Breyer, Patrick: Personenbezug von IP-Adressen, Internetnutzung und Datenschutz, ZD 2014, 400

Brodowski, Dominik: Strafrechtsrelevante Entwicklungen in der Europäischen Union – ein Überblick, ZIS 2011, 940

Bruns, Alexander: Informationsansprüche gegen Medien: ein Beitrag zur Verbesserung des Persönlichkeitsschutzes im Medienprivatrecht, Tübingen, 1997

Buechel, Eva/Berger, Jonah: Facebook Therapy: Why People Share Self-Relevant Content Online, 2011, abrufbar unter http://papers.ssrn.com/sol3/papers.cfm?abstract_id=2013148

Büllesbach, Achim: Transnationalität und Datenschutz, Die Verbindlichkeit von Unternehmensregelungen, Baden-Baden, 2008

Campusano Barra, Rayen: Don't be evil, Google y privacidad, Staatsexamensarbeit zur Erlangung der Lizenziatur der Rechts- und Sozialwissenschaften, Santiago de Chile, 2014, abrufbar unter: http://www.tesis.uchile.cl/bitstream/handle/2250/116949/de-campusano_r.pdf?sequence=1

Caspar, Johannes: Das aufsichtsbehördliche Verfahren nach der EU-Datenschutz-Grundverordnung, Defizite und Alternativregelungen, ZD 2012, 555

Castro Hermosilla, Montserrat/Muñoz Massouh, Ana María: Acceso a la información pública y autodeterminación informativa: publicidad de las remuneraciones de los altos ejecutivos de las empresas públicas. El caso de tvn [„Zugang zu öffentlichen Informationen und die informationelle Selbstbestimmung. Veröffentlichung von Vergütungen der obersten Führungskräfte von Staatsbetrieben. Der tvn Fall"], Revista Chilena de Derecho ymTecnología vol. 1 Nr. 1 2012, 149, abrufbar unter http://www.rchdt.uchile.cl/index.php/RCHDT/article/viewFile/24028/25350

Cerda Silva, Alberto J.: Intimidad de los trabajadores y Tratamiento de datos personales por los empleadores [„Die Privatsphäre des Arbeitnehmers und die Verarbeitung personenbezogener Daten durch Arbeitgeber"], Revista Chilena de Derecho Informático Nr. 2 2003, 35, abrufbar unter: http://www.derechoinformatico.uchile.cl/index.php/RCHDI/article/viewFile/10645/10921

–: Hacia un modelo integrado de regulación y control en la protección de datos personales [„Auf dem Weg zu einem integrierten Regelungs- und Kontrollmodell im Datenschutz"], Derecho y Humanidades Nr. 13 2008, 121

–: Derechos de autor y desarrollo: Más allá de la ilusoria solución provista en el „Anexo" del „Convenio de Berna" [„Urheberrecht und Entwicklung: Eine Weiterführung der gegebenen Lösung des Berner Übereinkommens"], Revista de Derecho de la Pontificia Universidad Católica de Valparaíso Nr. 38 2012, 181

Comans, Clemens D.: Ein „modernes" europäisches Datenschutzrecht, Köln, 2012

Corral Talciani, Hernán: Sobre la responsabilidad civil de los periodistas y de los medios de comunicación social por atentados a la honra, intimidad e imagen [„Die Haftung von Journalisten und Medien für Verletzungen der Ehre, der Privatsphäre und des Rechtes am eigenen Bild"], Abschlussarbeit, Información Pública, Universidad Santo Tomás, 2006, 253

Datenschutzbeauftragte des Bundes und der Länder: Entschließungen der 83. Konferenz vom 21./22. März 2012 in Potsdam, DuD 2012, 365

Däubler, Wolfgang/Klebe, Thomas/Wedde, Peter/ Weichert, Thilo: Bundesdatenschutzgesetz, Kompaktkommentar zum BDSG, 3. Auflage, Frankfurt am Main, 2009

Dehmel, Susanne/Hullen, Nils: Auf dem Weg zu einem zukunftsfähigen Datenschutz in Europa? Konkrete Auswirkungen der DS-GVO auf Wirtschaft, Unternehmen und Verbraucher, ZD 2013, 147

Determann, Lothar: Kommunikationsfreiheit im Internet: Freiheitsrechte und gesetzliche Beschränkungen, Baden-Baden, 1999

–: Determann's Field Guide to International Data Privacy Law Compliance, Cheltenham/Northampton, 2012

–/Sprague, Robert: Arbeitnehmerüberwachung und Datenschutz-erwartungen in den USA und in Europa: Es bleibt alles anders, RDV 2011, 274

Deutlmoser, Ralf/ Filip, Alexander: Europäischer Datenschutz und US-amerikanische (e-) Discovery-Pflichten, Ein Praxisleitfaden für Unternehmen, ZD-Beilage 2012, 1

Dietzel, Klaus: Wir wollen ein Google aus Europa, acquisa 05/2012, 66

Diewald, Martin: Soziale Beziehungen: Verlust oder Liberalisierung?: Soziale Unterstützung in informellen Netzwerken, Berlin, 1991

Dittmayer, Matthias: Fallstricke für Blogger, Datenschutz bei Telemedien, DuD 2012, 526

Donos, Pelopidas K.: Datenschutz – Prinzipien und Ziele, Unter besonderer Berücksichtigung der Entwicklung der Kommunikations- und Systemtheorie, Baden-Baden, 1998

Düsseldorfer Kreis: Beschluss des Düsseldorfer Kreises vom 08. Dezember 2011, Datenschutz in sozialen Netzwerken, abrufbar unter https://www.ldi.nrw.de/mainmenu_Service/submenu_Entschliessungsarchiv/Inhalt/Beschluesse_Duesseldorfer_Kreis/Inhalt/2011/Datenschutz_in_sozialen_Netzwerken/Datenschutz_in_sozialen_Netzwerken_endgueltig.pdf

–: Beschluss der obersten Aufsichtsbehörden für den Datenschutz im nicht-öffentlichen Bereich am 28./29. April 2010 in Hannover, Prüfung der Selbst-Zertifizierung des Datenimporteurs nach dem Safe Harbor-Abkommen durch das Daten exportierende Unternehmen, abrufbar unter https://www.ldi.nrw.de/mainmenu_Service/submenu_Entschliessungsarchiv/Inhalt/Beschluesse_Duesseldorfer_Kreis/Inhalt/2010/Pruefung_der_Selbst-Zertifizierung_des_Datenimporteuers/Beschluss_28_29_04_10neu.pdf

Ebersbach, Anja/Glaser, Markus/Heigl, Richard: Social Web, 2. Auflage, Konstanz, 2011

Ehmann, Horst: Das Allgemeine Persönlichkeitsrecht, abrufbar unter https://www.uni-trier.de/fileadmin/fb5/prof/eme001/fg_50bgh.pdf

Ehrlich, Matthias: Selbstregulierung statt neuer Gesetze, acquisa 09/2011, 66

Elbert, Oliver: Zu Hause ist es am schönsten!, ecommerce Magazin 7/2011, 32

Elixmann, Robert: Datenschutz und Suchmaschinen, Neue Impulse für einen Datenschutz im Internet, Band 29, Berlin, 2012

Engel-Flechsig, Stefan/ Maennel, Frithjof A./ Tettenborn, Alexander: Beck'scher IuKDG – Kommentar , Informations – und Kommunikationsdienstegesetz, München, 2001

Erd, Rainer: Datenschutzrechtliche Probleme sozialer Netzwerke, NVwZ 2011, 19

Europäische Kommission: Communications Committee, Working Document, Questionnaire on the implementation of the Article 5(3) of the ePrivacy Directive, Brüssel, 04. Oktober 2011, COCOM11-20, abrufbar unter https://www.telemedicus.info/uploads/Dokumente/COCOM11-20QuestionnaireonArt.53e-PrivacyDir.pdf

–: Vorschlag für Verordnung des Europäischen Parlaments und des Rates zum Schutz natürlicher Personen bei der Verarbeitung personenbezogener Daten und zum freien Datenverkehr (Datenschutz-Grundverordnung), Brüssel, den 25.1.2012 KOM(2012) 11 endgültig, abrufbar unter http://eur-lex.europa.eu/LexUriServ/LexUriServ.do?uri=COM:2012:0011:FIN:DE:PDF

–: Communicaton from the commission to the european parliament and the council on the Functioning of the Safe Harbour from the Perspective of EU Citizens and Companies Established in the EU COM(2013) 847 final, Brüssel, 27.11.2013, abrufbar unter http://ec.europa.eu/justice/data-protection/files/com_2013_847_en.pdf

Europäisches Parlament: Änderungsvorschläge seitens des Rates der Europäischen Union, Brüssel, 16.12.2013, abrufbar unter http://register.consilium.europa.eu/doc/srv?l=EN&t=PDF&gc=true&sc=false&f=ST%2017831%202013%20INIT

Dass.: Legislative Entschließung des Europäischen Parlaments vom 12. März 2014 zu dem Vorschlag für eine Verordnung des Europäischen Parlaments und des Rates zum Schutz natürlicher Personen bei der Verarbeitung personenbezogener Daten und zum freien Datenverkehr, P7_TA(2014)0212, Straßburg, 12. März 2014, abrufbar unter http://www.europarl.europa.eu/sides/getDoc.do?pubRef=//EP//TEXT+TA+P7-TA-2014-0212+0+DOC+XML+V0//DE

Figueroa G., Rodolfo: El derecho a la privacidad en la jurisdicción de protección [„Das Recht der Privatsphäre im Datenschutzrecht"], Revista Chilena de Derecho, vol. 40 Nr. 3 2013, 859 abrufbar unter http://www.scielo.cl/pdf/rchilder/v40n3/art05.pdf

Filip, Alexander: Binding Corporate Rules (BCR) aus der Sicht einer Datenschutzaufsichtsbehörde, Praxiserfahrungen mit der europaweiten Anerkennung von BCR, ZD 2013, 51

Fink, Simon: Datenschutz zwischen Staat und Markt: die „safe-Harbor"-Lösung als Ergebnis einer strategischen Interaktion zwischen der EU, den USA und der IT-Industrie, Magisterarbeit, Universität Konstanz, 2002

Forgó, Nikolaus/ Helfrich, Marcus/ Schneider, Jochen: Betrieblicher Datenschutz, Rechtshandbuch, München, 2014

Fuchs, Christian: Facebook, Web 2.0 und ökonomische Überwachung, DuD 2010, 453

Funke, Cornelius: Der Fall Schecke und Eifert; „Agrarsubvention", DeLuxe – Europarecht aktuell – 07/2010, 1

Gallardo Garafulic, Rodrigo D.: El derecho de acceso a la información frente a la protección de datos personales [„Das Recht auf Informationszugang und der Schutz personenbezogener Daten"], Staatsexamensarbeit zur Erlangung der Lizenziatur der Rechts- und Sozialwissenschaften, Santiago de Chile, 2011, abrufbar unter: http://www.tesis.uchile.cl/bitstream/handle/2250/111389/de-allardo_r.pdf.txt?sequence=1

Garrido Iglesias, Romina: El Habeas data y la Ley de protección de datos en Chile. [„Das Habeas-Data-Recht und das Datenschutzrecht in Chile"], Serie Bibliotecología y Gestión de Información Nr. 83, 2013, abrufbar unter http://eprints.rclis.org/19755/1/Serie%20N%C2%B0%2083,%20Junio,%202013%20Actualizada.pdf

Gärtner, Stephan: Harte Negativmerkmale auf dem Prüfstand des Datenschutzrechts, Ein Rechtsvergleich zwischen deutschem, englischem und österreichischem Recht, Hamburg, 2011

Genz, Alexander: Datenschutz in Europa und den USA, Eine rechtsvergleichende Untersuchung unter besonderer Berücksichtigung der Safe-Harbor-Lösung, Wiesbaden, 2004

Giesen, Thomas/ Bannasch, Bernhard/ Naumann, Tino/ Mauersberger, Thomas/ Dehoust, Matthias: Kommentar zum Sächsischen Datenschutzgesetz (SächsDSG), Düsseldorf, 2010

Gola, Peter: Datenschutz-Jahrbuch, 21. Auflage, Frechen, 2011

–: Das Datenschutzrecht, Frechen, 2011

–/Klug, Christoph: Grundzüge des Datenschutzrechts, München, 2003

–/Reif, Yvette: Praxisfälle Datenschutzrecht, Juristische Sachverhalte prüfen, bewerten und lösen, Frechen, 2013

–/Schomerus, Rudolf: BDSG, 9. Auflage, München, 2007

Gounalakis, Georgios: Rechtshandbuch Electronic Business, Marburg, 2003

Gridl, Rudolf: Datenschutz in globalen Telekommunikationssystemen, Eine völker- und europarechtliche Analyse der vom internationalen Datenschutzrecht vorgegebenen Rahmenbedingungen, Baden-Baden, 1999

Grimm, Dieter: Verfassungsrechtliche Vorgaben für einen modernen Datenschutz, 2012, abrufbar unter https://www.bmi.bund.de/SharedDocs/Downloads/DE/Themen/Sicherheit/Datenschutz/rede_grimm.pdf?__blob=publicationFile

Grimm, Rüdiger: Spuren im Netz, DuD 2012, 88

Härting, Niko: Starke Behörden, schwaches Recht – der neue EU-Datenschutzentwurf, BB 2012, 459

–: Internetrecht, 3. Auflage, Köln, 2008

Hahn, Ulrich: Datenschutzrecht und grenzüberschreitender Datenverkehr, Regelungsbedarf, Rechtsvergleich und Rechtsfortbildung, Frankfurt am Main, 1994

Hamburgischer Beauftragter für Datenschutz und Informationsfreiheit: Orientierungshilfe „Soziale Netzwerke", 14.03.2013, Version 1.1, abrufbar unter https://www.datenschutz.hessen.de/download.php?download_ID=274

Hatt, Janina: Konfliktfeld Datenschutz und Forschung, Notwendigkeit und Möglichkeiten neuer Regelungen unter besonderer Berücksichtigung der sozialwissenschaftlichen Forschung, Baden-Baden, 2012

Haug, Volker: Internetrecht, Erläuterungen mit Urteilsauszügen, Schaubildern und Übersichten, 2. Auflage, Stuttgart, 2010

Häusler, Sascha: Soziale Netzwerke im Internet: Entwicklung, Formen und Potenziale zu kommerzieller Nutzung, Diplomarbeit, Siegen, 2007

Heckmann, Dirk: Internetrecht, 2. Auflage, Saarbrücken, 2009

–: Vertrauen in virtuellen Räumen? Rechtssichere Internetnutzung zwischen Fake und Faszinosum, K&R 2010, 1

Heidemann, Julia: Online Social Networks, Ein sozialer und technischer Überblick, Informatik-Spektrum vol. 33 2010, 266

Hippner, Hajo: Bedeutung, Anwendung und Einsatzpotenziale von Social Software, HMD – Praxis der Wirtschaftsinformatik 252, 43. Jahrgang, 2006, 6

Hoeren, Thomas: Internet- und Kommunikationsrecht, 2. Auflage, Köln, 2012

Hoeren, Thomas/ Vossen, Gottfried: Die Rolle des Rechts in einer durch das Web 2.0 dominierten Welt, DuD 2010, 463

Holtz, Leif-Erik: Datenschutzkonformes Social Networking: Clique und Scramble!, DuD 2010, 439

Hornung, Gerrit: Eine Datenschutz-Grundverordnung für Europa? Licht und Schatten im Kommissionsentwurf vom 25.1.2012, ZD 2012, 99

Hubmann, Heinrich: Das Persönlichkeitsrecht, 2. Auflage, Köln, 1967

Hustinx, Peter: Ein klares Signal für stärkeren EU-Datenschutz, ZD 2013, 301

Inderst, Cornelia/Bannenberg, Britta/Poppe, Sina: Compliance, Aufbau – Management – Risikobereiche, 2. Auflage, München, 2013

International Working Group on Data Protection Telecommunications: Bericht und Empfehlung zum Datenschutz in sozialen Netzwerkdiensten, „Rom-Memorandum", 3.–4. März 2008, abrufbar unter http://www.datenschutz.fu-berlin.de/dahlem/ressourcen/675_36_13-ROM-Memorandum.pdf

Iriarte Ahon, Erick: Dokument der Arbeitsgruppe eLAC2007, Meta 25 eLAC2007: Regulación en la Sociedad de la Información en America Latina y el Caribe. Propuestas normativas sobre privacidad y protección de datos y delitos informáticos y por medio electrónicos [„Ziel 25 eLAC2007: Regeln für die Informationsgesellschaft in Lateinamerika und der Karibik. Regelungsvorschläge betreffend Privacy, Datenschutz und Bekämpfung der Computer- und Datenkriminalität"], 2008, abrufbar unter http://www.cepal.org/socinfo/noticias/noticias/2/32222/GdT_eLAC_meta_25.pdf

Jandt, Silke: Vertrauen im Mobile Commerce, Vorschläge für die rechtsverträgliche Gestaltung von Location Based Services, Band 20, Baden-Baden, 2008

–/Roßnagel, Alexander: Datenschutz in Social Networks, Kollektive Verantwortlichkeit für die Datenverarbeitung, ZD 2011, 160

Jaña Tapia, Washington A.: Análisis legal comparativo de la protección de datos personales a nivel latinoamericano [„Rechtsvergleichende Analyse des Datenschutzes in Lateinamerika"], Staatsexamensarbeit zur Erlangung der Lizenziatur der Rechts- und Sozialwissenschaften, Santiago de Chile, 2003

Jaramillo Gajardo, Paula/ Sabaj Abumohor, Bárbara: Derecho a la proteccion de datos personales del trabajador [„Das Recht der Arbeitnehmer auf Schutz ihrer persönlichen Daten"], Staatsexamensarbeit zur Erlangung der Lizenziatur der Rechts- und Sozialwissenschaften, 2003, abrufbar unter http://www.tesis.uchile.cl/bitstream/handle/2250/115093/de-jaramillo_p.pdf?sequence=1

Jervis Ortiz, Paula: La regulación del mercado de datos personales en Chile [„Die Regulierung des Marktes der Personendaten in Chile"], Abschlussarbeit zur Erlangung des Magistergrades der Rechtswissenschaften, Santiago de Chile, 2006, abrufbar unter http://www.tesis.uchile.cl/bitstream/handle/2250/114258/de-jervis_p.pdf?sequence=1

Jijena Leiva, Renato J.: Comercio electrónico, firma digital y derecho [„Elektronischer Handel, digitale Signatur und Recht"], Santiago de Chile, 2001

Jlussi, Dennis: Entwicklungen im IT-Recht: TK-Datenschutz, Elektronische Signaturen und Rechnungen, SPAM, E-Commerce, Hamburg, 2014

Jotzo, Florian: Der Schutz personenbezogener Daten in der Cloud, Baden-Baden, 2013

Kahler, Thomas/Werner, Stefan: Electronic Banking und Datenschutz, Rechtsfragen und Praxis, Frankfurt am Main, 2007

Kalberg, Nadine: Die Umsetzung der gesetzlichen Anforderungen des Telemediengesetzes im Rahmen von Lern-Management-Systemen, Arbeitsbericht Nr. 11, Münster, 2008

Karg, Moritz: Anmerkung zu VG Schleswig: Keine Anwendbarkeit deutschen Datenschutzrechts auf Facebook, ZD 2013, 245

–: Anwendbares Datenschutzrecht bei Internet-Diensteanbietern, TMG und BDSG vs. Konzernstrukturen?, ZD 2013, 371

–: Anmerkung zu VG Schleswig: Verbot von Facebook-Fanseiten, ZD 2014, 51

–/Fahl, Constantin: Rechtsgrundlagen für den Datenschutz in sozialen Netzwerken, K&R 2011, 453

Kaymaz, Feyyat: User-Anonymität in Mobile Payment Systemen: Ein Referenzmodell zur Gestaltung der User-Anonymität in Mobile Payment Sytemen, Kassel, 2011

Klar, Manuel: Räumliche Anwendbarkeit des (europäischen) Datenschutzrechts, Ein Vergleich am Beispiel von Satelliten-, Luft- und Panoramastraßenaufnahmen, ZD 2013, 109

Klass, Nadine: Rechtliche Grenzen des Realitätsfernsehens: Ein Beitrag zur Dogmatik des Menschenwürdeschutzes und des allgemeinen Persönlichkeitsrechts, Tübingen, 2004

Klein, Melanie/ Scherer, Franziska: Die „Allgemeinen Bestimmungen" der EU-Grundrechtecharta (v.a. Art. 52 – Tragweite der garantierten Rechte), Seminararbeit, WS 2001/2002, abrufbar unter http://www.jurawelt.com/sunrise/media/mediafiles/14132/grundrechtecharta-text.pdf

Klewitz-Hommelsen, Sayeed: Ganzheitliche Datenverarbeitung in der öffentlichen Verwaltung und ihre Beschränkung durch den Datenschutz, Heidelberg, 1996

Knierim, Antonie: Kumulation von Datensammlungen auf Vorrat, Vorratsspeicherung von TK- und Fluggastdaten und das Verbot umfassender Überwachung, ZD 2011, 17

Kollmann, Tobias: E-Business: Grundlagen elektronischer Geschäftsprozesse in der Net Economy, 5. Auflage, Wiesbaden, 2013

Kopp, Johannes/ Steinbach, Anja: Grundbegriffe der Soziologie, 11. Auflage, Wiesbaden, 2016

Köhler, Markus/Arndt, Hans-W./Fetzer, Thomas: Recht des Internet, 7. Auflage, Heidelberg/ München/Landsberg/Frechen/Hamburg, 2011

Kranig, Thomas: Zuständigkeit der Datenschutzaufsichtsbehörden, Feststellung des Status quo mit Ausblick auf die DS-GVO, ZD 2013, 550

–/Peintinger, Stefan: Selbstregulierung im Datenschutzrecht, ZD 2014, 3

Krause, Beate/ Lerch, Hana/ Hotho, Andreas/Roßnagel, Alexander/Stumme, Gerd: Datenschutz im Web 2.0 am Beispiel des sozialen Tagging-Systems BibSonomy, Informatik-Spektrum vol. 35 2012, 12

Kühling, Jürgen/Seidel, Christian/Sivridis, Anastasios: Datenschutzrecht, 2. Auflage, Heidelberg/München/ Landsberg/Frechen/Hamburg, 2011

Lehmann, Michael/Meents, Jan Geert: Handbuch des Fachanwalts Informationstechnologierecht, 2. Auflage, Köln, 2011

Leupold, Andreas/Glossner, Silke: IT-Recht, 2. Auflage, München, 2011

Leutheusser-Schnarrenberger: EDITORIAL, Das Recht auf Vergessenwerden – ein Durchbruch oder ein digitales Unding?, ZD 2015, 149

Lewinski, Kai von: Europäisierung des Datenschutzrechts, Umsetzungsspielraum des deutschen Gesetzgebers und Entscheidungskompetenz des BVerfG, DuD 2012, 564

Lorenz, Bernd: Das Schriftformerfordernis für das Veröffentlichen von Bildnissen, Verhältnis der Datenschutzgesetze zum KUG, ZD 2012, 367

Ludwig Boltzmann Institut für Menschenrechte (BIM)/ Institut für Rechtsinformatik der Leibniz Universität Hannover (IRI): Rechtsvergleichende Analyse im Hinblick auf die Umsetzung der Richtlinie 2006/24/EG über die Vorratsdatenspeicherung, 10. März 2008, abrufbar unter http://bim.lbg.ac.at/files/sites/bim/Rechtsvergleich_Vorratsdatenspeicherung.pdf

Mähring, Matthias: Institutionelle Datenschutzkontrolle der Europäischen Gemeinschaft, Eine Untersuchung über Voraussetzungen, Funktion und Aufbau, Baden-Baden, 1993

Mainusch, Johannes/ Burtchen, Christian: Kontrolle über eigene Daten in sozialen Netzwerken, DuD 2010, 448

Marshall Barberán, Pablo: El estado de derecho como principio y su consagración en la constitución política [„Der Rechtsstaat als Grundsatz und seine Verankerung in der Verfassung"], Revista de Derecho Universidad Católica del Norte Nr. 2 2010, 185, abrufbar unter http://www.scielo.cl/pdf/rducn/v17n2/art08.pdf

Mehler-Bicher, Anett/ Mehler, Frank: Soziale Netzwerke im Internet – ein Erfolgsmodell?, Update 9 WS 09/10, abrufbar unter https://www.hs-mainz.de/fileadmin/content/fh/pdf/Update/Update_09_2_screen.pdf

Mörl, Christoph/ Groß, Mathias: Soziale Netzwerke im Internet, Analyse der Monetarisierungsmöglichkeiten und Entwicklung eines integrierten Geschäftsmodells, Boizenburg, 2008

Moos, Flemming: Die Entwicklung des Datenschutzrechts im Jahr 2011, K&R 2012, 151

Moya Jiménez, Paulina A.: El derecho a ser informado como sustento fundamental del control de datos personales [„Das Auskunftsrecht als wesentliche Stütze für die Kontrolle der eigenen persönlichen Daten"], Staatsexamensarbeit zur Erlangung der Lizenziatur der Rechts- und Sozialwissenschaften, Santiago de Chile, 2010, abrufbar unter: http://www.tesis.uchile.cl/tesis/uchile/2010/de-moya_p/pdfAmont/de-moya_p.pdf

Nguyen, Alexander: Die Subsidiaritätsrüge des Deutschen Bundesrates gegen den Vorschlag der EU-Kommission für eine Datenschutz-Grundverordnung, ZEuS 2012, 277, abrufbar unter http://archiv.jura.uni-saarland.de/projekte/Bibliothek/text.php?id=702

Nink, Judith: Rechtliche Rahmenbedingungen von Serviceorientierten Architekturen mit Web Services, Göttingen, 2010

Nogueira Alcalá, Humberto: Pautas para Superar las Tensiones entre los Derechos a la Libertad de Opinión e Información y los Derechos a la Honra y la Vida Privada [„Wege zur Überwindung der Spannungen zwischen der Meinungs- und Informationsfreiheit und den Ehr- und Privatsphärenrechten des Einzelnen"], Revista de Derecho Nr. 17 2004, 139, abrufbar unter http://www.scielo.cl/pdf/iusetp/v13n2/art11.pdf

–: Autodeterminación informativa y hábeas data en Chile e información comparativa [„Informationelle Selbstbestimmung und Habeas Data in Chile aus rechtsvergleichender Sicht"], Anuario de derecho Constitucional latinoamericano 2005, 449

–: El derecho a la propia imagen como derecho fundamental implícito. Fundamentación y caracterización [„Das Recht am eigenen Bild als implizites Grundrecht. Grundlegung und Charakterisierung"], Ius et Praxis vol. 13 Nr. 2 2007, 245

Nolte, Norbert: Zum Recht auf Vergessen im Internet, Von digitalen Radiergummis und anderen Instrumenten, ZRP 2011, 236

Palandt, Otto: Bürgerliches Gesetzbuch, 71. Auflage, München, 2012

Palma Calderón, Pablo: Data Protection & Privacy, in: Monika Kuschewsky Convington & Burling LLP, 2nd edition, London, 2014, 131

Patzak, Andrea: Datenschutzrecht für den E-Commerce, Eine rechtsvergleichende Studie der datenschutzrechtlichen Anforderungen in Deutschland und Österreich, dargestellt am Beispiel des Online-Einkaufs, Baden-Baden, 2006

Pauly, Daniel A./Ritzer, Christoph/Geppert, Nadine: Gilt europäisches Datenschutzrecht auch für Niederlassungen ohne Datenverarbeitung? Weitreichende Folgen für internationale Konzerne, ZD 2013, 423

Peña Atero, José I.: El derecho a la propia imagen en la doctrina y jurisprudencia chilena [„Das Recht am eigenen Bild in der chilenischen Lehre und Rechtsprechung"], Revista de Derecho Público vol. 63 Band 1 2001, S. 279.

Pfeffer Urquiaga, Emilio: Los derechos a la intimidad o privacidad, a la honra y a la propia imagen. Su protección frente a la libertad de opinión e informar [„Die Rechte auf Intim- oder Privatsphäre, auf Ehre und am eigenen Bild: ihr Schutz im Spannungsverhältnis zur Meinungs- und Informationsfreiheit, Ius et Praxis vol. 6 Nr. 1 2000, 465

Pichler, Christoph: Social Networks – Jeder kennt jeden über sechs Ecken, a3Boom 11/2005, 12

Piltz, Carlo: Soziale Netzwerke im Internet – Eine Gefahr für das Persönlichkeitsrecht?, Band 53, Frankfurt am Main, 2013

–: Spaniens Don Quijote: Google gegen die Datenschutzbehörde, Überlegungen zu den EuGH-Vorlagefragen, ZD 2013, 259

Pinell, Marcel: Geschäftsmodell von sozialen Netzwerken, Strategische Ausrichtung und Komponenten, Saarbrücken, 2011

Plath, Kai-Uwe: BDSG, Kommentar zum BDSG sowie den Datenschutzbestimmungen des TMG und TKG, Köln, 2012

Poller, Andreas/Waldmann, Ulrich: Soziale Netzwerke bewusst nutzen, Ein Dossier zu Datenschutz, Privatsphärenschutz und Unternehmenssicherheit, Darmstadt, 2013, abrufbar unter https://www.sit.fraunhofer.de/fileadmin/dokumente/studien_und_technical_reports/Soziale-Netzwerke-2013.pdf

Pozo Valdés, Natalia A.: El estado en la búsqueda de transparencia de su actividad pública, Eventual Colisión entre el Derecho de Acceso a la Información Pública y la Protección de Datos de Carácter Personal [„Der Staat auf der Suche nach Transparenz seines öffentlichen Handelns: möglicher Konflikt zwischen dem Recht auf Zugang zu öffentlichen Informationen und dem Schutz personenbezogener Daten"], Staatsexamensarbeit zur Erlangung der Lizenziatur der Rechts- und Sozialwissenschaften, Santiago de Chile, 2010

Quezada Rodríguez, Flavio: La protección de datos personales en la jurisprudencia del Tribunal constitucional [„Der Schutz der persönlichen Daten in der Rechtsprechung des Verfassungsgerichts"], Revista Chilena de Derecho y Tecnología vol. 1 Nr. 1 2012, 125

Reding, Viviane: Sieben Grundbausteine der europäischen Datenschutzreform, ZD 2012, 195

Reisch, Lucia/Bietz, Sabine: Studie zu Möglichkeiten der Verbraucherinformation für die Zielgruppe „Digital Natives", Calw, 2011

Rheingold, Howard: Virtuelle Gemeinschaft. Soziale Beziehungen im Zeitalter des Computers, Bonn, 1994

Richter, Alexander/Koch, Michael: Funktionen von Social-Networking-Diensten, in Proc. Multikonferenz Wirtschaftsinformatik 2008, München, 2008, abrufbar unter http://www.kooperationssysteme.de/docs/pubs/RichterKoch2008-mkwi-sns.pdf

Roa Navarrete, Matías A.: Facebook frente al derecho a la vida privada y la protección de datos personales [„Facebook, Privatsphäre und Datenschutz"], Staatsexamensarbeit zur Erlangung der Lizenziatur der Rechts- und Sozialwissenschaften, 2013, abrufbar unter http://www.tesis.uchile.cl/bitstream/ handle/2250/113249/de-roa_m.pdf?sequence=1

Romero Obreque, Mario/Segura Ramírez, Emiliano: La protección de datos personales. Otro ámbito de la protección a la vida privada [„Der Schutz personenbezogener Daten: ein Aspekt des Privatsphärenschutzes"], Valdivia, 2009, abrufbar unter: http://cybertesis.uach.cl/tesis/uach/2009/fjr763p/doc/fjr763p.pdf

Roßnagel, Alexander: Handbuch Datenschutzrecht, München, 2003

–: Beck'scher Kommentar zum Recht der Telemediendienste, München, 2013

–/Banzhaf, Jürgen/Grimm, Rüdiger: Datenschutz im Electronic Commerce, Technik-Recht-Praxis, Heidelberg, 2003

–/Kroschwald, Steffen: Was wird aus der Datenschutzgrundverordnung? Die Entschließung des Europäischen Parlaments über ein Verhandlungsdokument, ZD 2014, 495

Rother, Philip: Web 2.0 Communities, Geschäftsmodellanalyse und Erfolgsfaktoren, Hamburg, 2010

Rubano Lapasta, Mariela: Hábeas Data y Mercosur, Revista de Derecho de la Universidad Católica de Valparaíso Nr. 23 2002, 69

Sachs, Ulrich: Marketing, Datenschutz und das Internet, Köln, 2008

Siebert, Melanie: Geheimnisschutz und Auskunftsansprüche im Recht des geistigen Eigentums, Tübingen, 2011

Simitis, Spiros: Bundesdatenschutzgesetz, 7. Auflage, Baden-Baden, 2011

–: Bundesdatenschutzgesetz, 8. Auflage, Baden-Baden, 2014

Simmel, Georg: Soziologie Untersuchungen über die Formen der Vergesellschaftung, Berlin, 1968

Solmecke, Christian/Baursch, Miriam: Anmerkung zu LG Berlin: Datenschutz- und AGB-rechtliche Probleme mit dem „Facebook-Freunde-Finder", ZD 2012, 276

–/Damm, Annika: Wirksamkeit der Nutzungsbedingungen sozialer Netzwerke, Rechtskonforme Lösung nach dem AGB- und dem Urheberrecht, MMR 2012, 71

Sokol, Bettina: 20 Jahre Datenschutz, Individualismus oder Gemeinschaftssinn, Düsseldorf, 1998

Speichert, Horst: Praxis des IT-Rechts, 2. Auflage, Wiesbaden, 2007

Spies, Axel/Vinke, Mira: UK: Neue Cookie-Leitlinie der Internationalen Handelskammer – Verwirrung jetzt perfekt?, ZD-Aktuell 2012, XVI

Spindler, Gerald: Persönlichkeitsschutz im Internet – Anforderungen und Grenzen einer Regulierung, Gutachten F zum 69. Deutschen Juristentag, München, 2012

–/Schuster, Fabian: Recht der elektronischen Medien, 2. Auflage, München, 2011

Steinmeyer Espinosa, Alfredo: ¿Permite el derecho de acceso a la información pública, el acceso a datos personales?, [„Erlaubt das Recht der Allgemeinheit auf Information das Auskunftsrecht über personenbezogene Daten?"] Serie Bibliotecología y Gestión de Información Nr. 79 2013, 3, abrufbar unter http://eprints.rclis.org/18890/1/Serie%20N%C2%B079,%20Febrero%202013%20Steinmeyer.pdf

Schaar, Peter: Datenschutz im Internet: Die Grundlagen, München, 2002

–: Privacy by Design, Identity in the Information Society, 2010, 267

Schaffert, Sandra/Wieden-Bischof, Diana: Erfolgreicher Aufbau von Online-Communitys: Konzepte, Szenarien und Handlungsempfehlungen, Salzburg, 2009

Schelske, Andreas: Soziologie vernetzter Medien, München, 2007

Schiedermair, Stephanie: Der Schutz des Privaten als internationales Grundrecht, Tübingen, 2012

Schild, Hans-H./Tinnefeld, Marie-T.: Datenschutz in der Union – Gelungene oder missglückte Gesetzentwürfe, DuD 2012, 312

Schilliger, Remo: Faszination Facebook, So fern und doch so nah, Psycho-soziale Motivatoren für die aktive Partizipation bei Social Networking Sites, Hamburg, 2010

Schmidt, Jan: Social Software: Onlinegestütztes Informations-, Identitäts- und Beziehungsmanagement, in: Forschungsjournal Neue Soziale Bewegungen 2/2006, 38

Schneider, Jochen/ Pischel, Gerhard: Festschrift für Benno Heussen zum 65. Geburtstag, Der moderne Anwalt, Köln, 2009

Schröder, Birgit/Hawxwell, Anne/Münzing, Heike: Die Verletzung datenschutzrechtlicher Bestimmungen durch sogenannte Facebook Fanpages und Social-Plugins, aktualisierte Fassung vom 7. Oktober 2011, abrufbar unter https://www.datenschutzzentrum.de/facebook/material/WissDienst-BT-Facebook-ULD.pdf

Schulz, Sebastian: Privacy by Design, CR 2012, 204

Schuppert, Stefan/ von Reden, Armgard: Einsatz internationaler Cloud-Anbieter: Entkräftung der Mythen, Rechtlich zulässige Einschaltung von zertifizierten Cloud-Diensten in Deutschland möglich, ZD 2013, 210

Schuster, Fabian: Vertragshandbuch Telemedia, Vertragspraxis im Telekommunikations-, Multimedia- und Internetrecht, München, 2001

Schwartmann, Rolf: Datenschutz im Schwarm – Rechtsfragen des Schutzes der Privatsphäre im Internet, RDV 2012, 1

–/Gennen, Klaus/ Völkel, Anne: IT-und Internetrecht, Vorschriftensammlung, Heidelberg/München/Landsberg/Frechen/Hamburg, 2009

–/Lamprecht-Weißenborn, Nicola: Datenschutzrecht: Vorschriftensammlung, Heidel-berg/München/Landsberg/Frechen/Hamburg, 2010

Schwenke, Thomas: Social Media Marketing & Recht, Köln, 2012

Taeger, Jürgen: Datenschutzrecht, Frankfurt am Main, 2014

–/Gabel, Detlev: Kommentar zum BDSG und zu den Datenschutzvorschriften des TKG und TMG, Frankfurt am Main, 2010

Tinnefeld, Marie-T./Buchner, Benedikt/Petri, Thomas: Einführung in das Datenschutzrecht, Datenschutz und Informationsfreiheit in europäischer Sicht, 5. Auflage, München, 2012

Ufer, Frederic: Die Haftung der Internet Provider nach dem Telemediengesetz, Hamburg, 2007

Verheijden, Josina: Rechtsverletzungen auf YouTube und Facebook: Eine Analyse der urheberrechtlichen und persönlichkeitsrechtlichen Probleme und möglicher Lösungen (Recht der Neuen Medien), Hamburg, 2015

Villagrán Abarzúa, Marcelo Antonio: Verfassungsrechtliche Grundlagen der Gemeinde-verwaltung in Chile, Auch ein Beitrag zur Dezentralisierung und Dekonzentration, Frankfurt, 2010

Visser, Cornna: Aus Europa für die Welt – Justiz-Kommissarin Viviane Reding sieht den neuen Datenschutz der EU als künftigen Standard für alle, Der Tagesspiegel vom 11.02.2012, 8

Voskamp, Friederike/Kipker, Dennis-Kenji/Yamato, Richard: Grenzüberschreitende Datenschutzregulierung im Pazifik-Raum, Das Cross Border Privacy Rules-System der APEC – ein Vergleich mit den Binding Corporate Rules der EU, DuD 2013, 452

Wagner, Markus: Das Safe-Harbor Modell, Datenschutzbestimmungen in der Relation EU-USA, Diplomarbeit vom 11.08.2011, Wien, 2011

Wandtke, Artur-A.: Medienrecht – Praxishandbuch, IT-Recht und Medienstrafrecht, 2. Auflage, Band 5, Berlin/Boston, 2011

Weichbrodt, Paul: Datenschutz im internationalen Vergleich, 2010, abrufbar unter http://www.wi.hs-wismar.de/~laemmel/Lehre/WA/Artikel1206/weichbrodt_DS.pdf

Weichert, Thilo: Datenschutzverstoß als Geschäftsmodell – der Fall Facebook, DuD 2012, 716

–: Privatheit und Datenschutz im Konflikt zwischen den USA und Europa, RDV 2012, 113

Weidner-Braun, Ruth: Der Schutz der Privatsphäre und des Rechts auf informationelle Selbstbestimmung am Beispiel des personenbezogenen Datenverkehrs im WWW nach deutschem öffentlichen Recht, Berlin, 2012

Weiss, Stefan: Datenschutz Compliance in Sozialen Netzwerk Anwendungen, Voraussetzungen für die technische Umsetzbarkeit, DuD 2010, 444

Weitnauer, Wolfgang: Beck'sches Formularbuch, IT-Recht, 3. Auflage, München, 2012

Weniger, Robert: Grenzüberschreitende Datenübermittlungen international tätiger Unternehmen, Nach Maßgabe der europäischen Datenschutzrichtlinie 95/46/EG, Band 13, Hamburg, 2005

Wien, Andreas: Internetrecht, Eine praxisorientierte Einführung, 2. Auflage, Wiesbaden, 2009

Wintermeier, Martin: Inanspruchnahme sozialer Netzwerke durch Minderjährige, Datenschutz aus dem Blickwinkel des Vertragsrechts, ZD 2012, 210

–: Rechtskonforme Erstellung einer Datenschutzerklärung, Anforderungen im Rahmen gewerblicher Webangebote, ZD 2013, 21

Witt, Bernhard C.: Datenschutz Kompakt und Verständlich: Eine Praxisorientierte Einführung, 2. Auflage, Wiesbaden, 2010

Wohlgemuth, Hans H./Gerloff, Jürgen: Datenschutzrecht, 3. Auflage, Köln, 2005

Wolff, Heinrich A./Brink, Stefan: Datenschutzrecht in Bund und Ländern, Kommentar, München, 2013

Worms, Christoph/ Gusy, Christoph: Verfassung und Datenschutz, Das Private und das Öffentliche in der Rechtsordnung, DuD 2012, 92

Wuermeling, Ulrich: Handelshemmnis Datenschutz, Die Drittländerregelung der Europäischen Datenschutzrichtlinie, Band 14, Köln, 2000

Zech, Eva: Gewebebanken für Therapie und Forschung: Rechtliche Grundlagen und Grenzen, Göttingen, 2007

Zerdick, Thomas: Datenschutz international – Internationale Instrumente zum Schutz der Privatsphäre in: Privatsphäre mit System. Datenschutz in einer vernetzten Welt, Symposium 2009, Düsseldorf, 2010, abrufbar unter https://www.ldi.nrw.de/mainmenu_Service/submenu_Tagungsbaende/Inhalt/Privatsphaere_mit_System/Privatsphaere_mit_System_-_Datenschutz_in_einer_vernetzten_Welt.pdf

Ziehbarth, Wolfgang: Google als Geheimnishüter? Verantwortlichkeit der Suchmaschinenbetreiber nach dem EuGH-Urteil, ZD 2014, 394

Zimmer, Heiko: Zugriff auf Internetzugangsdaten, Unter besonderer Berücksichtigung der Verhältnismäßigkeit einer verdachtsunabhängigen Vorratsdatenspeicherung, Band 13, Frankfurt am Main, 2011

Alle Quellen aus dem Internet wurden zuletzt am 27.03.2017 abgerufen.

www.ingramcontent.com/pod-product-compliance
Ingram Content Group UK Ltd.
Pitfield, Milton Keynes, MK11 3LW, UK
UKHW021908290926
8980IPUK00015B/1136

9 783631 725528